普通高等教育"十一五"国家级规划教材
普通高等教育铁道部规划教材

列 车 制 动

饶 忠 主编
鼓俊彬 副主编
陆啸秋 主审

中国铁道出版社有限公司

2023年·北 京

内 容 简 介

本书是普通高等教育"十一五"国家级规划教材，是在原高校教材《列车制动》基础上修订而成的。作者从制动的基本概念、闸瓦制动与黏着等内容讲起，由点到面，并将铁路上应用最为广泛的各种自动制动机的共性抽象出来，集中作综合阐述，力图在尽量少的课时里让读者对"列车制动"先有一个总体的了解，再在此基础上具体讲解各型客货车辆空气制动机与机车上的 JZ-7 型空气制动机、DK-1 型电空制动机。教材后半部分重点介绍了列车制动计算、制动性能试验、高速和重载列车制动以及 CRH2 型动车组制动系统等内容。

本书可作为高等学校铁路特色机械工程专业(含铁路机车车辆和机车运用等专业)本科教材，也可以供相关专业的技术人员学习使用。

图书在版编目(CIP)数据

列车制动/饶忠主编. —2 版 . —北京：中国铁道出版社，2010. 2(2023. 2 重印)
普通高等教育铁道部规划教材 . 普通高等教育"十一五"国家级规划教材
ISBN 978-7-113-10645-4

Ⅰ. ①列… Ⅱ. ①饶… Ⅲ. ①列车-制动装置-高等学校-教材 Ⅳ. ①U260. 35

中国版本图书馆 CIP 数据核字(2010)第 014885 号

书　　名：**列车制动**
作　　者：饶　忠

责任编辑：赵　静　　**编辑部电话**：(010)51873181
封面设计：崔丽芳
责任校对：孙　玫
责任印制：赵星辰

出版发行：中国铁道出版社有限公司(100054，北京市西城区右安门西街 8 号)
印　　刷：国铁印务有限公司
开　　本：787mm×1 092mm　1/16　**印张**：15. 75　**插页**：4　**字数**：392 千
版　　本：1998 年 12 月第 1 版　2010 年 2 月第 2 版　2023 年 2 月第 17 次印刷
书　　号：ISBN 978-7-113-10645-4
定　　价：45. 00 元

第二版前言

本书为普通高等教育"十一五"国家级规划教材，同时也是普通高等教育铁道部规划教材，是由铁道部教材开发领导小组组织编写，并经铁道部相关业务部门审定，适用于高等院校铁路特色专业教学以及铁路专业技术人员使用。本书为铁道机车车辆系列教材之一。

从本书第一版开始出版发行到现在，已经超过十年了。在这十年多的时间里，随着我国改革开放的继续深入和综合国力的迅速增强，我国铁路也有了飞跃发展：高速客运专线一条接一条地修建，高速动车组如同雨后春笋越来越多，旅客列车运行速度大大提高；货物列车牵引重量越来越大，运行速度也在不断提高；列车制动技术日新月异，新的制动方式和新型制动机纷纷涌现，一些老式制动机已经基本被淘汰。为适应上述变化，不断推陈出新，我们在第二版中对本书作了如下修订：

(1)在"车辆制动机"部分，删去了GK型、GL型制动机的详细阐述，增加了适应重载列车的120-1型制动机；

(2)在"机车制动机"部分，删去了ET-6型和EL-14型制动机的详细阐述，增加了"JZ-7型制动机的重联阀"、"SS_8型电力机车DK-1型制动机新增的装置"等内容；

(3)在"高速列车制动"部分，增加了"高速动车组制动系统"和"CRH2动车组制动系统"两章；

(4) 在"重载列车制动"部分，增加了适应重载牵引的EUROTROL型制动机。

(5) 在"列车制动计算"部分，增加了"高速动车组单位基本阻力公式"、"列车制动力等效二次计算法"、"列车制动距离电算"和"列车制动限速表电算"等内容(教材另附电算光盘)。

(6) 在章节安排、文字阐述、例题、公式、数据、复习思考题和课外作业题等方面都进行了全面修订，并在"制动性能试验"一章的末尾增加了复习思考题。

本书由北京交通大学饶忠、彭俊彬合作编写，饶忠任主编，彭俊彬任副主编；铁道部运输局陆啸秋主审。在本书编写过程中，铁道科学研究院黄问盈、西南交通大学张开文、北京交通大学焦凤川和济南供电段验收室宗磊都曾给予宝贵的支持和热心的帮助，在此表示衷心的感谢。

书中不妥及疏漏之处，欢迎读者指正。

编　者

2010年1月

第一版前言

铁路的机车车辆是编组成列车来运行的。机车和各个车辆之间或者动车组的动车与拖车之间，都要用车钩连成一体。为了在列车上坡、下坡和通过曲线时能够自由地折曲(车与车之间相互成一个角度，不在一条直线上)，车钩之间要互相保持着一定的间隙，车钩后面还设有缓冲器。列车可以拉长，也可以压缩。但是，机车(动车)和各个车辆的制动装置不是互相独立的，而是互相连通的，是一个有机的整体。每个机车和车辆都有它自己的制动装置，但是，在编组成列车互相接通之后，就都要由本务机车或头车(操纵端)统一操纵，不能各行其是。由于列车编组很长，机车车辆及制动机类型复杂，各车的制动能力不同，所以制动时不可能完全同步，这就不可避免地要在各车之间发生冲撞；由于列车重量很大，速度又高，所以制动以后要经过相当长的距离才能停住。要想提高列车牵引重量或运行速度，仅仅换大功率机车是不够的，必须同时解决列车制动问题。

建国以来，我国铁路制动工业和科研队伍都得到了很大的发展，不但能自己生产成套的制动装置，而且还先后独立设计研制成功了车辆用的GK、GL、103、104、120、F-8等型空气制动机，机车用的JZ-7型空气制动机和DK-1型电空制动机，准高速列车用的"JZ-7加电控"、"F-8加电控"和"104加电控"等制动机。其中，有些制动性能已经达到世界先进制动机的水平。在基础制动装置方面，对盘形制动、空重车调整、闸瓦间隙自动调整、防滑器、高磷闸瓦和合成闸瓦的研制，也都取得了可喜的成果。

本书是根据铁路高等学校机械工程专业(含机车、车辆和机车运用专业)"列车制动"课程的教学需要而编写的。在编写过程中，作者根据多年从事机车和车辆两个专业制动课教学的体会和经验，对教材内容的取舍和编排作了认真的考虑和调整，在写法上与过去同类教材相比，有一个明显的创新，内容上增加了许多新东西，理论上也提出了一些新概念，这对制动理论的丰富和完善将起到促进作用。

(1)本书最为突出的特点是把当今铁路上应用最为广泛的各种自动空气制动机的"共性"抽象出来集中作一个综合的阐述，这就是本书的第二章"自动空气制动机综述"。其中有：缓解稳定性和制动灵敏度，列车管局部减压，常用安定性和紧急灵敏度，常用急制动和减速充气缓解，列车管局部增压(加速缓解)，二、三压力机构及制动机性能的"软"和"硬"，列车管压强对制动缸的间接控制，自动制动阀对列车管压强的间接控制，列车管减压量与制动缸压强的关系，列车管有效减压范围，空气波、制动波及其波速等等。在讲完这些"共性"之后再来讲机车车辆的各种类型的制动机时，只需要着重指出它们各自的特点即可，既可避免大量的重复，又可由简单到复杂，循序渐进。在本书之前，尚未见有同类教材曾有这样的写法。

(2)在第一章讲“制动方式”的时候，首先介绍随后经常要用到的有关列车制动的若干基本概念或名词术语，较为详细地介绍闸瓦制动及其黏着限制问题，在此基础上再来简略地介绍其他制动方式，而不是一下子把各种制动方式统统罗列出来。另外，我们把基础制动、空重车调整、制动缸活塞行程调整等都提到第一章来，使“绪论”变成“列车制动总论”，即，对列车制动作一个总体的全面而又概略的介绍。

(3)本书介绍了十几年来我国铁路上出现的各种新型制动机，如车辆用的104C、120、F-8，准高速列车用的“JZ-7 加电控”、“F-8 加电控”、“104 加电控”等，并且简略介绍了高速和重载列车制动技术的特点和发展趋势。考虑到目前我国铁路上蒸汽、内燃、电力三种牵引动力并存的状况和制动系统的特殊性，本书对 ET-6、JZ-7、DK-1 这三种机车制动机都分别作了简略介绍，读者可根据需要任意选择。

(4)书中有关两种制动限速(紧急制动限速和常用制动限速)的理论和长大下坡道列车制动空走时间的理论公式，在大学本科“制动”教材中还是第一次出现。这是作者本人的科研成果。尤其是常用制动限速的应用，可以把《铁路技术管理规程》的货物列车和旅客列车的“制动限速表”的坡度由—20 扩大到我国铁路的最陡下坡道—33，不仅有重要的理论意义，而且有重大的实际意义。

为了适应读者自学的需要，本书除“制动性能试验”一章外，每章的正文之后均列有复习思考题(有的还有课外作业题)。

本书由北京交通大学饶忠编写，西南交通大学张开文审阅，是铁路高等学校机械工程专业(含机车、车辆和机车运用专业)的教材，亦可供其他专业和有关部门的人员学习或参考。

编　者

1998 年 11 月

目　　录

第一章　列车制动总论 ………………………………………… 1

第一节　列车制动的几个基本概念 ………………………………… 1
第二节　踏面(闸瓦)制动与轮轨黏着 …………………………… 3
第三节　黏着系数的影响因素和计算公式 ……………………… 4
第四节　黏着限制、制动率和闸瓦摩擦系数 …………………… 6
第五节　其他制动方式 …………………………………………… 9
第六节　制动机种类 ……………………………………………… 12
第七节　基础制动装置和防滑装置 ……………………………… 16
第八节　闸瓦压力的空重车调整 ………………………………… 25
第九节　制动缸活塞行程的调整 ………………………………… 27
复习思考题 ………………………………………………………… 34

第二章　自动空气制动机综述 ………………………………… 35

第一节　缓解稳定性和制动灵敏度 ……………………………… 35
第二节　列车管局部减压 ………………………………………… 36
第三节　常用安定性和紧急灵敏度 ……………………………… 37
第四节　常用急制动、减速充气缓解与加速缓解 ……………… 38
第五节　二压力、三压力机构及制动机性能的“软”和“硬” …… 40
第六节　列车管空气压强对制动缸的间接控制 ………………… 43
第七节　自动制动阀对列车管空气压强的间接控制 …………… 44
第八节　列车管减压量与制动缸压强的关系及列车管有效减压范围 …… 46
第九节　空气波和空气波速 ……………………………………… 49
第十节　制动波和制动波速 ……………………………………… 51
复习思考题 ………………………………………………………… 53

第三章　客货车辆空气制动机 ………………………………… 54

第一节　104、103 型制动机 ……………………………………… 54
第二节　120、120-1 型制动机 …………………………………… 60
第三节　F-8 型制动机 …………………………………………… 63
复习思考题 ………………………………………………………… 67

第四章　JZ-7 型空气制动机 …………………………………… 68

第一节　JZ-7 型制动机的特点和组成 …………………………… 68

第二节　JZ-7 型制动机的分配阀 …… 69
第三节　JZ-7 型制动机的中继阀 …… 77
第四节　JZ-7 型制动机的自动制动阀 …… 78
第五节　JZ -7 型制动机的单独制动阀 …… 84
第六节　JZ -7 型制动机的综合作用 …… 86
第七节　JZ -7 型制动机的重联阀 …… 88
复习思考题 …… 90

第五章　DK-1 型电空制动机 …… 91

第一节　DK -1 型制动机特点和组成 …… 91
第二节　DK -1 的空气制动阀作用原理 …… 97
第三节　DK -1 型制动机的综合作用 …… 100
复习思考题 …… 104

第六章　列车制动计算 …… 106

第一节　概述 …… 106
第二节　制动减速力和常用制动限速 …… 107
第三节　列车制动力计算的等效二次换算法 …… 119
第四节　制动距离的计算 …… 125
第五节　紧急制动限速和列车最小换算制动率 …… 135
第六节　列车制动电算 …… 148
复习思考题 …… 154
课外作业题 …… 154

第七章　制动性能试验 …… 155

第一节　制动性能试验的种类 …… 155
第二节　闸瓦试验台及闸瓦在该试验台上的性能试验 …… 156
第三节　现车溜放闸瓦试验 …… 158
第四节　705 型试验台与 104/103 阀在该试验台上的性能试验以及 120 阀性能试验 …… 159
第五节　单车试验、列车试验、定置试验、专列静止试验和专列运行试验 …… 165
复习思考题 …… 171

第八章　高速和重载列车制动综述 …… 172

第一节　高速列车制动方式及发展趋势 …… 172
第二节　准高速列车电空制动机 …… 174
第三节　重载列车制动的纵向动力作用 …… 180
第四节　EUROTROL 型制动机 …… 183
复习思考题 …… 193

第九章　高速动车组制动系统综述 …… 194
第一节　高速动车组电制动系统 …… 194
第二节　高速动车组空气制动系统 …… 199
第三节　高速动车组防滑装置 …… 208
第四节　高速动车组制动控制系统 …… 211
复习思考题 …… 219

第十章　CRH2 型动车组的制动系统 …… 220
第一节　概述 …… 220
第二节　CRH2 型动车组的压力空气供给系统 …… 223
第三节　CRH2 型动车组的空气制动控制系统 …… 225
第四节　CRH2 型动车组空气制动系统的气路原理 …… 229
第五节　CRH2 型动车组的“滑行再黏着”控制 …… 231
第六节　CRH2 型动车组制动控制系统的作用 …… 233
复习思考题 …… 240

参考文献 …… 241

第一章 列车制动总论

人为地制止物体的运动，包括使其减速、阻止其运动或加速运动，均可称之为“制动”。反之，对已经施行制动的物体，解除或减弱其制动作用，均可称之为“缓解”。

为使列车能施行制动和缓解而安装于列车上的一整套设备，总称为“列车制动装置”。有时，“制动”与“制动装置”均简称为“闸”，施行制动既可简称为“上闸”，亦可简称为“下闸”，使制动得到缓解则简称为“松闸”。

第一节 列车制动的几个基本概念

列车制动装置包括“机车制动装置”和“车辆制动装置”（对动力分散配置的高速动车组来说，可分为“动车制动装置”和“拖车制动装置”）。也就是说，在铁路列车中，不管是具有牵引动力装置的机车（或动车），还是被牵引的货车、客车（或拖车），都各自具有自己的制动装置。不同的是，机车（或动车组中的“头车”）除了像车辆一样具有使它自己制动和缓解的设备外，还具有操纵全列车（包括机车或头车自身及其他各车）制动作用的设备。

由制动装置产生的与列车运行方向相反的外力，称为“制动力”。这是人为的阻力，它比在列车运行中由于各种原因自然产生的阻力一般要大得多。所以，尽管在制动减速过程中，列车运行阻力（自然阻力）也在起作用，但起主要作用的还是列车制动力（人为阻力）。

制动装置一般可分为两大组成部分：

(1)制动机——产生制动原动力并进行操纵和控制的部分。

(2)基础制动装置——传送制动原动力并产生制动力的部分。

列车制动作用在操纵上按用途一般可分为两种：

(1)常用制动——正常情况下为调节或控制列车速度，包括进站停车所施行的制动。其特点是作用比较缓和而且制动力可以调节，通常只用列车制动能力的20%～80%，多数情况下只用50%左右。

(2)紧急制动——紧急情况下为使列车尽快停住而施行的制动（在我国，这种制动作用过去也称“非常制动”），其特点是作用比较迅猛，而且要把列车制动能力全部用上。

在动力分散的高速动车组上，除上述两种制动作用外，现在还有“非常制动”与“备用制动”之分：这里的“非常制动”并非“紧急制动”，其控制过程与常用制动相似，只是其制动力比较大，相当于常用制动力的140%～150%而已；“备用制动”则指的是在常用制动系统发生故障但情况并不紧急时使用的制动（另有一套装置）。

从司机施行制动（将制动阀手柄移至制动位）的瞬间起，到列车速度降为零的瞬间止，列车所驶过的距离，称为列车“制动距离”。这是综合反映列车制动装置的性能和实际制动效果的主要技术指标。有的国家不用制动距离而用(平均)减速度作为其主要技术指标。两者实质是一样的,但是制动距离比较具体,减速度则较为抽象。两者的关系可用下式表示:

$$\left(\frac{v\times 1\,000}{60\times 60}\right)^2=2\cdot a\cdot s \tag{1-1}$$

即
$$a=\frac{v^2}{2\times 3.6^2\times s} \tag{1-2}$$

或
$$s=\frac{v^2}{2\times 3.6^2\times a} \tag{1-3}$$

式中 v——施行制动时的列车初速度,简称“制动初速”(km/h);

s——制动距离(m);

a——列车在制动距离内的平均减速度(m/s^2)。

为了确保行车安全,世界各国都要根据本国铁路情况(主要是列车速度、牵引重量、信号和制动技术等)制订出自己的制动距离(或减速度)标准——“紧急制动距离限值”,即最大允许值,又称“计算制动距离”,其值以前在700～1 200 m之间,也有更长的(现在的高速列车有的已长达3 000 m甚至更长)。随着列车速度的提高,制动距离标准也要相应加长,这是不可避免的,也是必需的,否则,减速度就会高至人们无法承受的程度(参看第八章第一节)。

任何列车在任何坡道遇到任何紧急情况,都要保证在施行紧急制动后能在规定的制动距离限值内停车。但是,在设计机车车辆时要求的只是在空旷的平直道(即无隧道、无坡道、无弯道)以“构造速度”(机车车辆在构造上允许的最高速度)运行时,其紧急制动距离不超过限值。在下坡道,由于“坡道阻力”(列车所受重力沿轨道方向的向下的分力)与列车运行方向相同,变成了“坡道下滑力”,制动距离必然相应增长。在较陡的下坡道,为了满足制动距离限值的要求,列车运行速度必须限制得比构造速度低。这是按制动要求规定的限制速度,故一向称之为“制动限速”。下坡道越陡,制动限速越低。在坡度一定时,这个限速决定于列车的制动能力,制动能力越弱,该限速也越低。

紧急制动距离限值内停车的最高允许速度,只是制动限速的一种——“紧急制动限速”,对于制动能力较强的旅客列车,它确实就是真正的唯一的制动限速。但是,对于制动能力较弱的货物列车又遇到长大下坡道时,它就可能不是真正的制动限速了。这是因为,列车在正常情况下施行的是常用制动,只用部分制动能力,而且目前铁路货物列车普遍采用的制动方式是“踏面(闸瓦)制动”,闸瓦摩擦系数随速度的增高而减小,即速度越高,制动力越小。当货物列车以紧急制动距离限值内可以停车的允许速度运行而施行常用制动时,制动力可能克服不了坡道下滑力,无法控制列车速度。所以,制动能力较弱的货物列车运行于长大下坡道时,其限制速度可能比紧急制动限速还要低(速度低时制动力大一些)。这是一种由常用制动时力的平衡关系决定的另一种制动限速——“常用制动限速”(参看本书第六章第一节之四)。下坡道越陡,这个限速也越低,而且,它比紧急制动限速降低得快。在坡度一定时,它取决于常用制动时对列车制动能力的利用程度。常用制动限速和紧急制动限速两者相比较,较低者才是真正的制动限速。

安全第一,“不止不行”。对现代铁路来说,制动的重要性早就不仅仅是安全问题了。制动已经成为限制列车速度和牵引重量进一步提高的重要因素。要想“多拉快跑”,除了要有较大功率的牵引动力之外,还要有更大功率的列车制动装置。为什么牵引动力装置可以集中在机车或几个动车里,而制动装置却必须遍布全列车每一辆车呢?原因就在于制动功率需要比牵引功率大得多。如果制动功率不足，在长大下坡道不能保证安全下坡，或者遇到紧急情况时不能保证在规定的制动距离内停车，则后果不堪设想。

为了提高铁路的运输能力，旅客列车和货物列车曾经向“重载”（扩编）方向发展，现在旅客列车正向“高速”方向发展，货物列车也要提速。无论高速（提速）还是重载（扩编），“制动”都是一个非常关键的问题。制动问题如果没有解决，即使有了高质量的线路，有了功率很大的牵引动力，高速（提速）或重载（扩编）还是不可能实现的。

第二节　踏面（闸瓦）制动与轮轨黏着

从能量的观点来看，“制动”的实质就是将列车动能转变成别的能量或转移走；从作用力的观点来看，“制动”就是让制动装置产生与列车运行方向相反的外力（制动力），使列车产生较大的减速度，尽快减速或停车。采取什么方法将动能转化或转移，通过什么方法产生制动力，这是制动的一个基本问题——“制动方式”问题。

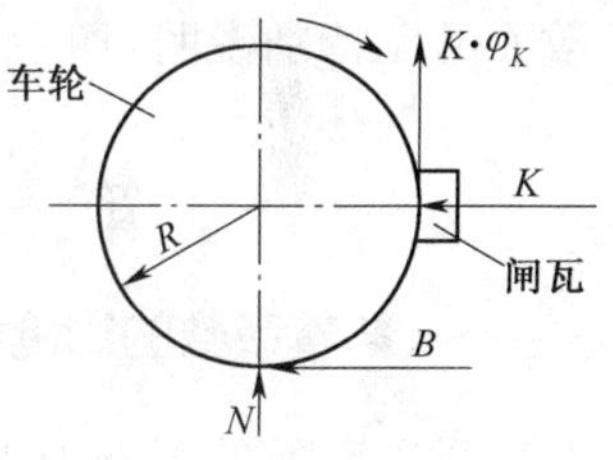

图 1-1　踏面（闸瓦）制动

踏面制动，又称闸瓦制动，是自有铁路以来使用最广泛的一种制动方式。它用铸铁或其他材料制成的瓦状制动块（闸瓦）紧压滚动着的车轮踏面，通过闸瓦与车轮踏面的机械摩擦将列车的动能转变为热能，消散于大气，并产生制动力，参看图 1-1。在车轮转动中，闸瓦作用于车轮的法向压力 K 引起闸瓦作用于车轮的切向滑动摩擦力 $K\cdot\varphi_K$（φ_K 为闸瓦与车轮间的滑动摩擦系数）。由于车轮紧压在钢轨上，所以闸瓦摩擦力对轮心的逆时针方向的力矩$K\cdot\varphi_K\cdot R$在轮轨接触点又引起钢轨反作用于车轮的切向静摩擦力 B（R 为车轮滚动圆的半径）。这个力就是由制动装置引起的与列车运行方向相反的外力——制动力。在轮轨间保持静摩擦和忽略车轮回转惯性的情况下，制动力在数值上可以认为就等于闸瓦摩擦力，即

$$B=K\cdot\varphi_K \quad (\text{kN}) \tag{1-4}$$

或

$$B=\sum(K\cdot\varphi_K) \quad (\text{kN}) \tag{1-5}$$

式中　$\sum(K\cdot\varphi_K)$——作用于一个轮对、一辆车或一列车的闸瓦摩擦力总和（kN）。

显然，只要轮轨间静摩擦不被破坏，制动力将随闸瓦压力的增大而增大。

根据刚体平面运动学的分析，沿钢轨自由滚动的车轮，具有不断变化的瞬时转动中心。车轮和钢轨的各个接触点在两者接触的瞬间是没有相对运动的，轮轨间的切向作用力就是物理学上说的静摩擦力。其最大值（最大静摩擦力）是一个与运动状态无关的常量，它等于轮轨间的法向作用力 N 与静摩擦系数 μ 的乘积。但这是一种难以实现的理想状态。倘若能达到这种状态，则可能实现的制动力最大值约为轮轨间的最大摩擦力。

另一种情况恰恰相反：轮轨间的切向作用力超过了维持静摩擦的极限值——最大静摩擦力，轮轨接触点发生了相对滑动，切向作用力将变成滑动摩擦力，其值比最大静摩擦力小很多，车轮在强大的闸瓦摩擦力矩作用下转速将显著减慢，直至停止转动，但列车速度并未同时显著降低，已停转的车轮在钢轨上滑行，钢轨和车轮踏面都被局部擦伤，制动力反而大大降低。这是一种应当竭力避免的不正常状态。

实际上问题比较复杂：车轮和钢轨在很高的压力作用下都有少许变形，轮轨间实际并非点接

触，而是椭圆形面接触；列车运行中不可避免地要发生各种冲击和振动；车轮踏面是圆锥形的，车轮在钢轨上滚动的同时，必然伴随着微量的轮轨间的纵向和横向滑动。所以，轮轨接触面不是纯粹的静摩擦状态，而是“静中有微动”或“滚中有微滑”的状态。轮轨之间的最大切向力实际上比物理学上的最大静摩擦力要小，而且与列车运动状态有关，随列车速度的升高而降低。因此，在铁路牵引和制动理论中，把“静中有微动”的状态称为“黏着状态”。在分析轮轨间切向作用力的问题时，不用静摩擦这个名词，而以“黏着”来代替它。相应地，把黏着状态下轮轨间切向摩擦力最大值称为“黏着力”，把它与车轮钢轨间垂直载荷之比称为“黏着系数”。

在列车运行中，由于制动力和惯性力不是作用在同一水平面内，又造成机车车辆前后车轮作用于钢轨的垂直载荷不均匀分配，即，各个车轮对钢轨的法向反力 N 并不相等。为便于应用，又假定轮轨间垂直载荷在运行中固定不变，认为黏着力的变化是由于黏着系数的变化引起的。这样一来，黏着力与列车速度的关系就被简化成了黏着系数与列车速度的关系。黏着系数也就成了假定值，称为“计算黏着系数”。由于它与假定不变的垂直载荷的乘积等于实际的黏着力，所以这个假定用于黏着力计算是可行的，实际上一直也是这样用的(只要提到黏着系数而又无特别说明，均指假定值或计算值)。

第三节　黏着系数的影响因素和计算公式

一、黏着系数的影响因素

黏着系数的影响因素主要有两个：一个是车轮和钢轨的表面状况(参看表 1-1)；另一个是列车运行速度。

轮轨间表面状态包括：干湿情况、脏污程度、是否有锈、是否撒砂以及砂的数量和品质等。轮轨的湿度、脏污程度又与天气、环境污染状况和制动装置型式(有无踏面或轨面清扫设备)等因素有关。天气的因素包括：有风与否、下雨与否、风雨大小和持续时间、有无霜雪等。在轮轨干燥而清洁时黏着系数较大。在轮轨刚刚潮湿、或有霜雪、油污时，黏着系数将明显减小。但如果连续大雨，钢轨被冲刷得很洁净，则钢轨虽然很湿，黏着系数也不会小。

表 1-1　轨面状况对黏着系数的影响

轨面状况	轮轨黏着系数	
	未撒砂	撒砂
清洁干燥	0.25～0.30	0.35～0.40
润湿	0.18～0.20	0.22～0.25
有霜	0.15～0.18	0.22
雨雪	0.15	0.20
油污	0.10	0.15

在轨面上适当撒砂可以增大黏着系数，但是：

(1)高速行车时砂易被吹走，不能成功地撒在轨面上，效果较差；

(2)有霜雪、落叶或油污很厚时，撒砂效果很差，甚至无效；

(3)会加剧钢轨和机车车辆某些部件的磨损；

(4)撒砂过度还可能影响电气设备对道岔辙轨、岔心和信号装置的控制；

(5)砂的黏度、成分、硬度和湿度都必须符合一定的要求，符合要求的砂准备费用较大。

所以，撒砂的方法一般仅限于在黏着不良的地方，而且，主要用于改善机车或动车的牵引黏着而非制动黏着。

秋天的落叶也能引起严重污染。纷飞的落叶在轨面上被碾压成一层非常薄的黏膜，不易察觉但很黏很滑，可使黏着系数变得很小，曾经有过小到 0.05 的纪录。

轨面生锈对黏着系数的影响是双方面的：薄薄的一层黄锈可使黏着系数增大，但锈层较厚、特别是有点湿润的棕色锈层，则反而会使黏着系数明显减小。

闸瓦的材质对黏着系数也有影响：铸铁闸瓦能烧掉车轮踏面上的大部分杂质和油脂，而把铁、氧化铁和碳化微粒留下，使踏面变得稍粗糙一些，对改善黏着有利；合成闸瓦会在轮轨表面留下一层低黏着的废料，使黏着系数减小。

列车运行速度对黏着系数的影响主要是：随着制动过程中列车速度的降低，冲击振动以及伴随而来的纵向和横向的少量滑动都逐渐减弱，因而黏着力和黏着系数也逐渐增大，其增大的程度与机车车辆动力性能、轨道的情况等有关。

由此可见，黏着系数影响因素复杂多变，故黏着系数的变化范围很大，很难以一条曲线来表示。通常给出两条曲线，即给出一个范围。

二、黏着系数的计算公式

由于制动黏着系数是制动装置设计中首先需要选定的最基本的参数之一，所以许多国家都早就开展了对它的研究并取得了成果。中国铁路为了摸清符合自己国情的制动黏着系数的大小和变化规律，从 1988 年至 1991 年，先后在济南、上海和哈尔滨三个铁路局管内进行了试验研究，得出了可供中国机车车辆设计时选用的制动黏着系数公式如下（相应的曲线和数据分别参看图 1-2 和表 1-6）：

干燥轨面 $\mu=0.0624+\dfrac{45.6}{v+260}$　　(1-6)

潮湿轨面 $\mu=0.0405+\dfrac{13.5}{v+120}$　　(1-7)

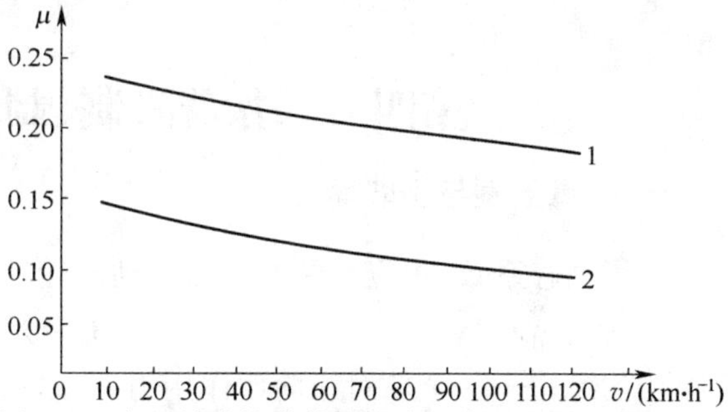

图 1-2　中国铁路推荐使用的实测制动黏着系数曲线

1—干燥轨面；2—潮湿轨面

表 1-2、表 1-3、表 1-4 和表 1-5 分别列出了美国西屋空气制动机公司（WABCO）、日本、苏联以及欧洲其他一些国家的制动黏着系数或其计算公式。

在以上所述的图和表中，有的只给出一个值或一个范围，有的按轨面状况分别给出了两条制动黏着系数与列车运行速度（km/h）的关系曲线，有的还考虑了机车车辆型式和轮对给钢轨的轴重对制动黏着系数的影响。由此可见，黏着系数研究是何等的复杂和困难。

表 1-2　美国 WABCO 的制动黏着系数

$v/(\mathrm{km\cdot h^{-1}})$	0	20	40	60	80	100	120	140	160	180	200
轨面良好	0.2300	0.1825	0.1625	0.1525	0.1475	0.1425	0.1400	0.1375	0.1350	0.1338	0.1325
轨面不良	0.1300	0.1163	0.1050	0.0980	0.0925	0.0875	0.0838	0.0813	0.0800	0.0788	0.7075

表 1-3　日本东海道新干线和国铁车辆设计事务所的黏着系数公式

东海道新干线		国铁车辆设计事务所
干燥钢轨	湿钢轨	
$\mu=\dfrac{27.2}{v+85}$	$\mu=\dfrac{13.6}{v+85}$	$\mu=0.24\times\dfrac{1+0.0078v}{1+0.024v}$

表 1-4 苏联在设计制动装置时采用的黏着系数

机车车辆型式	v /(km·h⁻¹)	轮对给钢轨的轴重/t					
		6	10	14	18	22	26
货车	20	0.129	0.121	0.114	0.106	0.100	0.094
	100	0.097	0.091	0.085	0.080	0.074	0.070
	120	0.092	0.086	0.081	0.075	0.070	0.066
客车、保温车和动车	40	0.139	0.132	0.123	0.115	0.107	0.102
	140	0.106	0.099	0.093	0.087	0.081	0.077
	160	0.102	0.096	0.090	0.084	0.078	0.074
机车	20	—	—	—	0.118	0.109	0.103
	100	—	—	—	0.087	0.079	0.075
	160	—	—	—	0.080	0.070	—

表 1-5 欧洲一些国家规定的制动黏着系数

荷兰 (NS)	西班牙国铁 (RENFF)	奥地利 (OBB)	捷克 (CSD)	挪威国铁 (NSB)	瑞典国铁 (SJ)	西德联邦铁路 DB	芬兰国铁 (VR)
0.11～0.12	0.12	0.12	0.12～0.15	0.15	0.15	0.15	0.15

表 1-6 中国铁路推荐使用的实测制动黏着系数

v/(km·h⁻¹)	0	10	20	30	40	50	60	70	80	90	100	110	120
轨面良好	0.238	0.231	0.225	0.220	0.214	0.209	0.205	0.201	0.197	0.193	0.189	0.186	0.182
轨面不良	0.153	0.144	0.137	0.131	0.125	0.120	0.116	0.112	0.108	0.105	0.102	0.099	0.097

第四节 黏着限制、制动率和闸瓦摩擦系数

一、黏着限制与制动率

有了黏着系数，相应的黏着力即制动时轮轨间切向作用力的最大值 B_μ 可由下式算得：

$$B_\mu=\sum N\cdot\mu$$

式中 $\sum N$——一个轮对法向反作用力 N 的总和，它等于轴载荷。

在正常情况下，制动力不应大于黏着力，换句话说，制动力应受轮轨黏着的限制。即

$$B\leqslant B_\mu$$

或

$$\sum K\cdot\varphi_K\leqslant\sum N\cdot\mu \tag{1-8}$$

令 $\delta_0=\dfrac{\sum K}{\sum N}$，并称之为轴制动率，可得

$$\delta_0\leqslant\frac{\mu}{\varphi_K} \tag{1-9}$$

对于整个机车或车辆，式(1-8)中的 $\sum K$ 可表示整车的闸瓦压力总和(kN)，$\sum N$ 则表示整车所受的重力(kN)。令 δ 为整车制动率，则

$$\delta=\frac{\sum K}{Q\cdot g} \tag{1-10}$$

式中 Q——整车(一台机车或一台车辆)的总重量(t)；

g——重力加速度(m/s²)。

对于全列车，式(1-8)中的 $\sum K$ 应为全列车的闸瓦压力总和(kN)，$\sum N$ 则为全列车受到的重力(kN)。令 ϑ 为列车制动率，可得

$$\vartheta=\frac{\sum K}{(G+\sum P)\cdot g} \tag{1-11}$$

式中　G——牵引重量(t)；

$\sum P$——机车计算重量总和(t)。

由上述三式可知：机车、车辆或列车所具有的闸瓦压力总和与其所受的重力之比，都称为制动率，表示该车或该列车单位重力所具有的制动能力；制动率大于轮轨黏着系数与闸瓦摩擦系数之比就要发生滑行和擦伤，故闸瓦压力不能太大；但制动率太小了也不行，闸瓦压力太小则制动力不够，制动距离要延长(详见第六章第四节)。

二、闸瓦摩擦系数

在闸瓦压力一定的条件下，制动力的大小取决于闸瓦摩擦系数。

1. 影响闸瓦摩擦系数的因素

闸瓦摩擦系数的影响因素主要有四个：闸瓦材质、列车运行速度、闸瓦压强和制动初速。

闸瓦材质和列车运行速度对闸瓦摩擦系数的影响非常大。长期以来，机车车辆主要使用铸铁闸瓦。最早用的是含磷量 0.3%的(普通)铸铁闸瓦，很不耐磨，而且其摩擦系数随列车速度的增高会大大降低。可是，列车高速时动能大，正需要较大制动力来使列车减速。普通铸铁闸瓦的上述性能正好与实际需要完全相反，所以，很快被含磷量为 0.7%～1.0%的中磷(铸铁)闸瓦代替。中磷闸瓦的摩擦系数比普通铸铁闸瓦高约 35%，制动距离可缩短约 16%，在同样的制动条件下闸瓦温度较低，闸瓦磨损减轻约 30%，车轮踏面磨损也减轻约 47%。含磷量在 2.0%以上的高磷(铸铁)闸瓦制动效果还要好。但是，随着含磷量的大大增高，闸瓦的脆裂性也变得十分严重，所以，高磷闸瓦要以“钢背”来加强，这样又增大了它的成本，使其价格太高，不易于推广。为此，北京铁路局、清华大学和铁道部科学研究院三方曾合作研制成功一种 BXT-1 型稀土铸铁闸瓦，其含磷量为 1.0%～1.3%，比中磷闸瓦高，比高磷闸瓦低。它的特点是加进了稀土元素，利用稀土的强化孕育作用，使其既具有高磷闸瓦耐磨、火花量小、寿命长的优点，又具有中磷闸瓦不易脆裂、不用“钢背”、工艺比较简单、价格比较便宜的优点，所以是中磷闸瓦较好的替代品。

闸瓦材质的另一大类是合成材料。用合成材料制造的闸瓦称为合成闸瓦(又称塑料闸瓦)，它有下列优点：

(1)可根据需要改变配方和工艺，使摩擦系数曲线与黏着系数曲线获得较好的吻合，即摩擦系数很大而且对速度的改变不太敏感(随速度而变的程度较轻或者说比较稳定)。

(2)特别耐磨，其寿命一般在铸铁闸瓦的 4 倍以上，不会发生“磨托”事故。

(3)制动时基本无火花，不会发生“烧车”或沿线火灾事故。

(4)重量较小，仅为铸铁闸瓦的 1/3 左右。

(5)车轮踏面磨耗也少，比用铸铁闸瓦可少一半。

合成闸瓦的研究和推广受到世界各国的极大重视。从第二次世界大战结束以来，合成闸瓦得到非常迅速的发展。我国铁路技术发展的政策也确定了将来要广泛采用合成闸瓦。为此，还引进了这方面的先进技术和专门的生产线。

合成闸瓦的缺点是对钢轨的湿润比较敏感，而且散热性能较差，易使车轮踏面发生热裂、剥离、金属镶嵌，甚至磨出沟槽。当然，这些问题也不是不能解决的。低弹性模量的闸瓦就是一种比较成功的产品，已经获得广泛的推广应用。

为了适应高速列车制动的需要，人们还在继续研究采用新的闸瓦材质，如烧结材料、陶瓷铝等。

闸瓦压强对闸瓦摩擦系数也有一定的负影响。试验研究结果表明，铸铁闸瓦压强越大则摩擦系数越小。压强增大一倍，摩擦系数降低约 27%。所以，运用中闸瓦压强一般不要超过 1 200 kPa，设计时不要超过 1 000 kPa①。我国标记载重 50 t 及其以上的货车采用 GK 型制动机，闸瓦压强已超过 1 300 kPa，所以，常常发生“磨托”和“烧车”的事故。

对于需要增大制动力的机车车辆，不能一味地增大闸瓦压力。这是因为，闸瓦与车轮踏面的接触面积有一定的限制：闸瓦不可能太宽；太长时由于受力沿闸瓦长度的分布不均匀，又不起多大作用。所以，在闸瓦压强已经不能再增大时，要想法改进闸瓦材质以增大摩擦系数，或者采用“双侧制动”，用增加闸瓦数量的办法来增大闸瓦面积，从而增大闸瓦压力而不增大闸瓦压强（详见本章第七节）。

制动初速对闸瓦摩擦系数也有一定的负影响，我国是在 1963 年和 1978 年两次制动参数试验中先后发现和证实的。图 1-3 是 1978 年试验所得的某一组曲线，它表明在闸瓦材质、闸瓦压强和列车运行速度相同的情况下，制动初速越低，摩擦系数越大。

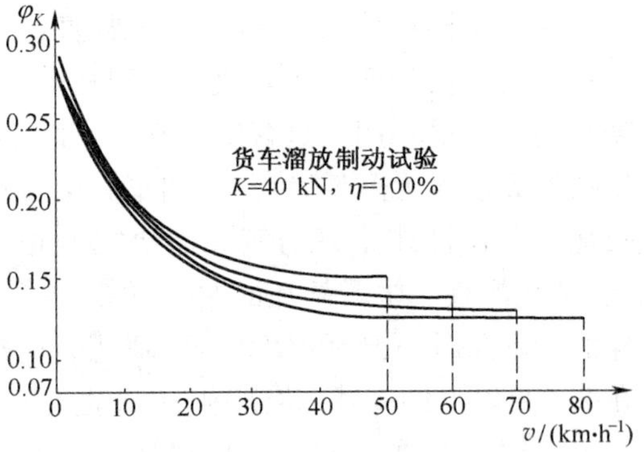

图 1-3　制动初速对中磷铸铁闸瓦摩擦系数的影响

除上述主要影响因素之外，闸瓦摩擦系数还与气候条件、车轮踏面清洁情况以及轮瓦新旧程度等因素有关。由于影响因素多而复杂，很难用理论方法来推导，主要靠室内 1∶1 的“制动摩擦副试验台”和在现场线路上进行成组车辆的“溜放试验”来实测。在溜放试验中由于缺乏列车运行中基础制动装置传动效率（动效率）的数据，难以准确测定出真正的闸瓦摩擦系数值。

2. 闸瓦摩擦系数公式

在制定我国 1982 年 7 月 12 日颁布、1983 年 1 月 1 日开始实行的第二个《列车牵引计算规程》时，为了建立对客货车都适用的闸瓦摩擦系数公式，采用了按客货车基础制动装置复杂程度分别规定“动效率计算值”的办法②：客车定为 0.85（双侧制动，较复杂）；货车当时定为 0.95（单侧制动，较简单）。由此，得出的中磷铸铁闸瓦摩擦系数公式如下：

$$\varphi_K = 0.64 \times \frac{K+100}{5K+100} \cdot \frac{3.6v+100}{14v+100} + 0.006 \times (110 - v_0)\frac{v}{6v+100}$$

在 1998 年 10 月 15 日颁布、1999 年 4 月 1 日开始实行的第三个《列车牵引计算规程》中，上式被简化为

$$\varphi_K = 0.64 \times \frac{K+100}{5K+100} \cdot \frac{3.6v+100}{14v+100} + 0.0007 \times (110 - v_0) \tag{1-12}$$

①：按铁道部关于制动风表单位换算的规定，制动时的空气压强均按 1 kgf/cm² ≈ 100 kPa 换算。

②：我国第三个《牵规》的规定是：机车及客车闸瓦制动的计算传动效率均为 0.85，货车闸瓦制动为 0.90，客车盘形制动及其踏面制动单元亦为 0.90。必须指出，式(1-12)是按客车 0.85，货车 0.95 来建立的，机车参照客车取 0.85 还可以，货车闸瓦制动、客车盘形制动及其踏面制动单元定为 0.90 就不太合适了。

式中　K——每块闸瓦作用于车轮的压力(kN)；

v_0——制动初速(km/h)；

v——制动过程中变化着的列车运行速度(km/h)。

其他材质的闸瓦的摩擦系数公式将在本书第六章中介绍。

第五节　其他制动方式

除闸瓦制动外，铁路机车车辆还有一些其他制动方式。

一、盘形制动

盘形制动(摩擦式圆盘制动)是在车轴上或在车轮辐板侧面装上制动盘，一般为铸铁圆盘，用制动夹钳使合成材料制成的两个闸瓦紧压制动盘侧面，通过摩擦产生制动力，把列车动能转变成热能，消散于大气，如图1-4所示。

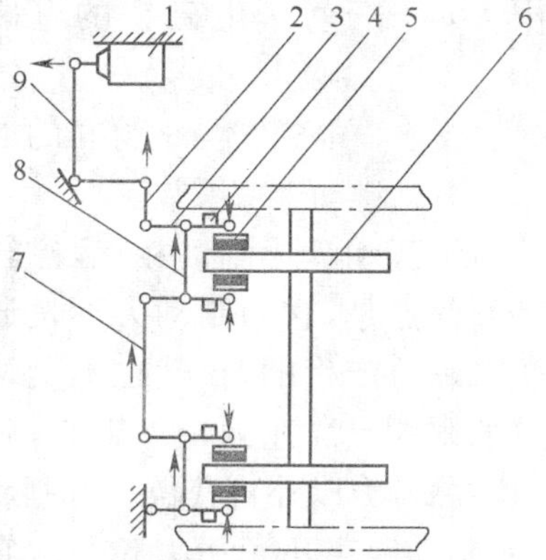

图1-4　盘形制动

1—制动缸；2—拉环；3—水平杠杆；4—缓解弹簧；5—制动块；6—制动盘；7—中间拉杆；8—水平杠杆拉杆；9—转臂

与闸瓦制动相比，盘形制动有下列主要优点：

(1)可以大大减轻车轮踏面的热负荷和机械磨耗。

(2)可按制动要求选择最佳"摩擦副"(采用闸瓦制动时，作为"摩擦副"一方的车轮的构造和材质不能根据制动的要求来选择)，盘形制动的制动盘可以设计成带散热筋的，旋转时它具有半强迫通风的作用，以改善散热性能，为采用摩擦性能较好的合成材料闸片创造了有利的条件，适宜于高速列车。

(3)制动平稳，几乎没有噪声。

但是，盘形制动也有它不足之处：

(1)车轮踏面没有闸瓦的磨刮，轮轨黏着将恶化，所以，还要考虑加装踏面清扫器(或称清扫闸瓦)，或采用以盘形为主、盘形加闸瓦的混合制动方式，否则，即使有防滑器，制动距离也比闸瓦制动要长。

(2)制动盘使簧下重量及其引起的冲击振动增大，运行中还要消耗牵引功率。

盘形制动的制动力

$$B=\sum\left(K\cdot\varphi\cdot\frac{r}{R}\right) \tag{1-13}$$

式中　K——闸片压力；

φ——闸片摩擦系数；

r——闸片作用半径；

R——车轮(滚动圆)半径。

铁路上采用盘形制动已经有70多年历史了。起初主要在欧洲动车组上用，后来，随着高速列车的发展，盘形制动也得到了相应的发展。闸瓦制动的散热能力在列车运行速度达到160 km/h以上时就不行了。与闸瓦制动相比，盘形制动更适合于高速列车。我国铁路从1958年开始，曾先后两次对盘形制动进行研究，并在广深线准高速客车上首先装车应用。

二、磁轨制动

磁轨制动(摩擦式轨道电磁制动)是在转向架的两个侧架下面,在同侧的两个车轮之间,各安置一个制动用的电磁铁(或称电磁靴),制动时将它放下并利用电磁吸力紧压钢轨,通过电磁铁上的磨耗板与钢轨之间的滑动摩擦产生制动力,并把列车动能变为热能,消散于大气,参见图 1-5。

磁轨制动的制动力

$$B=\sum(K\cdot\varphi) \qquad (1\text{-}14)$$

式中 K——每个电磁铁的电磁吸力;

φ——电磁铁与钢轨间的滑动摩擦系数。

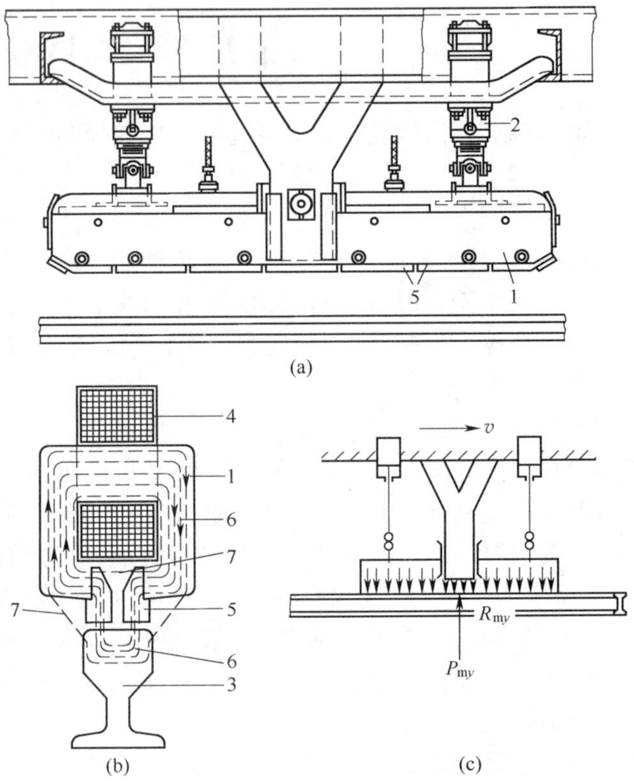

图 1-5 磁轨制动

1—电磁铁;2—升降风缸;3—钢轨;4—励磁线圈;5—磨耗板;6—工作磁通;7—漏磁通

与闸瓦和盘形制动相比,磁轨制动的优点是,它的制动力不是通过轮轨黏着产生的,自然也不受该黏着的限制。高速列车加上它,就可以在黏着力以外再获得一份制动力,使制动距离不至于太长。磁轨制动的不足之处是,它是靠滑动摩擦来产生制动力的,电磁铁要磨耗,钢轨的磨耗也要增大,而且,滑动摩擦力无论如何也没有黏着力大。所以,磁轨制动只能作为紧急制动时的一种辅助的制动方式,用于黏着力不能满足紧急制动距离要求的高速列车上,在施行紧急制动时与闸瓦(或盘形)制动一起发挥作用。

三、轨道涡流制动

轨道涡流制动又称线性涡流制动或涡流式轨道电磁制动。它与上述磁轨制动(摩擦式轨道电磁制动)很相似,也是把电磁铁悬挂在转向架侧架下面同侧的两个车轮之间。不同的是,轨道涡流制动的电磁铁在制动时只放下到离轨面几毫米处而不与钢轨接触。它是利用电磁铁和钢轨的相对运动使钢轨感应出涡流,产生电磁吸力作为制动力,并把列车动能变为热能消散于大气。

轨道涡流制动既不通过轮轨黏着(不受其限制),也没有磨耗问题。但是,它消耗电能太多,约为磁轨制动的 10 倍,电磁铁发热也很厉害,所以,它也只作为高速列车紧急制动时的一种辅助制动方式。

四、旋转涡流制动

旋转涡流制动（涡流式圆盘制动）是在牵引电动机轴上装金属盘，制动时金属盘在电磁铁形成的磁场中旋转，盘的表面被感应出涡流，产生电磁吸力，并发热消散于大气，从而产生制动作用。

与盘形制动（摩擦式圆盘制动）相比，旋转涡流制动（涡流式圆盘制动）的圆盘虽然没有装在轮对上，但同样要通过轮轨黏着才能产生制动力，也要受黏着限制。而且，与轨道涡流制动相似，旋转涡流制动消耗的电能也太多。

五、电阻制动

电阻制动广泛用于电力机车、电动车组和电传动内燃机车。它是在制动时将原来驱动轮对的自励的牵引电动机改变为他励发电机，由轮对带动它发电，并将电流通往专门设置的电阻器，采用强迫通风，使电阻产生的热量消散于大气，从而产生制动作用。

六、再生制动

与电阻制动相似，再生制动也是将牵引电动机变为发电机。不同的是，它将电能反馈回电网，使本来由电能或位能变成的列车动能获得再生，而不是变成热能消散掉。显然，再生制动比电阻制动在经济上合算，但是技术上比较复杂，而且它只能用于由电网供电的电力机车和电动车组，反馈回电网的电能要马上由正在牵引运行的电力机车或电动车组接收和利用。

七、液力制动

液力制动广泛应用于液力传动内燃机车。它是在液力传动装置内安装液力制动器（液力耦合器），制动时向它充入液体，车轮带动它旋转时液体和液体之间、液体与耦合器之间摩擦生热，再经由散热器消散于大气，从而产生制动作用。

车辆方面，国外也有人在研究使用这种制动方式（把液力耦合器装在空心的车轴内）。

八、翼板制动

翼板制动是在制动时利用车辆外伸的“翼板”，人为地加大空气阻力，从而产生制动作用。这种制动方式一直有人在研究，但至今没有进入实用阶段。

上述制动方式中，旋转涡流制动、电阻制动、再生制动、内燃机车液力制动，都是让机车或动车的动轮对带动其动力传动装置，让它产生逆作用，消耗或回收列车动能，习惯上常统称为“动力制动”。由于此类制动只是在具有牵引动力装置的机车或动车上才能采用，对动力集中的整个列车来说，它的制动力太小了，而且只是在高速时效果才比较显著。所以，动力制动只能作为一种辅助的制动方式，用以弥补闸瓦制动或盘形制动的不足，电阻制动、再生制动和液力制动对于在山区运用的内燃机车和电力机车很有好处，因为山区长大下坡道多，有动力制动配合可以更好地保证列车运行安全，提高列车运行速度和铁路通过能力，并可以减少机车闸瓦和车轮踏面的磨耗，大大节约因更换闸瓦和车轮（或轮箍）而消耗的人力物力。

上述制动方式中，除磁轨制动和轨道涡流制动外，都要通过轮轨黏着来产生制动力并受黏着限制，所以习惯上统称为“黏着制动”，而把不通过黏着者统称为“非黏（着）制动”。

上述制动方式中，闸瓦制动、盘形制动、磁轨制动等都是通过机械摩擦而产生制动作用，所以习惯上也常把它们统称为“摩擦制动”，而把其他不是通过摩擦的制动方式称为“非摩(擦)制动”。

第六节　制动机种类

按制动原动力和操纵控制方法的不同，机车车辆制动机可分类为：手制动机、空气制动机、真空制动机、电空制动机和电(磁)制动机。

一、手制动机

手制动机的特点是以人力为原动力，以手轮的转动方向和手力的大小来操纵控制。它构造简单、费用低廉，是铁路上历史最悠久、生命力最顽强的制动机。铁路发展初期，机车车辆上都只有这种制动机，每车或几个车配备一名制动员，按司机的笛声号令协同操纵。由于它制动力弱、动作缓慢、不便于司机直接操纵，所以很快就被非人力的制动机所代替。非人力的制动机成了主要的制动机，手制动机退居次要地位，成了辅助的备用的制动机。但是它的这个“配角”的地位很牢固。在调车作业、车站停放或者主要制动机突然失灵时，手制动机仍然是一个简单有效的救急的制动手段。

二、空气制动机

空气制动机的特点是以压力空气(它与大气的压差，即压力空气的相对压强)作为原动力，以改变空气压强来操纵控制。它的制动力大、操纵控制灵敏便利。

我国铁路上习惯于把压力空气简称为“风”，把空气制动机简称为“风闸”。以此类推，风缸、风泵、风管、风压、风表等名称均由此而来。

1. 直通式空气制动机

最早出现的空气制动机是直通式空气制动机，如图 1-6 所示。机车上的空气压缩机 1(风泵)产生压力空气并送入机车上的总风缸 2 储存。

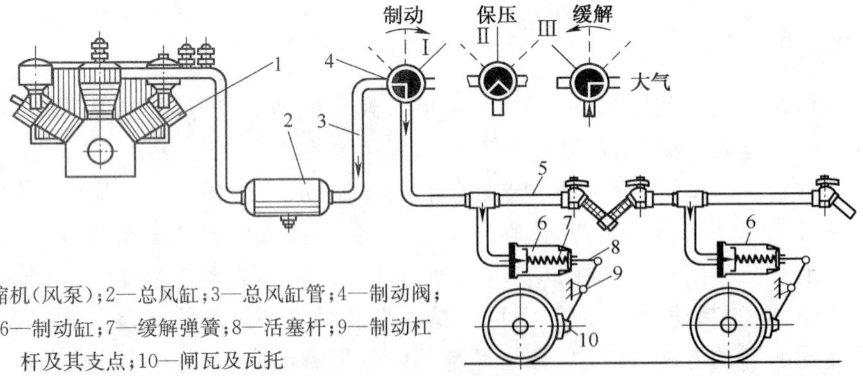

1—空气压缩机(风泵)；2—总风缸；3—总风缸管；4—制动阀；5—列车管；6—制动缸；7—缓解弹簧；8—活塞杆；9—制动杠杆及其支点；10—闸瓦及瓦托

图 1-6　直通式空气制动机

如图 1-7 所示，当机车上操纵全列车制动作用的制动阀 4 的手柄置于制动位Ⅰ时，总风缸的风(简称“总风”)便进入贯通全列车的制动管(简称“列车管”)5。它包括贯通每辆车的制动主管、端部的制动软管和软管连接器以及由每根主管中部接出的制动支管。进入列车管的总风可经由各辆车的制动支管“直通”每辆车的制动缸(简称“闸缸”)6，推动缸内的活塞右移，压缩其背后的缓解弹簧 7，使活塞杆 8 向外伸出，使装于制动杠杆 9 下端的闸瓦托及闸瓦 10 紧压车轮，产生制动作用。

当制动阀手柄置于保压位Ⅱ时，总风缸、列车管和大气三者之间的通路均被隔断，列车管和制动缸的空气压强均可保持不变。如在制动缸升压过程中将制动阀手柄反复置于制动位和保压位，可使制动缸空气压强呈阶段式上升，这种作用称为“阶段制动”，如图1-7左半部所示。

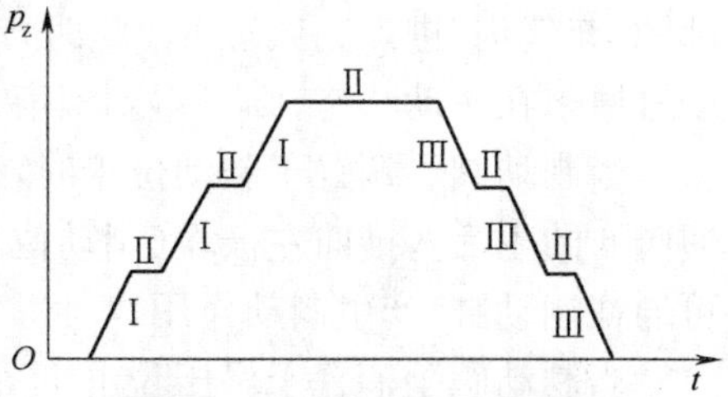

图1-7　阶段制动和阶段缓解

Ⅰ—制动位；Ⅱ—保压位；Ⅲ—缓解位

当制动阀手柄置于缓解位Ⅲ时，制动缸和列车管的压力空气均可由制动阀排往大气。制动缸活塞在缓解弹簧的复原力推动下左移，使活塞杆向缸内缩回，闸瓦离开车轮，制动状态得到缓解。如在制动缸降压过程中将制动阀手柄反复地置于缓解位和保压位，可使制动缸压强呈阶段式下降，这种作用称为“阶段缓解”，如图1-7右半部所示。

直通式空气制动机的基本特点是：列车管直接通向制动缸（“直通”），列车管充气（增压）时制动缸也充气（增压），发生制动；列车管排气（减压）时制动缸也排气（减压），发生缓解。它的优点是构造简单，并且既有阶段制动，又有阶段缓解，操纵非常灵活方便。缺点是当列车发生分离事故、制动软管被拉断时，将彻底丧失制动能力，而且，列车前后部发生制动作用的时间差太大，不适用于编组较长的列车。因此，列车操纵后来就改用了自动式空气制动机。

2. 自动式空气制动机

自动式空气制动机的基本组成和基本原理参看图1-8。与直通式相比，在组成上每辆车多了一个三通阀6和一个副风缸8。“三通”指的是：一通列车管，二通副风缸，三通制动缸。

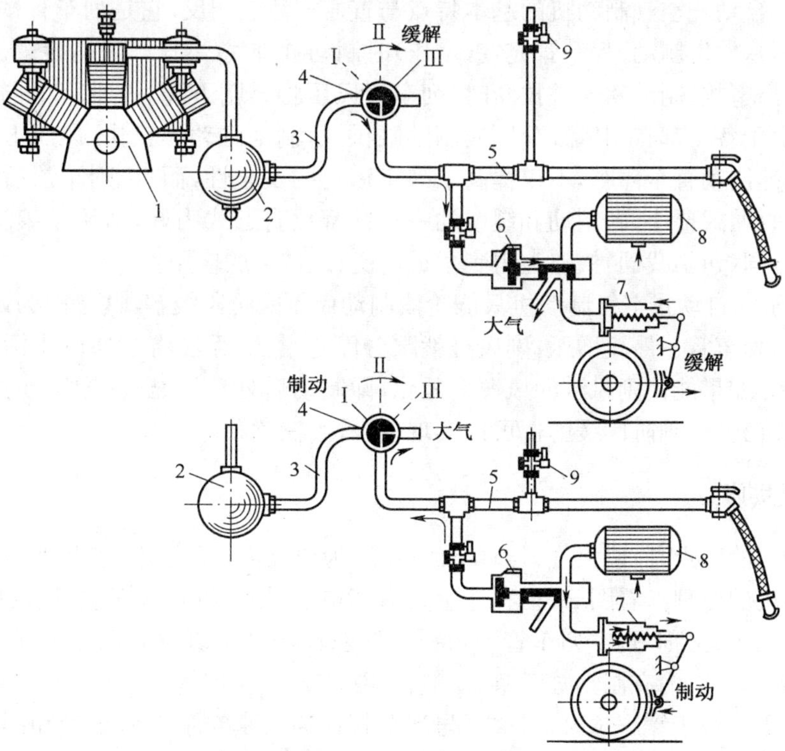

图1-8　自动式空气制动机

1—空气压缩机；2—总风缸；3—总风缸管；4—制动阀；5—列车管；6—三通阀；7—制动缸；8—副风缸；9—紧急制动阀（车长阀）

当制动阀手柄置于缓解位Ⅲ时，总风缸的风经过制动阀进入列车管（充风增压），并进入三通阀6，将三通阀内的活塞（通常称为"主活塞"）推至右极端（缓解位），并经三通阀"活塞套"上部的"充气沟"进入副风缸8。此时，制动缸7则经三通阀（缓解槽和排气孔）通大气。如果制动缸原来在制动状态，则可得到缓解。

当制动阀手柄置于制动位Ⅰ时，列车管经制动阀通大气（排风减压），副风缸8的风压将三通阀6的主活塞推向左极端（制动位），从而打开了三通阀上通往制动缸的孔路，使副风缸的风可通往制动缸，产生制动作用。

当制动阀手柄置于保压位Ⅱ时，列车管不通总风缸也不通大气，列车管空气压强保持不变。此时，副风缸仍继续向制动缸供风，副风缸空气压强仍在下降。当副风缸空气压强降至比列车管空气压强略低时，列车管风压会将三通阀主活塞向右反推至中间位置（中立位或保压位），刚好使三通阀通制动缸的孔被关闭（遮断）；副风缸停止给制动缸供风，副风缸空气压强不再下降，处于保压状态；制动缸空气压强不再上升，也处于保压状态。如在制动缸升压过程中将手柄反复置于制动位和保压位，则制动缸空气压强亦可分阶段上升，即实现阶段制动。

但是，如果在制动缸降压过程中将制动阀手柄由缓解位移至保压位，则列车管和副风缸虽能停止充风增压（保压），三通阀主活塞却仍停留在右极端（缓解位），制动缸的风仍继续排向大气，直至完全缓解。制动阀手柄反复在缓解位和保压位之间移动，只能使列车管和副风缸的风压呈阶段式上升，却不能使制动缸实现阶段缓解，即只能实现一次彻底缓解（又称"轻易缓解"）。

由此可见，自动式空气制动机的基本特点与直通式截然相反，它是列车管排气（减压）时制动缸充气（增压），发生制动；列车管充气（增压）时制动缸排气（减压），发生缓解。它的优点是，当列车发生分离事故、制动软管被拉断时，列车管风压将急剧下降，三通阀将自动而迅速地左移到制动位，由于各车都有副风缸分别向制动缸供风，制动缸动作较快，风压上升也快，所以，列车能自动迅速制动直至停车，不仅提高了列车运行的安全性，而且，列车前后部开始制动作用的时间差比直通式要小，即制动和缓解的一致性都比直通式为好，适用于编组较长的列车。因此，在世界各国（包括我国）铁路上得到了最广泛、最持久的应用。

图1-8所示的自动式空气制动机只能阶段制动而不能阶段缓解，这是因为，列车管是副风缸的唯一风源，列车管一停止增压，副风缸就跟着停止增压，无法将三通阀主活塞反推至中间位置（保压位）。如果能使副风缸的风源多元化，即制动后列车管充气（增压）时还有别的风源也帮助向副风缸充气，则阶段缓解也可以实现（参看第三章第二节）。

三、真空制动机

真空制动机的特点是：以大气（与真空的压差）为原动力，以改变真空度来操纵控制。

真空制动机的原理参看图1-9。机车上装有真空泵（抽气机）1、（真空）制动阀2，真空制动主管3贯通全列车（又称"真空列车管"），每车都装有1～2个真空制动缸4，它的左侧装有支管（与主管相连通），缸内有制动缸活塞5，其左侧装有球形止回阀6。

当制动阀手柄置于缓解位时，真空泵与列车管连通。真空泵将列车管和制动缸内的空气抽走，使列车管和制动缸内上下两方都保持高度真空（约相当于绝对压强33 kPa），活塞因自重而落下（图1-9右半部），活塞杆向外伸出，机车车辆得到缓解。

当制动阀手柄置于制动位时，列车管与大气相通，大气进入列车管和制动缸活塞下方。由于抽气完成时球形止回阀 6 已落下处于关闭状态，大气压力只能将它压住而不能使它开放，故大气不能进入活塞上方。活塞上下形成的压差推动活塞上移，活塞杆缩向缸内而发生制动作用。

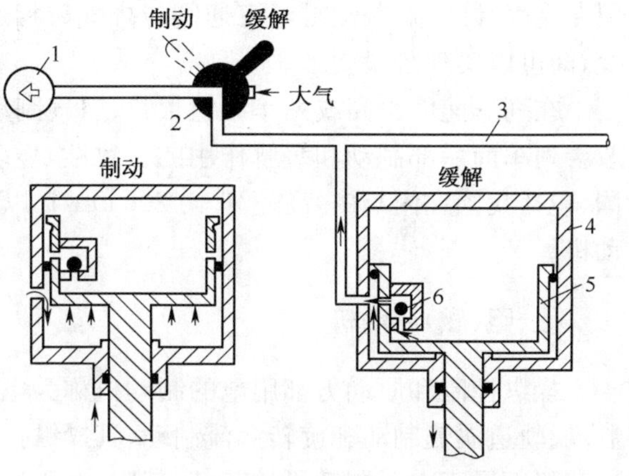

图 1-9　真空制动

1—真空泵；2—真空制动阀；3—真空制动主管；4—真空制动缸；5—活塞；6—球形止回阀

真空制动机在许多国家曾经是主要制动机，如亚洲的巴基斯坦、孟加拉国、斯里兰卡、泰国，非洲的赞比亚等。我国援建的坦赞铁路所用的货车上也装有真空制动机，因此，我国提供给坦赞铁路的 DFH_1 和 DFH_2 型液力传动内燃机车采用了由我们自己设计制造的 JZ-6 型真空空气两用的制动机。机车本身是空气制动，但是机车上装有真空泵、真空列车管以及将空气列车管压强转换为真空度的真空控制阀、将容量放大并控制真空列车管的真空中继阀和按真空列车管真空度控制空气作用阀的真空比例阀，既可以操纵空气制动的车辆列（将空气列车管与车辆的列车管相连接），也可以操纵真空制动的车辆列（将真空列车管与车辆的列车管相连接）。我国铁路自己虽然从未用过真空制动机，但是根据别国用户的要求，出口到其他国家的机车车辆却常有安装真空制动机的。真空制动机在非人力制动机中是构造比较简单、价格比较便宜、维修也比较方便的，它既能阶段制动，也能阶段缓解，而且可以保证牵引重量为1 000 t的货物列车、制动初速为 80 km/h 时的紧急制动距离不超过 800 m。但是，由于大气压强本身有限，“绝对真空”又很难达到（铁路上根本不可能），而且需要较大的制动缸和较粗的列车管，重量大，占的空间也大，所以，有些采用真空制动的铁路，随着牵引重量和运行速度的提高，已经或正在向空气制动过渡。

四、电空制动机

电空制动机为电控空气制动机的简称。它是在空气制动机的基础上加装电磁阀等电气控制部件而形成的。它的特点是制动作用的操纵控制用电，但制动作用的原动力还是压力空气（它与大气的压差）。在制动机的电控因故失灵时，它仍可以实行空气压强控制（气控），临时变成空气制动机。

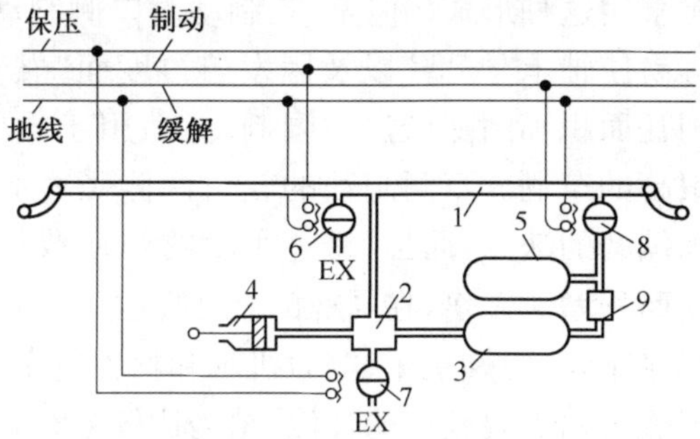

图 1-10　电空制动机

1—列车管；2—三通阀；3—副风缸；4—制动缸；5—加速缓解风缸；6—制动电磁阀；7—保压电磁阀；8—缓解电磁阀；9—止回阀；EX—通大气，全书同

如图 1-10 所示，在制动时各车的制动电磁阀 6 的排气口同时打开，将列车管 1 的压力空气排往大气，产生制动作用。在缓解时各车的缓解电磁阀 8 的通路也同时打开，使各车的加速缓解风缸 5 同时向列车管 1 充风（加速缓解风缸 5 的风是在列车管 1 经过三通阀 2 向副风缸 3 充风时经过止回阀 9 充至定压的，由于止回阀的作用，制动时加速缓解风缸的风没有使用）。在列车施行阶段缓解、缓解电磁阀 8 的通路被关闭、列车管

空气压强保持不变时，保压电磁阀 7 将三通阀的排气通路切断，所以，三通阀主活塞虽然仍停留在充气缓解位，制动缸经三通阀与排气口相通，但此时不通大气，制动缸空气压强能保持不变，即可以实现阶段缓解。

在列车速度很高或列车编组很长、空气制动机难以满足要求时，采用电空制动机可以大大改善列车前后部制动和缓解作用的一致性，显著减轻列车纵向冲击并缩短制动距离。世界各国（包括我国在内）许多高速列车（200 km/h 以上）和准高速（160 km/h）列车都采用了电空制动机。

五、电（磁）制动机

操纵控制和原动力都用电的制动机称为电磁制动机，简称电制动机，例如电磁制动、再生制动、轨道涡流制动和旋转涡流制动，其操纵控制和原动力都用电，所以，采用这些制动方式的制动机都属于电磁制动机的范畴（其实，对于这类制动方式，其制动机和基础制动已很难截然分开了）。

第七节　基础制动装置和防滑装置

如前所述，传送制动原动力并产生制动力的部分称为基础制动装置。传送的任务一般是通过杠杆传动机构来完成的。传送的同时，通常还要将力加以扩大。

一、闸瓦制动的基础制动装置

（一）种　　类

1. 按闸瓦的配置，基础制动装置可以分为“单侧制动”和“双侧制动”两种。

单侧制动的基础制动装置只在车轮一侧配置闸瓦，如图 1-1所示。双侧制动的基础制动装置在车轮的两侧都配置闸瓦，如图 1-11 所示。两者相比，单侧制动具有结构简单、自重较轻、成本较低、检修与制造方便的优点。蒸汽机车和普通货车多用这种形式。但是，在制动时单侧制动使轮对一侧受力，容易使轴承“偏磨”以及因发热过度而“燃轴”，而且制动力受闸瓦面积和闸瓦压强的限制，只适用于载重不很大或速度不很高的车辆。双侧制动的轮对两侧受力而互相平衡，没有轴承偏磨的缺点，而且，每个车轮的闸瓦数目增加 1 倍，等于闸瓦面积增大 1 倍，在同样的闸瓦压强下，每个车轮的闸瓦摩擦力可增加 1 倍。所以，客车都用双侧制动，内燃机车、电力机车和特种货车（如冷藏车或保温车）等也都采用双侧制动。但是，双侧制动需要较多的杆件，结构比较复杂，一般侧架式货车转向架不易实现，而且，双侧制动的自重较大、成本较高、检修和制造也比较麻烦，所以目前绝大多数货车还是单侧制动。

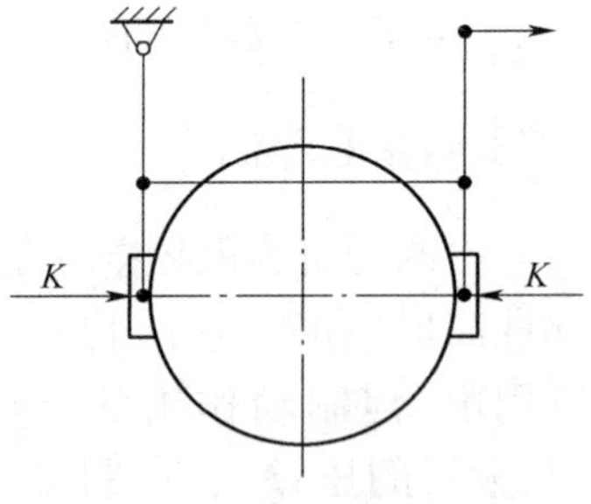

图 1-11　双侧制动

2. 按传动机构的配置，基础制动装置还可分为“散开式”和“单元式”两种。

传统的配置为“散开式”，即全车只有一个较大的制动缸，安装在车架之下沿车长的中部，在制动缸和各闸瓦之间有很多的杠杆和拉杆（或推杆），散开布置在整个车架下面，如图 1-12 所示。“单元式”的特点是制动缸较小而且数量较多，各个制动缸分别设置在各轮对的附近，制动缸和闸瓦之间杠杆很少，甚至没有杠杆，从制动缸到闸瓦组成一个个非常紧凑的制动单元(单元制动装置)。“单元式”又分为两种，如图 1-13 和图 1-14 所示。图 1-13 是布置在转向架两侧的“侧置式”单元制动装置(G 系列单元制动装置)。它由制动缸 1、盒体 5 内的杠杆和闸瓦间隙自动调节器、闸瓦 3、闸瓦托 4 和闸瓦托吊 2 等组成，特别适用于安装在车底下部设备很多、空间特别紧张的现代铁路机车和客车。图 1-14 是将制动缸安装在制动梁上的“背推式”单元制动装置(WABCOPAC 制动梁单元制动装置)。制动缸 1 进风时，其风压既推动与其联结在一起的制动梁 2，又通过制动缸内的活塞和穿过摇枕的推杆 3 推动摇枕背后的另一根制动梁；另一个制动缸也是如此。即制动时两个制动缸都好像是通过推杆背靠在另一根制动梁上，在推动自身所在的这根制动梁时，同时也在推动背后的另一根制动梁。这种装置完全省去了拉杆、杠杆、吊杆等众多传动零件，结构非常简单，机械效率可大大提高，特别适用于侧架式单侧制动的货车。

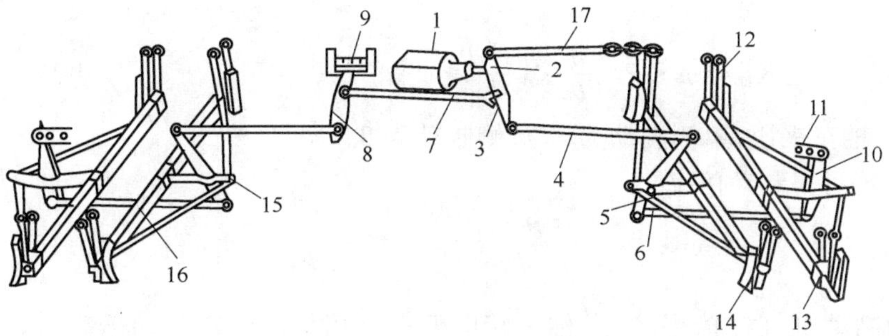

图 1-12　传统的“散开式”基础制动装置

1—制动缸；2—活塞推杆；3—制动缸移动杠杆；4—上拉杆；5—移动杠杆；6—下拉杆；7—联结拉杆；8—制动缸固定杠杆；9—制动缸固定杠杆托；10—固定杠杆；11—固定杠杆支点；12—闸瓦托吊；13—闸瓦托；14—闸瓦；15—制动梁支柱；16—制动梁；17—手制动拉杆

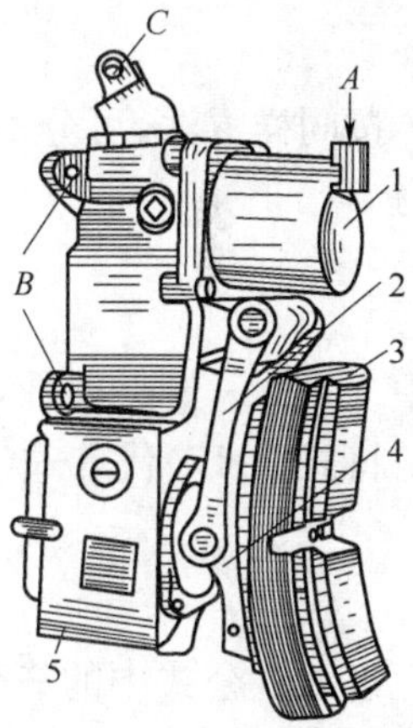

图 1-13　“侧置式”单元制动装置

A—接制动缸管；B—四个安装螺孔；C—接手制动机；

1—制动缸；2—闸瓦托吊；3—闸瓦；4—闸瓦托；5—盒体

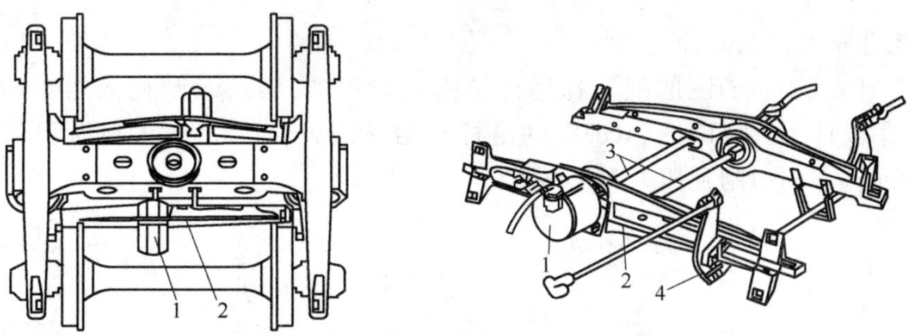

图 1-14　“背推式”单元制动装置

1—制动缸；2—制动梁；3—推杆；4—手制动机

(二)制动倍率

制动缸活塞杆作用力经过杠杆机构传到闸瓦时，由于杠杆作用扩大的理想倍数，称为“制动倍率”，以 n 表示。即

$$n=\frac{\sum K_{理}}{P} \tag{1-15}$$

式中 $\sum K_{理}$——按杠杆比算得的闸瓦理想压力总和；

P——活塞杆作用力。

如图 1-15 所示，制动缸活塞杆作用力 P 通过制动缸杠杆的作用，在上拉杆引起拉力 P_1：

$$P_1=P\cdot\frac{a}{b}$$

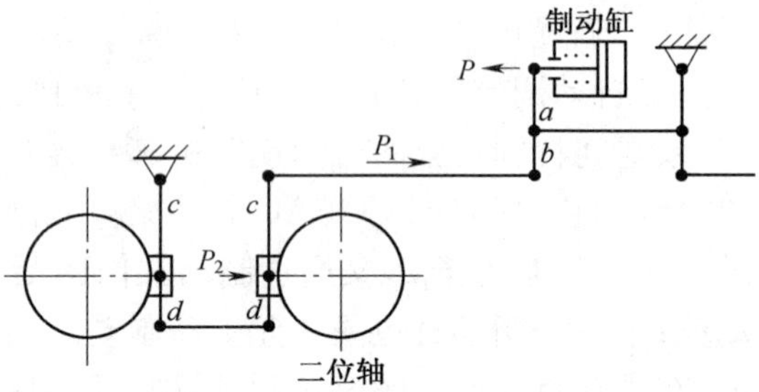

图 1-15 制动倍率计算简图

P_1 通过转向架制动杠杆的作用，产生对二位轴制动梁和装于其上的两个闸瓦托的推力 P_2：

$$P_2=P_1\cdot\frac{c+d}{d}=P\cdot\frac{a}{b}\cdot\frac{c+d}{d} \tag{1-16}$$

按同样方法，可分别算得另外三个制动梁的推力也如式(1-16)所示。所以，闸瓦的理想总压力

$$\sum K_{理}=m\cdot P\cdot\frac{a}{b}\cdot\frac{c+d}{d} \tag{1-17}$$

式中 m——制动梁数，对四轴车来说，单侧制动为 4，双侧制动为 8。

将式(1-17)代入式(1-15)，可得制动倍率

$$n=m\cdot\frac{a}{b}\cdot\frac{c+d}{d} \tag{1-18}$$

以上各公式中的$\frac{a}{b}$称为制动缸杠杆倍率，$\frac{c+d}{d}$称为转向架杠杆倍率。已知制动倍率时，闸瓦的理想总压力

$$\sum K_{理}=P\cdot n \tag{1-19}$$

制动倍率是基础制动的重要特性。制动倍率太大时，闸瓦磨耗对制动缸活塞行程和制动缸空气压强的影响太大；制动倍率太小则制动力又不足。所以制动倍率必须适中，一般约在 6～9之间。

(三)闸瓦悬吊对闸瓦压力的影响

参看图 1-16，其中：(a)图的闸瓦托吊杆是垂直设置的，缓解时闸瓦依然能贴在车轮踏面上，这样的悬吊设计不好；(b)图和(c)图的吊杆与铅垂线成 β 角，缓解时闸瓦可依靠自重离开车轮，但车轮回转方向对闸瓦压力有影响。

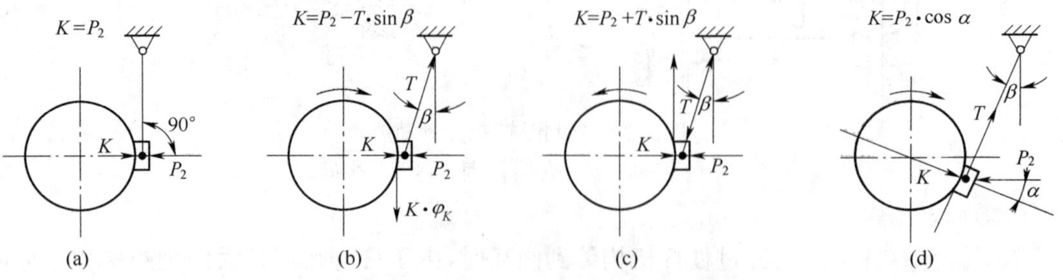

图 1-16 闸瓦托吊的分析

(b)图车轮顺时针旋转，闸瓦压力

$$K=P_2-T\cdot\sin\beta \tag{1-20}$$

式中　P_2——制动缸传来的作用于闸瓦托和闸瓦的水平推力；

T——闸瓦托吊反作用于闸瓦托和闸瓦的力〔(b)图为拉力，(c)图为推力〕。

(c)图车轮逆时针旋转，闸瓦压力

$$K=P_2+T\cdot\sin\beta \tag{1-21}$$

显然，要想让车轮回转方向对闸瓦压力没有影响，必须使 $\beta=0$。但那又回到(a)图的状态去了，也不行。解决这个问题的办法是将闸瓦下移，使闸瓦托和车轮中心的连线向下倾斜 α 角，而且使 $\alpha=\beta$，即该连线与闸瓦托吊相垂直，如图 1-16(d)所示。这样，车轮无论怎么转，或者说，无论闸瓦装在车轮运行的前方还是后面，闸瓦压力都一样，即

$$K=P_2\cdot\cos\alpha \tag{1-22}$$

考虑到运用中闸瓦和车轮都不断在磨耗和更换，α 角和 β 角不可能固定不变，设计时是按磨耗中期(半磨耗)状态来布置的，α 角和 β 角一般取 15°左右(或取闸瓦中心比车轮中心低 40～110 mm)。如闸瓦悬吊为受弹簧影响的簧上悬吊结构，则还要考虑弹簧振动最大挠度的影响。闸瓦托吊太短时对 β 角影响较大，长一些较有利，但太长时在布置上也有困难。根据我国的实际情况，闸瓦托吊长度按车轮半径的 80％取值较为适宜。

(四)基础制动的传动效率

制动时由于制动缸活塞与缸壁的摩擦、制动缸缓解弹簧的反拨力、传动机构各杆件联结销处的机械摩擦以及前已述及的闸瓦中心低于轮心的倾斜角 α 等的影响，使闸瓦实际总压力小于单纯按制动倍率算得的理想值。两者的比值称为基础制动(装置)的传动效率，以 η 表示，即

$$\eta=\frac{\sum K_{实}}{\sum K_{理}} \tag{1-23}$$

$$\sum K_{实}=\sum K_{理}\cdot\eta=P\cdot n\cdot\eta$$

$$\sum K_{实}=\left(\frac{\pi\cdot d^2}{4}\cdot p_z\right)\cdot n\cdot\eta \tag{1-24}$$

式中　$\sum K_{实}$——闸瓦实际总压力(kN)；

d——制动缸活塞直径(m)；

p_z——制动缸空气压强(kPa)；

n——制动倍率；

η——基础制动的传动效率。

传动效率 η 值与基础制动装置的型式、结构、闸瓦悬吊以及机车车辆保养状态有关。静止时的 η 值(静效率)和运行中的 η 值(动效率)也不相等。静效率较好侧，动效率由于闸瓦处于剧烈摩擦的磨耗和发热之中，不太好测(前已述及，我国在制定闸瓦摩擦系数公式时采用了规定计算值的办法，即为此故，这里不再重复)。

二、　盘形制动装置

关于盘形制动的特点和优缺点已在本章第五节介绍过了，这里再进一步介绍一下盘形制动装置的结构、作用和种类。

1. 盘形制动装置构造作用示例

图 1-17 是德国克诺尔盘形制动装置组成示意图。当制动缸 2 的活塞杆推出时，带动杠杆 7，与此同时，制动缸体则带动杠杆 6，以拉板 8 两端的销子为杠杆支点，使装在两个闸片托 5 上的闸片 4 同时夹紧制动盘 1 两侧的摩擦面。杠杆支点拉板 8 与杠杆 6、7 组成一把夹钳，以三点悬挂在转向架构架上。悬挂方式有两种：制动缸浮动式和制动缸固定式。图 1-17 中为制动缸浮动式，两个闸片托的吊杆 3 为两个悬挂点，拉板 8 中部为另一个悬挂点（制动缸装在杠杆 6、7 伸出的“悬臂梁”上而没有固定死，故称之为浮动式悬挂）。

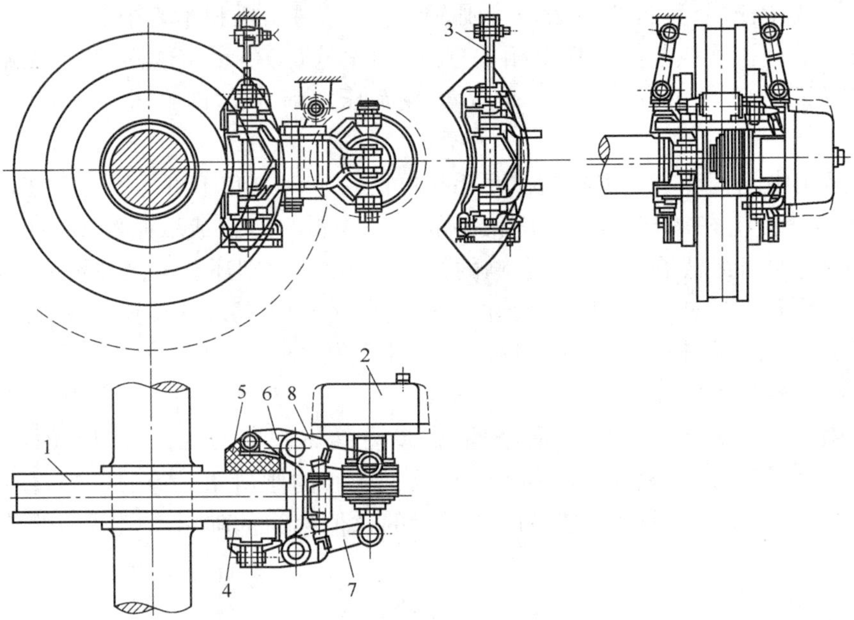

图 1-17　克诺尔盘形制动装置的组成

1—制动盘；2—制动缸；3—吊杆；4—闸片；5—闸片托；6、7—杠杆；8—拉板

图 1-18 所示为我国四方机车车辆工厂设计的合成闸片，它由合成摩擦材料和带有燕尾的钢背热压而成。各国闸片的形状均呈月牙形或扇形，但具体尺寸不尽相同。闸片也有对称分成两半的，其好处是容易拆卸，特别适用于闸片与轨面空间很小的条件。闸片上的散热槽有各种不同的形式，有横向槽、竖直槽和斜槽等，其作用都是增加摩擦面的贴合性、便于排除磨屑和散热。

2. 制动盘的结构形式

按摩擦面的配置，制动盘可分为单摩擦面和双摩擦面两类；按盘本身的结构可分为整体式和由两个“半圆盘”用螺栓组装而成的“对半式”；按盘安装的位置可分为轴盘式和轮盘式，前者装在轴上，后者装在轮上。

由于制动盘是一个既受力又受热的零部件，不宜用过盈配合直接装到轴上，所以轴盘式通常要采用锻钢盘毂作为车轴与铸铁盘之间的过渡零件，而且在铸铁盘螺栓连接处要加装弹性套，如图 1-19 和图 1-20 所示。我国的低重心客车、双层客车都曾采用过轴盘式盘形制动装置，25B 型和 25G 型客车、广深线准高速客车以及高速动车组的拖车也采用了轴盘式盘形制动装置。

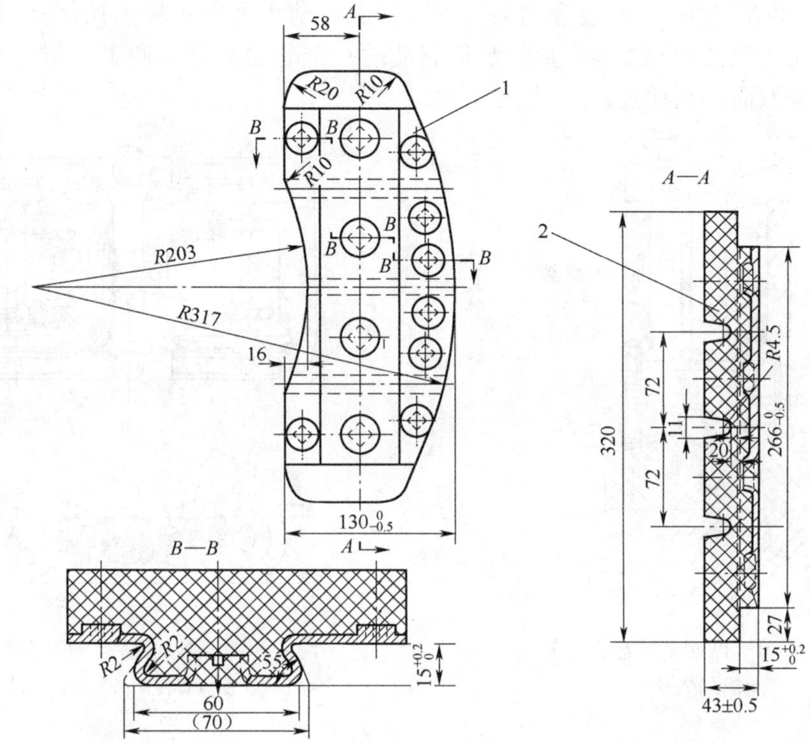

图 1-18 四方机车车辆工厂设计的合成闸片

1—钢背；2—合成材料摩擦片

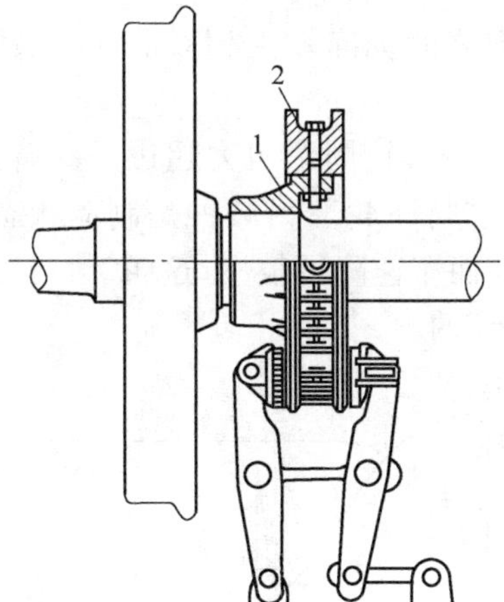

图 1-19 双摩擦面、整体、轴盘式的盘形制动装置

1—盘毂；2—制动盘

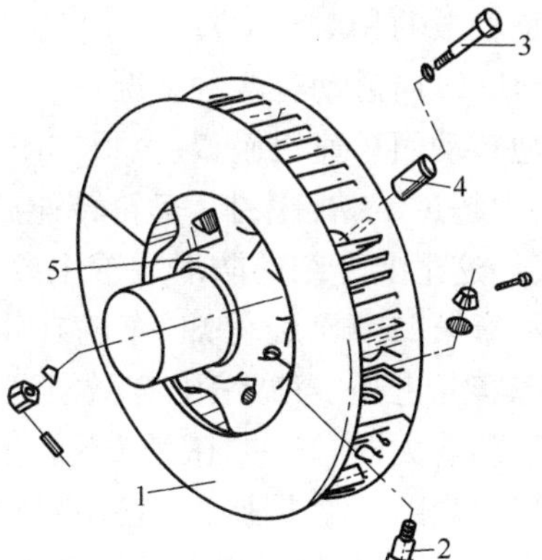

图 1-20 双摩擦面、对半、轴盘式的制动盘

1—半圆盘；2、3—螺栓；4—弹性套；5—盘毂

轮盘式的盘形制动装置一般在动车上采用，而且都是单摩擦面的。这是因为，动车的车轴上要安装驱动装置，没有安装制动盘的位置，制动盘只能安装于车轮的两侧。图 1-21 所示为单摩擦面制动盘在车轮两侧的安装方式。我国的低重心客车和准高速电动车组都曾采用或设计过轮盘式的盘形制动装置。

图1-22为“盘形加踏面”的混合制动装置。踏面制动单元由一块闸瓦、一个制动缸、一根制动杠杆和闸瓦间隙自动调整器组成。盘形制动的一个制动缸带动两个夹钳，一根车轴上有两个轴盘式双摩擦面的制动盘。

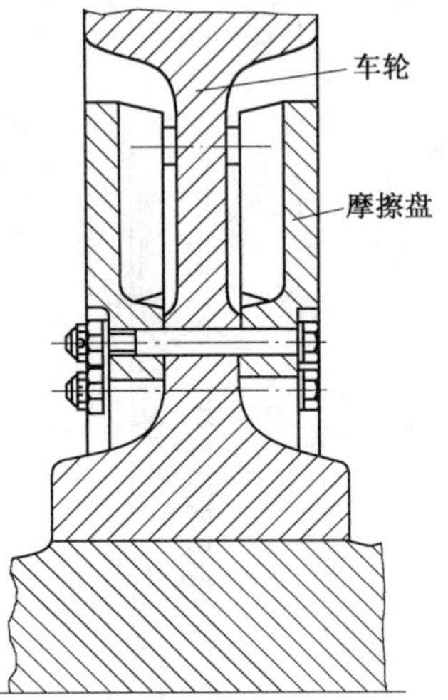

图1-21 单摩擦面制动盘在车轮两侧的安装

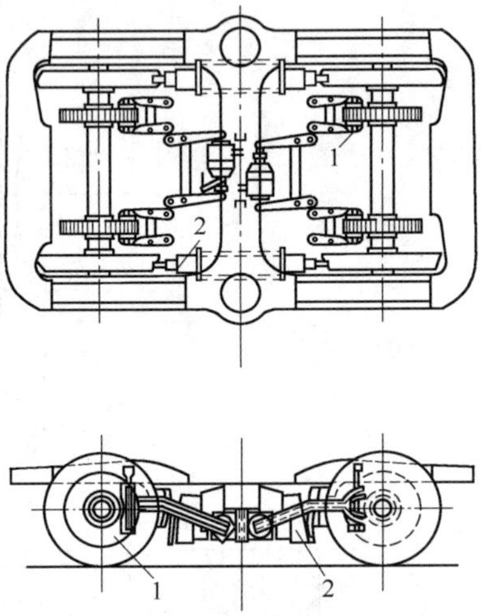

图1-22 “盘形加踏面”的混合制动装置
1—盘形制动装置；2—踏面制动单元

三、防滑器装置的基本原理及其发展

1. 概述

防滑装置，顾名思义，是防止在车轮滚动过程中轮轨之间纵向发生相对滑动的装置(严重的而不是轻微的相对滑动)。

轮轨间纵向滑动有两种情况：一种是牵引状态下发生的，轮周牵引力超过了黏着限制，车轮飞快地转动而车速很慢、甚至根本不动，这叫“空转”或“打飞轮”；另一种是制动状态下发生的，制动力超过了黏着限制，车轮转速急剧降低甚至停转而车速降得较慢，这叫“滑行”或“抱死轮”。我们这里要介绍的防滑装置主要是防止车轮“滑行”的。

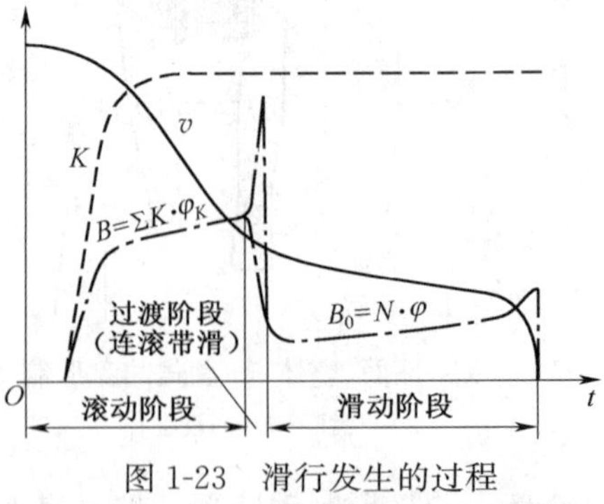

图1-23 滑行发生的过程

由本章第二节已经得知，车轮在钢轨上滚动的黏着状态实际上是一种“滚中有微滑”的状态。在制动力小于黏着力时，这种“微滑”不但不会导致机车车辆“滑行”，相反地，据研究，它还可以起清除轮轨接触处污垢、改善轮轨接触表面状态的作用。但是，当制动力大于黏着力时，轮轨接触面的纵向相对滑动就会急剧增大，参看图1-23，图中的过渡阶段就是纵向滑动由小变大，最后导致车轮被抱死而完全滑行的过程。在这过程中，闸瓦摩擦力$\sum K \cdot \varphi_K$随车轮转速的急剧降低、摩擦系数的急剧增大而急剧增大，制动力B则与其背道而驰，反而随轮轨间纵向滑动的急剧增大而急剧减小。防滑器的功用就是要在这短暂的过渡阶段内检测出车轮即将发生滑行的危险，并且及时动作，快速排出制动缸的压力空气而不排空，使制动力迅速降至小于黏着力即可，目的是防止车轮滑行、恢复轮轨的黏着状态。而且，在黏着恢复以后，还要使制动缸及时再充气，尽量恢复较大的制动力。

2. 防滑装置基本原理

防滑器早期由(防滑)传感阀和(防滑)排风阀两部分组成。如图 1-24 所示，在列车运行和正常制动过程中，车轴拨动转动盘 1、轴承套筒 2、飞轮 3、主动杆 4 和凸轮盘 6 同步转动。此时，主动杆 4 和移动杆 5 在调整弹簧预紧力的作用下处于靠右的位置，移动杆 5 左端留有 1.8 mm的间隙，两个触点 7 不接触，放风阀电路不通，电磁阀口 10 处于关闭状态，膜板活塞 11 上、下方都充满了副风缸的压力空气(活塞上有贯通小孔)，在活塞上方弹簧力的作用下，放风阀 12 的下阀口处于关闭状态，三通阀(分配阀或控制阀)的制动缸管可经由放风阀 12 的上阀口与制动缸相通，不影响制动缸的正常制动和缓解。

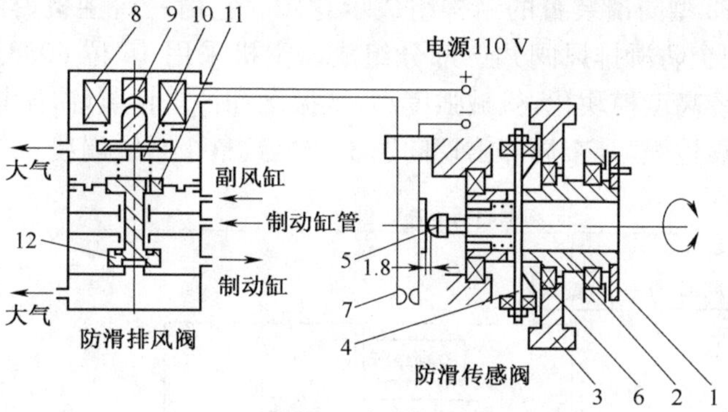

图 1-24 防滑器基本原理

1—转动盘；2—轴承套筒；3—飞轮；4—主动杆；5—移动杆；6—凸轮盘；7—触点组成；8—电磁线圈；9—衔铁；10—电磁阀口；11—膜板活塞；12—放风阀

当车轮快要发生滑行时，车轮转速骤然急剧降低，飞轮 3 由于转动惯量较大而与主动杆 4 发生相对转动，固定在飞轮 3 上的凸轮盘 6 的凸起部分与主动杆 4 两端的滚动轴承接触，迫使主动杆 4 压缩左边的调整弹簧，与移动杆 5 一道左移，使触点 7 闭合，接通放风阀的电路，电磁线圈 8 的磁力吸起衔铁 9，使膜板活塞上方的压力空气经由开启的电磁阀口 10 排往大气。由于活塞上的贯通孔很小，活塞被其下方的副风缸压力空气推动其上移，带动放风阀 12 也上移，开放其下方的排气口并关闭其上方的阀口，切断制动缸管与制动缸的联络，迅速排出制动缸的压力空气。

当制动缸压强减小到制动力小于黏着力时，车轮恢复正常转动，主动杆 4 的滚动轴承在调整弹簧作用下回到凸轮盘 6 的凹处，重新与车轮同步转动，移动杆 5 也恢复原位，两个触点 7 又分开，电磁线圈 8 失磁，衔铁 9 落下，电磁阀口 10 关闭，切断膜板上方排大气的通路，其压强重新上升，使活塞 11 和放风阀 12 下降，关闭放风阀口，连通制动缸管与制动缸，使制动缸压强回升，恢复正常制动。

3. 防滑装置的发展与 SFH-2 型防滑装置

前面介绍的是第一代即初级阶段的机械式防滑置，判断是否要发生滑行的根据(简称“判据”)只有一种，即车轮的角减速度。它把回转体的惯性转换成位移，打开阀门或接通电路，使角减速度骤低的轮对缓解。防滑装置发展的第二代即第二阶段是电子式防滑装置，可以采用多种判据，又具有较高的灵敏度和较快的作用速度，还能进行必要的监督和轮径补偿；但其缺点是分离电子元件的零点漂移现象不易清除，需要进行各种偏置电压的大量调整工作，而且易受环境影响、性能不稳定，维修量较大。

随着微型计算机技术的发展，防滑装置的发展也进入了第三代或第三阶段，即采用微机控制的防滑装置。它可以对制动、即将滑行、缓解、再黏着的全过程进行动态检测与控制，信息采用脉冲处理，既简单又可靠，无零点漂移，故无须调节和补偿，更重要的是微处理器(MPU)的处理速度极快，可大大提高检测精度，即使微小而缓慢的滑行也能及早检测出来并采取措施加以防止。

微机控制的防滑器还有一个突出的优越性，即它可以利用软件随时提供有关信息，进行自我检查、诊断和监督，必要时可把有关信息随时存储、调用和显示。它还能根据新的情况和要求很方便地改变控制判据而不必改动软件。

图1-25是SFH-2型防滑装置的结构组成示意图。它由一台主机(控制单元和接线板)、四个速度传感器和四个防滑排风阀共三部分组成。主机采用16位8098单片机系统和STD总线小模板结构，系统高度模块化，机械强度高，抗振动和冲击性能好，比较容易解决发热和抗干扰等问题，系统可靠性强，某个局部出现问题不会导致整个系统崩溃。

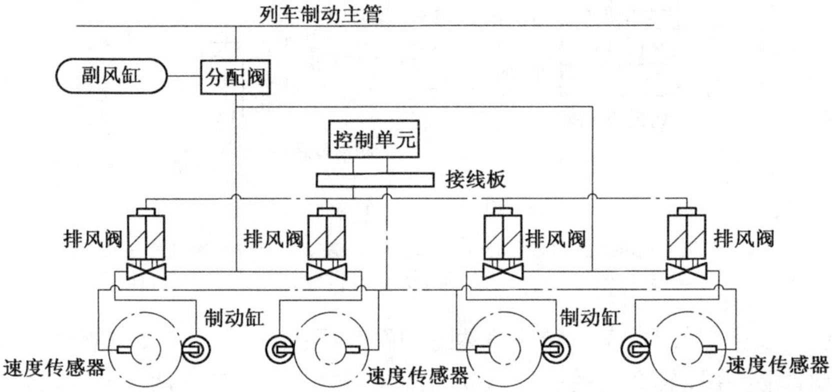

图1-25　SFH-2型防滑装置的结构组成

由于同一辆车各轴的轮径在运用中允许有一定偏差，所以在运行中各轴速度存在一个固定的误差。为消除由此而引起的误动作，提高防滑器的检测精度，在对各轴速度进行比较时需要作一些修正，即所谓的“轮径补偿功能”。修正系数是在惰行状态下、在限定的速度范围内多次反复比较而计算出来的。

如果在运用中某轴的速度传感器损坏，这根轴的排风阀就跟随其相邻车轴的速度传感器动作，这就是“邻轴补偿功能”。

主机的控制判别根据(判据)有下列三种：

(1)转速差控制(亦称速度差控制)

同一辆车的几根轴中的一个轮对制动力超过黏着力而快要发生滑行时，该轴的转速必然大大慢于其他轴的转速。当该轴转速与其他轴最高转速之差大于预定值时，该轴的防滑排风阀便排风，降低控制该轴的制动缸压强，使该轴转速回升；当转速差小于预定值时，该轴排风阀口关闭，相应的制动缸保压；当该轴转速完全恢复正常时，相应的排风阀充电，使该轴的制动缸压强回升、恢复到较高压强。

(2)角减速度控制(亦称减速度控制)

同一辆车的各根轴以接近的速度同时要发生滑行,用转速差是判别不了的,这时就要采用角减速度控制。当角减速度骤然增大并超过设定值时,防滑器也要起作用。

(3)滑移率控制(亦称蠕滑率控制)

前已述及,车轮在钢轨上滚动时的“微滑”可以改善轮轨接触表面的状态,所以要想得到最佳的轮轨黏着,必须把轮轨间的滑移率稳定控制在某个足够大的数值(5%)左右。这个要求只有微机控制的防滑器才能达到。滑移率控制得太小时容易造成制动力不足,滑移率太大又容易导致滑行。

采用三种判据可以互相弥补不足,以免造成滑行的漏检或误检。

SFH-2 型防滑器可适应的车速范围为 5～200 km/h。

第八节　闸瓦压力的空重车调整

随着铁路的发展,货车载重不断增长,货车自重系数(自重与标记载重之比)逐渐下降,空车与重车的总重差别越来越大。货车的制动率如仍按空车设计,则重车时制动率将严重不足,如按重车设计则空车时又将因制动率太大而发生滑行擦伤,所以,后来对标记载重为 50 t 或更重的货车,都装有空重车调整装置。

空重车调整装置有人工调整和自动调整两类,还有二级、多级和无级调整之分。自动调整主要是二级或无级,多级很少采用。自动调整可以节省人力,及时且准确,防止错调或漏调。

由式(1-24)已知,闸瓦压力与制动缸活塞面积($\frac{\pi d^2}{4}$)、制动缸空气压强(p_z)、制动倍率(n)等因素有关。调整 d、p_z、n 的大小都可以达到改变闸瓦压力的目的。前两种用得较多,现分别介绍如下:

1. 调整制动缸直径 d。可用“差压缸”或“双缸”来达到(二级调整)。

图 1-26 是差压式制动缸示意图:重车位时 B 室通大气,压力空气只进 A 室;空车位时 A 和 B 均进压力空气。由于制动缸活塞杆的作用力

$$P=p_z\cdot\left[\frac{\pi d_2^2}{4}-\left(\frac{\pi d_2^2}{4}-\frac{\pi d_1^2}{4}\right)\right]=p_z\cdot\frac{\pi d_1^2}{4} \quad (1\text{-}25)$$

由于 B 侧活塞作用面积只有 A 侧的 60%,所以,空车的制动缸活塞杆作用力和闸瓦压力都只有重车的 40%。

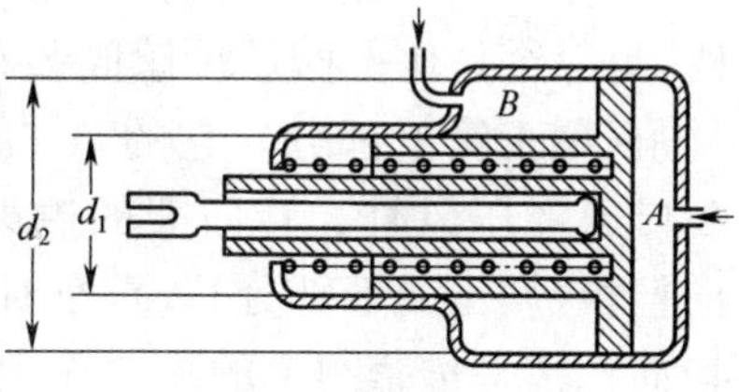

图 1-26　差压式制动缸示意图

($d_1=305$ mm,$d_2=195$ mm)

AB-10 型空气制动机和我国制造的50 t货车真空制动机都采用了两个制动缸的方案:重车位两个制动缸都起作用,空车位则只用一个制动缸。所以,在两个制动缸一样大时,重车位制动缸活塞面积可增加一倍,如果制动倍率也一样,则重车位闸瓦压力也增大一倍。

2. 调整制动缸空气压强 p_z。这可以通过“分流”(扩大制动缸容积)或“截流”(采用杠杆测重阀或加空车活塞)等办法来实现。

(1)“分流”法

扩大制动缸容积实质上是在副风缸经过三通阀通往制动缸去的风路上设置一个人工调整的空重车塞门或者可按车辆载重状态自动调整的空重车载荷传感阀,当车辆处于空车状态时,

让本来该供给制动缸的风“分流”一部分到为使制动缸降压而专门设置的“降压风缸”去。图 1-27是 SC-1 型空重车调整装置中的S-1型载荷传感阀自动调整空重车制动缸压强(二级调整)的作用示意图,图(a)为重车状态,图(b)为空车状态。垫板 5 在簧下部分,传感阀及其触杆 3、触头 4 在簧上部分。A 与三通阀制动缸孔相通,C 通往制动缸。当制动机在缓解状态时,制动缸经过 C、A 和三通阀通大气,传感阀内的活塞 1 被弹簧 2 推动左移到虚线位置,触杆 3 及触头 4 也被活塞杆牵动上移到虚线位置;当制动机施行制动时,如果车辆是重车,则由三通阀来的压力空气在由 A 去 C(制动缸)的同时,只能推动传感阀内的活塞到图(a)的位置,这是因为重车枕簧压缩量大,限制着触杆的转动角度,从而也限制着活塞的移动量,当触头碰上垫板时,降压风缸仍被活塞封闭着,这时制动缸内为重车压强;如果车辆是空车,由于枕簧压缩量小(枕簧挠度不超过其全程的 20%),处于簧上部分的传感阀位置较高,触头碰上垫板时,活塞已被推到右极端,降压风缸的通路被开放,等于扩大了制动缸容积,所以降低了制动缸内的空气压强,即变成为空车压强。

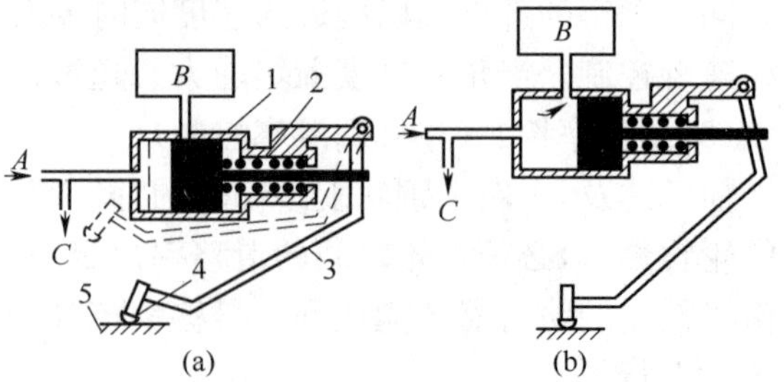

图 1-27　SC-1 型载荷传感阀示意图

(a)重车位;(b)空车位

A—通三通阀或分配阀;B—降压风缸;C—通制动缸;

1—活塞;2—弹簧;3—触杆;4—触头;5—垫板

GK 型制动机的空车压强也是利用降压风缸的“分流”、扩大制动缸容积来实现的。不过,它原来是人工调整,没有传感阀。后来,有的也改成了自动调整,如图 1-28 所示。

图 1-28 是 400B 型空重车自动调整装置配置于 GK 型制动机的示意图,其中主要部件有二:一个是 400B 型空重车载荷传感阀,另一个是比例阀。传感阀装在转向架摇枕上(属于簧上部分),它的 A 口通制动缸,B 口通降压风缸。转向架的侧架上装有换向挡板(属于簧下部分)。重车时摇枕下沉,换向挡板与传感阀上的换向作用杆不接触,传感阀处于重车位(A 口与 B 口不能在该阀内相连通),制动缸内为重车压强。空车时摇枕上移,换向挡板下端的斜面与换向作用杆左端的斜面相触,使换向作用杆右移,推动传感阀的顶杆,打开阀内通路,使 A 口与 B 口相通,即制动缸与降压风缸相通;制动时由 GK 阀阀座制动缸孔来的副风缸压力空气经过比例阀通往制动缸,同时也经过传感阀通往降压风缸,制动缸内为空车压强;降压风缸又与比例阀上部连通,如果制动缸空气压强超过 190 kPa,则降压风缸通往阀内部的压力空气将切断制动缸的供风通路;有了比例阀代替原来的空车安全阀,可以节约制动用风。

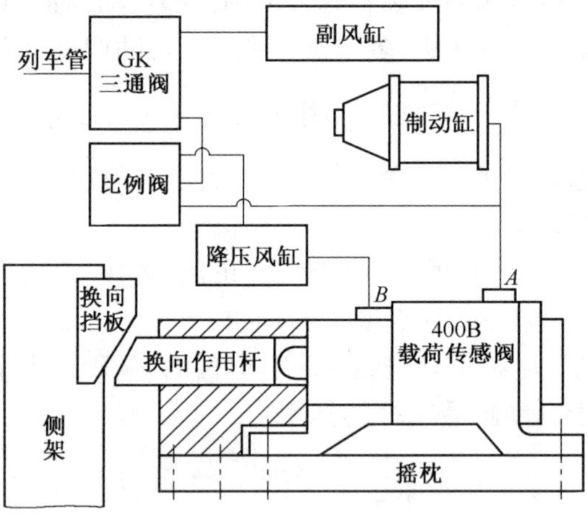

图 1-28　GK 三通阀配 400B 型空重车自动调整装置

(2)“截流”法

图 1-29 为采用杠杆测重阀来进行空重车自动调整的原理图。阀体 6 装在车底架下面,属于簧上部分;垫板 1 装在转向架侧架上面,属于簧下部分。活塞 8、活塞杆 4 及其上的支点 5 随

车辆载重及枕簧的下沉量变化而上下移动(弹簧3、弹簧7、活塞8上的小孔 a 此时起缓冲减振作用),杠杆11的杠杆比也随着改变。制动时,副风缸的压力空气由三通阀充入测重阀,进到活塞12的右侧,推动活塞12和杠杆11下端向左移动,通过杠杆的作用,使杠杆11上端推动活塞9和作用阀10,打开由三通阀来的压力空气通向制动缸的阀口,使制动缸发生制动作用。

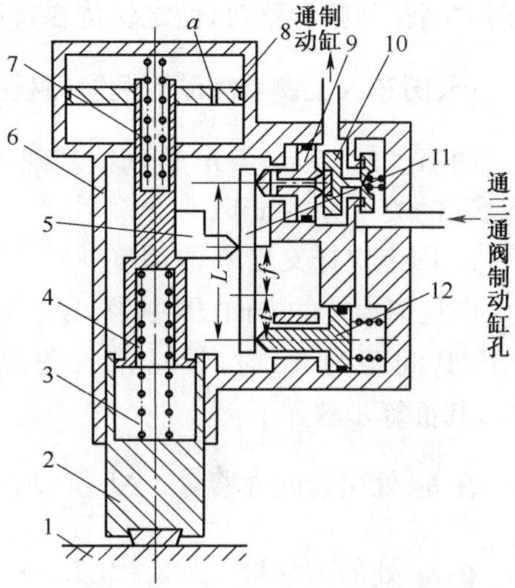

图 1-29　杠杆测重阀原理图

1—垫板;2—触杆;3—弹簧;4—活塞杆;5—支点;6—阀体;7—弹簧;8—阻尼活塞;9—带排气阀口的活塞;10—作用阀;11—杠杆;12—活塞

由图1-29可见,当作用于活塞9的制动缸空气压力对支点5的力矩与作用于活塞12的由三通阀来的空气压力对支点5的力矩互相平衡时,作用阀10就会把通往制动缸的阀口关闭。此时

$$p_z \cdot F_z \cdot [L-(c+f)] = p \cdot F \cdot (c+f)$$

式中　p_z——制动缸空气压强(kPa);

F_z——制动缸压力空气的作用面积(m^2);

L——杠杆的工作长度,为106 mm;

c——常数,取18 mm;

f——枕簧的(静)压缩量(mm);

p——由三通阀来的压力空气的压强(kPa);

F——活塞12的作用面积(m^2)。

在 $F_z=F$ 时,制动缸空气压强

$$p_z=\frac{p\cdot(c+f)}{L-(c+f)}\quad \text{(kPa)}$$

即制动缸空气压强可随枕簧压缩量 f 的大小而自动(无级)调整。当列车管定压为500 kPa时,制动缸空气压强的调整范围约为80～400 kPa。

103型制动机用的是“加空车活塞”的办法,参看第三章第一节。

一般客车因空重差别不大,不用调整。但是,城市地面轻轨和地下铁道用的客车,因空重差别也很大,也要有空重车自动调整装置。

第九节　制动缸活塞行程的调整

在制动过程中,闸瓦和车轮踏面将不断磨耗,特别是长大下坡道,因为需要连续下闸,磨耗非常显著,尤其是闸瓦。同时,在制动缸和闸瓦之间的各杠杆的联结销和销孔等也不断在磨耗。每次制动和缓解后,闸瓦间隙都要增大,再次制动时制动缸活塞行程都要相应增大,才能使闸瓦贴靠车轮踏面。

由本章第六节有关自动式空气制动机的论述已知,当制动阀手柄由制动位移至保压位,列车管空气压强保持不变时,副风缸空气压强也只下降到比列车管空气压强略低就不再向制动缸供风。这就是说,对于这种制动机,副风缸向制动缸供风的多少只取决于列车管减压量,而与制动缸活塞行程无关。活塞行程增大将导致制动缸容积增大,制动缸空气压强相应降低,即导致制动力“衰减”,甚至失去制动效果。但是,换上新闸瓦以后,随着制动缸活塞行程的缩短,又会导致制动力太大，容易造成车轮滑行擦伤。所以，在运用中必须及时调整制动缸活塞行程（亦称"闸瓦间隙调整"），使之保持在每种制动机规定的限度内。

一、货车人工调整制动缸活塞行程的原理

如图 1-30 所示，令 h_i 表示该基础制动装置各调整销孔之间的距离，则其与活塞行程调整量 ΔL_i 的关系分述如下。

1. 固定杠杆支点 A 的调整

向远离摇枕的方向（图中为向左）外调一个销孔，其间距为 h_1 时，设活塞行程缩短量为 ΔL_1，其推算步骤如下：

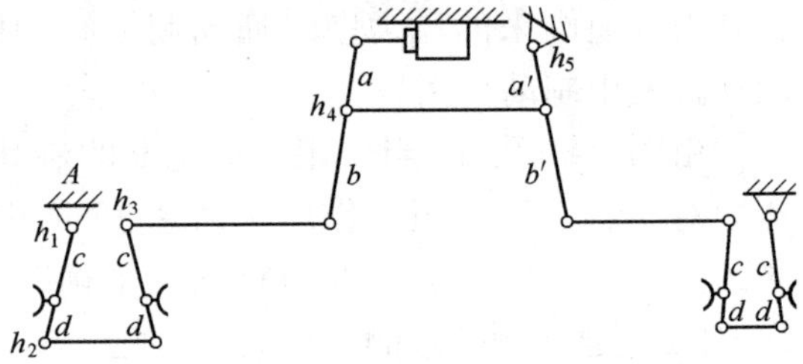

图 1-30　货车制动缸活塞行程调整的简图

在 h_2 处引起的内移量　$\Delta L_{h_2}=h_1\cdot\dfrac{d}{c}$

在 h_3 处的内移量　$\Delta L_{h_3}=\Delta L_{h_2}\cdot\dfrac{c}{d}=\left(h_1\cdot\dfrac{d}{c}\right)\dfrac{c}{d}=h_1$

活塞行程缩短量　$\Delta L_1=\Delta L_{h_3}\cdot\dfrac{a}{b}=h_1\cdot\dfrac{a}{b}$

2. 下拉杆的调整

向端部调整（外调）一个销孔，其间距为 h_2 时，制动缸活塞行程缩短量

$$\Delta L_2=h_2\cdot\frac{a}{b}\cdot\frac{c}{d}$$

3. 上拉杆调整

向中部调整（内调）一个销孔，其间距为 h_3 时，制动缸活塞行程缩短量

$$\Delta L_3=h_3\cdot\frac{a}{b}$$

4. 制动缸杠杆的联结拉杆调整

向中部调整（内调）一个销孔，其间距为 h_4 时，制动缸活塞行程缩短量

$$\Delta L_4=h_4\cdot\frac{a+b}{b}$$

5. 制动缸杠杆固定支点调整

向二位端（图中为向右）调整（外调）一个销孔，其间距为 h_5 时，制动缸活塞行程缩短量

$$\Delta L_5=h_5\cdot\frac{b'}{a'+b'}\cdot\frac{a+b}{b}=h_5\cdot\frac{\dfrac{a+b}{b}}{\dfrac{a'+b'}{b'}}=h_5\cdot\frac{\dfrac{a}{b}}{\dfrac{a'}{b'}}$$

如果 $\dfrac{a}{b}=\dfrac{a'}{b'}$，则

$$\Delta L_5=h_5$$

由此归纳起来一句话，制动缸活塞行程的缩短量 ΔL_i 等于各调整销孔间距 h_i 与调整处放大倍率 n_i 的乘积。即

$$\Delta L_i = h_i \cdot n_i$$

以上仅仅是理论计算值，实际上由于销孔间隙、杆件变形、销子和销套磨耗等的影响，它只是近似值。

调整时应注意各闸瓦间隙要均匀，各杆件要保持正常的位置。

二、客车闸瓦间隙自动调整器

我国铁路绝大多数客车早就装有闸瓦间隙自动调整器（简称“闸调器”）。它可以在制动缸活塞行程超出规定的最大允许值时自动调整闸瓦间隙，使活塞行程缩回到规定范围内。参看图 1-31，这是用于四轴客车的 J 型闸调器。制动缸 36 的缸壁上有一个小孔（距制动缸后盖 213 mm），与闸调器的风筒 11 有管路 2 相通。风筒内有活塞 10，活塞背面有弹簧 3。如果闸瓦间隙太大，制动时制动缸活塞行程超过 L，制动缸内的压力空气就会通过小孔和管路 2 进入风筒 11，将风筒活塞 10 压下，使掣子 6 下移两个齿并与掣轮 15 勾住。缓解时风筒内的压力空气随制动缸内的压力空气一道排出大气（在制动缸内的缓解弹簧将制动缸活塞推回，越过缸壁上的小孔后，风筒 11 内的压力空气改由制动缸前盖与制动缸活塞杆的空隙处继续排向大气）。风筒内的弹簧 3 将活塞 10 向上顶回原位，掣子 6 也随之上移，勾动掣轮 15 顺时针（从 A 向看）转动两齿，带动调整螺杆 23 向右移动，固定在螺杆端部的十字头导框 26 也随之右移，联结在该十字头上的制动缸调整杠杆 32 的上端也向右移动一小段距离 h_s（参看图 1-30），约为 0.8 mm。掣轮上有 15 个齿，掣轮回转一周，制动缸活塞行程约可缩短 6 mm。此闸调器为风动单向自动调整型，即风动时只能缩短行程。当闸瓦磨耗到限，更换新闸瓦后需增大行程时，可手动逆时针转动掣轮，即可达到目的。

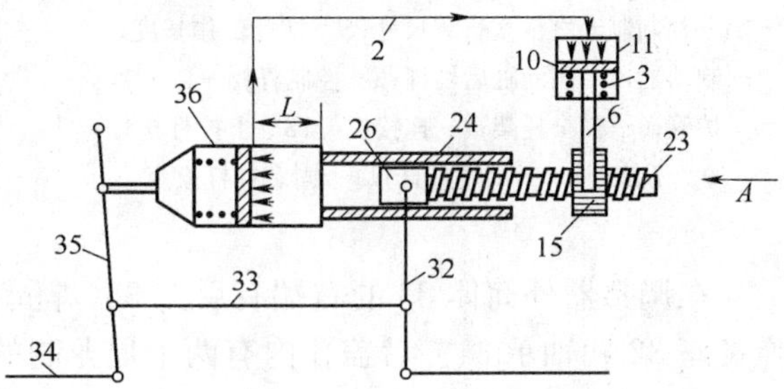

图 1-31　J 型闸调器简图

2—导管；3—风筒弹簧；6—掣子；11—风筒；15—掣轮；23—调整螺杆；24—导框；26—十字头；32—制动缸调整杠杆；33—联结拉杆；34—上拉杆；35—制动缸活动杠杆；36—制动缸

三、货车闸瓦间隙自动调整器

1. ST_1-600 型闸调器在车辆上的安装

如图 1-32 所示，闸调器 4 安装在一位上拉杆处，成了上拉杆的一部分，其实质就是使一位上拉杆能随闸瓦间隙的增大或减小而自动伸长或缩短，代替人工调孔，使制动缸活塞行程保持在规定范围内。

2. ST_1-600 型闸调器的总体组成与内部构造

ST_1-600 型闸调器总体组成和内部构造分别示于图 1-33 和图 1-34。

在调整器外筒体 33 的左端有前盖 8，用固定螺钉 12 锁紧，以防松动。前盖内有引导螺母 16、轴承 9、引导弹簧（卸荷弹簧）17、弹簧盒座 15、弹簧盒中节 11、弹簧盒盖 10 和挡圈 14。前盖外端有护管 4，以“孔用弹性挡圈”5、垫圈 6 和橡胶密封圈 7 固定在前盖的孔内。橡胶密封圈 7 兼有密封和减振的作用。护管 4 左端的护管头 3 内装有密封圈 2，以防污物进入。

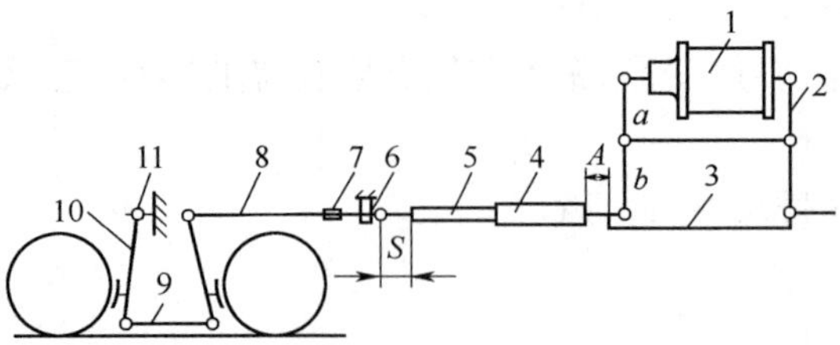

图 1-32 闸调器在车辆上的安装

A—控制制动缸活塞行程尺寸；S—螺杆工作长度；
1—制动缸；2—制动缸后杠杆；3—控制杆；4—闸调器；
5—护管；6—安全托架；7—连接螺母；8—上拉杆接杆；
9—下拉杆；10—固定杠杆；11—固定杠杆支点

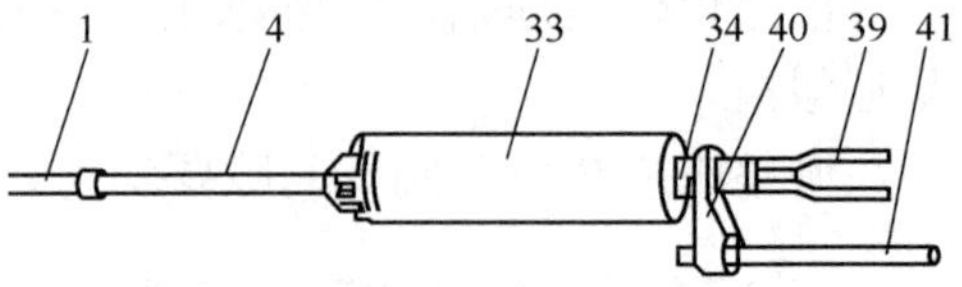

图 1-33 闸调器本体组成

1—螺杆；4—护管；33—外筒体；34—拉杆；
39—拉杆叉头；40—控制杆头；41—控制杆

在调整器外筒体 33 的右端有后盖 36(焊固在外筒体上以防松动)、拉杆 34、主弹簧 35、主弹簧座 32 和轴承 31。后盖孔内有两个尼龙制的密封圈 37，以防污物进入。

在调整器外筒体内的中间有套筒体 18(其体壁上有可拧住导向螺钉 20 的孔)、调整螺母 19、轴承 22、小弹簧座 21、小弹簧 23、活动套 24(其体壁上有导向槽，使穿过套筒体的导向螺钉 20 连同套筒体只能沿活动套的导向槽作左右滑动而不能旋转)、压紧弹簧 26、套筒盖 27(用丝扣与套筒体连接)、离合片 29 和挡圈 30。

螺杆 1 由前盖伸入护筒 4 和外筒体 33 内，引导螺母 16 和调整螺母 19 拧在螺杆 1 上，螺杆外端刻有螺纹工作长度的零线。当螺杆全部缩入护管内时，正好与零线相重合。为防止螺杆伸出过度而滑脱，在螺杆右端装有防脱螺钉 38。

拉杆 34 由后盖伸入外筒体 33 内，套装在螺杆 1 之外。在拉杆左端装有拉杆端头 25，并且用圆柱销锁紧。在调整器外筒体 33 的右端外面，拉杆上套装有控制杆头 40，拉杆右端有用丝扣与拉杆连接的拉杆叉头 39。套筒体 18、活动套 24、压紧弹簧 26、离合片 29、轴承 31、主弹簧座 32 和主弹簧 35 等零部件，全部套装在拉杆上，并通过压紧弹簧 26 的作用，使套筒盖 27 与离合片 29、拉杆端头 25 与活动套 24 相互锁紧，将整个“套筒体组成”锁紧在拉杆上而不能转动。

闸调器内的“螺杆与引导螺母”“螺杆与调整螺母”构成两个非自锁螺纹副。螺杆上是四头非标准梯形螺纹，螺距 7 mm，导程 28 mm，导程角 $\alpha=17°21'57''$，摩擦角 8°～12°。

闸调器内有 5 个离合器——a、b、c、d、e。a 是锥齿离合器，b、c、d、e 是锥面(或弧面)离合器。

离合器 a 由前盖 8 和引导螺母 16 组成，各有 60 个三角形铸造锥齿。制动时锁紧，缓解时脱开，当主弹簧的弹力使引导螺母旋转时，可以通过 a 去带动整个筒体、后盖、主弹簧、主弹簧座及离合片等一道旋转。这些零件总重达 105.8 N，而且每制动缓解一次就要一道旋转一次，采用锥齿而不用锥面，可以减轻磨损。

离合器 b 由套筒体 18 的左端内锥面与调整螺母 19 的左端外锥面组成。制动时锁紧，缓解时脱开。

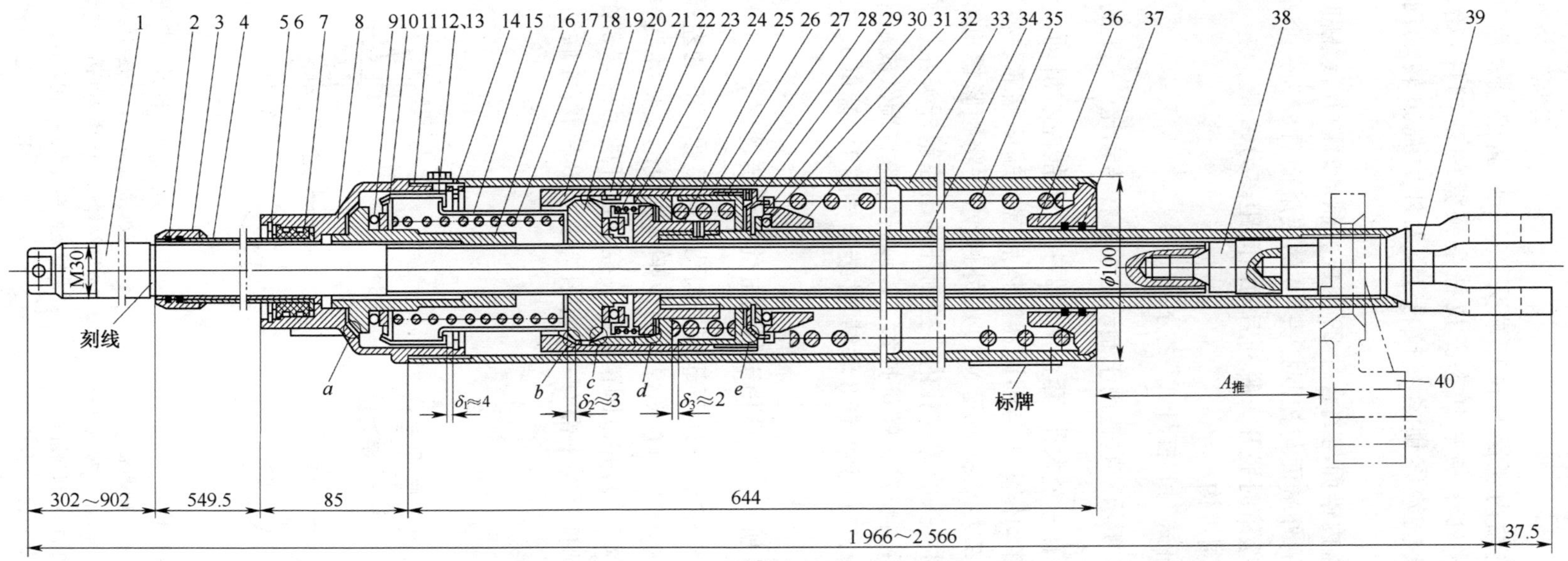

图 1-34 ST_1-600 型闸调器构造

1—螺杆；2—密封圈；3—护管头；4—护管；5—孔用弹性挡圈；6—垫圈；7—橡胶密封圈；8—前盖；9—轴承；10—弹簧盒盖；11—弹簧盒中节；12—固定螺钉；13—弹性垫圈；14—孔用弹性挡圈；15—弹簧盒座；16—引导螺母；17—引导弹簧；18—套筒体；19—调整螺母；20—导向螺钉；21—小弹簧座；22—轴承；23—小弹簧；24—活动套；25—拉杆端头；26—压紧弹簧；27—套筒盖；28—弹性圆柱销；29—离合片；30—轴用弹性挡圈；31—轴承；32—主弹簧座；33—外筒体；34—拉杆；35—主弹簧；36—后盖；37—密封圈；38—防脱螺钉；39—拉杆叉头；40—控制杆头

离合器 c 由活动套 24 的左端外锥面与调整螺母 19 的右端外锥面组成。制动时脱开，缓解时锁紧。

离合器 d 由活动套 24 左端内弧面与拉杆端头 25 外弧面组成。由于压紧弹簧的作用，离合器 d 在任何情况下都处于锁紧状态。拉杆是锁紧的基础件，始终是不转动的。活动套和套筒体的整体组成也始终锁紧在拉杆上，无外力强迫转动时它们也是不转动的。

离合器 e 由套筒盖 27 右端内锥面与离合片 29 组成。制动时脱开，缓解时锁紧。

也有人把外筒体后盖 36 的外端面与控制杆头 40 的接触面看成为一个平面离合器 f（图中未注明）。f 在制动时锁紧，缓解时脱开。脱开后两面间距离为 A 值。

3. ST_1-600 型闸调器的控制机构

闸调器的控制机构有"推杆式"和"杠杆式"之分。

推杆式控制机构如图 1-35 所示。它适用于制动缸前杠杆传动比 $\frac{a}{b} \leqslant 1$ 的车辆，如 B_{16} 型机械保温车。控制杆头 4 的上部有一个大孔，套在闸调器拉杆上能左右滑动。大孔的下半圆有凸出的接触平面，在闸调器调整动作中可与闸调器筒体后盖外端面贴靠。控制杆头 4 的下部有一个 M30 的螺纹孔，控制杆 7 左端有一段 M30 的外螺纹，先将锁紧螺母 6 拧入，套上弹簧垫圈 5，然后将控制杆拧在控制杆头的螺纹孔内。控制杆伸出控制杆头左边的长度，根据装车时要求的 $A_{推}$ 值来确定，定位后再将锁紧螺母拧紧。控制杆 7 的右端做成扁平面，平面上有一圆孔，用销子与制动缸后杠杆 9、二位上拉杆 8 联结，并装上垫圈 12、螺母 13 及开口销 14，参看图 1-35 右上角小图。

杠杆式控制机构如图 1-36 所示。它适用于制动缸前杠杆传动比 $\frac{a}{b} > 1$ 的车辆，如 C_{62A} 型敞车。在车底架的中梁上焊有支座 6，支座下部有一圆孔。调整螺杆 5 的左端穿过此孔，两侧用螺母和弹簧垫圈固定。调整螺杆 5 的右端焊有两块平板制成的叉口并钻有销孔，控制杠杆 7 的一端插在调整螺杆的这个叉口内，并以圆销联结。控制杠杆的另一端是个叉口，套在闸调器的拉杆上，能左右滑动。控制杠杆的中部有一个销孔，用以与联结杆 4 联结。联结杆另一端与制动缸前杠杆 8 销结。

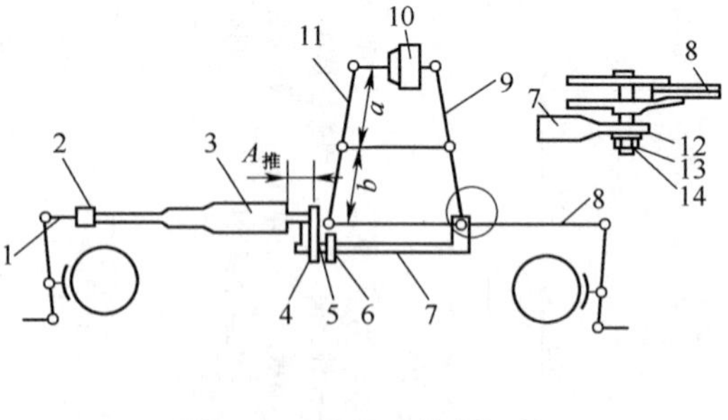

图 1-35　推杆式控制机构

1—改短的上拉杆；2—连接螺母；3—闸调器；4—控制杆头；5—弹簧垫圈；6—锁紧螺母；7—控制杆；8—二位上拉杆；9—制动缸后杠杆；10—制动缸；11—制动缸前杠杆；12—垫圈；13—螺母；14—开口销

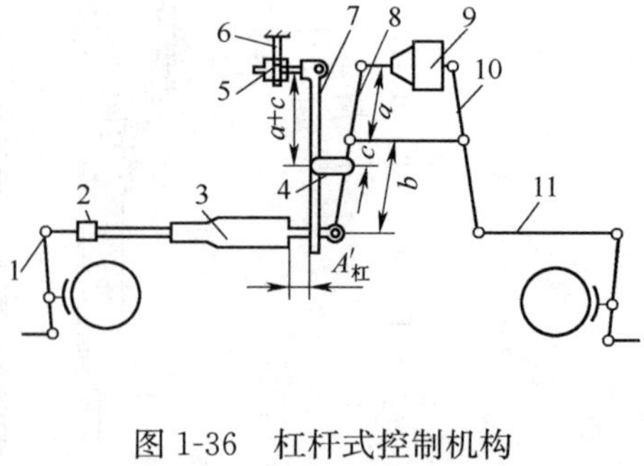

图 1-36　杠杆式控制机构

1—改短的上拉杆；2—连接螺母；3—闸调器；4—联结杆；5—调整螺杆；6—支座；7—控制杠杆；8—制动缸前杠杆；9—制动缸；10—制动缸后杠杆；11—二位上拉杆

推杆式和杠杆式两种控制机构各有优缺点。杠杆式 A 值($A_{杠}$)较小，螺杆伸缩长度较小，所以不会因压死闸调器的主弹簧而发生故障；效率也比较高(压缩量小，损失也小)。但是，闸瓦间隙一次性增大后，杠杆式要 4～5 次制动后才能完全恢复正常值，推杆式则一次制动即可；推杆式控制中，制动缸活塞行程始终保持不变，杠杆式则有所增长(增长有限，不影响运用)。

4. ST_1-600 型闸调器的作用

ST_1-600 型闸调器有下列三个基本作用：

(1)闸瓦间隙正常时只传力而不调整。这是由于，闸瓦与车轮接触时，控制杆头向左移动及闸调器筒体向右移动的距离之和为 A(推杆式为 $A_{推}$、杠杆式为 $A_{杠}$)，控制杠头与筒体正好接触，螺杆长度不变。

(2)闸瓦磨耗后间隙大于正常值时，螺杆工作长度将缩短(制动缸活塞行程调短以恢复正常闸瓦间隙)。这是由于，闸瓦与车轮接触之前，控制杆头即已与筒体相碰上，然后控制杆头会将筒体推向左方，使螺杆缩入护管内(调整螺母沿螺杆向左“边转边移”)。闸瓦靠上车轮时，控制杆头与筒体移动距离之和将大于 A 值。

(3)更换新闸瓦后间隙小于正常值时，螺杆工作长度将增加(制动缸活塞行程调长，恢复闸瓦正常间隙)。这是由于，闸瓦与车轮接触时，控制杆头与筒体还未碰上，即两者移动距离之和小于 A 值。筒体在上拉杆拉力和主弹簧作用下旋转右移(调整螺母沿螺杆向右“边转边移”)，使螺杆从护管内伸出。

在三个基本作用中，引导螺母和调整螺母都是由其离合器自动控制的：其中一个在旋转和沿螺杆移动时，另一个必定紧固地锁住在螺杆上，与螺杆间没有相对运动(人力转动筒体时除外)。“引导螺母”的作用是引导“调整螺母”移动的方向和距离。参看图 1-24，在间隙过大时，是控制杆头先推筒体，压缩主弹簧，并使离合器 a 脱开，引导螺母 16 在引导弹簧 17 的弹力作用下边旋转边左移，然后，调整螺母 19 才在主弹簧 35 的弹力作用下跟着左移。在间隙太小时，则是闸瓦先碰上车轮，拉杆的拉力通过拉杆端头、套筒体、主弹簧作用于闸调器外筒体，推动它和引导螺母 16 边旋转边右移，压缩“引导弹簧”，然后，调整螺母 19 才在“引导弹簧”的弹力作用下跟着右移。但是，引导螺母有时来回移动对调整螺母却不起作用，只是由于制动传动杠杆系统的弹性变形而引起的无效运动。例如，当间隙正常时，闸瓦与车轮、控制杆头与调整器外筒体同时相碰触，外筒体不能右移了，但由于杠杆系统的弹性变形，螺杆还能稍稍右移，使引导螺母与外筒体脱开，引导螺母发生一点旋转运动(相对于螺杆来说是边旋转边左移，实际上是螺杆稍稍右移)；在缓解时，由于拉杆叉头 39 的拉力减小和杠杆系统弹性变形的复杂，螺杆稍稍左移，控制杆头与外筒体压力减小，外筒体与引导螺母一起发生一点旋转运动(旋转方向与制动时相反，相对于螺杆来说是边旋转边右移，实际上是螺杆稍稍左移)。

5. ST_2-250 型闸调器

在 ST_1-600 型闸调器之后还有一种 ST_2-250 型闸调器。它是 ST_1-600 型的系列产品，原理和作用与 ST_1-600 型相同，大部分零件都能互换，但体积小、重量轻、调整性能更好。

ST_2-250 型闸调器在通用货车上一般安装在制动缸杠杆的联结拉杆处，采用控制杠杆进行控制，如图 1-37 所示。

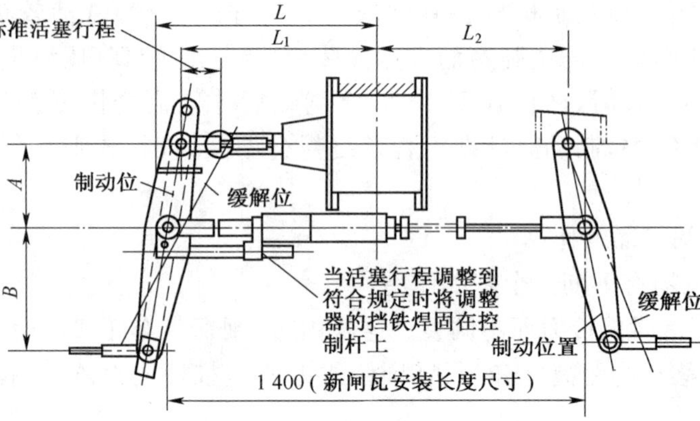

图 1-37　ST_2-250 型闸调器在连接拉杆处的典型安装图

复习思考题

1. 常用制动和紧急制动各有什么特点？
2. 何谓“制动限速”？为什么说紧急制动 800 m 停车的限速只是制动限速的一种？
3. 为何要用“黏着”的概念代替“静摩擦”？黏着系数的影响因素有哪些？
4.“制动率”有哪几种？其值太大或太小各有什么影响？
5. 闸瓦有哪几种？各有哪些特点？除材质外，其他因素对闸瓦性能有哪些影响？
6. 除闸瓦制动外，铁路机车车辆还有哪些制动方式？各自有什么特点、优点和缺点？
7. 机车车辆制动机有哪几种？各自有什么特点、优点和缺点？
8. 基础制动装置有哪几种？各自有何特点、优点和缺点？
9. 何谓“制动倍率”？怎么计算？其大小有什么影响？
10.“闸瓦悬吊”对闸瓦压力有何影响？
11. 何谓“传动效率计算值”？为何要规定“计算值”？
12. 盘形制动的制动盘有哪些结构形成？
13. 防滑装置如何防止制动时发生滑行？SFH-2 型防滑装置采用哪些判据？
14.“空重车调整”有哪几种？各有什么特点？
15. 制动缸活塞行程为何需要调整？人工怎样调整？客货车怎样自动调整？

第二章 自动空气制动机综述

在各种制动机中，目前铁路上应用最为广泛的主型制动机是自动空气制动机。所以，本章专门对自动空气制动机的基本性能、机构形式和控制方法以及列车管内的空气波、列车的制动波等概念，作一个综合的介绍。

第一节　缓解稳定性和制动灵敏度

前已述及(参看图1-8)，对于自动空气制动机，在司机让列车管排风减压时，副风缸的风压会推动三通阀内的主活塞，使它左移，从而产生制动作用。这里要进一步指出，列车管开始排风减压只是三通阀主活塞动作的第一个条件而不是唯一的条件。要想使三通阀主活塞发生动作还需要有其他两个条件：足够快的减压速度和一定的动作时间。这是因为：在列车管开始排风减压以前，三通阀主活塞在缓解位，列车管和副风缸在充气沟处是相通的；在列车管开始减压时，主活塞两侧虽有压差但还不大。由于副风缸的风可经过充气沟向列车管逆流，如果列车管的减压速度不够快，而副风缸的逆流来得及，即副风缸的风压能随列车管风压的降低而同步降低，则三通阀主活塞两侧的压差不会进一步扩大，不能推动主活塞，它就依然保持在缓解位，不会产生制动作用；如果列车管的减压速度足够快，副风缸的逆流来不及，三通阀主活塞两侧的压差就会不断增大，当它增大到足以克服主活塞的移动阻力时，主活塞才会左移并发生制动作用。

上述两种情况都是我们需要的。这是因为，列车管不可能保持绝对密封，而且，列车管是一根细长的管子，列车又很长，在列车管的充、排气刚被停止的时候，列车管前部和后部都要发生空气压强的波动。当列车管因微量漏泄或压强波动而减压时，由于减压速度不大，三通阀主活塞两侧不能形成足以克服其移动阻力的压差，三通阀就不会发生“自然制动”，即三通阀的缓解状态具有足够的“稳定性”。但是，当司机让列车管排风减压，列车管的减压速度较大时，主活塞两侧的压差就要能迅速扩大到足以推动主活塞的程度，即三通阀又具有必要的制动灵敏度。

缓解稳定性和制动灵敏度具有一定矛盾。例如：充气沟横断面大一些则副风缸充气可以快一些，缓解稳定性就好一些，但制动时副风缸的逆流也快，如果逆流速度太快了，制动灵敏度就可能不合格了；主活塞移动阻力的影响也是这样两方面的，阻力小则阀的制动灵敏度高，但如果阻力太小了，缓解稳定性又可能不合格了，阻力大时的情况正好相反。所以，两者必须统筹兼顾，既要保证在列车管减压速度低于缓解稳定性要求的临界值时不会发生自然制动，又要保证在减压速度达到制动灵敏度规定的临界值时必定能起制动作用。因此，这两个临界值之间必须有一个足够大的过渡区以利于制造与检修。缓解稳定性要求的减压速度临界值为0.5～1.0 kPa/s(合30～60 kPa/min)，制动灵敏度则为5～10 kPa/s，这两个临界值之间的过渡区按上述范围至少有 4 kPa/s。

早期的制动机主活塞两侧的隔断密封是由装在主活塞上的金属涨圈来实现的，后来改用了橡胶膜板，因为它不用研磨、密封性好、运动阻抗又小。但是，它的阻抗太小又导致缓解稳定性不好，所以，不得不在其活塞杆的尾部又加装一个“稳定弹簧”，人为地加大其阻抗，降低其制动灵敏度(参看本书第三章第一节)。

第二节　列车管局部减压

图 1-8 所示的自动空气制动机，列车管减压是靠机车制动阀排风来实现的。排风口大则排风速度快，列车管减压速度也快。为了区别常用制动和紧急制动，机车制动阀排风口由一变二(增加了一个较大的排风口)，排风速度的不同，可让列车管获得两种不同的减压速度。受列车管空气压强控制的机车车辆的各个三通阀、分配阀或控制阀据此区分常用制动与紧急制动。但是，机车制动阀的排风速度并不能等同于列车管的减压速度。随着列车编组的加长，列车管总容积的增大，在同样的排风口和排风速度下，列车管的减压速度会越来越低。要想保持一定的减压速度，排风口和排风速度必须相应加大。当列车很长时，如果机车制动阀排风口过大，排风速度太快，则列车前部减压速度虽然可以很快，但是沿列车长度的减压速度衰减也很厉害，列车后部的压力空气向前涌时列车前部的空气压强将回升并发生“自然缓解”，这是不允许的。解决这个问题的办法是：在机车制动阀排风减压之后，每辆车的三通阀动作时，使通往该阀的列车管压力空气在该阀也获得一个排气出口(产生紧急附加排气或称为紧急局部减压)，例如让列车管的风排一部分到制动缸去，既可以逐辆加强列车管减压，使它不至于越往后越弱，又可以使每辆车的制动缸获得一定程度的增压(紧急增压)。

机车制动阀是控制列车管空气压强从而操纵全列车制动作用的阀，所以，它的排风减压不称为“局部减压”。推而广之，凡是控制列车管空气压强的阀排列车管的风，都不是“局部减压”；而对于机车或车辆上受列车管控制而且只控制本车制动作用的阀，排列车管的风时，就认为是“附加排气”或“局部减压”(简称“局减”)。

为了使每个三通阀都能实现紧急局部减压，在主活塞的外侧加了一个“递动弹簧”，在阀的下部加了一个紧急部，参看图 2-1。阀座上设有 t 孔，紧急部内上有紧急活塞、中有紧急阀、下有止回阀，在紧急阀和止回阀之间有弹簧。在无风状态下，弹簧可以使紧急阀和止回阀各自紧压在自己的阀口上。初充风时，列车管的压力空气向上顶开止回阀，进到紧急阀下方(紧急阀室 Y)。当列车管达到定压并且不再增加时，止回阀自动关闭，Y 室内保持着列车管定压。列车管紧急减压时，主活塞两侧压差较大，可以压缩递动弹簧至左极端(紧急制动位)，阀座上的 t 孔开放，副风缸的风经过它通往紧急活塞上方，压下紧急活塞，紧急活塞杆压下紧急阀，紧急阀口开放，紧急阀室的压力空气流向制动缸，使紧急阀室的空气压强骤降至比列力管空气压强还要低。于是，列车管压力空气顶开止回阀，再经过紧急阀口进入制动

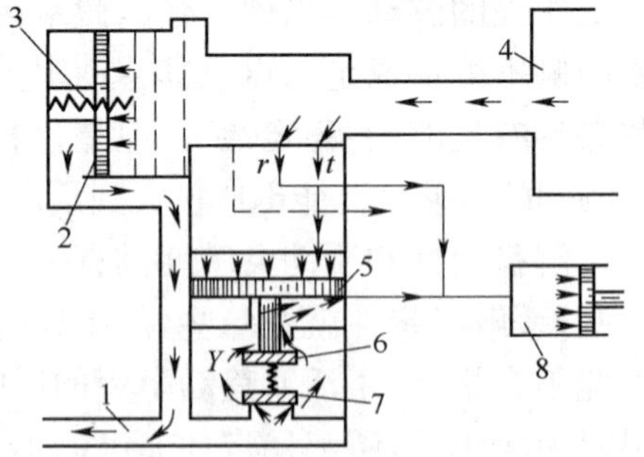

图 2-1　三通阀紧急制动作用原理

1—列车管；2—主活塞；3—递动弹簧；4—副风缸；5—紧急活塞；6—紧急阀；7—止回阀；8—制动缸

缸，产生列车管紧急局减和制动缸紧急增压。列车管常用减压时，主活塞两侧压差较小，无力压缩递动弹簧，只能将主活塞推至接触递动弹簧的位置（常用制动位），此时，阀座上的 t 孔仍被滑阀盖住，紧急部不起作用。因此，列车制动作用在操纵上有了常用制动和紧急制动之分。这种三通阀被称为“快动三通阀”。

紧急制动时列车管空气压强要一直减到零，所以，主活塞始终被紧压在左极端（紧急制动位）。但是，由于紧急活塞上方的副风缸空气压强和列车管的空气压强都不断降低，紧急活塞下方的制动缸空气压强不断增加，紧急活塞上下压差很快就压不住紧急阀和止回阀之间的弹簧，紧急阀和紧急活塞在弹簧抗力作用下向上移动，紧急阀关闭，止回阀也随之关闭，紧急局减停止。由此可见，紧急局减时让列车管压力空气通往制动缸也有其缺点，即随着制动缸压强的上升，紧急局减效果要减弱，并且很快就停止。现代机车车辆制动机已改为将列车管的风排向大气。这样，在紧急情况下，既可获得强烈可靠的紧急局减，又可防止制动力过大导致车轮滑行擦伤，因为现代机车车辆的制动力已经非常接近黏着力，不允许再施以紧急增压。104 型制动机的紧急增压阀就是因此被关闭的（参看第三章第一节）。当然，如果在紧急增压的同时又能限压（加装限压阀或安全阀），不让制动力过大，那也无妨。DK-1 型制动机的 109 型分配阀就是这样做的（参看第五章图 5-8 和书末图 5-1，前者装的安全阀，后者装的限压阀）。

第三节 常用安定性和紧急灵敏度

前面讲的制动灵敏度是常用制动时列车管减压速度的下限，本节要讲的常用安定性则是常用制动列车管减压速度的上限。减压速度达到（常用）制动灵敏度指标时必须起（常用）制动。减压速度没有超过常用（制动）安定性指标时要求只能起常用制动而不能起紧急制动。

和（常用）制动灵敏度相似，紧急制动也有一个下限，这就是本节要讲的紧急（制动）灵敏度。列车管减压速度达到紧急灵敏度指标时必须起紧急（制动），而不能是常用制动。

正如缓解稳定性与（常用）制动灵敏度之间有矛盾一样，常用（制动）安定性和紧急（制动）灵敏度之间也有一定的矛盾。例如图 2-1 所示的三通阀，它的常用制动与紧急制动首先就取决于递动弹簧的刚度：刚度太大时，不易起紧急制动（司机施行紧急制动而此车“不起紧急”）；刚度太小时，又容易起意外紧急制动（司机施行常用制动而车发生紧急制动）。即使递动弹簧合适、主活塞准确到位，能否实现指定的制动也还得看副风缸的减压速度与列车管减压速度是否相匹配，即副风缸通制动缸的紧急制动孔和常用制动孔的大小是否合适；如果紧急制动孔太大，副风缸向制动缸供风太快，即副风缸降压太快，则主活塞两侧产生不了足够完全压缩递动弹簧的压差，主活塞不能到达紧急制动位，t 孔就不能开放，三通阀也就不能起紧急；反之，如果常用制动孔太小，副风缸降压太慢，主活塞两侧压差太大，也可能把主活塞压到紧急制动位去，使三通阀发生意外紧急制动。这种紧急部从属于主活塞的机构，常用与紧急决定于主活塞的位置，实际上只是几毫米之差，常常容易顾此失彼：提高常用安全性就降低了紧急灵敏度，紧急灵敏度提高又易引起意外紧急制动。所以，现代机车车辆普遍都把紧急部独立设置成直接受列车管空气压强控制的紧急阀（或称为紧急放风阀），与主阀相互独立。这样，即使主阀出了故障甚至不起作用，紧急阀仍可发挥作用，保证紧急制动时紧急局减照常一个接一个地发生，不会在出故障的这辆车中断。

常用安定性要求的列车管减压速度临界值范围一般在 31～36 kPa/s 之间。紧急灵敏度的范围一般在 50～80 kPa/s 之间。可见，常用安定性的上限与紧急灵敏度的下限之间仍有 14 kPa/s左右的过渡区。

经验表明，在需要不同类型的制动机混编运用的情况下，新设计的制动机在处理上述这类互有矛盾的两个性能时，最好都与要求的临界值保持一定的距离而不要“擦边”，要保证能与现有制动机混编，新设计的机车制动机要能与现有车辆制动机混编，新设计的车辆制动机要与现有的机车制动机和车辆制动机都能混编。

第四节　常用急制动、减速充气缓解与加速缓解

由于列车越来越长，列车前后部制动作用的时间差越来越大，仅仅在紧急制动时各个机车车辆有强烈的局部减压已经不能满足要求了。人们希望在常用制动的时候和在常用制动之后低速缓解的时候也能有较好的列车前后部制动和缓解的一致性。

图 2-2 所示的紧急部，就是一种既能产生紧急局减、又能产生常用局减的机构。常用制动时处于列车后部的三通阀因列车管减压较慢、较小，主活塞左移至接触递动弹簧即停住，此位置称为“常用急制动位”。在这个位置，紧急阀下方的紧急阀室 Y 经过其左侧的小旁道孔 y、滑阀上的急制动联络孔 o 和 q，与 t 孔相通，紧急阀室的风经此通路和紧急活塞四周间隙通往制动缸，紧急阀室压强骤降至比列车管还低，列车管的风顶开止回阀，也经过上述通路排入制动缸，使列车管产生轻微的常用局部减压，促使列车后部制动作用加快。故这种作用通常称为“常用急制动”，简称为“急制动”。

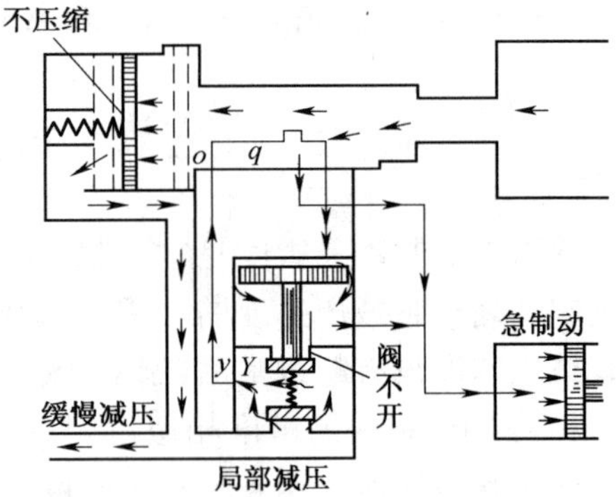

图 2-2　三通阀常用急制动作用原理

按原设计意图，列车管的常用局减可使主活塞两侧压差进一步扩大，使主活塞能稍稍压缩递动弹簧，即由急制动位再稍稍左移到“全制动”位，使 o 孔与 y 孔错开，急制动作用(常用局减)停止。列车前部因减压较快、较大，三通阀主活塞有较大力量稍稍压缩递动弹簧直接左移到“全制动”位，使 o 孔和 y 孔错开，所以不起急制动作用。早期编组较短的列车就是这种情况。但是，对于编组较长的列车，情况就不同了。因为，随着列车管总容积的增大，在机车制动阀常用制动排风速度和各个机车车辆常用局减排风速度一定的条件下，列车管的减压速度实际上越来越小，以至于列车最前部车辆的列车管减压速度也比早期列车后部的低，即列车最前部的三通阀主活塞也没有力量压缩递动弹簧。现在，除少数编组较短的列车外，常用制动时实际上全列车都是急制动。急制动的停止是在机车制动阀置于保压位之后，主活塞稍稍右移到“急制动保压位”而实现的。

常用制动时列车制动能力一般没有全部利用，不会造成滑行擦伤。所以，常用局减还是既要可靠，又要有增压。我国 103、104 和 120 等型制动机采用的两阶段局减即是如此(参看第三章第一节、第二节)：第一阶段局减(简称“一局减”)让列车管的风排大气；第二阶段局减(简称“二局减”)让列车管的风排入制动缸。

以上介绍的都是改善制动时列车前后部作用一致性的办法。其实，与制动相似，缓解时列车前后部作用也有时间差。图 1-4 所示的自动空气制动机，列车管的“增压”完全靠机车总风

缸通过机车制动阀向列车管“充风”来实现，当列车比较长的时候，这个时间差也比较大。如果是运行中缓解，也会引起强烈的纵向冲动。

早期在货车三通阀上采取的措施是：在主活塞的活塞杆尾部右侧，加上一个“减速弹簧”，参看图2-3。当三通阀处于列车前部时，因列车管增压较快、较猛，主活塞尾部（通过弹簧套）能压缩减速弹簧，使主活塞到达右极端位。这个位置称为“减速充气缓解位”。此时，主活塞背后的环状凸起部紧贴滑阀室套的左端部，列车管的风只能通过凸起部上一条很小的“限制充气沟”进入滑阀室和副风缸，充气速度因而减慢；同时，制动缸也只有通过较小的通路排大气，缓解速度也相应减慢。总起来称为“减速充气缓解”。列车后部的三通阀，因列车管增压较慢、较弱，主活塞尾部不能压缩减速弹簧，主活塞停在“全缓解”位，它背后的凸起部与滑阀套左端部之间有足够的间隙（限制充气沟不起作用），充气不受限制；同时，制动缸也不用通过小通路而是通过大通路排大气，缓解也不受限制。总起来称为“全缓解”。这样一来，动作较早的列车前部车辆可以放慢它的充气缓解速度，从而改善了前后部的一致性，缓解时的纵向冲动也可以减轻。

但是，如前所述，由于列车越来越长，列车管总容积越来越大，列车管增压速度也越来越低，如果列车管前部的增压很弱，上述措施也就不再有效。所以，人们又仿照供制动用的副风缸模式和局部减压模式，给每个车辆再配上一个供“加速缓解”或“局部增压”[①]用的风缸，称为加速缓解风缸（其实也可以称之为局部增压风缸，或简称“局增风缸”），参看图2-4。

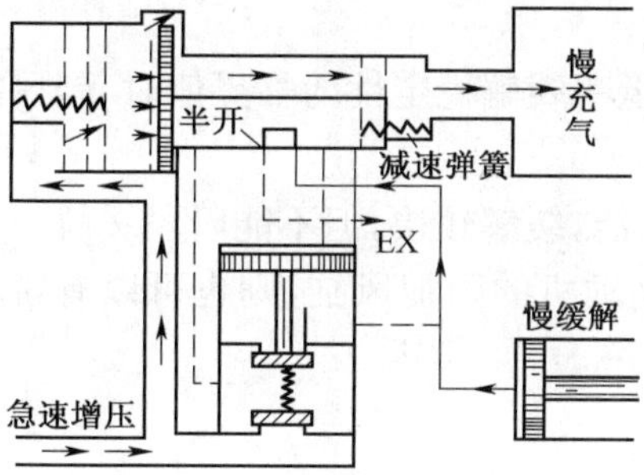

图2-3　三通阀的减速充气缓解

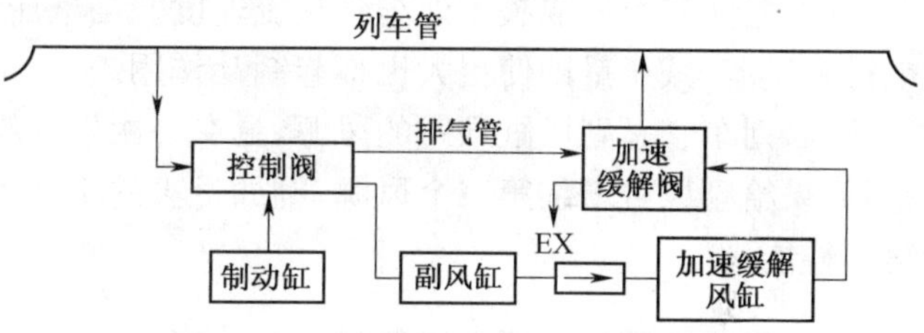

图2-4　加速缓解（局部增压）工作原理框图

在本书第一章第六节介绍电空制动机时曾经提到过的“加速缓解风缸”是用电磁阀控制的。图2-4表示的是自动空气制动机的加速缓解或局部增压的工作原理，它的加速缓解阀是利用制动缸经由分配阀或控制阀的排气压力来控制的。初充气时，列车管在向副风缸充风的同时，也通过止回阀向“加速缓解风缸”充风。列车管减压制动时，副风缸因向制动缸供风而降压，由于止回阀的阻挡，加速缓解风缸仍保持着定压。缓解时，制动缸压力空气经由分配阀或控制阀的排气管路进入加速缓解阀，打开加速缓解风缸到列车管的通路，然后才排入大气。加速缓解风缸具有额定压强的压力空气逆流到列车管，产生局部增压作用，促使其后相邻车辆的分配阀、控制阀或三通阀加速缓解，使列车管增压速度不会沿列车长度逐渐严重衰减，使列车前后部缓解作用的时间差得以减小。如果列车是在运行中缓解，则纵向冲动也可得以减轻。104C、120、F-8、JZ-7等型制动机都具有这种加速缓解的性能（分别参看本书第三章第一节、第二节、第三节和第四章第二节）。

①：受列车管控制而且只控制本车作用的阀，在列车管充气缓解时也来给列车管充气增压，称为“局部增压”，简称“局增”。

第五节　二压力、三压力机构及制动机性能的“软”和“硬”

按参与主活塞平衡的压力多少，自动空气制动机可分为二压力机构和三压力机构两种。按列车管压强和主活塞动作是否直接控制其制动缸的制动与缓解，又有直接作用和简接作用之分。先介绍直接作用的两类制动机。

一、直接作用的二压力制动机

第一章中图 1-8 所示的制动机就是一种二压力机构的直接作用的制动机。120、120-1 等型制动机就属于这一类。它的基本特点如下：

(1)主活塞动作与否决定于作用在它两侧的空气压力平衡与否。其中一侧是列车管的空气压力，另一侧是副风缸的空气压力。主活塞直接控制着制动缸的制动和缓解。

(2)副风缸既参与主活塞的平衡，又承担在制动时向制动缸供风的任务，故供风量与制动缸的容积无关。副风缸减压至与列车管相同后，主活塞回到保压位，副风缸停止向制动缸供风。当闸瓦磨耗导致制动缸活塞行程增大，制动缸容积相应增大时，副风缸也不会多给风，即制动缸空气压强将随闸瓦的磨耗而衰减。同理，制动缸压强在长大下坡道因漏泄而衰减时也不能由副风缸给予补充。否则，由于副风缸压强下降，主活塞将被列车管空气压力推到缓解位，使三通阀发生自然缓解。

(3)制动与否还取决于列车管减压速度。当减压速度低于缓解稳定性的临界值时，副风缸来得及逆流，减压量即使很大也不起制动作用。

(4)列车管是副风缸唯一的风源，具有一次轻易缓解性能，缓解较快，但不能阶段缓解。但是，如果给副风缸增加第二个风源，例如过去的 L、GL 型制动机的附加风缸，则也可以有阶段缓解性能。

二、直接作用的三压力制动机

图 2-5 是一种三压力机构的直接作用的制动机简图。它的主活塞和活塞杆是垂直放置的。橡胶膜板式的主活塞装在中空活塞杆的下部。活塞杆的上部装有橡胶膜板式的第二活塞(制动缸压力活塞)。主活塞上方通列车管，下方通工作风缸。第二活塞上方通制动缸，下方通大气。

在无风状态下，主活塞及活塞杆因自重落下，供排气阀和充气止回阀在自重和弹簧压力的作用下处于关闭状态，制动缸经活塞杆中心孔和径向孔通大气。

初充气时，从列车管来的压力空气进到主活塞上方，并向上顶开充气止回阀，一路进工作风缸，一路进副风缸，使两者都充到定压，充气止回阀在弹簧作用下关闭，制动机处于缓解状态。

制动时，列车管获得一定的减压量，工作风缸的空气压力推动主活塞上移，使活塞杆上端接触供排气阀，将排气的小阀口(活塞杆中心孔上端)关闭。然后，活塞杆继续上移，顶起供排气阀，打开副风缸通往制动缸的供气大阀口，使制动机处于制动状态。此时，制动缸风压也向下作用于第二活塞。当列车管停止减压，第二活塞受到的向下作用力与列车管风压向下作用于主活塞的力加在一起，等于工作风缸风压向上作用于主活塞的力时，供排气阀在其上方的弹簧作用下关闭供气的大阀口，使制动缸空气压强不再上升，制动机处于制动保压状态。此后，如让列车管追加减压，则制动机将重复上述动作，可实现阶段制动。

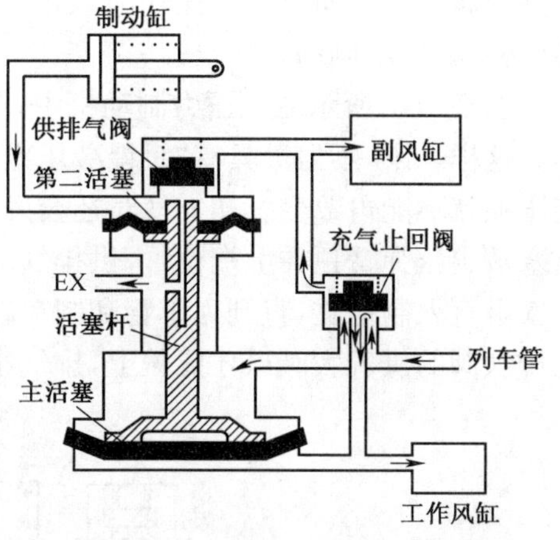

图 2-5　三压力制动机(充气缓解位)简图之一

缓解时，列车管获得一定的增压量，向下作用于主活塞的力增大，主活塞及活塞杆下移，活塞杆上端排气的小阀口开放，制动缸的压力空气经活塞杆中心孔和径向孔排大气，制动机处于缓解状态。此时，由于向下作用于第二活塞的力减小，当列车管停止增压，向下作用于第二活塞的力减小到可以抵消列车管增压的影响时，主活塞和活塞杆将转而上移，重新回到保压位，关闭排气的小阀口，使制动缸停止排风减压，制动机处于缓解保压状态。此后，如列车追加增压，制动机也将重复上述动作，即实现阶段缓解。制动缸空气压强随列车管空气压强的分段增加而成比例地分段降低，当列车管空气压强升至定压(与工作风缸空气压强相等)时，制动缸空气压强才能减到零(彻底缓解)。

这种三压力制动机具有下列特点：

(1)主活塞的动作与否决定于三种压力的平衡与否。除了列车管一侧的空气压力和主活塞另一侧的工作风缸空气压力之外，还有第三个压力——制动缸的空气压力，通过第二活塞和活塞杆也参与了主活塞的平衡。

(2)副风缸只承担在制动时向制动缸供风的任务而不参与主活塞的平衡(改由另一个风缸，即工作风缸来承担)。

(3)具有阶段缓解的性能，但缓解比较慢。但是，如果能在缓解初期就让主活塞上下方连通，使工作风缸的风逆流到列车管去，起局部增压作用，即，使主活塞上下压力相等，也可变成一次轻易缓解，使制动缸压强迅速地一直降低到零；或者，在缓解末期，即在阶段缓解之后，使主活塞上下连通，也可以使三压力制动机快一些得到彻底缓解。这是因为，在接近定压时列车管充气增压特别缓慢，而主活塞上下无压差可以使主活塞在制动缸空气压力的作用下更快地沉到缓解位，不再需要与列车管的升压成比例地缓解(参看本书第三章第五节和第五章第二节)。

(4)具有彻底的制动力不衰减性。制动缸因漏泄而降压时，由于第二活塞向下作用力减小，供排气阀将被顶起，副风缸将经过供气的大阀口自动给制动缸补风，恢复其原有的空气压强。当副风缸风压低于列车管风压时，充气止回阀将开放，列车管自动给副风缸补风。列车管风压降低了，总风缸又会自动给列车管补风(参看本书第四章、第五章)。同理，当制动缸活塞行程及容积因闸瓦磨耗而增大时，制动缸风压也不会衰减。因为，副风缸不参与，而制动缸参与了主活塞的平衡，只有制动缸达到了应有的风压，把列车管的减压完全补偿起来，主活塞才能达到平衡。

(5)制动与否只取决于列车管减压量而与减压速度无关，即“缓慢减压也制动”。由于主活塞是橡胶膜板式的，充气止回阀也不允许工作风缸向列车管逆流，因此，无论减压速度多么低，只要一直减下去，最后总可以形成足以推动主活塞的压差。但是，这也不是绝对的。如果主活塞是金属涨圈式而且又有充气沟,如图 2-6(a)所示,则三压力制动机也一样可以具有缓解稳定性(缓慢减压不制动)。

图 2-6(b)所示的三压力制动机中,用定压弹簧 13 取代了工作风缸,充气沟也相应地被取消。这样一来,不但又具有"缓慢减压也制动"的特征,而且,在定压弹簧装好之后,列车管的额定压强就不能再改变。初充气时还会发生一段时间的制动作用。这是因为,在无风状态下,主活塞被定压弹簧顶在上端位置,供排气阀的供气大阀口处于开放状态,初充气时列车管的压力空气可直入制动缸,直到列车管和制动缸两者的向下作用力之和大于定压弹簧的向上作用力,供排气阀的供气大阀口才能关上,排气小阀口才能开放,使制动缸的压力空气排向大气。

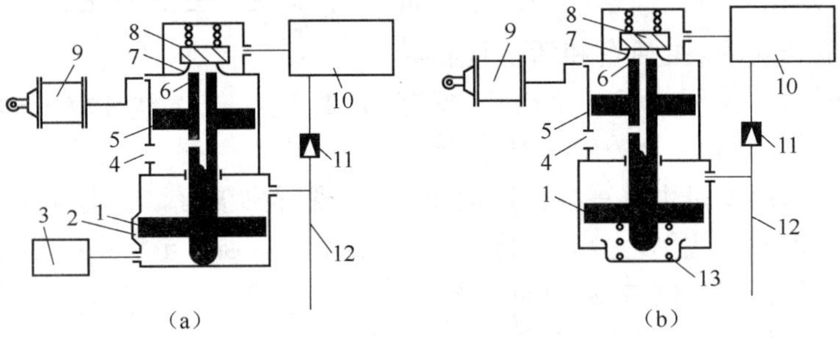

图 2-6 三压力制动机(充气缓解位)简图之二

1—主活塞;2—充气沟;3—工作风缸;4—分配阀排气口;5—制动缸压力活塞;6—排气阀口;7—进气阀座;8—供排气阀;9—制动缸;10—副风缸;11—充气止回阀;12—列车管;13—定压弹簧

三、制动机性能的"硬"和"软"

图 2-6(b)所示的三压力制动机又称为硬性制动机。所谓"硬性"是指它具有下列两个特征:

(1)列车管必须达到定压,制动机才完全缓解,缓解的快慢受列车管增压速度的制约。

(2)列车管定压在运用中不能改变。例如,定压弹簧若是按 500 kPa 设置的,则列车管压强即使增到 600 kPa 也无效,制动时在列车管压强降回至 500 kPa 以前不会起制动作用,缓解时也是列车管压强增到 500 kPa 就完全缓解。

反之,具有以下特征的制动机,例如图 1-8 所示的二压力制动机,则称之为软性制动机:

(1)列车管压强只要比主活塞另一侧高出约 20～30 kPa 即可一次轻易缓解。

(2)列车管定压在运用中允许适当变动,例如由 500 kPa 改为 600 kPa,或者相反。

图 2-5 和图 2-6(a)所示的三压力制动机都具有硬性制动机的第一个特征(列车管达到定压才完全缓解)和软性制动机的第二个特征(列车管定压在运用中可以变动),实际上是半硬半软,但由于它们都是三压力的,习惯上都算在硬性制动机的范畴,称之为半硬性制动机。

在二压力制动机中,过去用过的 L 型和 GL 型通常也算在软性制动机的范畴。实际上,它们也是半软半硬。因为它们的列车管压强虽然可变(这是软性制动机的第二个特征),但它们具有阶段缓解性能,即,缓解的快慢要受列车管增压速度的制约(这是硬性制动机的第一个特征),所以习惯上称它们为半软性制动机。

由此可见，制动机性能的软和硬也是相对的，不能说三压力就都是硬性制动机，二压力就都是软性制动机。它们也是可以转化的，都可以变成半软半硬的制动机（参看本书第三章第三节和第四章第二节）。

第六节　列车管空气压强对制动缸的间接控制

上节所述的制动机，不论二压力还是三压力，制动缸的制动和缓解都由列车管空气压强和主活塞动作直接控制，机构比较简单。早期的机车车辆上都是这种制动机，机车上只有一个操纵全列车自动制动机的制动阀（故称为自动制动阀，简称为“大闸”或“自阀”），司机施行制动或缓解时，机车车辆都要一致行动。机车上有总风缸，还要有副风缸。其实，总风缸就可以向机车制动缸供风，不需要另设一个容积也不小的副风缸。而且，由于长大下坡道“交互凉闸”的需要，机车必须有“单独制动”和“单独缓解”的性能。即列车在缓解状态时机车可单独制动或者列车在制动状态时让机车单独缓解。因此，间接作用机构应运而生。

首先是在机车上，将直接作用的一个三通阀改成间接作用的两个三通阀（合在一起改称为“分配阀”），参看图2-7。图中左半部相当于原来的三通阀（现在称为主阀部或均衡部），但主活塞另一侧的副风缸缩小成了工作风缸或压力室，制动缸去掉了活塞，缩小成了作用室或作用风缸，“三通”变成：一通列车管，二通工作风缸或压力室，三通作用室或作用风缸。列车管压强和主活塞动作控制的是作用室或作用风缸的风压。图中右半部相当于新加的另一个三通阀（现在称为作用部），它一通作用室或作用风缸，二通总风缸，三通机车制动缸。作用部内的第二活塞（机车上称为作用活塞）下方通作用室或作用风缸，上方通机车制动缸。列车管减压制动时，主活塞左移，工作风缸的风进入作用室，作用室的风压推动第二活塞上移，活塞杆顶开供排气阀的大阀口，总风缸的风经过此大阀口进入机车制动缸。换句话说，列车管风压和主活塞动作直接控制的是作用室风压，然后再通过作用室风压和第二活塞的动作间接控制机车的制动缸。这样一来，在全列车处于缓解状态而需要机车单独制动时，可以绕过列车管和主阀部，通过机车上另外一个制动阀（图中未示出的单独制动阀，简称“小闸”），使总风经过“单独作用管”（图中未示出）直接向作用室送风，推动作用部内的第二活塞上移到制动位，实现机车的单独制动作用。为使送入作用室的总风不致从主阀部排气口排出，专门在该排气口处接一根“分配阀缓解管”（图中未示出），使它通往单独制动阀，平常它可以经过单独制动阀通大气，单独制动时通大气的气路被切断。在全列车处于制动状态而机车需单独缓解时，也可以绕过列车管和主阀部，通过单独制动阀将单独作用管通大气，即排作用室的风。这样，第二活塞将在机车制动缸空气压力的作用下向下移到缓解位，实现机车的单独缓解。

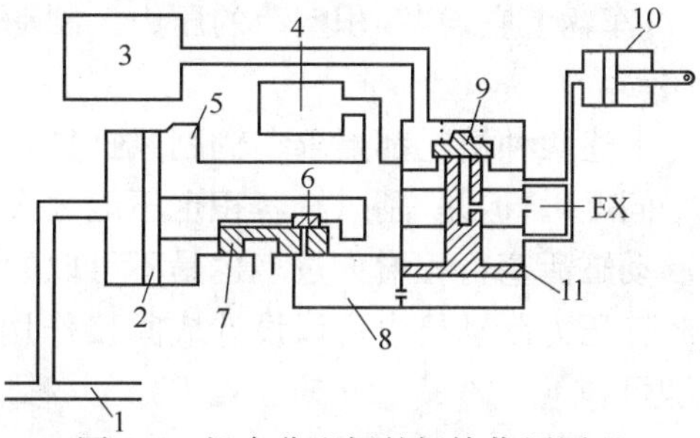

图2-7　机车分配阀的间接作用原理

1—制动主管；2—主活塞；3—总风缸；4—工作风缸；5—充气沟；6—节制阀；7—滑阀；8—作用室；9—制动缸供排气阀；10—制动缸；11—第二活塞

在司机用小闸单独操纵机车时，机车制动机实质上是间接作用的直通空气制动机（参看本书第一章图1-6），单独作用管就相当于列车管，只不过它直通的不是制动缸，而是作用室（所以是间接作用)。

车辆上不需要单独制动和单独缓解,所以车辆长期停留在直接作用的二压力机构(三通阀)的阶段,至今货车绝大多数仍然用三通阀。但是,“间接作用”与三压力制动机相似的下列两个优点,使其后来也被广泛用于车辆(主要是客车)上(参看图 2-8):

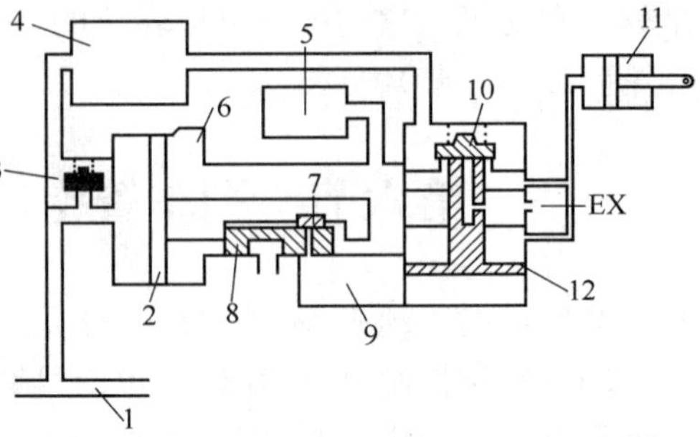

图 2-8 车辆分配阀间接作用原理

1—制动主管;2—主活塞;3—副风缸充气止回阀;4—副风缸;5—工作风缸;6—充气沟;7—节制阀;8—滑阀;9—容积室;10—制动缸供排气阀;11—制动缸;12—第二活塞

(1)长大下坡道制动缸漏泄时副风缸可以自动给制动缸补风。

(2)闸瓦磨耗后制动缸行程增大时,制动缸压强不会降低。因为制动缸空气压力参与了第二活塞(车辆上称为“均衡活塞”)的平衡,制动缸压强的大小决定于第二活塞下方(车辆上它通“容积室”)的压力。制动缸活塞行程和容积增大时,副风缸将多供风给车辆的制动缸。

上述两种情况都要求车辆副风缸具有较大的容积(机车上给制动补风的是总风缸,不存在这个问题)。但是,副风缸容积也不能太大,否则,初充气时间又太长。所以,制动缸漏泄太快或制动缸活塞行程增大过多也是不可取的。

三压力制动机也可以设计成间接作用式的,即将图 2-7 或图 2-8 中的主阀部换成三压力阀即可。

第七节 自动制动阀对列车管空气压强的间接控制

现代铁路列车的编组辆数越来越多,各个列车的编组辆数也不一致,对操纵控制机构的灵敏度、准确性和充排气容量的要求也日益提高。所以,现代机车对列车管空气压强的控制也是间接作用式的:在自动制动阀与列车管之间插进了一个固定容积的均衡缸和一个中继机构。自动制动阀控制小容量的均衡风缸,主要是要求灵敏和准确。均衡风缸通过中继机构控制列车管,列车管的充排气容量问题由中继机构来解决。

中国机车制动阀与列车管之间的中继机构有两种:

(1)蒸汽机车 ET-6 等型制动机用的“给风阀加均衡活塞”的中继机构。“给风阀”的任务是在缓解状态保持列车管的定压。总风缸的空气压强比列车管高 150~300 kPa,总风经过给风阀后,应降至列车管定压。如果列车管风压低于定压,给风阀将自动让总风缸充风或补风;如果列车管已达到定压,给风阀将自动切断总风的供给通路。均衡活塞的任务是在制动时使列车管的排气减压受均衡风缸的控制。如图 2-9 所示,当自动制动阀让均衡风缸通大气时,设在自动制动阀内部的均衡活塞上方压力减小,列车管空气压力将均衡活塞托起,使下方排气口开放,列车管的风排往大气;当列车管空气压强减小到均衡风缸空气压强时,均衡活塞因自重落下,关闭下方排气口,列车管停止

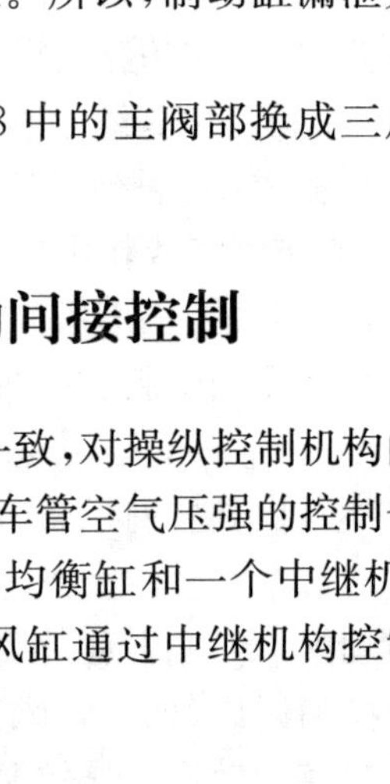

图 2-9 均衡活塞作用原理

排风减压。

(2)内燃机车 JZ-7 型制动机和电力机车 DK-1 型制动机用的“膜板活塞加双阀口”而且带过充的中继阀。参看图 2-10，当均衡风缸管 5 充气增压时，如图(a)所示，膜板活塞 3 右移，活塞杆顶开供风阀 1，总风管 7 的总风经过供风阀口进入列车管 6，并由缩孔 10 进到膜板右侧。随着列车管压强的增大，膜板活塞逐渐回到原来的中间位置，如图(c)所示，供气阀口关闭，列车管停止增压。在这种情况下，均衡风缸充到什么压强，列车管也充到什么压强。如果列车管因漏泄而稍有减压，则膜板活塞在均衡风缸风压的推动下将稍稍右移，使供风阀口打开一点点，总风可以给列车管稍补一点风，直至列车管恢复原有压强。当均衡风缸排风减压时，膜板活塞将左移，拉开排风阀 2，如图(d)所示。此时，列车管的风经过排风阀口、列车管排气口 8 排往大气。随着列车管压强的降低，膜板活塞也要逐渐回到图(c)所示的中间位置(保压位)，关闭排气阀口，使列车管停止减压。此时，列车管如有漏泄，总风也一样能给它补风，使它恢复原有的压力。

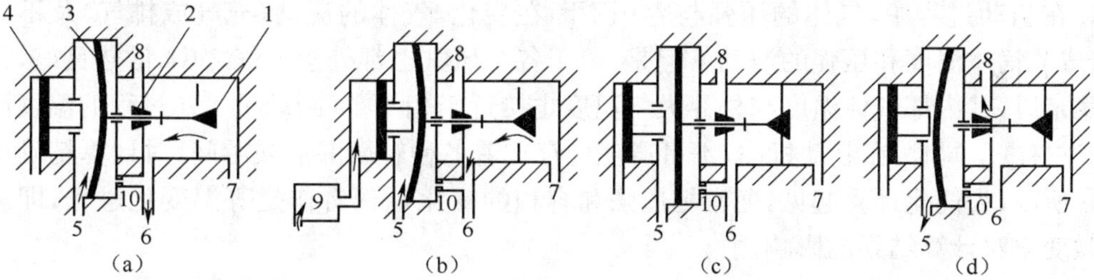

图 2-10　中继阀的作用原理示意图

(a)充气缓解；(b)过充；(c)保压；(d)制动

1—供风阀；2—排风阀；3—膜板活塞；4—过充活塞；5—均衡风缸管；6—列车管；7—总风管；8—排气口；9—过充风缸；10—缩孔

在缓解状态给列车管补风，以保持列车管的定压，这是没有问题的；在制动保压状态给列车管补风，对具有阶段缓解性能的制动机来说也没有问题；但是对没有阶段缓解性能的制动机来说，这可就是不允许的了。这是因为，补风有可能引起制动机缓解，对有阶段缓解的制动机来说，缓解不了多少，无关大局，但对无阶段缓解的制动机来说，一旦缓解就彻底缓解，这是很危险的。所以，ET-6 型和 DK-1 型制动机都在自动制动阀施行制动时切断了总风缸(或给风阀)与列车管的联络通道(DK-1 的可参看本书第五章)。JZ-7 型制动机上有一个总风遮断阀和一个客货车转换阀，当转换阀置于货车位时，自动制动阀只要一施行制动，也会自动切断总风源(参看本书第四章)。

为了加快列车管的充气速度，使整个列车管尤其是列车后部尽快充到额定压强，中继阀膜板左侧设有过充活塞 4 和过充风缸 9，如图(b)所示，过充风缸的风压作用在过充活塞上，使过充活塞右移，其活塞杆顶在膜板活塞上，参与膜板活塞的平衡。列车管压强必须超过额定压强(“过充”)，才能使膜板活塞回到保压位。然后，再切断过充风缸的风源，让过充风缸的压力空气通过其缸壁上的一个 $\phi 0.5$ 的小孔缓慢地排出大气。此时，膜板活塞将稍稍左移，将排气阀口开放一点点，使列车管压力空气慢慢地排大气，既不会引起制动，又可以回降到额定压强。这时的作用和图(d)相似，只不过不是均衡风缸排气减压而是过充风缸排气减压引起膜板活塞稍稍左移。

第八节　列车管减压量与制动缸压强的关系及列车管有效减压范围

自动空气制动机的工作过程中，压力空气的压强和容积不断在变化。例如：副风缸向制动缸供风前，副风缸内有定压的空气，制动缸内没有(即相对压强为零)；供风后，副风缸内压强下降，制动缸内压强上升。这就相当于副风缸容积扩大了，原来的定压空气因膨胀而减压。

压强与容积的变化是有一定的关系的。根据热工学的推论：克拉贝隆理想气体状态方程 $pV=GRT$ 同样适用于实际气体；气体的变化过程又有绝热、等温、等压和多变之分。

在空气制动机的工作过程中，空气压缩机产生的压力空气本来具有一定的温度，但压力空气是经过散热以后才进入总风缸的，总风缸处于大气之中，也在不断散热。当总风缸向列车管及与之相连的各个风缸充气时，充入的是经过了充分冷却的压力空气，其温度与外界气温几乎相等。在制动过程中，气体的压强与容积不断在变化，气体的流动(充气或排气)及不同的流速，造成了气体温度和压强的波动。但是，由于各个风缸也都处于大气之中，散热良好，待风缸压强稳定后，其内部气体温度与外界大气温度也接近于相等了(制动机工作过程的温度影响约为1℃左右)。同时，在制动机内，不可避免地存在着各种轻微漏泄或游间，对计算精确度也有影响。所以，为简化计算起见，通常把压强和容积的变化过程看作是等温变化过程，即忽略温度轻微变化对计算结果的影响。

根据波义耳-马略特定律，等温过程中空气压强与容积之间的关系为

$$pV=C$$

式中　p——空气的(绝对)压强；

V——空气的容积；

C——常数。

即，等温过程变化前与变化后的压容乘积是相等的。因此，如果制动前的制动缸余隙容积(包括制动缸管的容积)忽略不计，则对于三通阀制动前后的压容关系可列式如下：

$$p_0' \cdot V_f=(p_0'-r) \cdot V_f+p_z' \cdot V_z \tag{2-1}$$

式中　p_0'——列车管额定的绝对压强(kPa)；

V_f——副风缸容积(L)；

r——列车管减压量(kPa)；

p_z'——制动缸的绝对压强(kPa)；

V_z——制动后的制动缸容积(L)，按活塞行程为200 mm时的名义容积计算。

式(2-1)的根据是制动时进入制动缸的空气量等于副风缸排出的空气量，而且制动前副风缸内空气压强等于列车管内空气压强。这是因为又作了下列两个近似的假定：主活塞从充气缓解位移动到常用制动位之前，列车管减压量还比较小，副风缸压力空气的逆流可以忽略不计；列车管压力空气从紧急部旁道孔进入制动缸的轻微局减(常用急制动作用)，由于旁道孔很小，局减时间很短，故进入制动缸的空气量也很小，也可忽略不计。

由式(2-1)可得

$$p_z'=\frac{V_f}{V_z} \cdot r \tag{2-2}$$

则制动缸空气压强

$$p_z=\frac{V_f}{V_z}\cdot r-100 \quad (\text{kPa}) \tag{2-3}$$

考虑了各空气通路所占有的容积和漏泄量等因素之后，副风缸与制动缸的等效容积比可按 3.25 计算。故式(2-3)亦可写成

$$p_z=3.25\cdot r-100 \quad (\text{kPa}) \tag{2-4}$$

以上各式说明，制动缸空气压强决定于列车管减压量以及副风缸与制动缸的容积比(不是实际容积比而是等效容积比)。在运用中，容积比已经是定值，所以制动缸压强只取决于列车管减压量。司机操纵列车制动时，只要控制列车管减压量，即可掌握制动力的大小。当然，实际上还是有条件的，那就是：全列车制动机和基础制动装置的状态必须良好，作用一切正常。

另外，式(2-3)和式(2-4)的应用也是有一定范围的。从数学上来说，r 只要大于$\frac{100}{3.25}$(约30.8)kPa，p_z 即可大于零，公式即可以用。实际上，要使闸瓦压向车轮、产生实际制动效果，制动缸内的空气压强必须增大到能克服制动缸活塞背后的缓解弹簧的弹力以及基础制动装置各部分的摩擦阻力等，否则，列车管虽有一定的减压量，但不产生实际制动效果，是无效减压。

制动缸缓解弹簧一般按制动缸活塞的“背压”为 35 kPa 来设计计算。所以，为克服缓解弹簧的背压，将制动活塞杆推出，制动缸空气压强也必须不小于 35 kPa，即

$$p_z=3.25\cdot r-100=35 \quad (\text{kPa})$$

相应的列车管减压量

$$r=\frac{135}{3.25}=42 \quad (\text{kPa})$$

在实际试验中，列车管减压量约为 20 kPa 时即能将制动缸活塞推动。这是因为：缓解弹簧的阻力随其压缩量而增大，它只是在制动缸活塞行程达到 200 mm 时才相当于背压 35 kPa，初压缩时是达不到 35 kPa 的；制动缸活塞最大行程也不到 200 mm；还有因急制动作用进入制动缸的小量列车管压力空气没有考虑在内。

制动缸活塞仅是能被推动还不行，必须保证在闸瓦磨耗与制动缸行程均为最大值时也能产生实际制动效果。所以，单车试验时的最小(有效)减压量 r_{min} 规定为 40 kPa，列车试验时和列车运行中规定为 50 kPa。

以上说明的只是式(2-3)和式(2-4)的应用范围的下限。随着列车管减压量的增大，制动缸压强也可不断增大，但也是有一定限度的。当副风缸向制动缸充风充到两者压强相等，即达到平衡压强时，就是上述公式的上限。这时的列车管减压量称为最大有效减压量 r_{max}，制动缸压强是常用制动时的最大压强。在此之后，列车管如再继续减压，制动缸压强也不会再增加，所以，在最大有效减压量以上所增的减压量是无效减压量。

按波义耳-马略特定律，此时的

$$p_0'\cdot V=p_z'(V_f+V_z) \tag{2-5}$$

即原来副风缸的定压空气由于容积扩大为 V_f+V_z，压强降低，完全变成了绝对压强为 p_z'的压力空气。

由式(2-5)可得制动缸最大(绝对)压强

$$p_z'=\frac{V_f}{V_f+V_z}\cdot p_0' \tag{2-6}$$

最大(相对)压强
$$p_z=\frac{V_f}{V_f+V_z}(p_0+100)-100 \tag{2-7}$$

代入容积比的数值后
$$p_z=\frac{3.25}{3.25+1}(p_0+100)-100 \tag{2-8}$$

当列车管定压为 500 kPa 时,制动缸最大(相对)压强

$$p_z=\frac{3.25}{3.25+1}\times(500+100)-100\approx360 \quad (\text{kPa})$$

相应的列车管最大有效减压量

$$r_{max}=500-360=140 \quad (\text{kPa})$$

当列车管定压为 600 kPa 时,制动缸最大(相对)压强

$$p_z=\frac{3.25}{3.25+1}\times(600+100)-100=435 \quad (\text{kPa})$$

相应的列车管最大有效减压量

$$r_{max}=600-435=165 \quad (\text{kPa})$$

实际应用中,将 r_{max} 取整为 170 kPa,所以也把最大制动缸压强相应地改成为 430 kPa。

对于二压力间接作用的车辆空气分配阀,由于制动后保压时列车管与工作风缸的空气压强接近于相等,制动缸与容积室的空气压强也接近于相等,所以求解列车管减压量与制动缸空气压强的关系就是求解工作风缸的减压量与容积室空气压强的关系。

按波义耳-马略特定律,仿照式(2-1)可列出二压力间接作用的车辆空气分配阀制动前后的压容关系式如下:

$$p_g'\cdot V_g+100\times V_{rh}=(p_g'-r_g)\cdot V_g+p_r'\cdot V_{rz} \tag{2-9}$$

式中 p_g'——工作风缸绝对压强(kPa);

V_g——工作风缸容积(L);

100——由 1 个大气压相当于 100 kPa 换算得来;

V_{rh}——容积室缓解状态的容积(L);

r_g——工作风缸减压量,即列车管减压量(kPa);

p_r'——容积室(制动后的)绝对压强(kPa);

V_{rz}——容积室制动状态的容积(L)。

由上式可得

$$p_r'=\frac{V_g\cdot r_g+100\cdot V_{rh}}{V_{rz}}=\frac{V_g}{V_{rz}}\cdot r_g+100\cdot\frac{V_{rh}}{V_{rz}} \tag{2-10}$$

$$p_r=\frac{V_g}{V_{rz}}\cdot r_g+100\cdot\frac{V_{rh}}{V_{rz}}-100 \tag{2-11}$$

式中 p_r——容积室(制动后的)的相对压强(kPa)。

据铁道科学研究院和有关单位对 103 型空气分配阀的多次试验,对上述理论公式进行了修正,得出下列半经验公式:

$$p_z=p_r=2.6\cdot r_g-10 \tag{2-12}$$

式中 p_z——重车位制动缸的相对压强(kPa)。

空车位的制动缸相对压强则为

$$p_{zk}=0.54\cdot p_z \tag{2-13}$$

式中　0.54——由实验得到的空车系数。

第九节　空气波和空气波速

空气是弹性物质，列车管是个又细又长的空气通道，机车制动阀排出列车管的压力空气并使列车管减压时，并不是全列车都立即、同时、同步地降压。机车制动阀附近的空气压强首先下降，打破了列车管原有的压力平衡，然后这个压降沿列车管由前向后扩散（或者称之为传播）。与此同时，机车制动阀继续排风减压，新的压降不断向后传播。这和投石入水引起的水波不断扩散向四外传播相似。空气压降的传播也是一种波，而且是一种与声波相似的空气波，但它不能向四周扩散，只能沿列车管向后定向传播。这种空气波通常又称为列车管减压波。由于机车制动阀不断排风减压并向后传播，列车管内的压力空气不断膨胀，其压能不断转化为动能。因此，压力空气不断地由后向前流动，并由机车制动阀排往大气。必须注意，气体的这种流动与压降的传播不是一回事。压降的传播（列车管减压波）属于一种振动波，它按振动的规律在媒介质（压力空气）的空间进行；压力空气在列车管内的流动则不是一种什么波，而是媒介质的一种连续运动，周围（管壁）阻力对它影响很大，空气流速比减压波速（空气波速）小得多，而且，减压时气流方向与压降波的传播方向也相反（这不是主要的；列车管充气增压时的空气流动方向与增压波的传播方向虽然相同，但也不是一回事，因为两者的本质不同，并且这时的空气流速比增压波速也要大）。

参看图 2-11，图中上方是一段列车管，我们取其中一小段长度为 b 的过渡段来分析。所谓“过渡段”是指它的前方（图中左边）空气压强已降为 p_1（图中下方为沿管长的压强图），密度已降为 ρ_1，而其后方（图中右边）空气压强未降，仍为 p_0，密度仍为 ρ_0。设压降以等速度 w_{KB}（空气波速）向右传播，而且传播过程中波形不变，则由于气体随压降而膨胀，在压降已通过之处，气体将以一定的速度 q 不断向左流动。

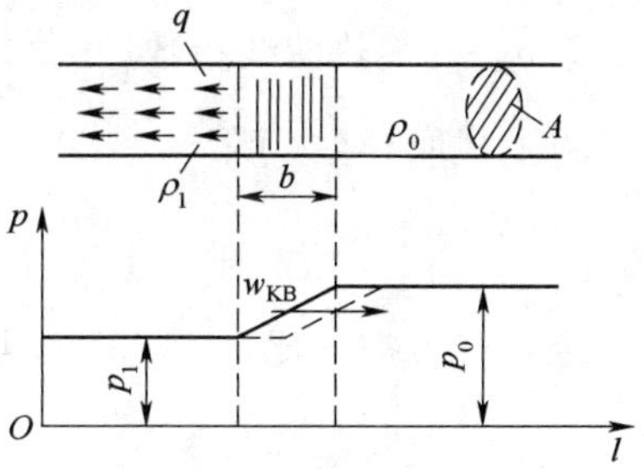

图 2-11　列车制动时的空气波速和气体流速

根据气体连续流动原理，在单位时间内从这个过渡段流出的质量应等于其减少的质量，即

$$\rho_1 \cdot A \cdot q=\frac{A \cdot b \cdot \rho_0-A \cdot b \cdot \rho_1}{t} \tag{2-14}$$

式中　A——列车管断面积；

t——压降通过长度为 b 的过渡段所需的时间，$t=\dfrac{b}{w_{KB}}$。

故
$$\rho_1 \cdot A \cdot q=A \cdot b(\rho_0-\rho_1)\frac{w_{KB}}{b}$$

$$\rho_1 \cdot q=(\rho_0-\rho_1)w_{KB} \tag{2-15}$$

根据牛顿定律，作用于过渡段的合力应等于被加速的质量乘其加速度。作用于过渡段的合力为 $(p_0-p_1)A$，被加速的质量为 $\rho_m \cdot A \cdot b$（ρ_m 为过渡段的平均密度），过渡段内气流速度在时间 t 内由零增到 q 的平均加速度为

$$\frac{q-0}{t}=\frac{q}{b/w_{KB}}=\frac{q\cdot w_{KB}}{b}$$

故
$$(p_0-p_1)A=(\rho_m\cdot A\cdot b)\left(q\cdot\frac{w_{KB}}{b}\right)$$

$$p_0-p_1=\rho_m\cdot q\cdot w_{KB}$$

当过渡段取得极短时，$\rho_m\approx\rho_1$，上式可写成

$$p_0-p_1=p_1-q\cdot w_{KB} \tag{2-16}$$

以式(2-15)乘式(2-16)，可得

$$\rho_1\cdot q(p_0-p_1)=(\rho_0-\rho_1)w_{KB}\cdot\rho_1\cdot q\cdot w_{KB}$$

$$w_{KB}^2=\frac{p_0-p_1}{\rho_0-\rho_1}=\frac{\Delta p}{\Delta\rho}$$

在 $\Delta\rho\to 0$ 时，$w_{KB}^2=\lim\limits_{\Delta\rho\to 0}\dfrac{\Delta p}{\Delta\rho}$

即
$$w_{KB}^2=\frac{dp}{d\rho} \tag{2-17}$$

根据气体的绝热定律

$$p=C\cdot\rho^n$$

式中 p——气体的绝对压强(Pa)；

C——常数；

n——绝热曲线指数$\left(=\dfrac{\text{定压比热}}{\text{定容比热}}\right)$，对于空气来说，$n=1.4$。

将上式取导数，可得

$$\frac{dp}{d\rho}=n\cdot C\cdot\rho^{n-1}=n\cdot C\cdot\frac{\rho^n}{\rho}=n\cdot\frac{p}{\rho} \tag{2-18}$$

令 γ 代表空气比重(N/m^3)，可得密度

$$\rho=\frac{\gamma}{g}\quad(kg/m^3)$$

将上式代入式(2-18)，可得

$$\frac{dp}{d\rho}=\frac{n\cdot g\cdot p}{\gamma} \tag{2-19}$$

将式(2-19)代入式(2-17)，可得

$$w_{KB}^2=\frac{n\cdot g\cdot p}{\gamma} \tag{2-20}$$

令 γ_0 代表相对压力为零(即一个绝对大气压或标准大气压)时的空气比重(N/m^3)，可得

$$\gamma=\frac{\gamma_0}{10^4\cdot g} \tag{2-21}$$

这是因为，一个大气压近似等于 $10^4(kg/m^2)$ 或 $10^4\cdot g(N/m^2)$，即 $10^4\cdot g(Pa)$，换句话说，空气压强 1 Pa 等于$\dfrac{1}{10^4\cdot g}$个大气压。

将式(2-21)代入式(2-20)，可得

$$w_{KB}=\sqrt{\frac{n\cdot g^2\times 10^4}{\gamma_0}}=\sqrt{\frac{1.4\times 9.8^2\times 10^4}{\gamma_0}}$$

即
$$w_{KB}=1\,160\cdot\sqrt{\frac{1}{\gamma_0}} \tag{2-22}$$

当空气温度为 0℃时，$\gamma_0=12.25(N/m^3)$，代入上式可得 $w_{KB}\approx 331(m/s)$。

由式(2-22)可见，列车管(无支管时)的空气波速只与相对压强为零时的空气比重 γ_0 有关，即只与空气温度有关而与空气压强无关。

空气波速也可用试验的方法来测定。此时按下式计算：

$$w_{KB}=\frac{L_{KB}}{t_{KB}}\quad(m/s) \tag{2-23}$$

式中　L_{KB}——空气波传播距离(m)，即从机车制动阀口至列车管尾端的列车管长；

t_{KB}——空气波传播时间(s)，从机车制动阀开始排气至列车管尾端开始排气为止。

试验表明，在单纯用列车管(无支管)做试验时，建立在上述理论分析基础上所得的公式(2-22)基本上是正确的，而且 t_{KB} 与排气孔径和列车管长度都无关。但是，如果每辆车有长 2 m 的制动支管，则 t_{KB} 将显著增大，w_{KB} 将显著降低，而且副风缸的逆流、三通阀主活塞向列车管一侧的移动(把空气推回列车管)以及列车管的局部减压(列车管的附加排气)，都对空气波速有影响。前两种因素使列车管的空气波速和减压速度都减小，列车管局减则可提高其空气波速和减压速度。

空气波传到哪辆车，该车三通阀的列车管空气压强就立即降低，并随时间的延续而不断降低。由于管路的阻尼作用，空气传播过程中有能量损失，它实际上越往后越弱，所以，列车管减压速度也是沿列车长度方向逐步衰减。

第十节　制动波和制动波速

由于空气波由前向后逐辆传播，如果三通阀的型式和灵敏度都一样的话，制动作用也会是沿列车长度方向由前向后逐辆发生的。所以，人们比照着空气波，把它也称之为“制动作用的传播”，并简称为“制动波”。

实际上，阀的灵敏度受其结构性能和状态的影响，是不可能完全一样的。制动作用的发生不但是间歇性的，而且也不是完全由前向后逐辆发生。列车中某一辆车或某几辆车的制动作用有时可能比其后的车辆发生得晚，或者比它前面的车辆发生得早，即制动作用的发生有时是来回“跳”的。这说明，制动波其实不是一种波，只是习惯上这么称呼而已。因此，制动波速只能用试验方法测定，并按下式计算：

$$w_{ZB}=\frac{L_{ZB}}{t_{ZB}}=\frac{L_{ZB}}{t_{KB}+t_D} \tag{2-24}$$

式中　w_{ZB}——制动波速(m/s)；

L_{ZB}——制动波传播距离(m)，从机车制动阀起至最后一个发生制动作用的三通阀、控制阀或分配阀发生制动为止；

t_{ZB}——制动传播时间(s)，从机车制动阀手柄置于制动位起至最后一个发生制动作用的阀发生制动为止；

t_D——三通阀动作时间(s)，从列车制动支管开始减压至该阀发生制动为止。

在单独评价车辆制动机时，为排除各种机车制动机的不同影响，制动波速有时不按全列车而只按车辆列来测定和计算，即制动波的传播距离和传播时间都由“机后”第一辆车的三通阀、控制阀或分配阀起算。为区别这两种算法，包括机车的称为“列车制动波速”，不包括机车的称为“车列制动波速”。其实，后者仍与机车制动阀（如排气口）有关，并没有完全排除机车的影响。

制动波速是综合反映制动机性能的极其重要的指标。制动波速高，说明列车前后部制动作用的时间差小，既可减轻纵向冲动，又能缩短制动距离。

由式(2-24)可见，制动波速永远小于空气波速。这是因为，制动波速要受三通阀、控制阀或分配阀的动作时间的影响。

三通阀等的动作条件可用下列关系式表示：

$$(\eta_L - \eta_H) \cdot t_D \cdot F_Z = W_D \tag{2-25}$$

式中 t_D——阀的动作时间；

η_L——主活塞列车管一侧的减压速度；

η_H——主活塞滑阀室一侧的减压速度；

F_Z——主活塞的作用面积；

W_D——阀的动作阻抗。

所以

$$t_D = \frac{W_D}{(\eta_L - \eta_H) \cdot F_Z} \tag{2-26}$$

由式(2-26)可见，阀的动作时间 t_D 的影响因素较多。阀的动作阻抗对阀的灵敏度和稳定性的影响，在本章第一节就已经讲过了，它太大或太小都不好。主活塞作用面积的影响也是双方面的：F_Z 增大固然可以缩短单个阀的 t_D，但由于主活塞列车管一侧的余隙容积增大，列车管总容积增大，使列车管减压速度降低，列车越长，减压速度降得越多；可是阀的动作时间与列车管减压速度的关系还特别密切，减压速度越大，阀的动作时间越短，制动波速就越高。

根据实验研究，列车管减压速度 η_L 与下列影响因素有关：

(1)与机车制动阀排气口的距离——离得越远，即越往列车后部，η_L 越小。

(2)列车管总容积——列车越长、制动支管越长、主活塞列车管一侧的余隙容积越大，则 η_L 越小，而且越往列车后部越明显。

(3)列车管和连接塞门的气体流动阻抗——阻抗越小，η_L 越大。

(4)列车管的附加排气(局部减压)——可显著提高该排气口附近的列车管减压速度。

(5)列车管排气口的面积和压差——排气口的面积和排气时的初压强增大，或者从“排往一个有一定容积的容器(如制动缸)”改为“排往大气”，均可显著提高该排气口附近的列车管减压速度。

多年来，由于列车越来越长，阀和列车管总容积越来越大，列车管的减压速度则越来越低。所以，在改造旧制动机和研制新制动机时，一直大力在改进其“局部减压”性能方面下功夫(这是因为它能在不提高机车制动阀排气速度的情况下有效地提高整个列车管尤其是列车后部的减压速度，从而大大提高制动波速，缩小列车前后部制动作用的时间差，减轻制动时的纵向冲动和缩短列车制动距离)，同时也很注意改善排气方式(改为“排往大气”或扩大排气口)，而在降低气体流动阻抗方面却重视不够，这是有待于我们加以改进的。

复习思考题

1. 三通阀主活塞发生动作要有三个条件，为什么？缓解稳定性和制动灵敏度为什么必须统筹兼顾？

2. 什么情况下列车管的减压称为局部减压？三通阀怎样才能产生紧急局减？怎样才能对常用（制动）安定性和紧急（制动）灵敏度做到统筹兼顾？

3. 为什么说除少数编组较短的列车外，常用制动时实际上全列车都是急制动？常用急制动与减速充气缓解有何异同点？

4. 为什么加速缓解风缸也可称为局增风缸？加速缓解与减速充气缓解有何异同点？

5. 与二压力（直接作用的）制动机相比，图 2-5 所示的三压力制动机有哪些特点？

6. 硬性制动机和软性制动机的基本特征是哪些？“半硬半软”又是怎么回事？

7. 机车上为何要用间接作用的分配阀？车辆上用这种分配阀有什么好处，存在哪些问题？

8. 现代机车对列车管空气压强的控制为什么采取间接作用式的？单纯的均衡活塞与加上双阀口有何不同？再加上过充活塞又起什么作用？

9. 为什么说，在运用中制动缸空气压强只取决于列车管减压量？减压量太小或太大时为什么会成为无效减压？

10. 列车管排风减压时，压力空气在管内的流动与压降在管内的传播为什么不是一回事？空气波速与哪些因素有关？

11. 制动波是一种什么波？制动波速有哪几种？提高制动波速主要应当在哪些方面下功夫？为什么？

第三章 客货车辆空气制动机

对铁路列车空气制动机来说，机车和车辆的制动机是一个有机的整体。全列车的制动和缓解都要由机车制动阀集中操纵。如果说，机车上控制列车管空气压强的阀类好比一支部队的指挥部，那么，车辆制动机就好比是这支部队的主力军。对各种型式的车辆制动机的性能特点不了解，机车的制动操纵就带有很大的盲目性，所以，在了解过自动空气制动机的共性之后，要进一步了解目前各种类型的车辆制动机的特性，并进行比较，有比较才有鉴别。

第一节　104、103型制动机

104、103型制动机是在20世纪60年代由我国同时自行设计和制造的具有分配阀结构的客、货车辆空气制动机，104供客车用，103供货车用，两者大同小异，大部分零配件都能通用，从20世纪70年代开始在新造车辆上装用。后来，新造客车全都安装104阀，货车103阀却装用得较少，而且很快又被120阀逐步替换下来。所以，本书以介绍104为主，103只介绍其特点。

一、104型制动机的组成和特点

104型制动机的组成参看图3-1。与GL型制动机相比，104型制动机的主要特点如下：

(1)它采用了104型空气分配阀(简称“104阀”)。这个分配阀的“主阀”是个间接作用的二压力机构，这种机构的基本作用原理在第二章第六节中曾经介绍过(参见图2-8)。

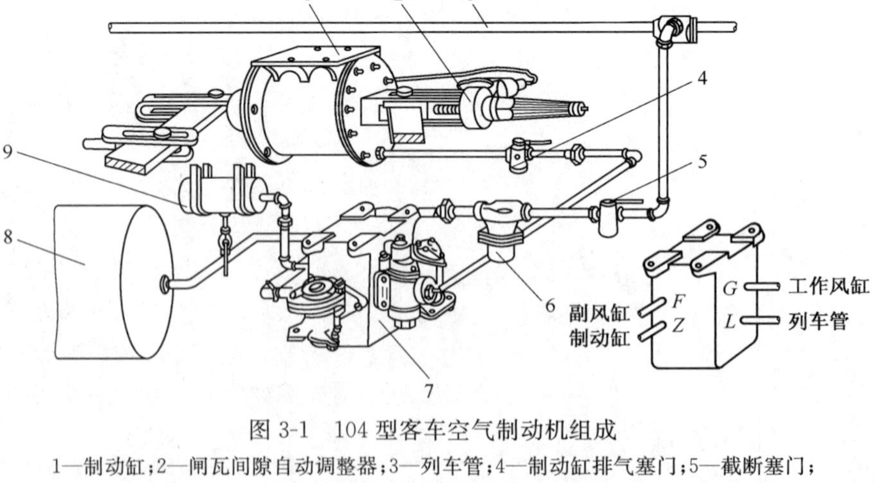

图3-1　104型客车空气制动机组成

1—制动缸；2—闸瓦间隙自动调整器；3—列车管；4—制动缸排气塞门；5—截断塞门；6—远心集尘器；7—104型客车空气分配阀；8—副风缸；9—工作风缸

(2)104 型空气分配阀具有独立设置的“紧急阀”。它与主阀的主活塞都是直接由列车管空气压强控制,紧急制动更加可靠而且具有“常用转紧急”的性能,即施行常用制动后不久就遇到紧急情况,又施行紧急制动,它仍能发生紧急局减。

(3)主阀和紧急阀安装在“中间体”上,三者组成一个整体。与分配阀相连的四根风管都接在中间体上(参看图 3-1 右下角),中间体用四根螺栓吊装在车底架下。主阀和紧急阀拆装都很方便,而且不易漏泄。

(4)除了主活塞所在的“作用部”保留了一个滑阀之外,其他部分(包括主活塞在内)全都采用了密封较好,又不需研磨的橡胶膜板、橡胶 O 形圈、橡胶夹心阀等结构(参看图 3-3)。

(5)主阀的组成与图 2-8 相比,除了主活塞所在的作用部和第二活塞(均衡活塞)所在的均衡部之外,还有以下组成部分(参看书末彩色图 3-2):①充气止回阀部,其中主要有止回阀 4、充气阀 8、充气活塞 11 和充气膜板 12,用以协调副风缸和工作风缸的充气;②局减阀部,其中主要有局减阀杆 63、局减膜板 64 和局减活塞 65,用以控制常用制动的第二阶段局减,使列车管的风既能进入制动缸,又不会超过 50～70 kPa;③紧急增压阀部,其中主要有增压阀 38,用以产生紧急增压。另外,由于主活塞是橡胶膜板式的,其移动阻抗比金属涨圈式要小得多,为了保证制动机的缓解稳定性,在主活塞杆的尾部装有稳定杆 28 和稳定弹簧 29,主活塞必须在它两侧的压差达到能压缩稳定弹簧 29 时才能开始上移(滑阀没有动),并产生常用制动的第一阶段局减。

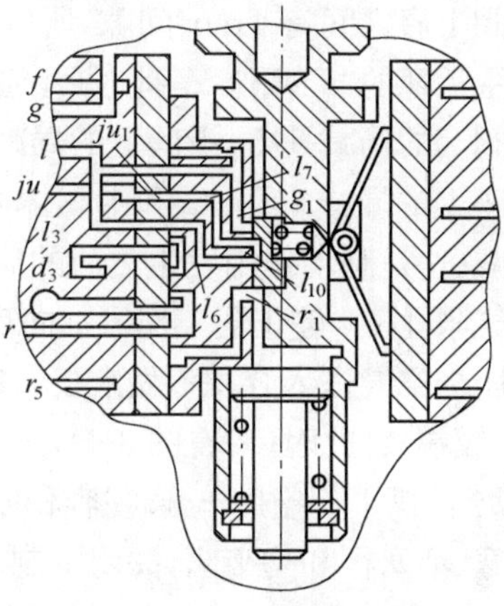

图 3-3　104 主阀局减第一阶段

二、104 型制动机的作用

104 型制动机总的来说有四个作用位置:充气缓解位、常用制动位、制动中立位和紧急制动位。

1. 充气缓解位(参看书末彩色图 3-2)

初充气和制动后缓解时,104 阀均处于此位置。列车管压力空气经由截断塞门、远心集尘器进入中间体内以后分为两路。一路进入紧急阀的紧急活塞 79 的下方和紧急阀下盖内放风阀 90 及其导向杆 91 的下方,并且通过中空的紧急活塞杆 78,由紧急阀上盖 76 内的通路返回中间体(进入紧急室)。此时,紧急活塞 79 被安定弹簧 84 顶在上极端,放风阀 90 被放风阀弹簧 94 顶紧在放风阀座 85 上。另一路由中间体进入主阀的紧急增压阀 38 的上方,由此再分两路:一路往上到主活塞 21 的上方(如果是制动后的缓解,就把主活塞下压到底——缓解位),并且顶开止回阀 4,进到充气阀 8 的上方;一路向右经过滑阀座和滑阀的充气限孔 g_1 进入滑阀室,再由主活塞下方 g_2 孔通往充气膜板 12 的下方和工作风缸。此时,增压阀在弹簧 36 的作用下沉在下端位置。当工作风缸空气压强上升到足以顶开充气阀 8 时,列车管压力空气便由充气阀口进到充气活塞 11 的上方,并经过通路 f_3 返回中间体进入副风缸,同时也进入增压阀套径向孔外的空腔 f_5 和均衡部的均衡阀 49 的上方空腔 f_4。如果是制动后充气缓解,中间体内容积室的压力空气将向右经过增压阀下半部外围空腔 r_3 和滑阀上的缓解槽,由作用部排气孔 d_3 排往大气。与此同时,均衡部均衡活塞 55 下方压力空气也经过通路 r_4、主阀安装面的 r_5

孔和容积室排往大气。均衡活塞 55 在其上方制动缸空气压力作用下落到下端位置(均衡部缓解位)。制动缸压力空气由中间体转入主阀均衡部均衡活塞杆 54 上部外围空腔 z_3,再由该杆中心孔、径向孔和均衡部排气口 d_6 排往大气。当制动缸空气压强降到50～70 kPa以下时,局减阀 63 在局减活塞 65 右边弹簧的作用下向左移到左极端位置,使局减阀的两道 O 形圈都移到阀套 61 的径向孔及其外围环槽 z_2 的左边,径向孔处于敞开的状态。

2. 常用制动位(参看图 3-3 和书末彩色图 3-4)

常用制动时主活塞动作是分为两步走的。第一步是主活塞杆压缩稳定弹簧,带动节制阀由"缓解位"上移。由于滑阀与阀座的静摩擦阻力大于压缩稳定弹簧所需的力,而且活塞杆尾部与滑阀下肩之间有 4 mm 间隙,所以滑阀暂时没有移动,只是主活塞杆带动节制阀上移4 mm,移到了主活塞的"局减位"。此时(参看图 3-3),列车管的压力空气由增压阀上方经过阀体内的通路 l、滑阀套的局减孔 l_3、滑阀上的局减出孔 l_6、节制阀的局减槽 l_{10},返回滑阀上的局减入孔 l_7,再经过阀座上的局减室孔 ju_1 和主阀体内暗道通往局减室和缩孔Ⅰ并排入大气,产生列车管的第一阶段局减(这是制动作用发生之前的局减,故亦可称之为"先期局减")。然后,节制阀关闭了滑阀上的充气限孔 g_1,停止了工作风缸向列车管的逆流,同时开放滑阀上的制动孔 r_1,为下一步工作风缸的压力空气进入容积室做准备。第二步是主活塞在更大的压差推动下带动滑阀上移到"制动位"(上极端)。此时(参看图 3-4),工作风缸的压力空气经过滑阀上的制动孔 r_1、阀座上的容积室孔 r_2、增压阀下部空腔 r_3 通往容积室,并经过容积室和阀体内的暗道通往均衡活塞下方,顶起均衡活塞、活塞杆和均衡阀,关闭了制动缸排气小阀口,打开副风缸向制动缸供气的大阀口,产生制动作用。在容积室充气的同时,列车管的压力空气经过滑阀上的局减孔路和主阀体内暗道通往局减阀环槽 z_2,并由阀套的径向孔和阀体暗道进入制动缸,产生列车管的第二阶段局减(这是与制动作用同时发生的,故又可称之为"同期局减")。

由于常用制动时列车管减压速度并不急剧,紧急室的压力空气还来得及通过紧急活塞杆中心孔(其中有缩孔Ⅲ)逆流至列车管,紧急活塞的上下压差不足以充分压缩安定弹簧,放风阀仍处于关闭状态,制动机不会产生紧急局减,即不会产生紧急制动作用。另外,在增压阀处,由于其上方列车管空气压力与其下方容积室空气压力之差也不足以克服增压阀弹簧的弹力和该阀自重,所以增压阀仍处于下端位置,两道 O 形圈一边一个,封住了阀套上的径向孔,使副风缸压力空气不能起增压作用。

3. 制动中立位(参看书末彩色图 3-5)

当列车管减压制动不久又停止减压时,工作风缸因仍在向容积室供风而继续减压。当主活塞上下接近平衡时,稳定弹簧的反弹和主活塞、活塞杆等的自重会使主活塞带动节制阀稍稍向下回移 4 mm(滑阀没有动),节制阀将 r_1 孔右端盖住,工作风缸停止向容积室供风,此为作用部的制动中立位。

此时,容积室压强停止上升即均衡活塞下方空气压强不再增大,但副风缸仍继续向制动缸供风,当制动缸压强上升到接近均衡活塞下方的容积室压强时,由于均衡阀上方弹簧的作用,均衡阀压着均衡活塞杆一道下移,关闭了向制动缸供气的大阀口,副风缸停止向制动缸供风,此为均衡部的制动中立位。

此时,如果制动缸有漏泄,副风缸又有余力(压强比制动缸高),可自动给制动缸补风。

4. 紧急制动位(参看书末彩色图 3-6)

列车管急剧减压时,主活塞在其上下压差作用下很快地带动节制阀和滑阀上移到制动位。

其动作过程与常用制动时一样可分为两步，也有两阶段局减（比常用制动时动作快），所不同的只是增压阀和紧急阀的作用。

增压阀的情况是：上方列车管急剧减压，下方容积室迅速增压，上下压差足以克服增压阀上方弹簧的弹力和增压阀的自重，使增压阀移到上端位置，即，增压阀套径向小孔内侧的孔口开放（两道O形圈都上移至该孔的上方），副风缸的压力空气可由此通往容积室，起紧急增压作用，直到工作风缸、副风缸与容积室、制动缸四者的风压接近平衡为止。

紧急阀的情况是：由于列车管急剧减压，紧急室的压力空气逆流来不及，紧急活塞上下产生了较大的压差，能克服安定弹簧的弹力而下移，使活塞杆中心孔下端孔口因接触放风阀而被堵死，紧急室压力空气只能通过刚刚露出的 $\phi1.2\,\text{mm}$ 径向缩孔（Ⅴ）排大气，紧急室排风变慢，紧急活塞上下压差迅速扩大，因而能克服放风阀弹簧的弹力，使紧急活塞及活塞杆继续下移，压开放风阀，列车管压力空气大量地迅速地排入大气，产生强烈的局部减压。紧急室的排风时间规定为 15 s 左右。当紧急室压力空气基本排净，安定弹簧的弹力使紧急活塞上移，依靠放风阀弹簧的弹力方能使放风阀关闭。所以，紧急制动后的再充气必须待紧急室的风基本排净后方能施行，否则，边充边排，列车管压强根本上不去。这正是为了防止某些司机在紧急制动后尚未停车时就施行缓解，产生剧烈的纵向冲动，甚至造成断钩的严重事故。

由前已知，在三通阀的时代，常用制动和紧急制动是由一个主活塞来控制的，如果在常用制动后再施行紧急制动，往往“不起紧急”或者说是“常用不能转紧急”。这是因为，常用制动后副风缸压强已经明显降低，已经没有足够的力量压缩递动弹簧把主活塞再推至紧急制动位；再者，即使主活塞能到紧急制动位，但紧急活塞上方是已经明显降低了的副风缸风压，下方却是已经增大了的制动缸风压，紧急活塞也压不下去。而 104 型分配阀的紧急阀是独立设置的，其紧急活塞上方是紧急室风压，下方是列车管风压，常用制动时两者都下降。而且，紧急室风压一直比列车管风压高。所以，在常用制动后再施行紧急制动时，列车管风压突然急剧下降，紧急室的风来不及逆流，照样能形成足够的压差，使紧急活塞下移并压开紧急阀，产生紧急局减，即具有“常用转紧急”的性能。

三、103 型制动机的特点

与 104 型制动机相比，103 型制动机或 103 型分配阀（简称“103 阀”）有下列特点（参看图 3-7）：

（1）在主阀的均衡活塞 11 的下面装有二级空重车“截流”式的调整装置 12（原设计为手动的）。它比 GK 阀的“分流”式空重车调整装置要省风。

（2）没有紧急增压阀，而是在 104 装增压阀的位置装上了紧急二段阀 15。它在紧急制动时能使制动缸实现“先快后慢”的二段变速充气。

（3）主阀的主活塞杆尾部设有减速部 13，用以获得减速充气缓解作用，主活塞也比 104 要薄一些。

103 阀空重车调整装置原设计的组成如图 3-8 所示。偏心杆 6 由装于货车侧面的空重车的转换手柄操纵。手柄在重车位〔图 3-8(a)〕时，偏心杆将钢套 5 顶起并压缩装于套内的跳跃弹簧 7，将空车活塞（由空车压板 8 和空车膜板 9 组成）紧压在主阀中体 2 的下面，使拉杆 1 上端直径较大的部分与均衡活塞螺母 10 之间保持着一定的重向间隙（大于均衡活塞的移动量）。当容积室压力空气进到均衡活塞下方时，均衡活塞的上移不受拉杆的约束，制动缸压强必须升至与容积室压强相等才能使均衡活塞回到保压位，这时制动缸压强就是“重车压强”。当空重车

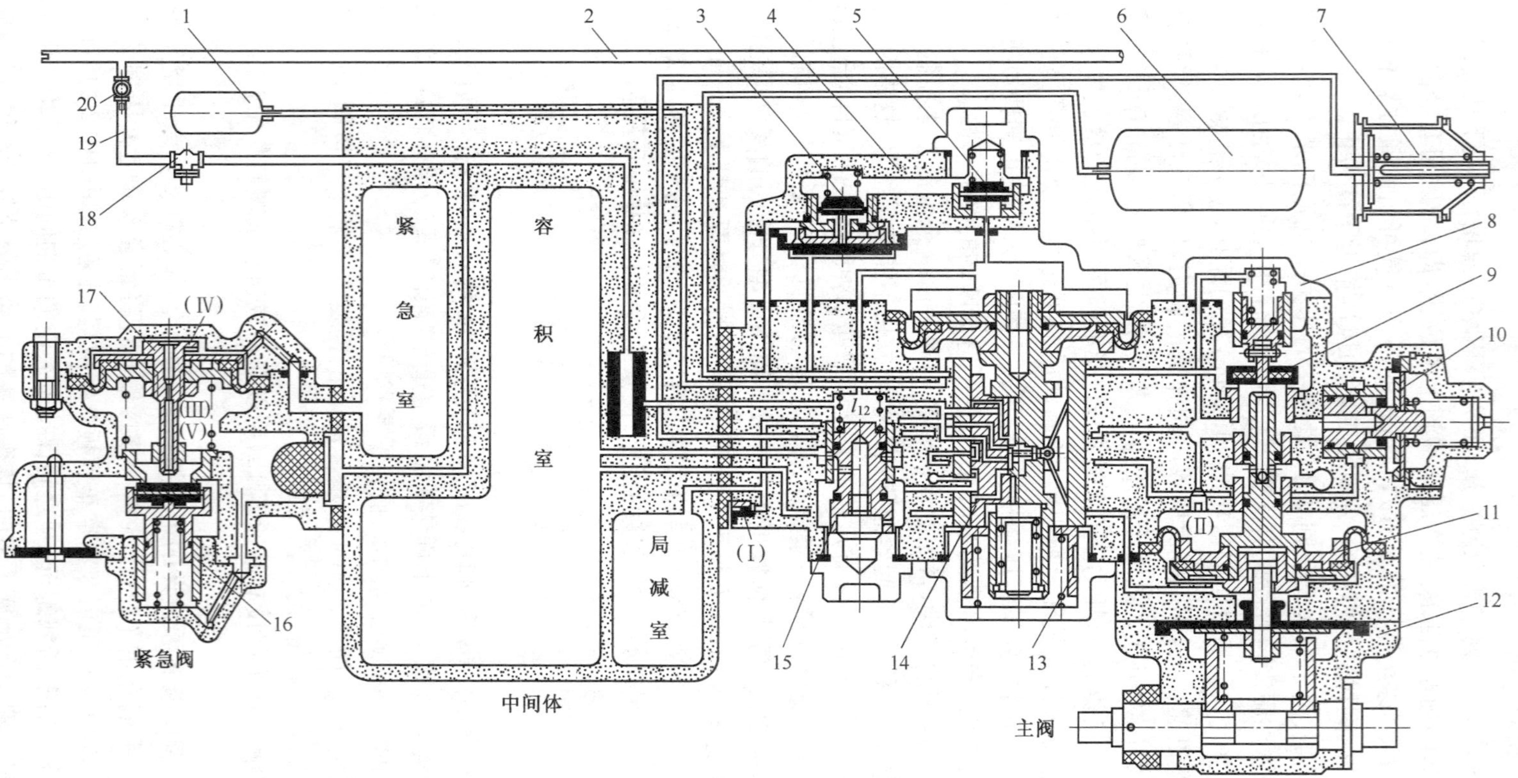

图 3-7　103 型制动机(充气缓解位)

1—工作风缸;2—列车管;3—充气阀;4—充气部;5—止回阀;6—副风缸;7—制动缸;8—均衡部;9—均衡阀;10—局减阀;11—均衡活塞;12—空重车调整装置;13—减速部;14—作用部;15—紧急二段阀;16—紧急放风阀;17—紧急活塞部;18—远心集尘器;19—制动支管;20—截断塞门

转换手柄置于空车位〔图 3-8(b)〕时，偏心杆不顶钢套和空车活塞，后者是靠跳跃弹簧紧压的中体下面的，所以，当容积室压力空气进到均衡活塞下方时，首先是推动均衡活塞上移，顶开均衡阀，使副风缸压力空气进入制动缸，使制动缸压强得到一次跳跃式上升(跳跃弹簧因而得名，其实称为空重车弹簧更合适)。当容积室压强升高到足以压缩跳跃弹簧时，空车活塞便下移，既消除了拉杆上部与均衡活塞螺母之间的间隙，又使容积室空气压力作用于整个空车活塞面积上。向下作用于空车活塞的容积室空气压力通过拉杆传到均衡活塞上，参与了均衡活塞的平衡，把容积室压力空气向上作用于均衡活塞的力抵消掉一半左右(空车活塞的直径约为均衡活塞的一半)。于是，制动缸压强只能达到容积室压强的一半左右，这就是“空车压强”。当列车管定压为 500 kPa 时，重车压强为 360 kPa 左右，空车压强只有 170～190 kPa。

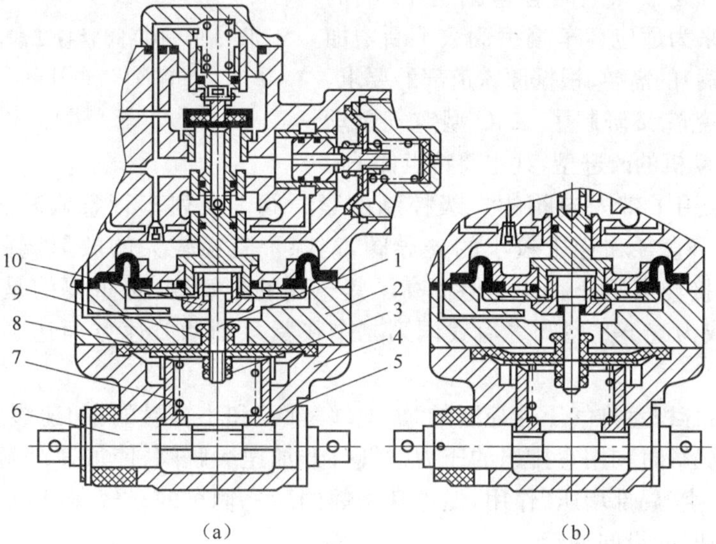

图 3-8　103 阀空重车调整装置

(a)重车位；(b)空车位

1—拉杆；2—中体；3—螺母；4—下体；5—钢套；6—偏心杆；
7—跳跃弹簧；8—空车压板；9—空车膜板；10—均衡活塞螺母

400B 型空重车自动调整装置(图 1-19)也可以应用到 103 型制动机上来：①将换向挡板倒过来，装在换向作用杆之下(挡板斜面朝上，作用杆斜面朝下)，即改为重车时打开传感阀内通路，使 A 口来的压力空气可通往 B 口；②去掉降压风缸和比例阀，也去掉 103 阀原空重车装置中的偏心杆、钢套和跳跃弹簧，将下体换成一个带管接口的平盖，使空车活塞下方与 400B 传感阀 B 口直接相通。全重车时制动缸压力空气经传感阀通往空车活塞下方，顶住该活塞，获得重车压强；随着车辆载重的减小，空车活塞下方的空气压强也随着降低；全空车时，传感阀内部通路被切断，空车活塞下方空气压强为零，获得空车压强——即空重车调整由“手动二级”变成为“自动无极”。

103 阀的紧急二段阀在紧急制动位的情况参看图 3-9(图 3-7 中的二段阀是在正常位)。在常用制动时和紧急制动初期，工作风缸的压力空气经由滑阀上的(常用或紧急)制动孔，滑阀座上的容积室孔，紧急二段阀下部的空腔、中部的凹槽和径向孔，进入容积室，容积室压强和制动缸压强的上升都比较快。在紧急制动中期，当容积室压强升到 130～150 kPa 时，二段阀杆就能克服其上方弹簧的抗力和列车管的剩余压力上移到紧急位。此时,二段阀下部的O形圈就阻断了由下部空腔 r_3 经过中部凹槽去容积室的通路,只留下经由 $\phi 1.6\,mm$ 的径向小孔 r_3 去容积室的通路,于是,容积室压强的上升就变慢了。前已述及,这种先快后慢的制动缸变速充气,既可减轻纵向冲动又不过分影响制动距离。

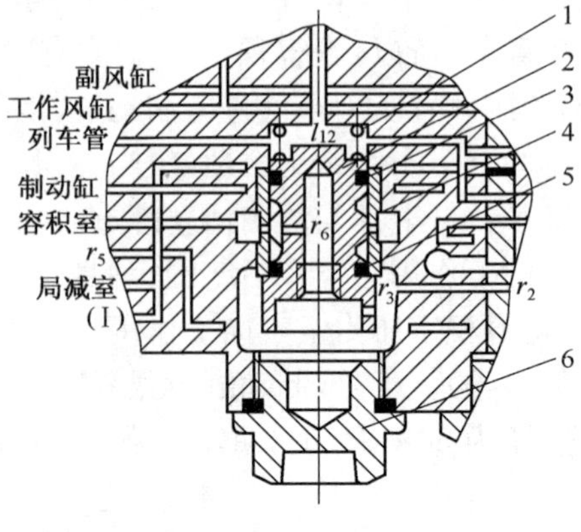

图 3-9　103 阀紧急二段阀紧急制动位
1—弹簧;2—阀杆;3、5—密封圈;
4—阀套;6—阀盖

四、104C 型制动机

104 型制动机是按照当时客车编组 14 辆的要求设计的。后来为适应客车编组辆数不断增加(已增到 20～25 辆)的需要,根据原铁道部的要求,中国铁道科学研究院又研制了 104C 型空气制动机,这是 104 型制动机的改进型,其主要特点如下:

(1)分配阀采用了带先导阀的二级控制的紧急阀。在列车管急剧减压、紧急活塞杆下移时首先压开一个直径和背压较小的先导阀,消除了直径较大的放风阀的背压,使放风阀也比较容易地紧接着被压开。这不但提高了紧急阀的灵敏度,更重要的是大大提高了紧急制动波速,使之成为继 F-8 型阀之后我国第二个在紧急制动波速方面达到国际先进水平的分配阀。

(2)加装了由容积室排气压强控制的“加速缓解阀”和小容量的“加速缓解风缸”。在本车容积室开始排气缓解时利用它排出的压力空气打开加速缓解阀,使加速缓解风缸的定压空气向列车管逆流,产生“局部增压”作用,促进其相邻的后一辆车的充气缓解,提高整个列车的缓解波速,减轻缓解时的纵向冲动。

(3)采用紧急二段阀而不用紧急增压阀。这不但可以避免因增压过甚招致滑行擦伤,而且可以减轻旅客列车紧急制动时的纵向冲动(104 型阀就是因为只有增压阀而无限压阀,招致普遍滑行擦伤而被铁道部下令关闭其增压阀的)。关闭增压阀是应急措施,用二段阀来代替它才是一举两得的好办法,因为旅客列车也正需要减轻紧急制动时的纵向冲动。

第二节　120、120-1 型制动机

在 20 世纪 80 年代末,为了适应重载货物列车制动的需要,中国铁道科学研究院与眉山车辆厂共同研制了一种供货车用的新型制动机——120 型制动机。

一、120 型制动机及其控制阀的组成与特点

120 型制动机组成如图 3-10 所示。它的核心是 120 型空气控制阀(简称“120 阀”),其作用原理参看书末彩色图 3-11。

120 型控制阀是在 103 型分配阀的基础上,吸收国内外先进制动技术,结合我国实际情况研制而成的。

与 103 阀相比,120 阀的特点如下:

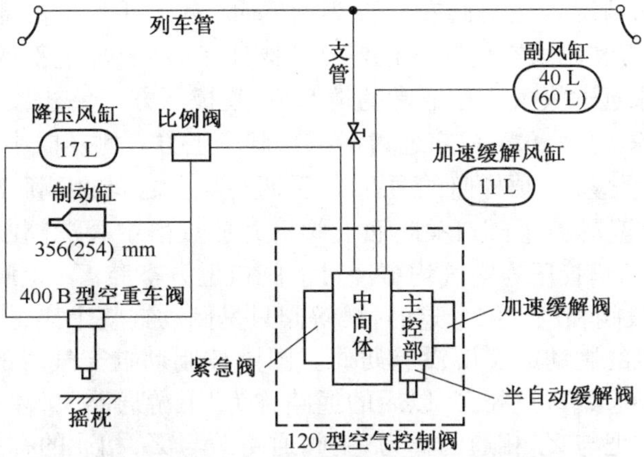

图 3-10　120 型制动机组成

(1)120 阀的主阀作用部(主控机构)仍然采用 103 阀行之有效的橡胶膜板加金属滑阀的结构,包括其局减室、局减阀、紧急二段阀等,具有比较完善的两阶段局减作用和紧急制动时制动缸压强先跃升后缓升的二段变速充气作用,但 120 阀采用了直接作用方式。这是因为,间接作用方式比较复杂,初充气时间也比较长,而原来认为的直接作用方式存在的一些问题,后来由于使用条件的变化和某些制动新技术的采用,已经初步得到解决。例如,货车制动缸直径已基本定型,与通用闸瓦配套时为 356 mm(14 英寸),与高摩合成闸瓦配套时为 254 mm(10 英寸),不会有更多的制动缸尺寸,因此,气路可以按 356 mm 来设计,在配 254 mm 制动缸时加装适当的缩孔堵即可;又如,长大下坡道制动缸漏泄导致制动力衰减的问题通过采用密封式制动缸得到了解决,闸瓦磨耗导致制动缸活塞行程增大使制动力衰减的问题通过推广闸瓦间隙自动调整器得到解决,空重车调整可以在控制阀之外得到解决,……这样一来,工作风缸、容积室、均衡部、充气止回阀部等统统可以不要,副风缸也不要那么大,既简化了结构,又缩短了初充气时间。

(2)紧急阀采用了带先导阀的二级控制机构,大大提高了货物列车的紧急制动波速,达到了国际先进水平。

(3)加装了由制动缸排气压强控制的加速缓解阀和 11 L 的加速缓解风缸。在本车制动缸开始缓解时打开加速缓解阀,使加速缓解风缸的定压空气向列车管逆流,产生局部增压,加速其相邻货车的缓解,从而提高全列车的缓解波速,使低速缓解的纵向冲动减轻。

(4)加装了 BZH 型半自动缓解阀。该阀不是排副风缸的风,而是直接排制动缸的风,并具有自锁功能。即使在紧急制动后列车管压强为零时,也不用总拉着缓解阀手柄,只要拉动后听见缓解阀活塞部下方排气口有排气声,说明制动缸已开始缓解,便可松手,让手柄复位,制动缸仍然能继续缓解,直到压强为零。既方便调车作业,又节约压力空气。

(5)在滑阀上增设了一个在制动保压位沟通列车管和副风缸的 $\phi 0.2$ 的小孔,称为“眼泪孔”或“呼吸孔”,以适应压力保持操纵。

(6)具有防误装的销钉和防盗窃的紧固结构。

二、BZH 型半自动缓解阀

BZH 型半自动缓解阀的作用原理参看书末彩色图 3-12,图(a)为刚开始拉手柄时的情况,图(b)为手柄复位后的情况。缓解阀左半部为活塞部,右半部为手柄部。手柄部上方的两个止回阀被其上方的弹簧和压力空气紧压在各自的阀座上,活塞部上部的膜板活塞上方有弹簧而且 D_3 室经缩孔堵永远通大气。在通常的情况下,膜板下方 C 室也没有压力空气,膜板活塞被弹簧压住在下端位置(初始位),C 室通过活塞部阀套上方右侧径向小孔 c、其外围空腔 B、阀体内通路 b、手柄部弹簧室 A、顶杆座的通孔 a、手柄座与套之间的间隙等与大气相通。活塞部下部的排风阀与下阀座紧贴,下阀口关闭而上阀口开放。由主阀滑阀制动孔来的副风缸压力空气和由局减阀来的列车管压力空气均可经过上阀口上方空腔 Z_1、上阀口和上下阀口之间的空腔 Z_5,通往紧急二段阀和制动缸。这时,缓解阀只是制动缸整个充、排气通路上可顺利通过的一个环节,对制动机的制动或缓解没有妨碍。图中按制动缸充气时的空气流向,把空腔 Z_1 以前的通路称为"上游通路",空腔 Z_5 以后的通路称为"下游通路"。注意:在制动缸排气时上下游就反过来了(可以把与 Z_1 相通的称为"主阀通路",与 Z_5 相通的称为"二段阀通路",这样就与空气流向的改变无关了)。

制动后需要用缓解阀单独排出本车制动缸的压力空气时,有下列两种情况:

(1)制动时列车管减压量超过最大有效值(过量减压或紧急制动)。此时,控制阀主活塞被副风缸压力空气压在制动位,副风缸与制动缸是一直连通着的。在刚开始拉动缓解阀手柄时,右边一个止回阀首先被顶开,手柄被拉足时,左边另一个止回阀也被顶开,压力空气由止回阀口涌入 A 室,一部分由手柄部下方排出大气,一部分经阀体通路 b、活塞部空腔 B、阀套径向孔 c 充到 C 室,推动膜板活塞上移、压缩其上方弹簧,带动活塞杆下端的排气阀,使它离开下阀座而紧贴上阀座,即上阀口关闭而下阀口开放。参看书末图 3-26(b)。此时活塞杆上两道 O 形圈也上移到正好封住径向孔 c 而敞开左边稍下一点的径向孔 e,切断了手柄部的来风通路,但开通了 C 室与空腔 Z_1 之间的风路。副风缸的风可经"主阀通路"(上游通路)通往 C 室,把膜板活塞"锁闭"在上端位(缓解位)。制动缸的风可经二段阀通路,由空腔 Z_5、排气阀下阀口和空腔 D_4 排出于大气。即使手柄很快就复位了,制动缸的风也要排净为止。这种"锁闭"状态在列车管重新充气、主活塞到缓解位、C 室的压力空气能从主阀通路经过滑阀缓解槽和加速缓解阀缩孔堵排出时可以解除,即恢复初始位,不会妨碍以后的制动作用。

(2)制动时列车管减压量不超过最大有效值(常用制动不过量减压),控制阀主活塞停在制动保压位。在拉动缓解阀手柄时,只要副风缸压力空气经过被顶开的止回阀口由手柄部下方排气口一排气,副风缸空气压强骤降,主活塞连同滑阀就会被列车管压力空气压下到充气缓解位,使缓解阀的"主阀通路"("上游通路")经滑阀缓解槽和加速缓解阀缩孔堵通大气,制动缸的风也经"二段阀通路"(下游通路)、缓解阀上阀口和上述通路排往大气。此时,即使有部分副风缸压力空气进入到缓解阀膜板活塞下方(C 室),使膜板活塞和排风阀上移到缓解位(上端位置),也会由于 C 室经过径向孔 e、空腔 Z_1、"主阀通路"(上游通路)通大气,不能把膜板锁住在缓解位,而是使它立即回到初始位。

由于该缓解阀需要人去拉动,但又有自动锁在缓解位,不必一直拉着,所以称之为"半自动"的缓解阀。在此之前装在副风缸上的缓解阀,在列车管减压超过最大有效值(主活塞在制动位)时,要排制动缸的风,就要连副风缸一起排,手柄要一直拉着,既费力又费时,所以要用半自动缓解阀来代替它。

三、120-1 型制动机

为适应重载运输的需要,使 120 阀无论是单独使用或者与 ECP(电空制动系统)、Locotrol

（机车无线同步控制系统）配套使用时都能满足要求，从 2003 年开始对 120 阀进行了改进设计，研制出 120-1 型货车空气制动阀。2005 年，120-1 阀随同 C_{80} 新型敞车投入大秦线运用考验，取得了令人满意的结果。与 120 型制动阀相比，120-1 型阀的特点如下：

（1）增加了常用加速制动功能。在设计 120 阀时，考虑到当时的牵引重量目标仅为万吨，就暂时舍弃了常用加速制动的功能。但随着铁路运量的猛增，进一步提高重载列车的牵引重量迫在眉睫，目前大秦线已大量开行 2 万吨重载列车。120-1 阀在常用制动第二阶段局减的同时，列车管压力空气还经局减室排大气，即具有常用加速制动的功能；增加该功能后，不仅大大减少了重载列车常用制动时的纵向冲击，还缩短了常用制动距离。

（2）在主阀部分，由于 120-1 阀的常用加速制动作用是由滑阀、节制阀各孔在不同作用位时开、闭实现的，滑阀上的各孔位置及尺寸调整较多，并增加了 f_7 和 ju_3 两个小孔；活塞和滑阀工作行程也相应增加了 2 mm。为减少局减阀的泄漏，将局减活塞和局减阀杆合为一体。为增强主阀部上盖、前盖的刚度，增加了一些加强筋，同时也可作为 120-1 阀的识别标记；此外，还增加“TK”的工厂徽记和“120-1”的铸字以资识别，以免与 120 阀各盖混装。

（3）在紧急阀上盖外侧也增加了一些加强筋，同时增加“TK”的工厂徽记和“120-1”的铸字。为防止试验台试验中紧急膜板吸在盖上影响实验结果的准确性，在紧急阀内侧增加 1 个小孔。

第三节　F-8 型制动机

在 20 世纪 80 年代，由于旅客列车不断扩编，列车越来越长，而当时的客车三通阀和分配阀不能适应这种要求，故制动灵敏度和操纵灵活性越来越差，尤其是纵向动力作用更是严重恶化。为此，铁道部工业总公司四方车辆研究所和天津机车车辆机械工厂共同研制了一种供客车用的 F-8 型空气分配阀（简称“F-8 阀”）。

一、F-8 型分配阀的特点

与以前的客车分配阀相比，F-8 阀有下列主要特点：

（1）它的主阀是直接作用的三压力阀，具有良好的阶段缓解性能，但是它又能与二压力阀混编连挂（只要把转换盖板转到“沟通位”，运用时它就能自动把缓解方式转变为一次轻易缓解）。

（2）它的辅助阀既是单独设置的紧急制动（二压力）控制机构，又具有能使（三压力）主阀彻底缓解加快的性能。紧急制动作用可靠，而且紧急制动波速很高。它是我国第一个在紧急制动波速方面达到国际先进水平的空气分配阀。在广州铁路（集团）公司对它进行 25 辆编组的客车专列试验中，40 km/h 速度级的紧急制动纵向冲动值不大于 0.5g（桌上茶杯中的水都没有晃出），可见其减轻制动冲击的效果是很好的，而且没有带来制动距离过长的副作用。

（3）制动缸压强有“限压阀”控制，不易产生滑行擦伤。

（4）完全采用橡胶膜板、柱塞 O 形圈和橡胶夹心阀等结构，取消了研磨件，检修很方便。

（5）通用性很好，不仅能与 L 型、GL 型、104 型等阀混编，而且还能起促进作用；原来装上述阀的客车，改装 F-8 阀也很方便。

二、F-8型制动机及其分配阀的组成

F-8型制动机的组成如图3-13所示，这是原安装L型或GL型阀改装F-8阀后的管路图：图中的1为F-8阀主阀，2为中间(体)过渡管座，3为F-8阀辅助阀(相当于104的紧急阀)，副风缸5被封闭停用，附加风缸截断塞门6被打开，将附加风缸7作为副风缸来用；在制动缸后盖的原缓解管处接上了一个工作风缸4(安装在底架的横梁上)。如果是由104阀改装F-8，或者新造车装F-8，则原有的工作风缸和副风缸、制动缸均可利用，无须更换。

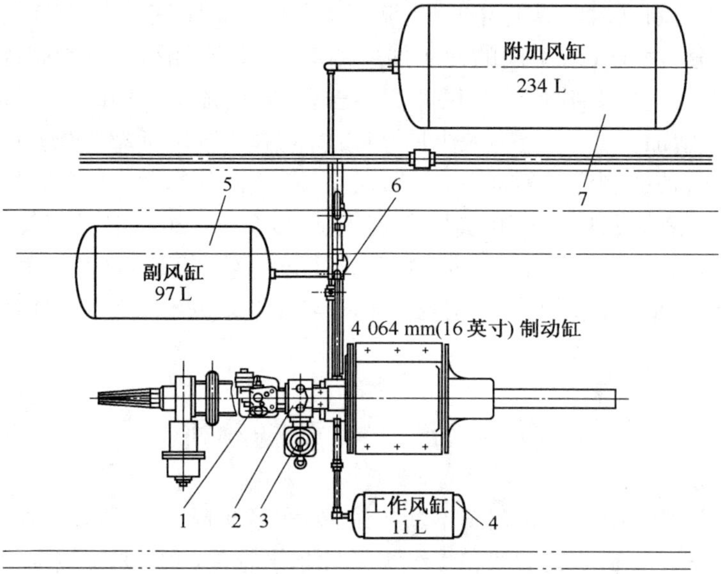

图3-13　F-8型制动机的组成(由L型改装)

1—F-8阀主阀；2—中间过渡管座；3—F-8阀辅助阀；4—工作风缸；5—副风缸；6—截断塞门；7—附加风缸

F-8型空气分配阀的主阀组成如图3-14所示，其主体是一个直接作用的三压力结构。主活塞25上方通列车管，下方通工作风缸，小活塞(均衡活塞)上方通制动缸，下方通大气，但主阀杆18上部是实心的，它可以顶开均衡阀(供气阀)4，使均衡阀上方的副风缸压力空气进到均衡阀下方并经过限压阀57，通往制动缸，却不能使制动缸压力空气排往大气。主活塞的下部是中空的缓解柱塞43，它的下端可以压开缓解阀6，使制动的压力空气由放风弯头41排大气。

F-8阀的辅助阀组成如图3-15所示，这是个二压力结构(相当于104阀的紧急阀)。辅助阀活塞8(相当于104阀的紧急活塞)的下方通列车管，上方通中间过渡管座内的辅助室(相当于104的紧急室)。辅助阀下部有紧急放风阀，上部有两个排风用的缩孔堵——常用排风堵13和紧急排风堵14。辅助阀杆5的上半部有中心孔，中心孔的下端经过径向孔与活塞上方相通。

三、F-8阀的作用原理

F-8阀有五个作用位置：充气缓解位、常用制动位、制动保压位、缓解保压位、紧急制动位。

1. 充气缓解位

初充气时(参看书末彩色图3-16)，列车管的压力空气经过中间管座的滤尘网后分为两路：一路向右进入辅助阀膜板活塞下方，并经过紧急放风阀中心孔进入该阀下方；另一路向左进入

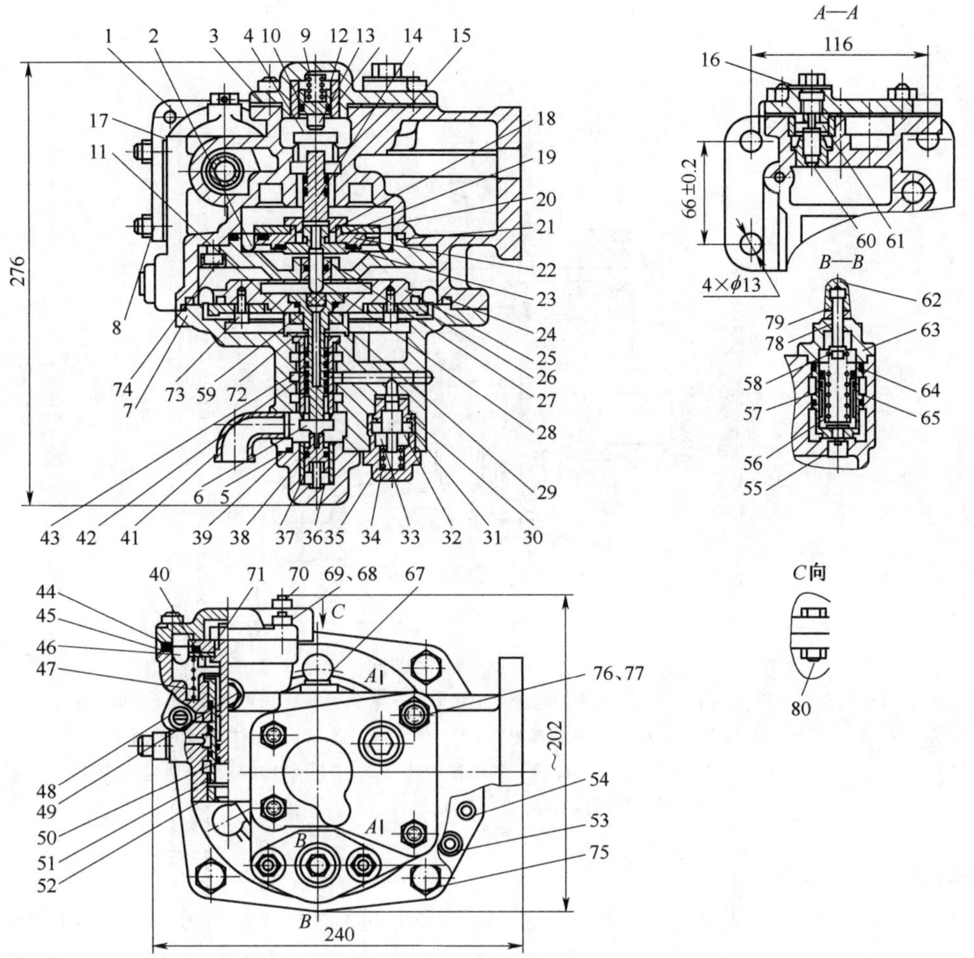

图 3-14　F-8 阀主阀

1—主阀体组成；2—中间体组成；3—主阀上盖组成；4—平衡阀；5—缓解阀盖组成；6—缓解阀组成；7—主阀下体组成；8—转换盖板；9—平衡阀弹簧；10、14、19、38、64—O 形圈；11—制动弹簧；12—导杆；13—固定销；15—主阀上盖垫；16—螺堵；17—转换盖板垫；18—主阀杆；20、26、46—压板；21—小膜板；22—均衡活塞；23—压紧螺母；24—大膜板；25—主活塞；27—顶块；28—顶杆；29—硬心；30—缩孔堵（Ⅰ）；31—弹簧挡圈；32—止回阀胶垫；33—局减阀；34—局减阀簧；35—螺盖；36—缓解阀弹簧；37—导杆；39、54—胶垫；40—膜板托；41—放风弯头；42—缓解柱塞套；43—缓解柱塞；44—充气阀盖；45—充气阀膜板；47—充气阀弹簧；48、55—缩孔堵；49—排气堵；50—充气柱塞；51—充气柱塞套；52—排气罩；53—大胶垫；56—限压阀弹簧；57—限压阀；58—弹簧托；59、62—螺母；60—缩孔堵（Ⅱ）；61—止回阀套；63—限压阀盖；65—限压阀套；66—销；67—螺塞；68～80—螺母、螺栓、挡圈等

主阀。进入主阀的列车管压力空气又分两路：一路向上顶开副风缸充气止回阀，向左进到均衡阀上方，向右经中间管座充入副风缸；另一路向下进到主活塞上方，克服主活塞下方制动弹簧的抗力，使主活塞连同缓解柱塞一道下移到充气缓解位，压开缓解阀。同时，经过左侧的中体通路、充气阀柱塞凹槽返回中体，再经下体通路、缓解柱塞凹槽，进到主活塞下方，并由右侧通路充入工作风缸。在给工作风缸充风的同时，从中间管座又分出一路进入辅助阀，经过辅助阀杆凹槽进到辅助阀活塞上方，然后再分两路：一路由左侧通路充入辅助室；另一路由阀杆径向

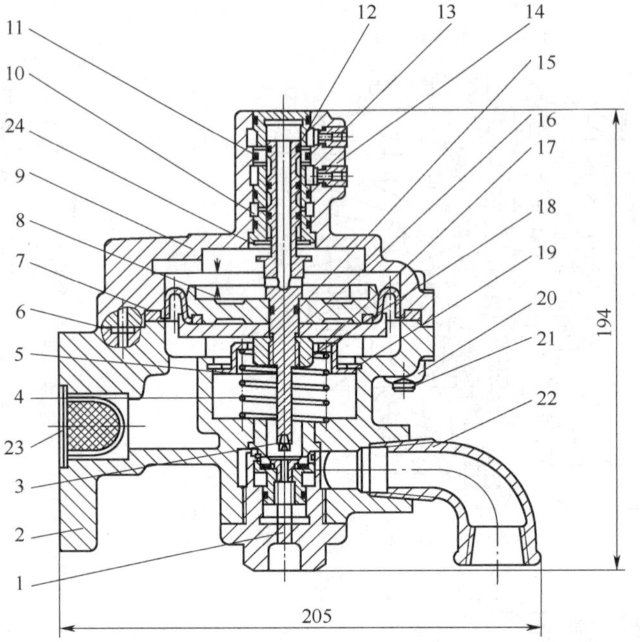

图 3-15　F-8 阀辅助阀

1—紧急放风阀盖组成；2—辅助阀体组成；3—触头；4—紧急弹簧；5—辅助阀杆；6—胶垫；7—膜板；8—辅助阀活塞；9—辅助阀上盖；10—辅助阀柱塞套；11—柱塞套 O 形圈；12—柱塞 O 形圈；13—常用排风堵；14—紧急排风堵；15—阀杆 O 形圈；16—活塞压板；17—紧急弹簧托；18～24—螺母、螺栓、滤尘网、挡圈等

孔和中心孔，进到阀杆顶部。

注意：F-8 阀辅助室的风是由工作风缸供给的，不是由列车管直接给的，这点与前述各紧急阀不同，所以制动后缓解时它能降低工作风缸压强（参看本节末关于制动后施行阶段缓解的阐述）。

2. 常用制动位

常用制动时（参看书末彩色图 3-17），由于列车管常用减压，辅助阀活塞和阀杆将稍为下移，阀杆上部最下一道 O 形圈，切断了辅助室与工作风缸的通路，阀杆上端打开了辅助室压力空气排大气的常用排风堵通路，使辅助室也随着列车管减压，辅助阀活塞上下不能形成更大的压差，不能压缩辅助阀活塞下方的紧急弹簧（相当于 104 紧急阀的安定弹簧），故不能打开紧急放风阀，不会发生紧急局减。

同时，由于列车管常用减压，主活塞连同缓解柱塞一道上移：缓解柱塞最上一道 O 形圈遮断了工作风缸逆流的通路；缓解阀在其下方弹簧作用下关闭，切断了制动缸排大气的通路；缓解柱塞和套的径向孔对准并连通了主活塞上方列车管压力空气经过柱塞中心孔与径向孔去往局减阀上方的通路，列车管压力空气压开了局减阀，向右通向局减室，向左通向充气阀。由于制动刚开始时充气阀还在缓解位（参看书末彩色图 2-16），故列车管可由充气阀下部排大气，产生常用局减作用。此时，主阀杆上端顶开了均衡阀（供气阀），副风缸压力空气经过打开的阀口进到均衡阀下方并向左沿着限压阀凹槽绕到限压阀下部，然后经过体内通路向制动缸（闸缸）充风，同时也通向小膜板上方和充气阀上方，以及缓解阀上、下方。当制动缸空气压强达到充气阀规定值时，充气阀弹簧被压缩，充气阀活塞连同柱塞一道下移，其下部局减通路被关闭（书末彩色图 3-17 中的充气阀就是被压下的状态)。

3. 制动保压位

在列车管停止减压时,主活塞上方的向下的压力不减了,但由于均衡阀口还开着,副风缸还在给制动缸充气,小膜板活塞上方的向下的压力仍在增加,所以,小膜板活塞连同其下方的顶杆、主活塞和缓解柱塞一起稍稍下移,均衡阀关闭,但缓解柱塞下端并未接触缓解阀,此为制动保压位(参看书末彩色图 3-18)。

4. 缓解保压位

在制动后施行缓解时(根据充气阀侧面的转换盖板的位置)有两种情况:

(1)转换盖板在一次缓解位(沟通位)。早在列车管充气增压、主活塞及缓解柱塞下移到缓解位的初期,工作风缸的压力空气就能经过缓解柱塞与套之间的间隙,以及转换盖板的联络,逆流至列车管(此时充气阀在制动位,其柱塞凹槽不能起这种联络作用)。从而既可使列车管得到局部增压,又可使主活塞上下达到压力平衡。所以,即使总风缸停止给列车管充气增压,主阀也会继续保持在缓解状态。这样,缓解得比较快,而且是一次轻易缓解。

(2)转换盖板在阶段缓解位(隔断位)。在列车管充气增压时,主活塞及缓解柱塞下移,缓解柱塞与套之间的间隙虽然已经开通,但转换盖板处被隔断,故在制动缸压强下降到充气阀规定值以前(即充气阀柱塞的联络凹槽沟通以前),工作风缸与列车管不能连通。当总风缸停止给列车管充气增压,而小膜板活塞上方制动缸空气压力的减小足以抵消主活塞上方的增压时,主活塞、小活塞和缓解柱塞将稍稍上移,使缓解阀关闭,但主阀杆上端并未接触均衡阀,即主阀处于缓解保压位(参看书末彩色图 3-19)。如果列车管分阶段增压,则制动缸也相应地得到阶段缓解,直至制动缸压强低于规定值,充气阀活塞及柱塞上移,柱塞的联络凹槽沟通了列车管与工作风缸,使主阀完全缓解为止。由于充气缓解位工作风缸与辅助室相连通,制动后充气缓解时工作风缸因为向辅助室充气而降低了自己的压强,加上缓解末期主活塞上下的沟通,使 F-8 阀比一般的三压力阀彻底缓解得快。

5. 紧急制动位

紧急制动时(参看书末彩色图 3-20),由于列车管急剧减压,辅助阀活塞上下形成较大的压差,活塞下移量大,阀杆压开紧急放风阀,发生紧急局减。同时,阀杆上端两个排风缩孔都开放,辅助室的压力空气也排得比较快一些。当制动缸压强超过限压阀弹簧的调整值时,限压阀将上移,切断副风缸去制动缸的通路,保证制动缸压强不会太高。当辅助室的风基本排净时(约需 10～15 s),紧急弹簧的弹力将推动辅助阀活塞上移,紧急放风阀在其下方弹簧的作用下关闭。这样,列车管再次充气时才不会从紧急放风阀口排入大气。

复习思考题

1. 103 型和 104 型制动机共同的特点主要有哪些？与 104 阀相比,103 阀有哪些不同之处？104C 阀的主要特点有哪些？

2. 120 型空气控制阀与 103 阀相比有哪些特点？

3. 与 120 阀相比,120-1 阀有哪些特点？

4. F-8 型空气分配阀主要有哪些特点和优点？它是如何实现与二压力阀混编连挂的？

第四章

JZ-7 型空气制动机

JZ-7 型空气制动机是我国铁路内燃机车的主型制动机，早期在某些新造的国产电力机车上也装用这种制动机。它是在供坦赞铁路内燃机车使用的由我国设计制造的 JZ-6 型空气真空两用制动机基础上结合我国国内具体情况加以改造设计而成的。

第一节　JZ-7 型制动机的特点和组成

与 ET-6 型制动机相比，JZ-7 型制动机有如下的主要特点：

(1)机车分配阀(F-7 型分配阀)的主阀采用了三压力结构而副阀采用二压力结构。它是个三压力与二压力混合结构的制动机，具有良好的阶段缓解性能，但又能很容易地转换为“一次轻易缓解”，即，既能牵引具有阶段缓解性能的车辆列，也能牵引具有一次轻易缓解性能的车辆列。

(2)机车自动制动阀和单独制动阀都能自动保压，无需单设保压位。将制动阀手柄移到常用制动区的某个位置上，就可以获得一定的列车管减压量和机车制动力。制动阀手柄按逆时针方向从左向右移动，列车管减压量和机车制动力可逐步增大；反之，则列车管可逐步增压(如果机车分配阀转换盖板在隔断位，则机车制动力亦可逐步减小)。

(3)JZ-7 型制动机完全采用橡胶膜板、柱塞阀和 O 形橡胶密封圈等结构，不用回转阀、滑阀和金属涨圈等研磨件，制造、维护、修理都比较简单和方便，检修期也较长。

(4)它采用膜板活塞、双阀口的中继阀，并且具有过充性能(不怕过充)，列车管充、排气都比较快。

JZ-7 型制动机的组成参看书末彩色图 4-1。除了图中没有画上的空气压缩机和总风缸之外，还有下列其他主要部件：

(1)自动制动阀。它有七个作用位置(参看书末彩色图 4-1 左上角)，由左向右的顺序为：过充位、运转位、最小有效减压位、最大有效减压位、过量减压位、手柄取出位和紧急制动位。过充位是初充气和制动后充气缓解时放置的位置，它可以使列车管压强超过定压 30～40 kPa；运转位是机车运行中不制动时经常放的位置；最小和最大两个有效减压位之间为常用制动区(50～170 kPa)；过量减压位是为制动频繁的长大下坡道设置的，在长大下坡道，由于坡道下滑力很大，列车运行限速很低，有时候没等到列车管和副风缸的压强完全恢复到定压就要再次施行制动，此时正常减压的制动力较小，需要“过量减压”(240～260 kPa)，才能使车辆的制动缸真正获得足够的空气压强；手柄取出位用于重联机车、推送补机、无动力回送和本务机车非操纵端，在这个位置可取出手柄，同时也使该自阀失去对全列车的控制作用，以免干扰本务机车操纵端的作用。

(2)单独制动阀。它有三个作用位置(参看书末彩色图 4-1 左上角)，由左到右顺序为：单独缓解位、运转位和全制动位。运转位为单阀不用时经常放置的位置。运转位和全制动位之间为单独制动区。由运转位右移时机车制动力逐步增加，至全制动位时机车制动力最大；全制动位左移时机车制动力逐步减小，回到运转位时机车的单独制动将完全缓解。单独缓解位的用途是在列车制动状态下使机车单独缓解。

(3)中继阀。它受自动制动阀的控制，按均衡风缸的压强变化，操纵列车管的充气和排气。

(4)分配阀。它根据列车管压强变化或者单独制动阀的操纵，控制作用阀的充气或者排气，使作用阀发生制动或者缓解作用；在列车制动状态下，单独制动阀手柄置于单独缓解位，可排工作风缸的风，使机车分配阀处于缓解位，使作用阀缓解。

(5)作用阀。它受分配阀或者单独制动阀的控制，操纵机车制动缸的充气和排气。

(6)变向阀。它有两个：图中下面的一个负责两端单独制动阀之间变向；图中上面的负责分配阀与单独制动阀之间的变向。

此外，还有过充风缸、均衡风缸、工作风缸、降压风缸、紧急风缸、作用风缸、紧急制动阀、滤尘止回阀和各种塞门、压力表等。它们的用途在以后阐述各种阀类的作用时分别介绍。

第二节　JZ-7型制动机的分配阀

JZ-7型制动机的分配阀(图4-2)由主阀(部)4、副阀(部)10、紧急放风阀(部)5以及将它们连成一体的管座6(相当于103、104阀的中间体)等四部分组成。

管座内有两个空腔：下面一个是局减室，上面一个是滤尘室，内装滤尘网，用以对进入分配阀的列车管压力空气进行过滤。管座上接有六根管子，还有一个通大气的孔，为配管方便，在管座上还标有各管的数字代号。

一、主阀部

主阀部除主阀外还包括紧急限压阀1、常用限压阀2和工作风缸充气止回阀3。

主阀4本身是三压力机构的控制阀，但它并不直接控制机车制动缸，它直接控制的是作用风缸的压强。作用风缸与分配阀管之间以作用风缸管14相连通(参看书末彩色图4-1)，作用风缸的压强再通过作用阀控制机车制动缸(详见本章第三节)。所以，主阀和作用阀在作用上构成一个列车管压强对机车制动缸的间接控制机构。

主阀由大膜板活塞、小膜板活塞、主阀空心杆和供气阀等组成，并且有三个作用位置：缓解、制动和保压，参看图4-3。大膜板活塞7的上方是列车管压力，下方是工作风缸压力。小膜板活塞上方通作用风缸和限压阀，下方通大气。供气阀上方通总风缸，供气阀下方左侧通限压阀；如果主阀在缓解位，则作用风缸可经过主阀左侧中部的通路到限压阀，再由限压阀返回主阀，经空心阀杆的中心孔和径向孔通大气；如果主阀在制动位，则总风可经过供气阀口通限压阀，再由限压阀返回主阀，通往作用风缸和小膜板活塞的上方；如果主阀在保压位，则总风不能通作用风缸，作用风缸也不能通大气。除了小膜板上方是作用风缸压力而不是制动缸压力，供气阀上方是总风压力而不是副风缸压力这两点外，主阀工作原理完全与第二章第五节图2-5(a)所示的三压力制动机一样。

常用限压阀为柱塞式结构，参看图4-4。它由调整螺钉1、常用限压弹簧2、柱塞限压阀3和阀套4等组成。

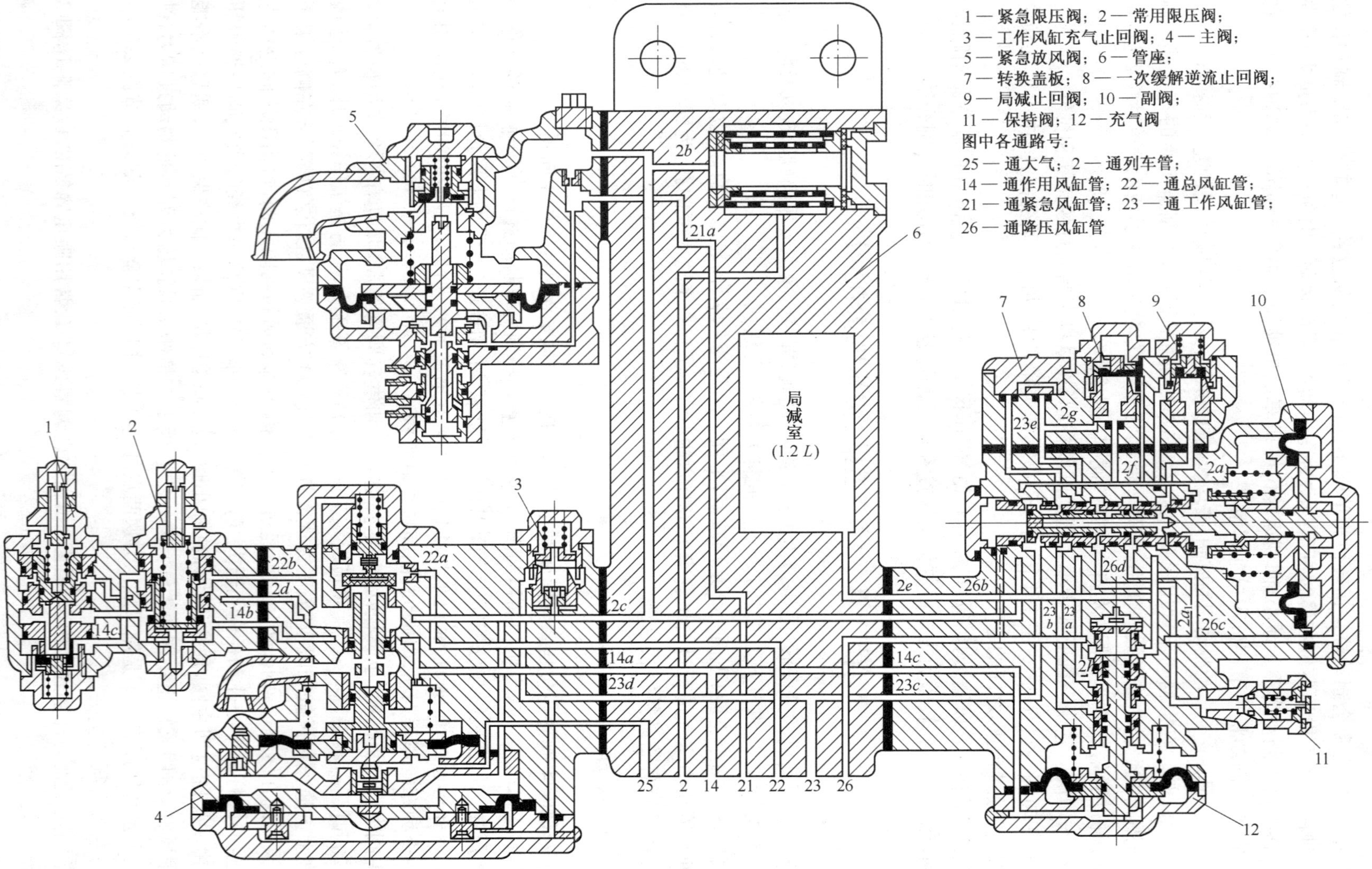

1 — 紧急限压阀；2 — 常用限压阀；
3 — 工作风缸充气止回阀；4 — 主阀；
5 — 紧急放风阀；6 — 管座；
7 — 转换盖板；8 — 一次缓解逆流止回阀；
9 — 局减止回阀；10 — 副阀；
11 — 保持阀；12 — 充气阀
图中各通路号：
25 — 通大气；2 — 通列车管；
14 — 通作用风缸管；22 — 通总风缸管；
21 — 通紧急风缸管；23 — 通工作风缸管；
26 — 通降压风缸管

图 4-2　F-7 型分配阀结构原理图(缓解充气位)

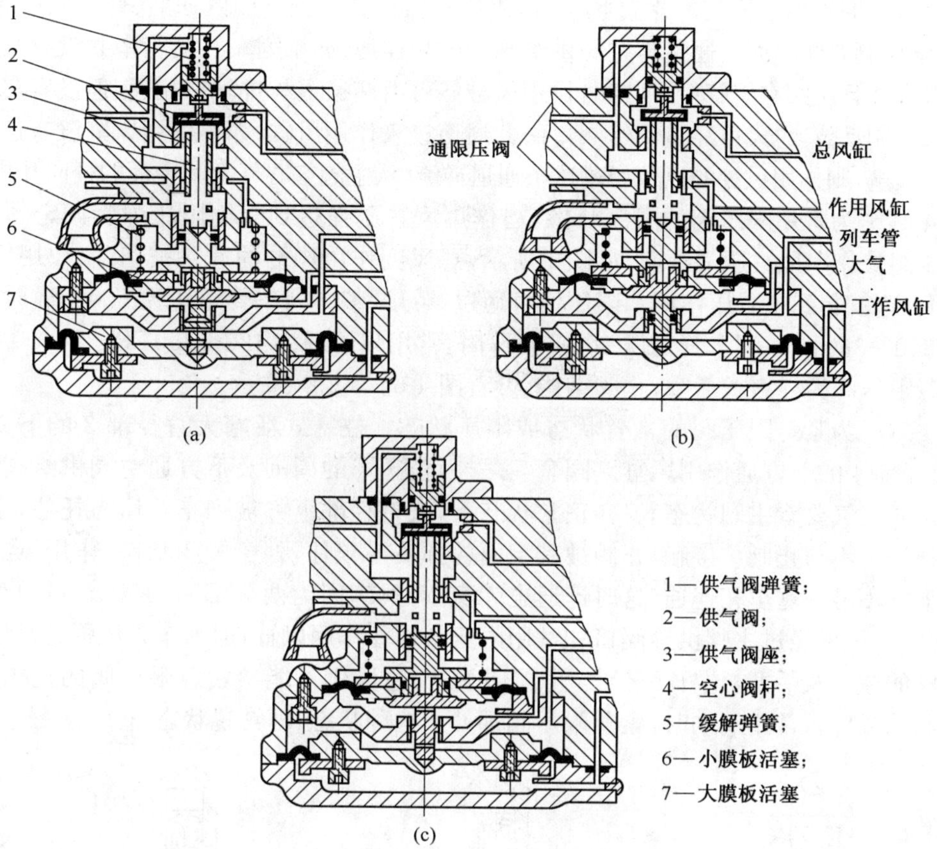

图 4-3 F-7 型分配阀的主阀结构原理图

(a)缓解位；(b)制动位；(c)保压位

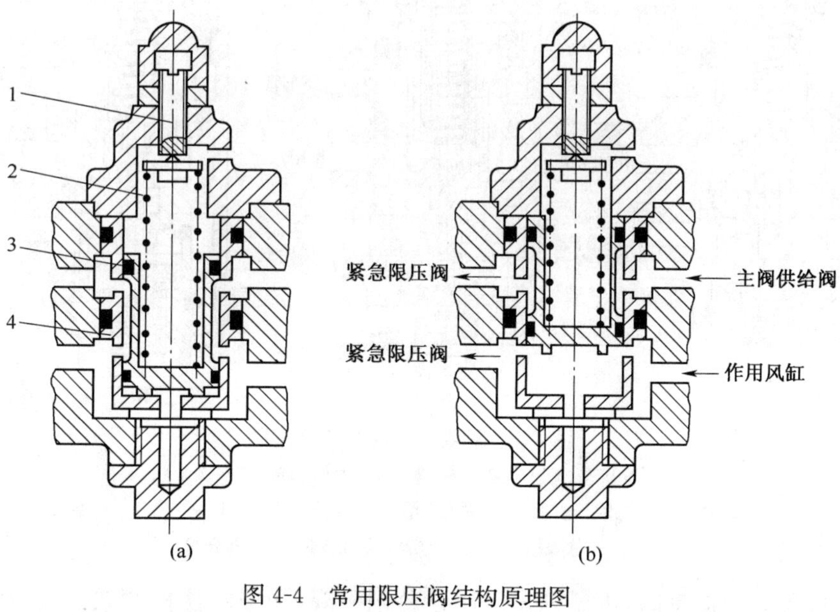

图 4-4 常用限压阀结构原理图

(a)常置状态；(b)限压状态

1—调整螺钉；2—常用限压弹簧；3—柱塞限压阀；4—阀套

图 4-4(a)为常用限压阀的常置状态，作用风缸经过其右侧下面的通路、柱塞限压阀上的凹槽、常用限压阀右侧上面的通路与主阀供给阀下方相连通：如果列车在运行中并没有制动，作用风缸没有风并且主阀在缓解位，则这时作用风缸虽可由此通道与排气口相通，但没有实际意义；如果主阀在制动位，总风可经过供给阀口由此通道进入作用风缸；如果作用风缸没有达到限压，主阀就已缓解，则作用风缸的风可经过这条通道逆流、从主阀空心杆及其中部的径向孔排大气。

图 4-4(b)为常用限压阀的限压状态：当作用风缸压强达到常用限压弹簧调定的数值时，柱塞限压阀被作用风缸压力顶起，如图中所示，总风到作用风缸的通路被切断，作用风缸压强不再增大，这就起到了限压作用。限压值可通过螺钉调整。列车管定压为 500 kPa 时，常用限压调到 340～360 kPa；列车管定压为 600 kPa 时，常用限压调为 420～450 kPa。

紧急限压阀为柱塞式活塞、止阀结构，参看图 4-5。

图 4-5(a)为紧急限压阀的常置状态或限压状态。柱塞式活塞大直径部 3 的下方通列车管，小直径部 4 的下方通作用风缸。阀套 5 之外，止阀 7 的周围及下方通主阀供给阀下方(通总风还是通大气要看主阀状态)。在正常状态下，大直径部下方被列车管压力托住，小直径部下边的顶杆 6 不与止阀 7 接触，止阀被其下面的弹簧 8 顶住，处于关闭状态，作用风缸与主阀供给阀下方不能在这里相连通(这时连通也无实际意义，因为两头都通大气)。当列车施行常用制动时，总风可经过主阀供给阀口和常用限压阀通往作用风缸，但列车管压强还足以托住紧急限压阀的柱塞式活塞，顶杆下不来，止阀还关着，总风仍不能从紧急限压阀的止阀口通过。列车不制动或施行常用制动时，紧急限压阀都处于这种状态，即常置状态。

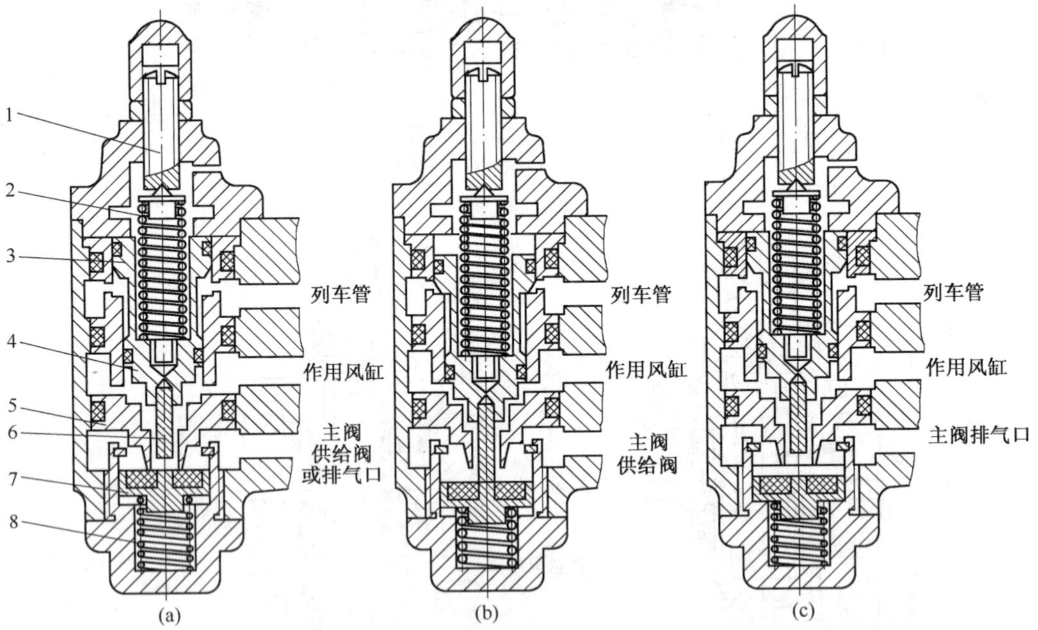

图 4-5 紧急限压阀结构原理图

(a)常置状态(限压状态)；(b)紧急制动状态；(c)正在缓解状态

1—调整螺钉；2—紧急限压弹簧；3—柱塞式活塞(大直径部)；4—柱塞式活塞(小直径部)；5—紧急限压阀套；6—顶杆；7—止阀；8—止阀弹簧

当列车施行紧急制动时，由于列车管压强急剧下降，无法托住柱塞式活塞，所以它连同顶杆都被限压弹簧压下，止阀口被打开，如图 4-5(b)所示，这就是紧急限压阀的紧急制动状态。

这时，常用限压阀虽然被关闭着，总风还可通过紧急限压阀的止阀口继续充入作用风缸，使它达到紧急限压弹簧调定的压强（这个压强也是通过螺钉来调整）。不管列车管定压为 500 kPa 还是 600 kPa，紧急限压都调到 420～450 kPa。

当作用风缸的压强达到限压时，由于柱塞式活塞下部（小直径部）受到的作用风缸压力克服了活塞上方的弹簧力，使活塞上移，顶杆与止阀脱离接触，止阀在其下方弹簧力的作用下关闭阀口，停止作用风缸的进一步充风，紧急限压阀又回到图 4-5(a)所示的状态，这时应称之为限压状态，它和常置状态在图上看是一样的位置，但作用却不相同：常置状态靠活塞大直径部列车管压力托住；限压状态靠活塞小直径部作用风缸压力托住。

在紧急制动后需要缓解时，主阀供给阀下方经过中空活塞杆通大气，常用限压阀在限压状态不能排出作用风缸的风，但紧急限压阀止阀周围及下方的风却可由主阀排气口排出，所以止阀上方限压阀套风顶杆周围的作用风缸压力可克服止阀上方弹簧压力而使止阀下移，开放阀口，使作用风缸的风从这里通向主阀排气口。这就是紧急限压阀的“正的缓解状态”。参看图 4-5(c)。这个状态与紧急制动状态都是开着止阀口，但打开止阀的力不同：紧急制动状态是顶杆压开止阀（这时止阀下方和上方都是作用风缸压力），紧急制动后缓解时是活塞小半径部下方的作用风缸压力压开止阀（这时止阀下方是大气压力）。

必须提醒的是，这里讲的 JZ-7 型制动机的 F-7 型分配阀与第三章讲的客车用的 F-8 型分配阀在限压问题上是有所不同的。F-8 阀（参看书末彩色图 3-20）只用一个限压阀，即只有一个限压（能防止客车滑行擦伤即可），但它无论常用制动还是紧急制动，制动后缓解都不成问题，因为 F-8 阀的供气阀和缓解阀是分开的，制动和缓解通路分开，缓解时作用风缸的风不需要从制动时的通路原路返回。F-7 型分配阀有两个限压阀，可有两个限压值。它制动时总风要从供给阀下方通过限压阀进入作用风缸，缓解时也要经过限压阀回到供给阀下方才能排大气。常用制动时常用限压阀总是开着的，所以缓解没有问题。但是紧急制动时，常用和紧急两个限压阀都已经关闭，作用风缸的风不可能从常用限压阀的凹槽通往主阀供给阀下方，只能通过紧急限压阀压开止阀返回主阀排气口。换句话说，常用限压阀在紧急制动后缓解时不能立即提供一条缓解通路，即使它的限压调到 420～450 kPa 也不行，只有紧急限压阀能马上让作用风缸排风，将它的压强降到比常用限压稍低以使常用限压阀回到常置位时，常用限压阀才会让作用风缸排风。由此可见，F-7 的紧急限压阀作用有三个：一是在紧急制动时让 JZ-7 能有紧急增压；二是使紧急制动增压有所限制，即有“紧急限压”作用（104 阀没有这个作用，结果导致紧急增压阀被关闭）；三是在紧急制动（超过常用限压）后提供一条缓解通路，让作用风缸压强能降到常用限压阀的限压以下，使常用限压阀能恢复常置状态，作用风缸可以通过它从主阀排气口排风。如果紧急限压阀限压弹簧调得太松，它将不起“紧急增压”作用，从而也无所谓“紧急限压”（这时限压决定于常用限压阀），但常用限压阀关闭后机车制动机的缓解还是要靠紧急限压阀，即紧急限压阀的第三个性能——超过常用限压后的缓解是必不可少的。

二、副 阀 部

副阀部（参看图 4-2）除副阀外还包括充气阀 12、转换盖板 7、一次缓解逆流止回阀 8、局减止回阀 9 和保持阀 11。

前已述及，副阀是个二压力机构。初充气时，列车管压力空气经过通路 2→中间体滤尘器→$2b$→$2e$ 进入副阀膜板活塞的左侧。此时膜板活塞由于其左侧弹簧的作用，本来就在右极端的位置(副阀的充气缓解位),所以,由列车管经过主阀工作风缸充气止回阀进入工作风缸的压力空气也进入副阀,并经过通路 23c→23b→副阀柱塞尾部→26b→26a 通往降压风缸,同时,经过通路 26c 通往副阀膜板右侧。即,副阀膜板左侧是列车管压力,右侧是降压风缸压力,参看图 4-6(a)。当列车管排风减压时,列车管与降压风缸的压差首先将克服膜板左侧弹簧的弹力,使副阀膜板活塞左移到局减位,参看图 4-6(b)(副阀的局减位)。此时,副阀柱塞右边第一道 O 形圈由局减室通路 2a 的右边移到了左边,使列车管的压力空气可以通过 2a 通向局减室,实际上参看图 4-2 可知,从 2a 通向局减室还要经过局减止回阀,而且从 2a 还可以通向充气阀顶部并排入大气。这就是 F-7 型分配阀的常用局减,它可以促进机车后部车辆的制动作用;当机车在无动力回送状态下挂于列车尾部,而且本务机车施行的又是小减压量制动时,它还能促使列车尾部的无动力回送机车起制动作用。在列车管发生局减后,副阀膜板活塞继续左移到制动位,参看图 4-6(c)。此时,除列车管继续与局减通路 2a 相通外,降压风缸还经过通路 26c→副阀柱塞中心孔→通路 26d 与“保持阀”相通,使降压风缸的压力空气经过保持阀排入大气。即降压风缸压强随列车管压强的下降而下降。当降压风缸压强降到膜板两侧压力基本平衡时,膜板在弹簧力作用下将稍稍向右回移到保压位〔图 4-6(b)〕。这时,降压风缸与保持阀的通路被切断,工作风缸与降压风缸的通路没有连通,列车管虽然还与局减通路 2a 相通,但由于充气阀膜板活塞在作用风缸压力作用下已上移,充气阀柱塞上端的两个 O 形圈封住了局减止回阀与局减室通向大气的通路,局减作用已经停止(参看下面关于充气阀的介绍)。

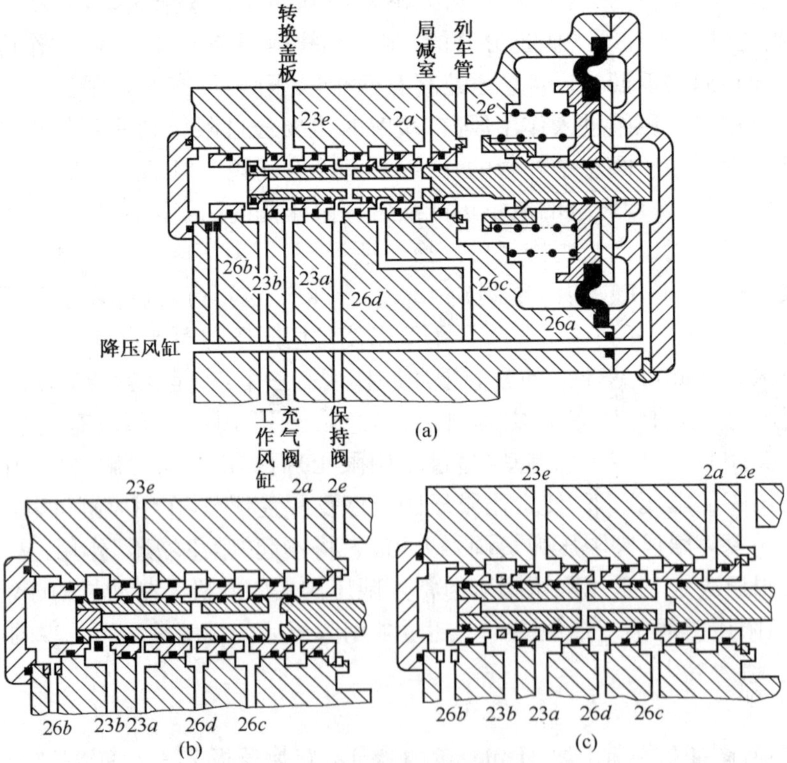

图 4-6 副阀各位置通路图

(a)缓解充气位;(b)保压位(局减位);(c)制动位

1—膜板活塞;2—稳定弹簧;3—缓解弹簧;4—柱塞;5—柱塞阀套

图中各通路号:2a—通局减止回阀;23a—由充气阀来的列车管压力空气;

23b—通工作风缸;26a、26b—通降压风缸;23e—通转换盖板

F-7 型分配阀的充气阀作用位置及通路参看图 4-7 和图 4-2。充气阀下部有一个膜板活塞，膜板下方经过通路 14c 通作用风缸。

当作用风缸压强等于或低于 24 kPa 时，膜板活塞在其上方弹簧力的作用下处于下端位（缓解位），即图 4-7(a)和图 4-2 所处的位置。此时，充气柱塞上部两个 O 形圈都在充气阀套最上一排径向孔的下方，即与局减室相通的 $2a_1$ 可经过充气阀上的这排径向孔由充气阀顶上的孔通大气；充气柱塞中部小半径形成的凹槽将 $2h$ 与 $23a$ 连通，即列车管与工作风缸连通，参看图 4-2，列车管的压力空气可由通路 $2b$→$2e$→$2f$→一次缓解逆流止回阀下部的缩孔堵→$2g$→$2h$→充气阀柱塞凹槽→$23a$→副阀柱塞尾部的凹槽分别通向工作风缸和降压风缸，当然，在列车管过充之后压力回降时，这两个风缸的压力空气也可以由上述通路逆流回到车管，这是 F-7 型分配阀副阀的另一个作用——消除工作风缸和降压风缸的过充压强。

当作用风缸压强高于 24 kPa 时，充气阀膜板活塞将克服弹簧力而上移至图 4-7(b)所示的上端位（作用位）。此时，柱塞上端两个 O 形圈将阀套上对着 $2a_1$ 的径向孔封闭，排大气的列车管局减通路在此被遮断；$2h$ 与 $23a$ 之间的通路也被遮断，即制动后甚至于缓解后，只要作用风缸压强还在 24 kPa 以上，列车管与工作风缸就不能在此沟通，这样，工作风缸（缓解时还有降压风缸）就不会向列车管逆流，不会破坏主阀的阶段制动和阶段缓解作用。

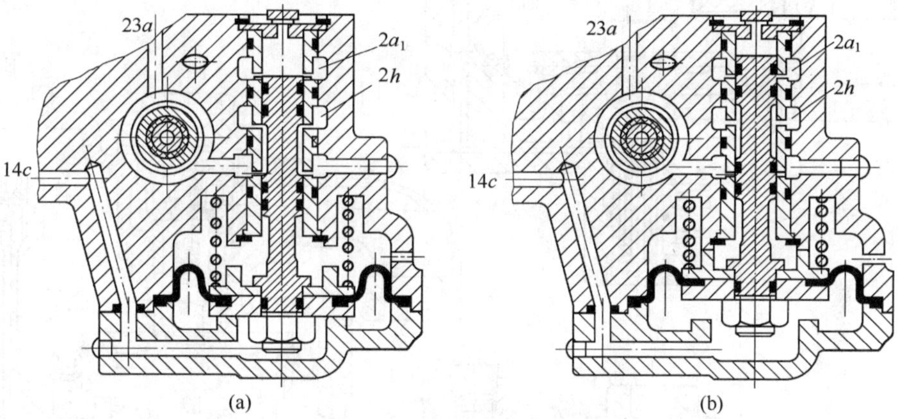

图 4-7 充气阀各位置通路图

(a)缓解位；(b)作用位

图中各通路号：$2a_1$—通局减室；$2h$—通列车管；$23a$—通工作风缸；$14c$—通作用风缸

在三压力的主阀制动后缓解的末期，当作用风缸压强降到 24 kPa 以下时，充气阀膜板活塞落回到下端位，可使工作风缸压强降到与列车管压强相等，加快主阀的彻底缓解。

除了产生局减、消除工作风缸和降压风缸的过充压力以及可以加快三压力主阀的彻底缓解这三个作用之外，F-7 型分配阀的副阀还有另一个极其重要的作用，即：它可以使主阀的大膜板上下方在缓解初期就沟通，把工作风缸临时就为局部增压风缸，使主阀变为一次（轻易）缓解型，加速主阀的缓解。这是它能够与二压力无阶段缓解的车辆制动机混编连挂的关键。

参看图 4-2，在副阀部的左上方有一个转换盖板，它就是用来转换缓解类型的。拧下固定它的两个螺母，将它转动 180°，处于沟通位，再固定住它，其内部的通路就可以使 $23e$ 与 $2g$ 连通。当副阀膜板一旦处于充气缓解位时（缓解初期），工作风缸的压力空气就可以经由通路$23c$→$23b$ 和副阀柱塞尾部的凹槽→$23e$→$2g$→一次缓解逆流止回阀（阀口和缩孔）→$2f$→$2e$，立即流向列车管，从而使主阀大膜板上下沟通，变为一次缓解。当转换盖板不在沟通位而在隔断位时，即使副阀膜板处于充气缓解位，副阀柱塞尾部凹槽可沟通 23*b* 和 23*e*，也因 23*e* 和 2*g* 不通，故主阀大膜板的上下仍不能沟通，必须待列车管压强增到与工作风缸相等时才能彻底缓解，即仍然可以有阶段缓解。

在副阀部顶上，转换盖板的旁边有一个“一次缓解逆流止回阀”。当转换盖板在沟通位(一次缓解位)，工作风缸压强降到与列车管相等以后，“一次缓解逆流止回阀”将自动关闭。列车管压强继续增大时，列车管向工作风缸的“逆流”不能通过止回阀口，只能通过很小的缩孔，即工作风缸回升到定压主要靠主阀部的工作风缸充气止回阀口。

三、紧 急 部

紧急部(紧急放风阀)参看图 4-8，它由膜板活塞 6、中空的柱塞杆 7、杆塞套 10、放风阀 3、复

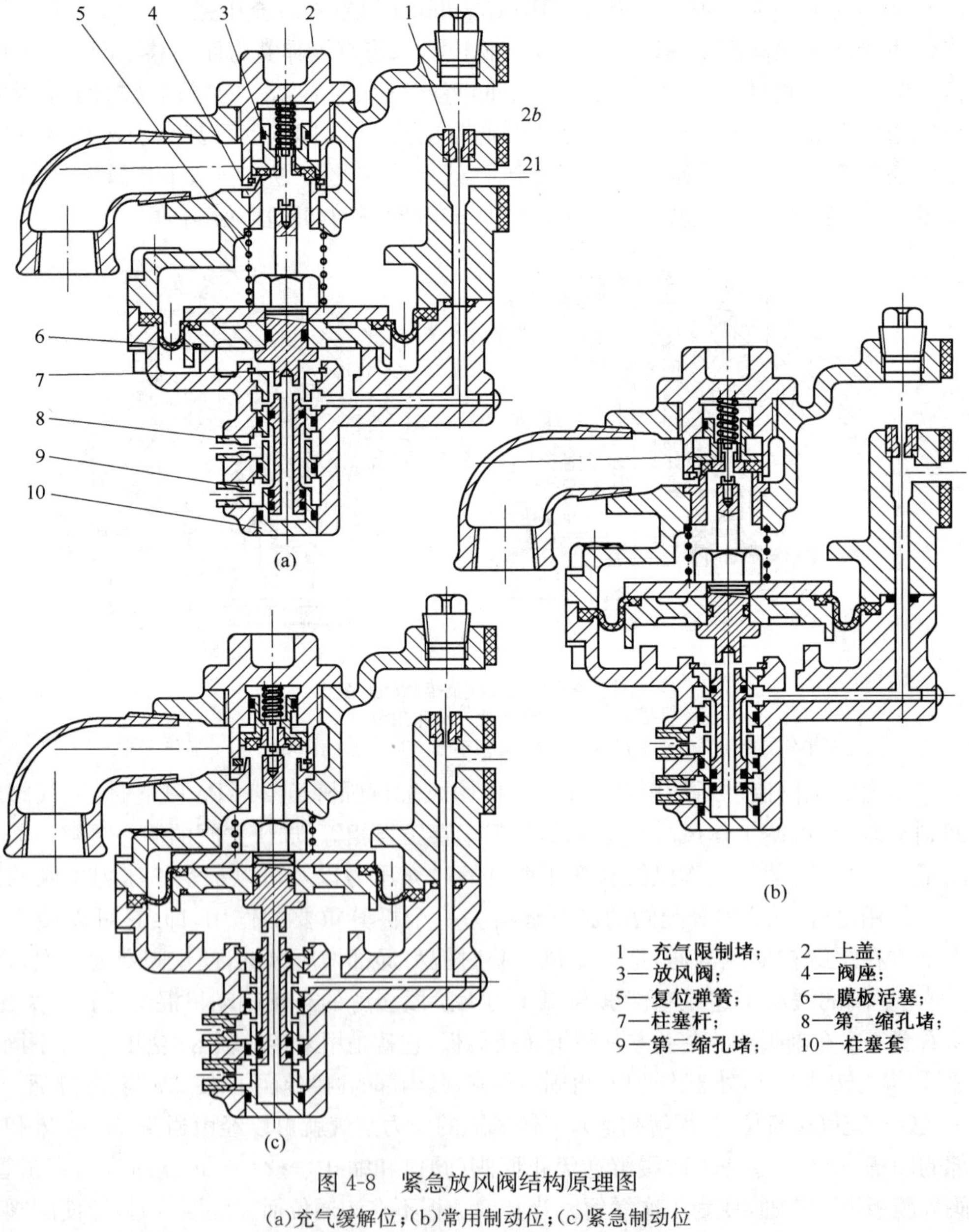

1—充气限制堵；　2—上盖；
3—放风阀；　4—阀座；
5—复位弹簧；　6—膜板活塞；
7—柱塞杆；　8—第一缩孔堵；
9—第二缩孔堵；　10—柱塞套

图 4-8　紧急放风阀结构原理图

(a)充气缓解位；(b)常用制动位；(c)紧急制动位

位弹簧 5(相当于 104、103 阀的安定弹簧)、充气限制堵 1、排气缩孔堵 8 和 9 等组成。图(a)为充气缓解位:膜板在下端位置,列车管压力空气由通路 2*b* 进到膜板上方,同时又经充气限制堵 7 进入到膜板下方,经通路 21 充入紧急风缸。图(b)为常用制动位:膜板上移,但最多上移到柱塞杆与放风阀接触,而打不开放风阀,紧急风缸的压力空气除逆流回列车管外还经过柱塞杆凹槽由第一缩孔堵排出大气。图(c)为紧急制动位:膜板上移到上极端位置,放风阀被柱塞杆顶开,列车管压力空气由放风阀口排入大气,产生强烈的紧急局部减压,与此同时,紧急风缸的压力空气或由上部的充气限制堵逆流,或由下部两个缩孔堵都可排往大气。当列车管压强降到零,紧急风缸作用于膜板下方的向上力小于复位弹簧和放风阀弹簧的反弹力时,膜板、柱塞杆和放风阀才能下移并关闭放风阀口,同时也切断紧急风缸经过两个缩孔堵排大气的通路。在放风阀口没有关闭以前,向列车管充风是没有作用的。紧急风缸压强由500 kPa降到放风阀关闭的时间约为 9.2 s,即,施行紧急制动以后至少要经 9.2 s 才能充气缓解(这个时间比 104 阀短,参看第三章第一节)。

第三节　JZ-7 型制动机的中继阀

在本书第二章第七节中已提及,内燃和电力机车对列车管压强的间接控制机构是"膜板活塞加双阀口"可过充的中继阀,并且讲了它的作用原理(图 2-10)。与图 2-10 相比,JZ-7 型制动机的中继阀还多一样东西,即,在它的上部还有一个总风遮断阀,参看图 4-9。

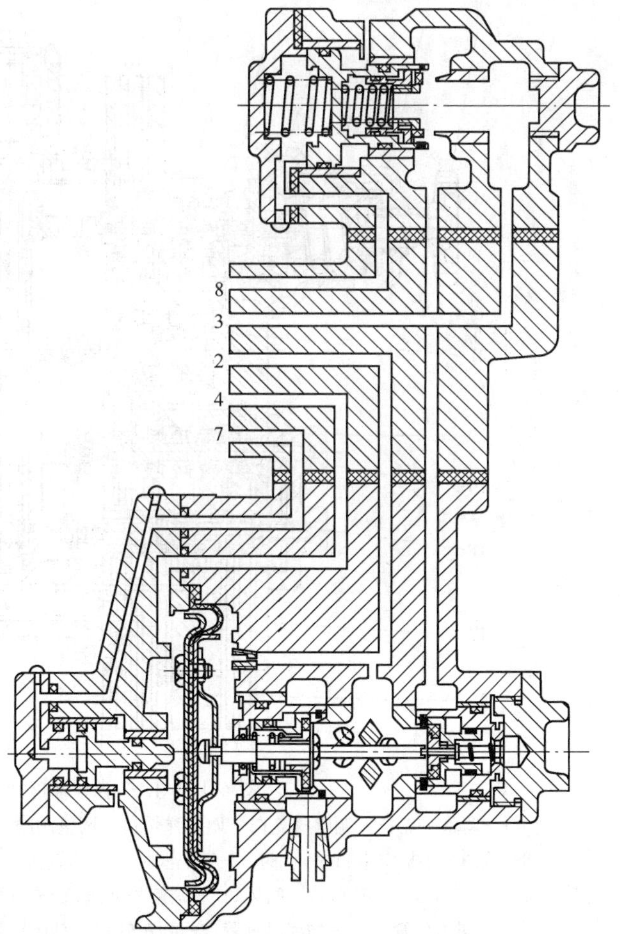

图 4-9　中继阀构造作用原理(缓解充气后保压位)

自阀手柄在过充位时,总风由过充管 7 充入中继阀盖内的过充活塞左侧,推动该活塞右移,顶住膜板活塞,参与该活塞的平衡:列车管压强必须超过定压(过充),才能使膜板活塞保持平衡。这对于长大列车极为有利。过充的量取决于过充活塞的面积。JZ-7 型制动机列车管的过充量是 30～40 kPa。

自阀手柄由过充位移到运转位时,中继阀盖内过充柱塞左侧的压力空气可由与过充管 7 相连通的过充风缸上的 0.5 mm 的小孔缓慢排出大气(参看书末图 4-1),列车管过充的压力空气也将由稍稍打开一点的中继阀的排气阀口缓慢排入大气,直至恢复定压。

总风遮断阀的作用是,根据遮断阀管 8 的压强控制遮断阀口的关闭或开放。当自阀使管 8 通大气时,遮断阀在其右侧总风压力作用下呈开放状态,如果膜板右侧的列车管压强因漏泄而衰减，小于膜板左侧的均衡风缸压强，则膜板活塞及顶杆会稍稍右移，使供气阀稍稍被顶开一点点，总风管 3 的总风就可以经过开放的遮断阀口和供气阀口给列车管“补风”，使它的压强恢复到与均衡风缸相同。当自阀使管 8 与总风相通时，由于遮断阀左边是大活塞，并且还有弹簧相助，遮断阀呈关闭状态。此时，即使列车管压强小于均衡风缸压强，供气阀口开着，总风缸也不可能给列车管补风。因为二压力结构的制动机具有“一次轻易缓解”性能，在制动保压状态下，如果列车管因漏泄而降压，总风缸就给它补风，使列力管压强回升，万一引起自然缓解，便会彻底缓解。为了确保安全，二、三压力混合结构的制动机必须装有总风遮断阀，保证在与二压力制动机混编和制动保压时不给列车管补风(是否补风取决于遮断阀管 8 是否通大气，而这又取决于自动制动阀上的客货车转换阀和缓解柱塞阀，参看下一节)。

第四节　JZ-7 型制动机的自动制动阀

JZ-7 型制动机的自动制动阀的结构参看图 4-10。它由七个部分组成：①阀体与管座；②手柄和凸轮；③调整阀；④放风阀；⑤重联柱塞阀；⑥缓解柱塞阀；⑦客货车转换阀。

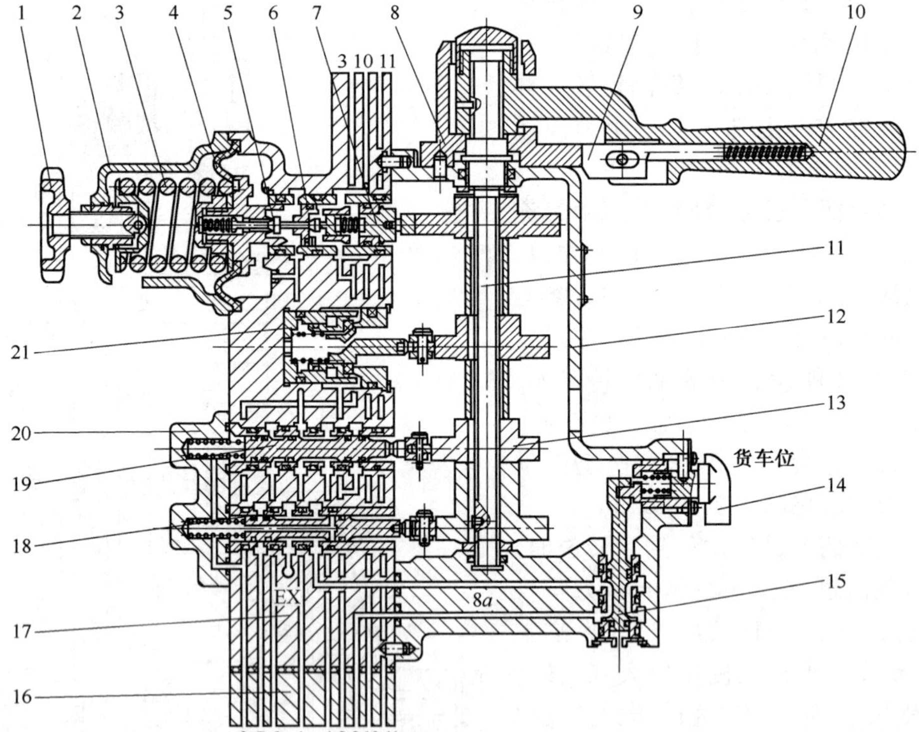

图 4-10　JZ-7 自动制动阀结构原理图

1—调整手轮；2—调整阀盖；3—调整弹簧；4—调整阀膜板；5—换气阀；6—供气阀；7—调整阀柱塞；8—盖；9—手柄定卡；10—手柄；11—凸轮轴；12—凸轮盒；13—凸轮；14—转换手柄；15—客货车转换阀；16—管座；17—阀体；18—缓解柱塞阀；19—重联柱塞阀；20—前盖；21—放风阀

图中各管号：1—均衡风缸管；2—列车管；3—总风缸管；4—中均管(即中继阀均衡风缸管)；6—撒砂管；7—过充管；8—总风遮断阀管；10—单独缓解管；11—单独作用管

自动制动阀的阀体为连接各部件的主体，其上连接有凸轮盒、调整阀盖、柱塞阀前盖和单独制动阀等。管座为自动制动阀的安装座，也是管路的连接座。手柄和凸轮是自动制动阀的操纵机构。手柄通过设在"手柄取出位"的缺口，套在凸轮轴上。凸轮轴上装有四个凸轮，自上而下依次为调整阀凸轮、放风阀凸轮、重联柱塞阀凸轮、缓解柱塞阀凸轮。凸轮轴和凸轮都安放的凸轮盒内。凸轮盒上部设有定位盖板，盖板上有七个定位用的凹槽和取出手柄用的缺口(在手柄取出位)。手柄转动凸轮轴，使各个凸轮通过其升程分别推动相应的调整阀、放风阀、重联柱塞阀和缓解柱塞阀左移，或者由于凸轮的降程而右移，从而接通或断开各个通路，产生所需要的各种作用。

在自动制动阀调整阀凸轮的圆周上，相应于常用制动区处(从最小有效减压位到最大有效减压位)，有一条降压曲线，其最小减压量为 50 kPa(实际约为 45～55 kPa)，其最大减压量为 170 kPa(实际约为 170～185 kPa)。但这个最大值是对列车管定压为 600 kPa 而言的，如定压为 500 kPa，其最大有效减压应为 140 kPa，手柄移到减压 140 kPa 处即可，不应移到常用制动区的右边缘 170 kPa 处。

为使乘务员操纵时对列车管减压能有所感觉，在调整阀凸轮圆周的另一处还有 12 个齿槽，手柄每转动一个齿槽，列车管减压量约增 10 kPa。当手柄置于过量减压位和手柄取出位时，均衡风缸和列车管的减压量为 240～260 kPa；手柄在紧急制动位时，均衡风缸减压量仍为 240～260 kPa，列车管由放风阀排风，相对压强降到零。

自阀调整阀是控制全列车制动或缓解的机构，但在常用制动时它只控制机车均衡风缸的压强，然后再通过中继阀去控制列车管的压强。它的结构原理参看图 4-11，由调整手轮、调整弹簧、排气阀、供气阀、调整阀座、调整阀柱塞和调整阀膜板等组成。

自阀调整阀有下列三条通路：第一条是供气阀的右侧空间通总风缸；第二条是供气阀与排气阀之间的空间通均衡风缸，并经过缩孔堵与膜板右侧空间相通；第三条是排气阀左侧的空间经过排气阀弹簧左侧螺母上的小孔和调整阀盖左下部的缺口通大气。在无风状态下，调整弹簧 3 将膜板 4 和阀座 4*a* 推到最右边位置，排气阀 5 在关闭状态。

当自阀手柄置于过充位或运转位时，调整阀凸轮得到一个升程，推动调整阀柱塞 7 左移，压缩供气阀弹簧 6*a*(它比调整弹簧 3 软得多)，而供气阀 6 因被排气阀 5、阀座 4*a* 和调整弹簧 3 阻挡，不能左移，故供气阀口开放〔参看图 4-11(a)〕，供气阀右侧来自 3 号管内的总风可以进到供气阀与排气阀之间的空间，并通往均衡风缸和调整阀膜板右侧。随着均衡风缸压强和膜板右侧压强的增大，调整弹簧 3 被压缩，膜板 4 和阀座 4*a* 左移，排气阀 5 和供气阀 6 在供气阀弹簧 6*a* 的作用下也随之左移，故排气阀口不会打开，而供气阀口的开度将逐渐减小，直至关闭〔图 4-11(b)〕。关闭时的均衡风缸压强可通过旋转调整手轮 1，增加或减少调整弹簧 3 的作用力来调整(500 kPa 或 600 kPa)。调整阀凸轮推动调整阀柱塞 7 左移多少距离，膜板 4 和供气阀 6 最后也左移多少距离，调整阀充气后的自动保压就是这么实现的。

当自阀手柄由运转位移到常用制动区某个位置或过量减压位时，凸轮得到一个相应的降程，调整阀柱塞 7 在其左侧空气压力作用下右移，供气阀 6 也被柱塞 7 推动一起右移，排气阀 5 在排气阀弹簧 5*a* 的作用下也随之右移。但是此时膜板 4 左右两侧受力均衡，故膜板 4 和阀座 4*a* 开始并不右移，即排气阀口将开放，均衡风缸的压力空气从排气阀口经调整阀盖 2 的左下方缺口排向大气，调整阀呈制动状态，如图 4-11(c)所示，在均衡风缸排气过程中，膜板 4 右侧压力逐渐降低，膜板 4 和阀座 4*a* 在调整弹簧 3 的作用下逐渐右移，排气阀口的开度逐渐减小。

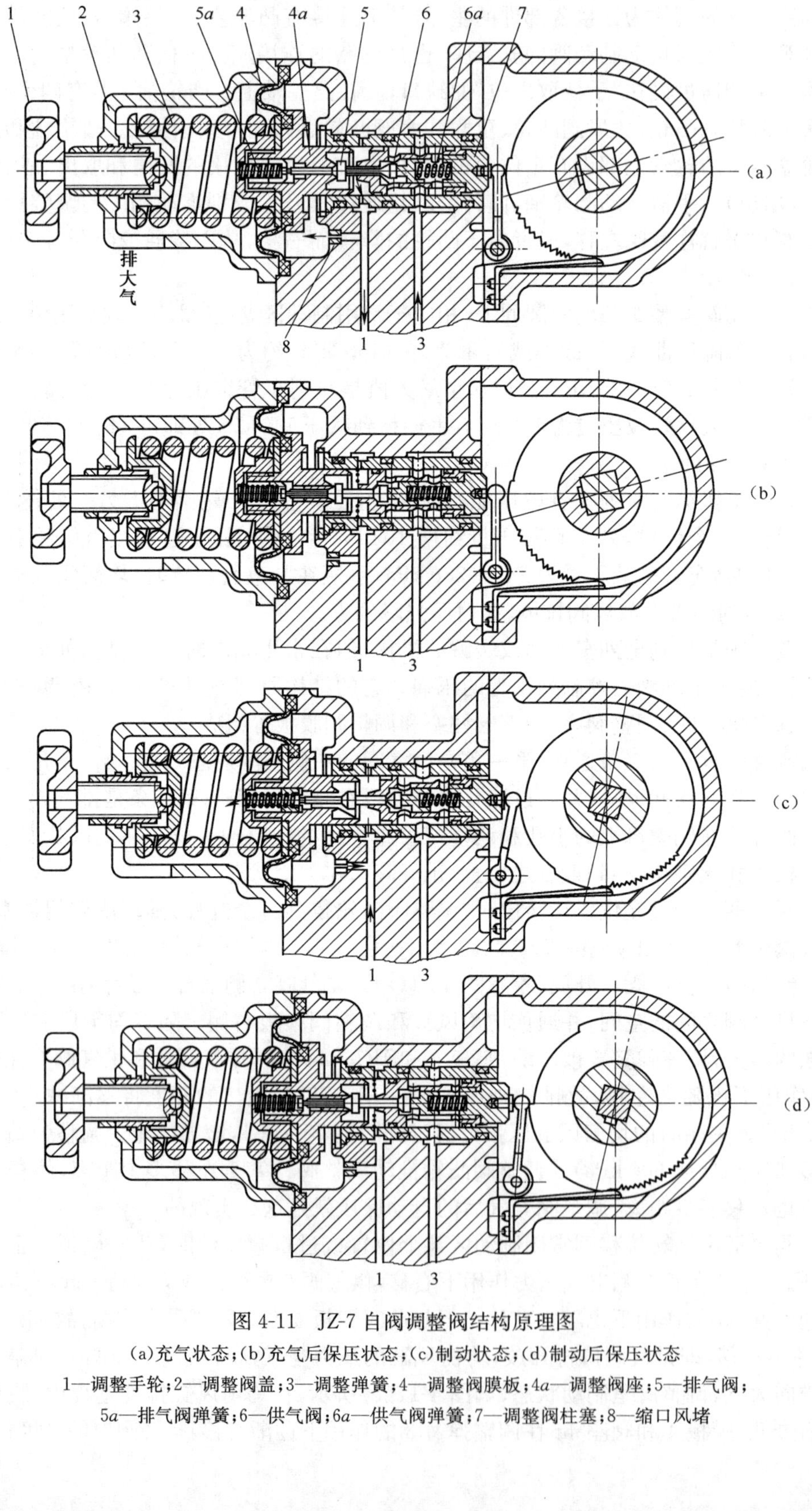

图 4-11　JZ-7 自阀调整阀结构原理图

(a)充气状态;(b)充气后保压状态;(c)制动状态;(d)制动后保压状态

1—调整手轮;2—调整阀盖;3—调整弹簧;4—调整阀膜板;4a—调整阀座;5—排气阀;5a—排气阀弹簧;6—供气阀;6a—供气阀弹簧;7—调整阀柱塞;8—缩口风堵

当膜板和阀座的右移量等于调整柱塞的右移量时，排气阀口关闭〔图 4-11(d)〕。调整阀制动后均衡风缸的自动保压就是这么实现的。

在常用制动区内，手柄越往右移，凸轮的降程越大，调整柱塞的右移量和排气阀的开度也越大，均衡风缸的减压量就越大(均衡风缸压强减得多，膜板和阀座的右移量才能与调整柱塞的右移量相等，即关闭排气阀口)。手柄如果分阶段右移(移到某一位置停一下，然后再右移，再停)，则均衡风缸压强的降低也是阶段性的，即阶段制动。如果手柄在右移到某一个位置制动以后转而左移一定距离(仍在常用制动区内)，即调整阀凸轮在得到一个较大的降程之后又得到一个较小的升程，则均衡风缸在得到较大的减压以后，也会得到一个较小的增压。如果手柄在常用制动区分阶段左移，则均衡风缸压强的增加也是分阶段的，假如机车车辆制动机的分配阀都是有阶段缓解作用的，就可实现阶段缓解。

自动制动阀上的放风阀是专为列车施行紧急制动时直接把列车管内的压力空气排向大气而设置的，只有自阀手柄置于紧急制动位时，放风阀凸轮才能得到一个固定的升程，推动放风阀，压缩放风阀弹簧，使放风阀口开放。

自动制动阀上的重联柱塞阀实际上是重联及撒砂阀。它的用途有二：一是在重联机车或非操纵端切断均衡风缸与中继阀的联系，使中继阀“自锁”，让重联机车和非操纵端的自阀和中继阀都不起作用；二是在紧急制动时让总风通撒砂管，使机车自动撒砂。

重联柱塞阀有三个作用位置(图 4-12)：

(1)正常位〔图 4-12(a)〕。自阀手柄置于 1～5 位之间的任一位置时，重联柱塞阀处于此位置(凸轮既无升程亦无降程)，它使自阀的均衡风缸管 1 沟通中继阀的均衡风缸管 4(简称中均管)，通过均衡风缸的压强变化来控制中继阀的动作和列车管的压强。

(2)重联位〔图 4-12(b)〕。自阀手柄在取出位时，重联柱塞阀的凸轮有一个降程，该阀柱塞在弹簧力和总风压力作用下右移到此位置，柱塞右凹槽沟通列车管 2 和中均管 4，柱塞中部的一个 O 形圈切断了自阀均衡风缸管与中均管的联系，这样一来，均衡风缸压强的变化与中继阀无关，而且中继阀两侧压强相等，都是列车管压强，不管这个压强怎么变化，中继阀也不会动作，即“自锁”了。

(3)紧急位〔图 4-12(c)〕。当自阀手柄在紧急制动位时，重联柱塞阀的凸轮有一个比重联位更大的降程，柱塞在弹簧和总风压力作用下有更大的右移量，柱塞左端总风可以经过阀套上的径向孔进入撒砂管 6。由于柱塞右凹槽较长，列车管与中均管仍然沟通，中继阀仍然“自锁”(列车管的紧急减压由放风阀承担)。

自动制动阀上的缓解柱塞阀实际上是过充与补风阀，这就是说它也有两个用途：一个是使总风连通过充管或者切断此通路；另一个是使来自客货车转换阀的通路 $8a$ 通大气或者通总风。

缓解柱塞阀也有三个作用位置(参看图 4-13)：

(1)过充位〔图 4-13(a)〕。自阀手柄在过充位时缓解柱塞阀处于此位置(凸轮无升程亦无降程)，它使柱塞左端的总风与过充管 7 沟通，使总风通往过充风缸及中继阀盖内的过充柱塞左侧，使中继阀膜板右侧的列车管压强必须增到超过定压 30～40 kPa 才能取得平衡。同时，来自客货车转换阀的通路 $8a$ 经过柱塞凹槽通向 EX。

(2)运转位〔图 4-13(b)〕。自阀手柄在运转位时，缓解柱塞阀凸轮有一个升程，使该阀柱塞左移到此位置。此时，总风与过充管 7 的通路被柱塞最左边的一个 O 形圈封死，但 $8a$ 仍然可以通大气。

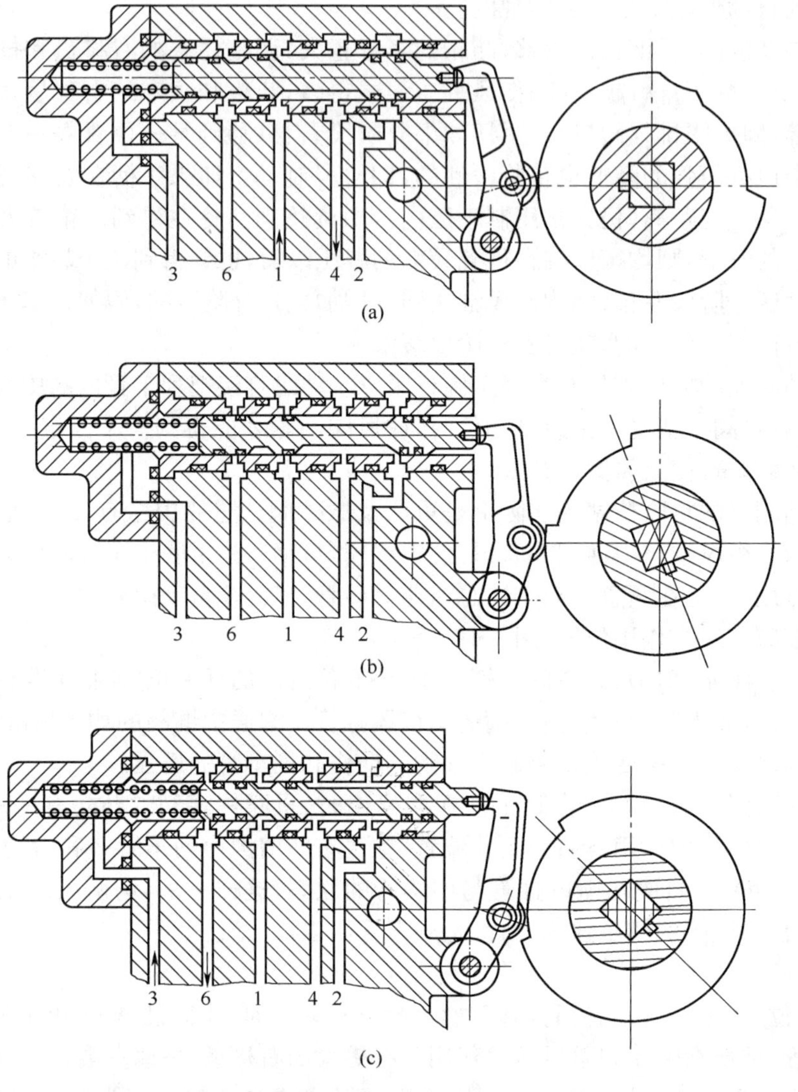

图 4-12　重联柱塞通路图

(a)自动制动阀手柄在 1～5 位,管 1 通管 4;(b)自动制动阀手柄在 6 位,管 2 通管 4;
(c)自动制动阀手柄在 7 位,管 3 通管 6,管 2 通管 4

(3)制动位〔图 4-13(c)〕。自阀手柄在 5～7 位之间时缓解柱塞阀凸轮有一个比运转位更大的升程,使该阀柱塞左移得更多,在此位置上通路 8*a* 经过柱塞径向孔和中心孔与总风相通(总风可通往客货车转换阀),同时,过充管 7 经柱塞凹槽通大气(如果自阀在过充缓解后很快又施行制动,尚未消除的过充压强可马上消除)。

自动制动阀上的客货车转换阀其实是个按缓解方式进行补风控制的转换阀。它有下列两个作用位置:

(1)货车位(制动不补位)。当转换阀的旋钮置于此位时(参看图 4-1),转换阀内的柱塞凹槽使来自缓解柱塞阀的通路 8*a* 与来自中继阀的通路 8 连通,使中继阀的总风遮断阀受自阀缓解柱塞阀的控制(自阀在 5～7 位时,总风可经过缓解柱塞阀的柱塞中心孔和径向孔→通路

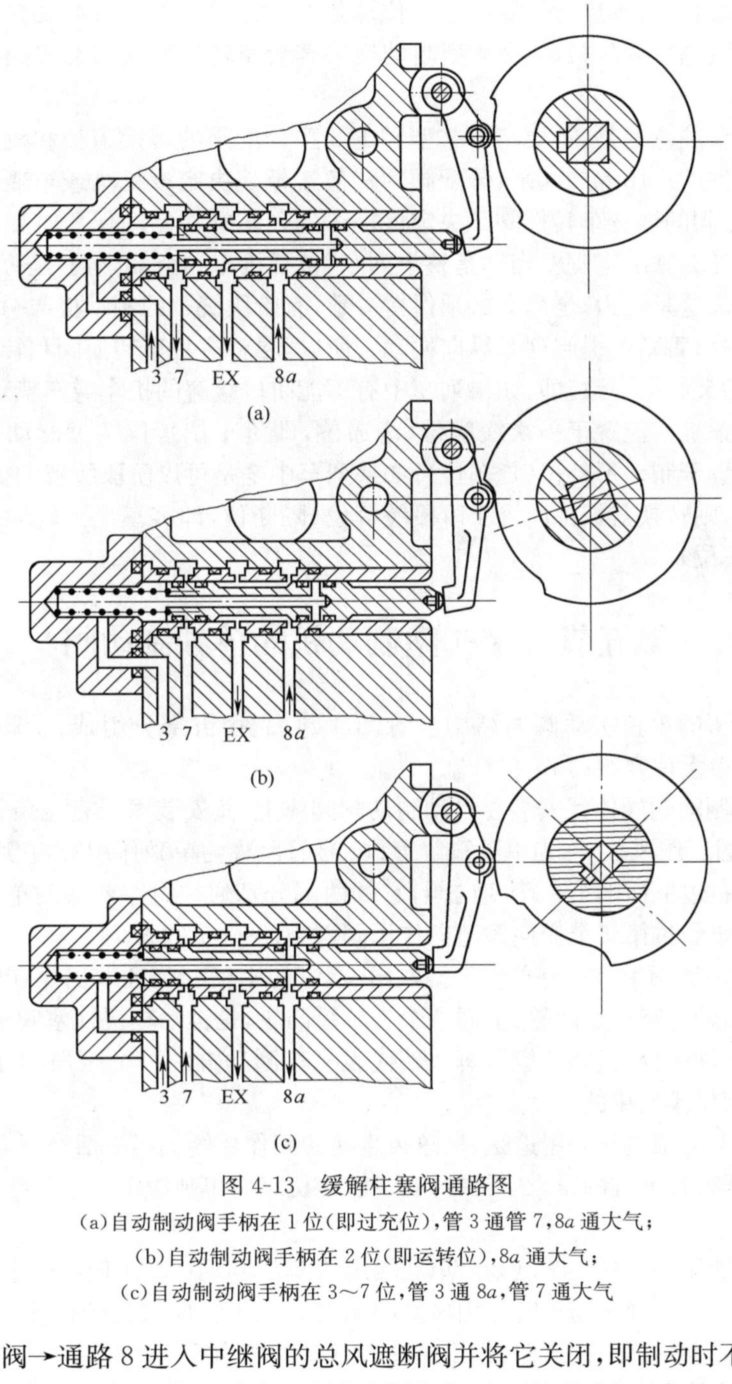

图 4-13 缓解柱塞阀通路图

(a)自动制动阀手柄在 1 位(即过充位),管 3 通管 7,8a 通大气;

(b)自动制动阀手柄在 2 位(即运转位),8a 通大气;

(c)自动制动阀手柄在 3～7 位,管 3 通 8a,管 7 通大气

8a→客货车转换阀→通路 8 进入中继阀的总风遮断阀并将它关闭,即制动时不让列车管补风,但是自阀在 1～2 位时通路 8a 都通大气,总风遮断阀都呈开放状态,列车管如因漏泄而减压,仍可补风)。

(2)客车位(全部可补位)。当转换阀的旋钮转至此位时,转换阀内的柱塞上移,通路 8 与通路 8a 不通,但通路 8 可经过转换阀下方通大气,使中继阀的总风遮断阀始终在开放状态。不管制动与否,只要列车管压强低于均衡风缸压强,总风缸就可给列车管补风。

由上可见,转换阀旋钮放在什么位置应当取决于制动机的缓解性能:有阶段缓解者应置于全部可补位即客车位，否则应置于制动不补位即货车位。我国的客车制动机大多数是没有阶段缓解的，所以牵引客车时，机车 JZ-7 型制动机的客货车转换阀旋钮在多数情况下是不能置于客车位的。

初学者特别要注意的是，不要将 F-7 型和 F-8 型分配阀的转换盖板和机车自阀的客货车转换阀这两种部件的作用混同起来：分配阀的转换盖板是决定该机车或车辆的分配阀有无阶段缓解的部件；自阀的客货车转换阀是决定该机车的列车管在制动保压时如果有漏泄能否补风的部件。根据什么来决定呢？当然是整个列车（包括机车和全部车辆）是否都能够而且都要求实现阶段缓解。这是因为，全列车必须保持一致，有阶段缓解的制动机与一次轻易缓解的制动机不能混编连挂，否则要引起列车纵向冲动。所以，尽管客货车转换阀和转换盖板的作用不同，两者的位置却又必须一致，即，如果列车中有不能阶段缓解的机车或车辆，则 F-7 或 F-8 型分配阀中的转换盖板都应置于一次缓解位（沟通位，即货车位），JZ-7 型制动机自阀上的客货车转换旋钮相应置于制动不补位（货车位）；如果列车中全是可以阶段缓解的机车车辆，而且要求实现阶段缓解，则转换盖板都应置于阶段缓解位（隔断位，即客车位），转换阀旋钮相应置于全部可补位（客车位）。

第五节　JZ-7 型制动机的单独制动阀

JZ-7 型制动机的单独制动阀的结构参看图 4-14，它由五部分组成：①阀体；②手柄和凸轮；③调整阀；④单缓柱塞阀；⑤定位柱塞。

JZ-7 的单独制动阀阀体就安装在自动制动阀阀体上，其安装面上有三条管路：3 号管路通总风；10 号管路通工作风缸，称为单独缓解管；11 号管路称为单独作用管，它通往变向阀（书末图 4-1 在中继阀右边下面的第一个变向阀，它的两端分别通往机车两端的单独制动阀），并由这个变向阀往上再经过第二个变向阀通向作用阀（参看图 4-1 的管 14）。

JZ-7 的单独制动阀手柄没有单设手柄取出位，它的手柄套装和取出是在运转位。手柄转轴装在凸轮盒内，轴上有三个凸轮：上面一个为单缓凸轮，是推动单缓柱塞阀用的；中间一个为定位凸轮，它将制动区分为若干“级”，每“级”代表机车制动缸的一个压强；下面一个为调整凸轮，是控制调整阀供排气用的。

单独制动阀上的调整阀的用途是，把总风直接送到作用阀的膜板活塞下方，使机车单独制动，或者把作用阀膜板下方的压力空气排向大气，使机车再单独缓解。它的结构和自阀调整阀相似，就不再多说了。

单缓柱塞阀的用途是在列车制动后单独缓解机车的制动（不同于上面说的机车单独制动后的缓解）。这是因为，列车制动时作用风缸的风将第二个变向阀内的柱塞推到了左端，切断了作用阀与单独制动阀之间的通路，作用阀膜板下方的压力空气不可能从单独作用管和调整阀排出大气，必须另辟蹊径。JZ-7 型制动机采取的办法是，另设单缓柱塞阀和单独缓解管排工作风缸的风。分配阀主阀本来在制动保压位，此时，工作风缸减压的效果与列车管增压的效果一样，主阀都会得到缓解，即作用风缸的风排大气，紧跟着作用阀也缓解，机车制动缸的风也排大气。自动制动阀没有动，列车管压强没有变，车辆制动机甚至其他机车的制动机，例如推送补机的制动机都没有缓解，只有把单独制动阀手柄移至单独缓解位的这个本务机车单独缓解了。

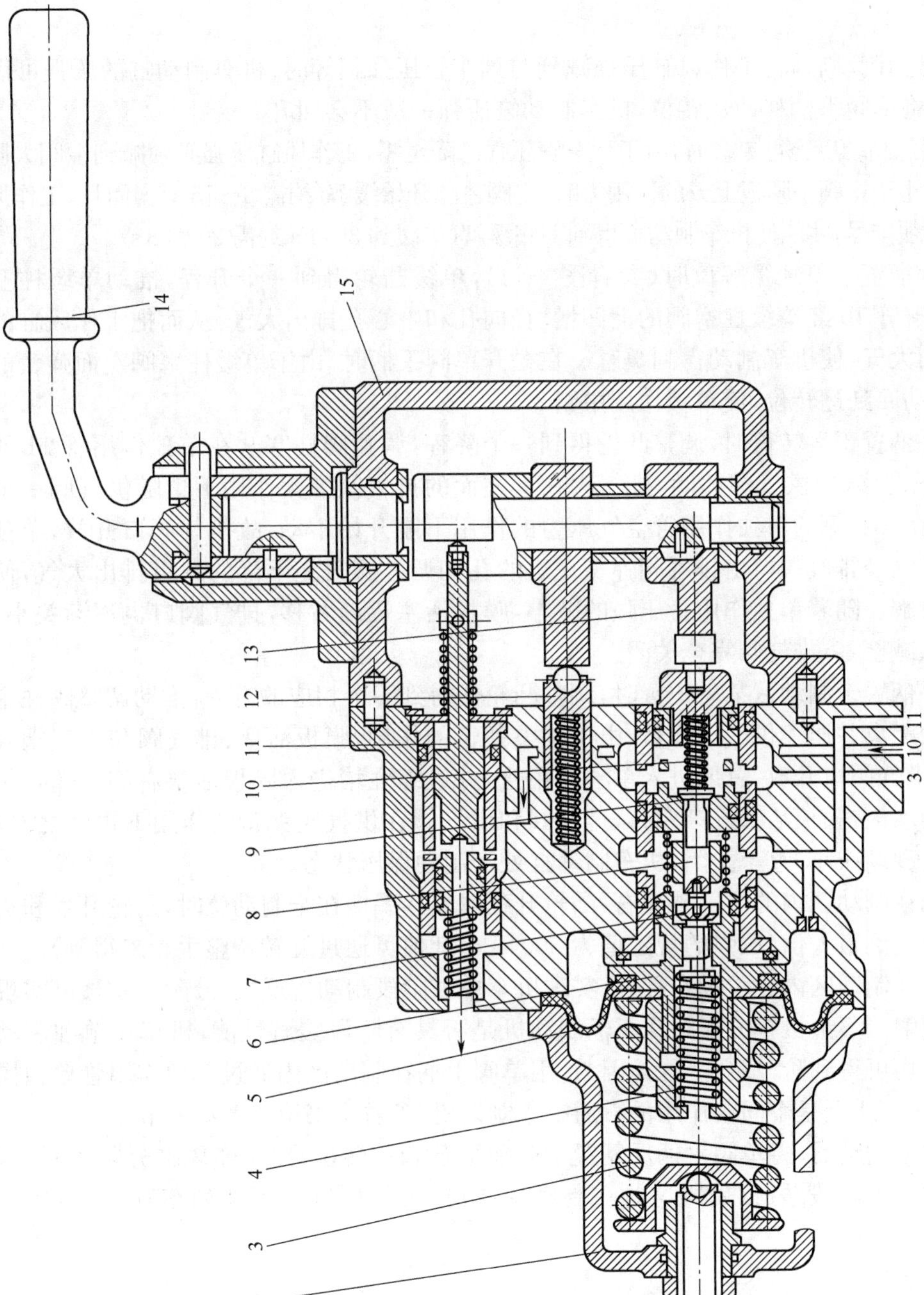

图 4-14 JZ-7 单独制动阀原理图

1—调整手轮；2—调整阀盖；3—调整弹簧；4—排气阀弹簧；5—调整阀膜板；6—调整阀座；7—排气阀；8—供气阀；9—调整阀柱塞；
10—供气阀弹簧；11—单缓柱塞阀；12—定位柱塞；13—调整阀凸轮；14—手柄；15—凸轮盒

应当注意的是，在列车常用制动后单独缓解机车的制动时，只要使工作风缸的压强减到与列车管压强相等就行，切切不可减得比列车管压强还要小。否则，列车管的压力空气要经由主阀的工作风缸充气止回阀进入工作风缸，引起列车管减压和副阀产生局减，从而引起机车再制动。

在列车常用制动后，将工作风缸压强减到与列车管压强相等时，机车制动缸的压强可以减到零。此时，将单阀手柄移回运转位，机车制动缸压强一般不会回升。

在列车紧急制动后施行单缓时，由于列车管压强已降至零，工作风缸压强必须减到主阀大膜板下方的作用力小于主阀小膜板上方的作用力时，主阀才能开始缓解(约需 9～15 s)。而且，工作风缸的压力空气必须排尽，才能使机车制动缸得到彻底缓解(单缓到 35 kPa 约需 20～28 s)。

当单阀手柄置于单独缓解位时(参看图 4-14)，单缓凸轮得到一个升程，推动单缓柱塞左移，使单独缓解管 10 经单缓柱塞阀的上凹槽、径向孔和中心孔排出大气，从而把工作风缸的压力空气也排向大气，使机车制动得到缓解。在松开单阀手柄时，由于单缓柱塞阀左面弹簧的作用，手柄将自动回到运转位，使单缓作用中断。

当单阀手柄置于运转位时，调整凸轮得到一个降程，调整阀柱塞 9 在单独作用管 11 的空气压力作用下右移，使供气阀关闭，排气阀在其左面的排气阀弹簧作用下也随供气阀一道右移，膜板活塞在其右侧的单独作用管空气压力的作用下刚开始不动，故排气阀口开放，单独作用管的压力空气经排气阀口由排气阀弹簧左边的孔和调整阀盖左下部的缺口排出大气，使机车制动得到缓解。随着单独作用管压强的减小，膜板活塞逐渐右移，排气阀口也逐渐关小，单独作用管压强减至零，排气阀完全关闭。

当单阀手柄置于制动区某一位置时，调整凸轮便得到一个相应的升程，推动调整阀柱塞向左移动相应的距离并压缩供气阀弹簧，由于调整弹簧的作用，膜板活塞、排气阀和供气阀开始都没有动，故供气阀口开放，总风进入单独作用管，并经缩孔堵进入膜板活塞右侧。随着单独作用管压强的增大，膜板活塞逐渐左移，排气阀和供气阀在供气阀弹簧的作用下也随之左移，故供气阀开度逐渐减小，直至关闭，机车制动缸处于制动保压状态。

单阀手柄在制动区内的位置越往右，凸轮升程越大。手柄在全制动位时，凸轮升程和机车制动缸压强都达到最大值(压强的规定值为 300 kPa，此值可通过旋转调整手轮来得到)。

单阀手柄在制动区内分阶段右移，可实现机车单独阶段制动。反之，分阶段左移可实现机车单独阶段缓解。不论机车分配阀和车辆制动机是否具有阶段缓解性能，机车在单独制动后再单独缓解时均可得到阶段缓解，这是因为，用单阀手柄在制动区内通过单独作用管单独操纵机车制动时，它实质上是个间接作用的直通空气制动机(参看本书第二章第六节)。

在列车常用制动后，将单阀手柄反复置于单独缓解和运转位，使工作风缸分阶段减压，亦可实现机车的单独阶段缓解(副阀这时在制动保压位，工作风缸既不通列车管，也不通降压风缸)。

第六节　JZ-7 型制动机的综合作用

为了便于记忆和查对，将自动制动阀和单独制动阀的综合作用列于表 4-1 中。用自阀操纵时，单阀在运转位。列车常用制动后施行机车单独缓解时，自阀在制动区，单阀置于单独缓解位。列车在缓解状态中机车单独制动时，自阀在运转位，单阀置于制动区。

表4-1　JZ-7 型空气制动机综合作用通路表

使用类别	自阀手柄位置	单阀手柄位置	自动制动阀														单独制动阀					中继阀							分配阀															作用阀			
			调整阀			放风阀		重联柱塞阀					缓解柱塞阀				调整阀			单缓阀		遮断阀		双阀口中继阀					主阀部					副阀部					紧急放风阀					作用阀			
			总风缸3	均衡风缸1	弹簧盒处EX	列车管2	凸轮盒处EX	总风缸3	撒砂管6	均衡风缸1	中均管4	列车管2	总风缸3	过充管7	遮断阀管8a	阀体侧部EX	总风缸3	作用管11	弹簧盒处EX	单缓管10	阀体后侧EX	遮断阀管8	遮断阀口	过充管7	中均管4	总风缸3	列车管2	限制风堵EX	列车管2	工作风缸管23	总风缸管22	作用风缸管14	主阀排风口EX	列车管2	局减排风口	工作风缸23	降压风缸26	保持阀处EX	列车管2	紧急风缸21	排风口EX	上排风堵EX	下排风堵EX	总风缸3	制动缸管12	作用风缸管14	排风口EX
自动制动阀	过充位	运转位																					开																								
自动制动阀	运转位	运转位																					开																								
自动制动阀	常用制动区	运转位																					关																								
自动制动阀	过量减压位	运转位																					关																								
自动制动阀	手柄取出位	运转位																					关																								
自动制动阀	紧急制动位	运转位																					关																								
单独制动阀	运转位	制动区																																													
单独制动阀	制动区	缓解位																																													

注：① 此表按货车位排出通路；

② 表中单缓管10与工作风缸23、总风缸3与总风缸管22分别是同一通路；

③ 作用阀的作用风缸管口是指作用阀作用活塞下侧的气压。

第七节 JZ-7 型制动机的重联阀

随着铁路运输对牵引质量和运行速度要求的不断增长，迫切需要提高机车牵引功率和采用双机或多机牵引：为适应后一需求，国产内燃机车（如 DF_{4B}、DF_{8B} 和 DF_{11} 等型号）的 JZ-7 型空气制动机中装设了重联阀。

重联阀的作用是当双机或多机牵引运行时，乘务员只需操纵本务机车制动机的制动和缓解，即可保证重联机车的作用与本务机车协调一致；若一旦发生机车分离，重联阀将自动保持制动缸压强，并使重联机车制动机恢复到本务机车制动机的工作状态，以便操纵列车，起到分离后的保护作用。重联阀不仅可以使同型号机车的制动机重联，也可使不同型号的机车重联使用。

一、结　构

JZ-7 型制动机重联阀的结构如图 4-15 所示，它主要由转换阀部、重联阀部、制动缸遮断阀部及阀体、管座等组成，管座连接的气路包括总风信号管、连接分配阀或单独制动阀的作用管 14*a*（以后简称分配阀作用管）、连接作用阀的作用管 14*b*（作用阀作用管）、平均管和制动缸管。

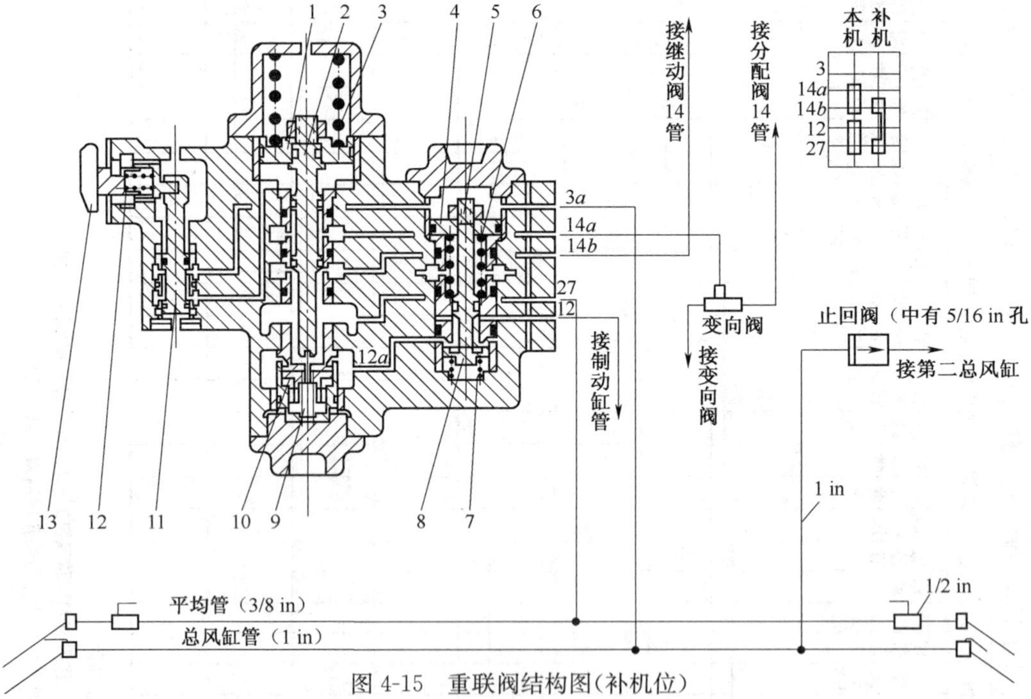

图 4-15　重联阀结构图（补机位）

1—重联阀活塞；2—重联阀活塞杆；3—重联阀活塞弹簧；4—遮断阀活塞；5—遮断阀活塞杆；6—遮断阀弹簧；7—止回阀弹簧；8—止回阀；9—止回阀弹簧；10—止回阀；11—柱塞；12—弹簧；13—转换旋钮

转换阀部为一手动操纵阀，设有“本机位”和“补机位”两个工作位置。操纵时，先将转换旋钮向里推，然后转动 180°至所需位置。此时，通过偏心杆的转动带动柱塞在阀套内上下移动，以连通或切断相应气路。其中，本机位切断总风信号管与重联阀活塞下侧的气路，而连通活塞下侧与大气间的气路；补机位连通总风信号管与重联阀活塞下侧之间的气路。

重联阀部工作受转换阀部的控制，当转换旋钮置于不同位置时，根据重联阀活塞上下两侧的作用力之差带动活塞杆上下移动，关闭或顶开止回阀口，并由活塞杆连通或切断相应气路。

制动缸遮断阀部则根据遮断阀活塞上下两侧的作用力之差带动活塞杆上下移动，关闭或顶开止回阀口，以切断或连通制动缸与相应管路之间的气路。

二、作用原理

机车重联时，无论制动机是工作在电空位还是空气位，均须将本务机车和重联机车的重联阀转换按钮分别置于“本机”位和“补机”位。

(一)本 机 位

当司机将转换旋钮置于本机位时，转换阀部的柱塞遮断总风信号管通往重联阀活塞下方的气路，并连通重联阀活塞下侧与大气之间的气路，重联阀活塞在重联阀弹簧力的作用下带动活塞杆下移。一方面使分配阀作用管 14*a* 和作用阀作用管 14*b* 经重联阀活塞杆凹槽连通，另一方面顶开止回阀口，使平均管与重联阀部止回阀下侧的制动缸气路连通。同时，只要机车处于正常运行状态，总风信号管压力空气(750～900 kPa)总是可以通往制动缸遮断阀活塞上侧，使活塞带动活塞杆压缩弹簧下移，顶开止回阀口，从而使制动缸管经遮断阀止回阀与重联阀止回阀处的制动缸气路相通。因此，本机位时，制动缸与平均管之间的气路连通，为实现重联机车与本务机车制动缸压强变化协调一致作准备。

本务机车进行制动、缓解时，本务机车制动缸的压力变化经平均管和机车间的平均塞门、平均软管传入重联机车的平均管。

运行中，一旦机车间发生断钩分离，将使列车管、总风管、平均管等的连接软管断裂。由于列车管迅速排风，本务机车的分配阀动作，分配阀压力空气通过分配阀作用管 14*a* 和与之相连的作用阀作用管 14*b* 通向本务机车的作用阀，控制制动缸压强迅速升高，使本务机车产生紧急制动作用。同时，由于总风管内压强迅速下降，制动缸遮断阀活塞在其弹簧的作用下带动活塞杆上移，关闭止回阀口，从而遮断制动缸管，以防止制动缸压力空气经重联阀部的止回阀、平均管向大气排风，保证本务机车紧急制动的可靠实施。

(二)补 机 位

当司机将转换旋钮置于补机位时，转换阀部的柱塞使总风信号管与重联阀活塞下侧之间的气路连通，总风压力空气进入活塞下侧，使重联阀活塞带动活塞杆压缩弹簧而上移。一方面使分配阀作用管 14*a* 和作用阀作用管 14*b* 之间的气路切断，而使作用阀作用管 14*b* 与平均管之间的气路连通，另一方面关闭止回阀口。如机车处于正常工作状态，遮断阀部的止回阀保持常开位置，即制动缸与制动缸遮断阀的止回阀上侧之间的气路依然连通，但由于重联阀部的止回阀口关闭，制动缸管无法继续通过该气路与平均管连通。因此，在补机位时，通过作用管 14*b* 与平均管之间的气路，重联机车制动机的作用管压强与本务机车制动缸压强保持均衡，经重联机车作用阀动作后，确保重联机车制动缸与本务机车制动缸压强变化协调一致。

运行中机车间发生断钩分离时，前述各管路的连接软管断裂。总风信号管内压强的迅速下降使重联阀活塞在弹簧力的作用下带动活塞杆下移，自动转换到“本机”位，即分配阀作用，管 14*a* 和作用阀作用管 14*b* 之间的气路连通，作用阀作用管 14*b* 和平均管之间的气路切断，重联机车分配阀作用管 14*a* 来的压力空气可经重联阀活塞杆凹槽流入作用阀作用管 14*b*，为重联机车通过自身的分配阀控制制动缸压强做好准备。总风压强的下降还使重联机车制动缸遮断阀活塞在弹簧作用下带动活塞杆上移，关闭止回阀口，从而遮断平均管与制动缸管的通路，使重联机车不受本务机车的控制。此时，由于列车管也在迅速排风，重联机车分配阀动作，使重联机车也产生紧急制动。

三、多机或双机牵引时的综合作用

当多机或双机牵引时，本务机车的自动制动阀和单独制动阀手柄均置于运转位，重联机车的自动制动阀手柄置于取出位，单独制动阀手柄置于运转位。当本务机车的乘务员操纵列车进行制动或缓解时，由于列车管压强的变化，本务机车和重联机车的分配阀都动作，使各自的分配阀作用管 14*a* 的空气压强发生变化。但由于重联机车的分配阀作用管 14*a* 和作用阀作用管 14*b* 此时不连通，因此，分配阀作用管 14*a* 空气压强的变化不会影响到作用阀作用管 14*b* 的压强，从而也就引起作用阀动作，因此，重联机车的制动缸压强就不受其分配阀的控制。而本务机车的分配阀作用管 14*a* 和作用阀作用管 14*b* 连通，因而其分配阀的动作可以控制制动缸的充、排风；而且，制动缸压强的变化还会引起本务机车平均管及与之相连的重联机车平均管的压强变化，继而通过重联机车的作用阀作用管 14*b* 使重联机车的作用阀动作，制动缸产生制动或缓解作用。

本务机车的乘务员用单独制动阀来操纵本务机车的制动或缓解时，情况与自动制动阀操纵时类似，不同之处在于本务机车重联阀作用管 14*a* 的空气压强变化不是来自分配阀作用管，而是来自单独制动阀作用管。双机或多机牵引制动后，机车需要单独缓解时，也必须本务机车的乘务员进行操纵，重联机车乘务员不能自行缓解机车的制动，除非将重联阀的转换旋钮置于本机位。

复习思考题

1. JZ-7 型制动机主要有哪些特点？它的大、小闸各有哪几个作用位置？

2. F-7 型分配阀的常用限压阀和紧急限压阀分别起什么作用？它们和 F-8 阀的限压阀有什么异同点？

3. F-7 型分配阀的副阀由哪几部分组成？起哪些作用？怎么起作用的？

4. 与 F-8 阀的辅助阀相比，F-7 型分配阀的紧急放风阀主要有哪些不同点？

5. 总风遮断阀在什么时候关闭？为什么要关闭？

6. JZ-7 型制动机的自阀由哪几部分组成？它的调整阀是怎么实现均衡风缸自动保压的？

7. 重联柱塞阀和缓解柱塞阀各自的用途有哪些？各有几个作用位置？如何起作用的？

8. JZ-7 型制动机的自阀上的客货车转换阀起什么作用？它的分配阀上转换盖板的作用有什么不同之处？互相有什么关系？

9. JZ-7 型制动机的作用阀与分配阀的主阀构成一种什么结构？用单阀通过单独作用管操纵机车施行单独制动和单独缓解时，机车制动机属于什么类型的制动机？

10. JZ-7 型制动机用自阀施行常用制动后，再用单阀将机车单独缓解时用的是什么方法？为什么要这样做？

11. 多机牵引为什么需要有重联阀？运行中机车之间如发生断钩分离，JZ-7 型制动机的重联阀在“本机位”还是“补机位”？它的作用有什么区别？

第五章

DK-1 型电空制动机

DK-1 型电空制动机是我国铁路电力机车的主型制动机，也是我国地面铁路机车中首先采用电空制动的制动机，于 1974 年开始由我国自行研制，1982 年 5 月通过了技术鉴定。1984 年从韶山$_1$（SS_1）型 405 号电力机车起，所有新造电力机车，包括 SS_4、SS_7、SS_8 和 SS_9 等型号的电力机车，均安装这种制动机。

第一节　DK-1 型制动机特点和组成

一、DK-1 型制动机的主要特点

（1）其主体是机车电空制动机，其大闸是一个“电空制动控制器”。当车辆列为空气制动时，在正常情况下，由这个大闸通过其不同的触头组合、相应的控制导线和机车上的各个电空阀控制整个机车制动机，包括均衡风缸的压强，进而通过中继阀控制列车管的压强，操纵全列车的制动和缓解。如果车辆列也是电空制动机，则车辆列的制动作用也可以由这个大闸通过其外接连线来“电控”。

（2）它的小闸是一个“空气制动阀”，其常规功能（电空位）与机车空气制动机一般的“单独制动阀”相同，用于机车的单独制动和单独缓解，但是在电空制动发生故障而失灵时，通过电空转换手柄的转换（由电空位转为空气位），这个小闸还可以通过控制均衡风缸压强来操纵全列车的常用制动和缓解，即具有“大闸”的基本功能，作为应急之用。

（3）它的分配阀——109 型空气分配阀是在 104 型空气分配阀的基础上按机车的需要加以改造设计而成的，其标准件与通用件占零件总数的 88.5％，这在各型机车制动机中是少有的。

（4）它具有检查列车管折角塞门是否被关闭以及判别关闭处所距离机车远或近的功能，虽然只是定性的判别，但对保证行车安全还是很有意义的。

（5）紧急制动时能自动选择切除动力源，既能保证安全，又简化了操纵。

（6）具有动力制动和空气制动自动协调配合的初步功能；动力制动前能给予微量空气制动，经过一定时间后再将该空气制动缓解，在高坡曲线区段运行时可缓和对轨道的冲击；动力制动不足时可追加车辆列的空气制动而机车不上闸，简化了操纵。

二、DK-1 型制动机的组成

DK-1 型制动机主要由控制、中继和执行三大部分组成，分别布置在司机室、Ⅱ端高压室和变压器室。控制部分有电空制动控制器、空气制动阀和调压阀；中继部分有各个电空阀、中继阀及压力开关等部件；执行部分有分配阀、紧急阀和电动放风阀等。参看书末插页图 5-1。

1. 电空制动控制器（大闸）

如图 5-2 所示，控制器主要由控制手柄、“凸轮轴组装”、静独头组、定位机构等组成。“凸

轮轴组装”包括一根垂直的转轴及装于其上的各层不同形状的凸轮(动触头)。由于控制器工作范围小于180°,故一个凸轮可以与两个对应的静触头构成两对独立的触头组,这样凸轮层数可减少,结构可紧凑些。转轴的上部与控制手柄相连,下部受定位机构的控制,后者可以确保各个工作位置的准确。

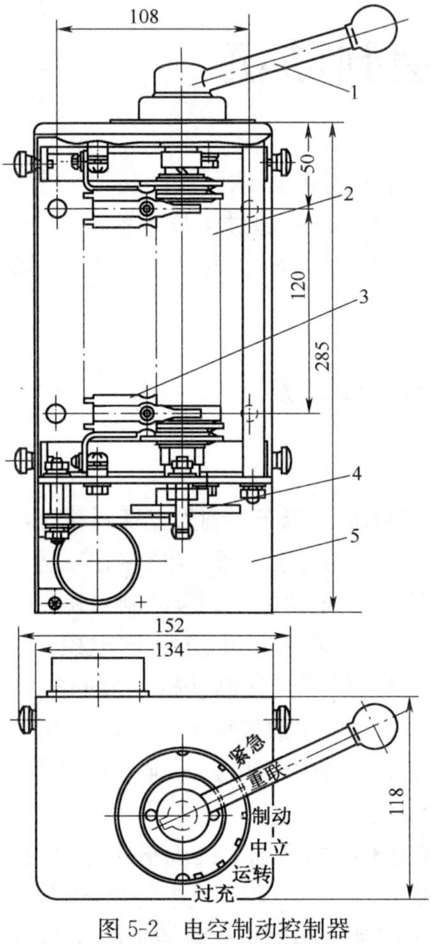

图5-2　电空制动控制器

1—控制手柄;2—凸轮轴组装;3—静触头;
4—定位机构;5—底板

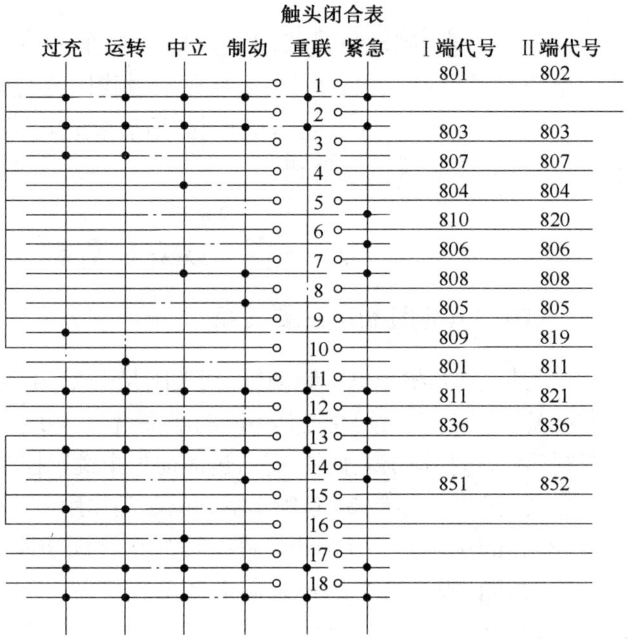

图5-3　电空制动控制器触头闭合表

控制器设有六个工作位置,按逆时针排列顺序为:过充、运转、中立、(常用)制动、重联和紧急(制动)。控制手柄可以而且只能在重联位取出。控制器在各个工作位置的触头闭合情况参看图5-3(外接连线随车型和端别有所不同)。

2. 空气制动阀(小闸)

如图5-4所示,操纵手柄1、转轴13、凸轮3、4等组成操纵机构,操纵手柄有四个作用位置,按逆时针排列顺序为:缓解、运转、中立和制动。操纵手柄只能在运转位取出。转轴为空心方轴结构,外面套装定位凸轮3和作用凸轮4,内装细长的顶杆14,上顶手柄,下与排气阀6相接触。

制动阀上装有联锁开关组2,装有上、下两个微动开关,分别受转换柱塞12和定位凸轮3的控制,并通过接线端子与外电路相连。

转换柱塞12不随操纵手柄的转动而动作,但在扳动制动阀左侧的“转换手柄”(图中未示出)时，转换柱塞可左右移动。它只有两个工作位置：电空位和空气位。转换柱塞位置变化时不仅气路改变，而且通过联锁开关使电路也改变。

作用柱塞 8 随操纵手柄和作用凸轮的转动而左右移动，使气路发生变化，形成三个作用位置：缓解、制动和中立。

排气阀 6 又称手压单缓排风阀。手柄下压时，该阀被顶杆 14 压开，使单独作用管通大气，可实现机车单独缓解作用。

3. 调压阀

调压阀是为满足制动机对给定压强的要求并保证稳定供给而设置的，如图 5-5 所示。全车共有四个这样的调压阀，规格为 Dg15，型号为 QTY-15，是气动元件的通用件。由于调整弹簧 4 和 5 的作用，膜板 7 下凹，阀杆 9 向下压开进气阀 10，使左侧通入的压力空气可经过进气阀口由右侧流出，同时，经下阀体上的平衡小孔进入膜板下方的中央气室。输出压强逐渐增高，膜板上下压差逐渐减小，膜板渐趋平衡，进气阀口逐渐关小。当输出压强与给定压强相等时，进气阀口关闭。给定的压强值可通过手轮 1 来调整：顺时针可增高，反之为降低。输出压强因漏泄而下降时调压阀会自动给予补充；输出压强高于给定值时，膜板上凸，溢流阀 6 上移而阀杆不动，多余的压力空气可由溢流阀口排出，恢复到给定值。

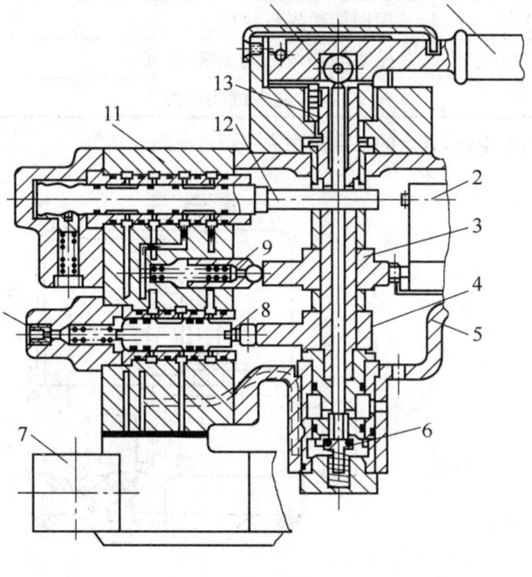

图 5-4 DK-1 型制动机的空气制动阀

1—操纵手柄；2—联锁开关组；3—定位凸轮；4—作用凸轮；5—凸轮盒；6—排气阀；7—管座；8—作用柱塞；9—定位柱塞；10—空气位排气堵；11—阀体；12—转换柱塞；13—转轴；14—顶杆

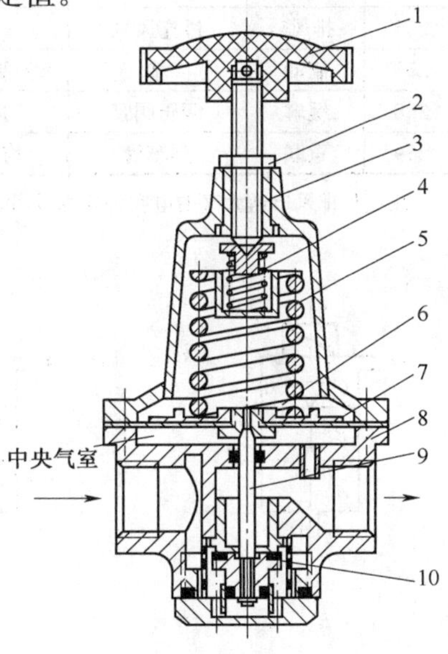

图 5-5 QTY 型调压阀

1—手轮；2—紧固螺母；3—上体；4—一级弹簧；5—二级弹簧；6—溢流阀；7—膜板；8—下体；9—阀杆；10—进气阀

4. 电空阀

电空阀是通过电磁力远距离控制气路的电器。按作用原理有开式和闭式两种：电磁铁无电状态下，主气阀口关闭者称为闭式，反之为开式；就结构而言，它都是由电磁机构和气阀两部分组成。如图 5-6 所示，顶上为电磁机构，气阀分成 A、B、C 三个气室，由上、下两个阀口互相连通，风源经进风口 1 与 A 室相连，B 室经出风口 2 与控制对象相连，C 室多数与大气相通，作为控制对象排风的出口。排气口 3 通大气者称为二通电空阀，否则为三通电空阀，参看表 5-1。

5. 中继阀

DK-1 型制动机的中继阀，除管座外，其余均与 JZ-7 型制动机通用，包括带过充活塞的双阀口式中继阀的总风遮断阀，参看第四章。

6. 压力开关

如图 5-7 所示，橡胶膜板 5 将开关体 4 内的空腔分隔为上、下两个气室，分别与不同的外接风源相连，利用膜板压差使膜板下凹或上凸，带动芯杆 3 上下移动，使微动开关 1 发生动作，实现相应的电路控制。

表 5-1　各电空阀连管及功能

编号	名称	连管			功能
		进风	出风	排风	
250 251	撒砂	总风管	撒砂管	大气[1]	紧急位自动撒砂，改善黏着
252	过充	总风管	过充风缸	堵	过充位，使列车管有 30～40 kPa 的过充量
253	中立	总风管	遮断阀管	大气	保证在中立、制动等位时切断列车管风源
254	排风$_1$	作用管	大气	大气	控制作用管排风，协调大小闸的相互作用
255	检查	总风管	均衡风缸	堵	与检查按钮配合使用运行中判别列车管开通状态
256	排风$_2$	过充风缸	大气	大气	在制动、重联等位时加快过充风缸的排风
257	制动	堵	初制动风缸	大气	控制均衡风缸排风
258	缓解	调压阀管	均衡风缸	初制动风缸	控制均衡风缸的正常充、排风
259	重联	列车管	均衡风缸	堵	在重联位，使中继阀失控

注：[1]排风口通大气的电空阀均为 TFK_{1B}型，即通用的二通电空阀，其余的电空阀则为三通电空阀。

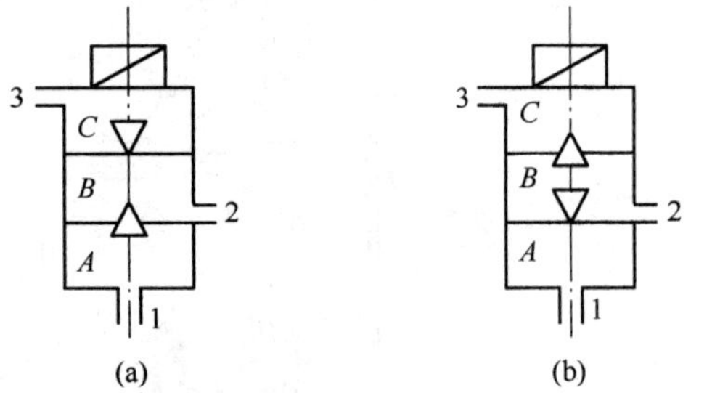

图 5-6　电空阀结构示意图

(a)闭式电空阀；(b)开式电空阀

A—下气室；B—中气室；C—上气室；

1—进风口；2—出风口；3—排气口

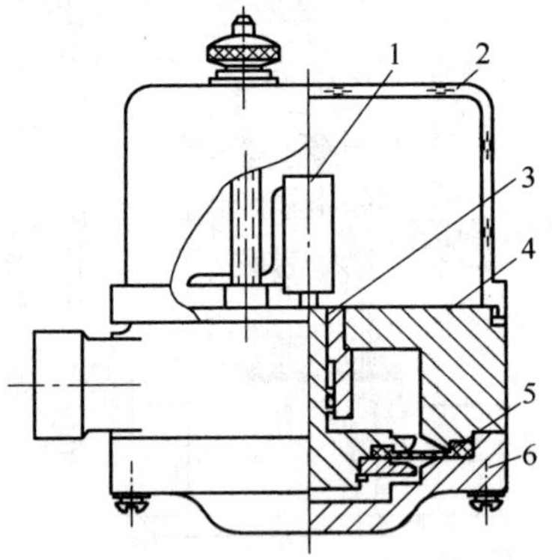

图 5-7　JY 型压力开关

1—微动开关；2—外罩；3—芯杆；

4—体；5—膜板；6—下盖

压力开关与风压继电器同属气动电器，都是利用空气压强的变化来实现电控，但两者有明显的区别：压力开关利用上、下气室的压差而动作，给定值一经设定即无法调整；风压继电器利用弹簧与空气压力之差而动作，通过弹簧的调整可以改变给定值。

目前，DK-1 型制动机用了≤20 kPa 和 200 kPa 两种压差的压力开关。

7. 分配阀

前已述及，DK-1 型制动机用的分配阀是 109 型空气分配阀，它与客货车 104、103 阀是一个系列的产品，通用性、经济性、继承性很好，参看图 5-8 和书末的图 5-1。为适应机车的需要，

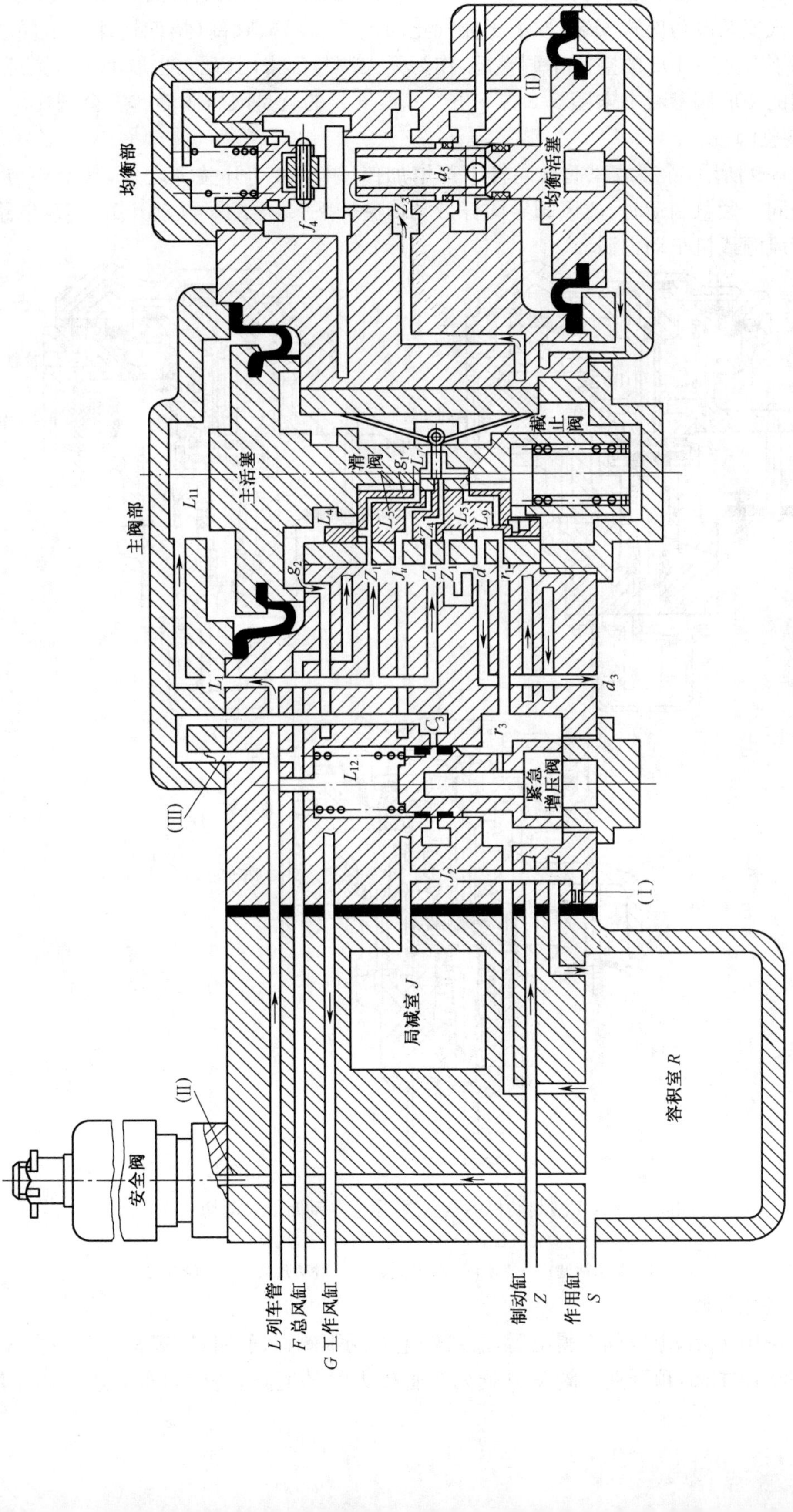

图 5-8　109 型分配阀主阀结构图

在容积室上接有单独作用管，并装有安全阀(早期为限压阀)，容积室容积由 3.8 L 改为 1.85 L，安装座由吊式安装改为座式安装，取消了充气止回阀部和局减阀部(早期还保留了局减阀，并且在均衡部下方装有 103 的空重车调整部，作为无火调整部来用，现在也取消了)，紧急阀独立安装。早期的 109 阀参看书末图 5-1 右下角(注意：安装的就是限压阀而非安全阀)。

8. 紧急阀

如图 5-9 所示，除在放风阀导向杆下部增加传递杆、微动开关等之外，其余均与 104 阀的紧急阀相同。紧急制动时，放风阀导向杆带动传递杆下移，压缩了微动开关，实现电路转换，切断列车管风源或机车动力源。

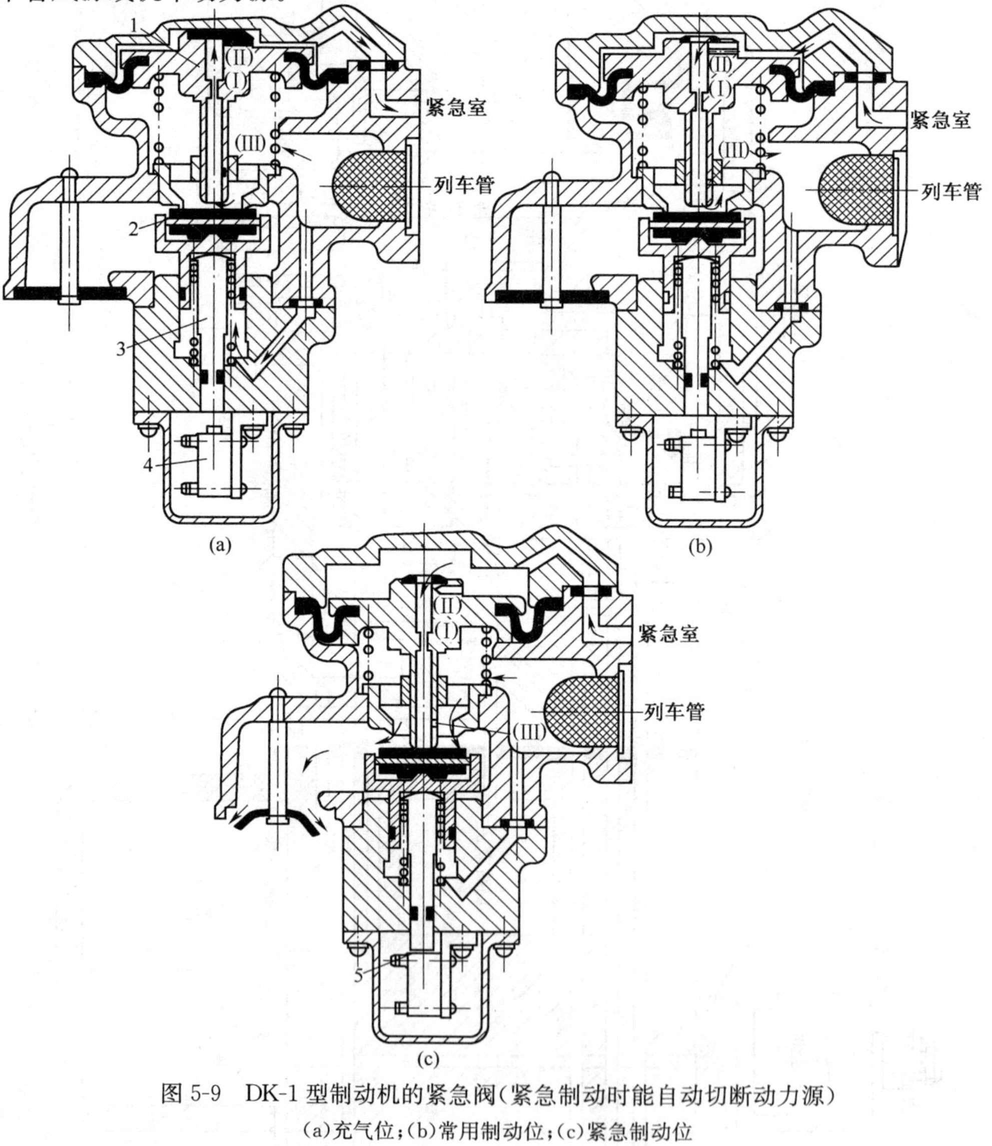

图 5-9　DK-1 型制动机的紧急阀(紧急制动时能自动切断动力源)

(a)充气位；(b)常用制动位；(c)紧急制动位

1—紧急活塞；2—夹心阀；3—传递杆；4—微动开关；5—接触开关

9. 电动放风阀

如图 5-10 所示，电空阀 9 得电后，总风经电容阀下阀口通往橡胶膜板 7 下方气室 D，使膜板上移，带动顶杆 5，顶开夹心阀 4，开通列车管排大气的通路，产生列车紧急制动作用。电空阀失电后，膜板下方压力空气迅速由电空阀上阀口排往大气，夹心阀在弹簧 2 的作用下关闭。

必须强调指出，电动放风阀是受电的控制而发生动作，使列车管产生快速排风，而前面讲的紧急阀是在列车管产生快速排风后，因紧急活塞压差而发生动作，使列车管再获得一个快速排风口（紧急局部减压）并带动电联锁，切断列车管风源或机车动力源。这两者的区别必须弄清楚。

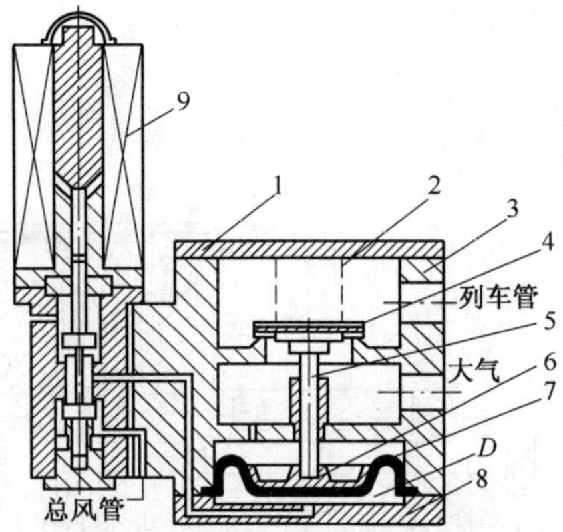

图 5-10　ZDF 型电动放风阀

1—上盖；2—弹簧；3—阀体；4—夹心阀；5—顶杆；6—盘；7—橡胶膜板；8—下盖；9—电空阀

10. 重联装置

SS_4、SS_8 和 SS_{7E} 等型号的国产电力机车的 DK-1 型电空制动机中也装设有重联装置。DK-1 型电空制动机共采用过两种类型的重联装置，一种为纯气阀结构的重联阀，另一种为电、空结合的采用模块化设计的电空重联装置。

DK-1 型电空制动机的重联阀除管座外，其余部分结构与 JZ-7 型空气制动机的重联阀相同（如图 5-11 所示），二者的工作原理也基本相同。

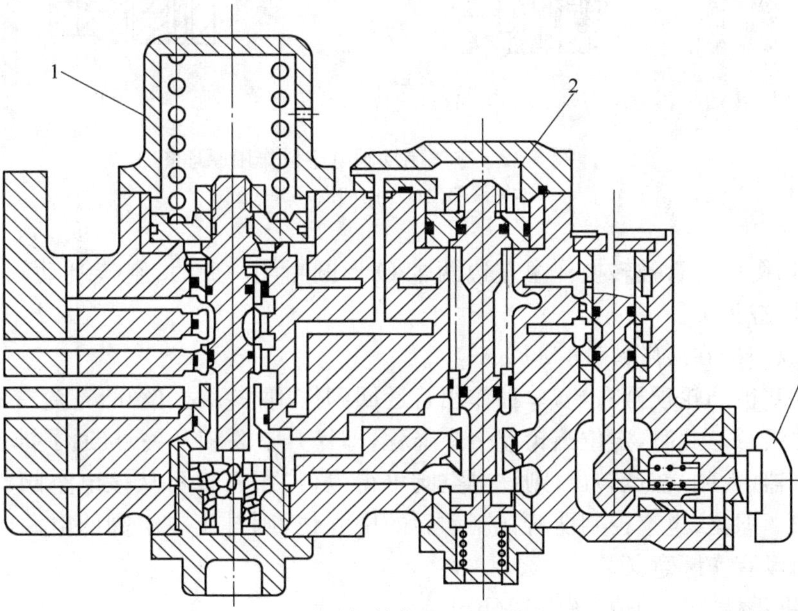

图 5-11　重联阀结构图（本机位）

1—重联阀；2—遮断阀；3—本-补转换阀部（本机位）

重联阀在国产电力机车上广泛使用，电空重联装置只在 SS_4 型 0158 号以前的机车上装用。

第二节　DK-1 的空气制动阀作用原理

DK-1 型制动机的空气制动阀在各个位置的作用如下：

1. 转换手柄及转换柱塞在电空位（图 5-12）

转换手柄（图中未示出）及转换柱塞在电空位时，单独作用管可经转换柱塞右凹槽迂回到

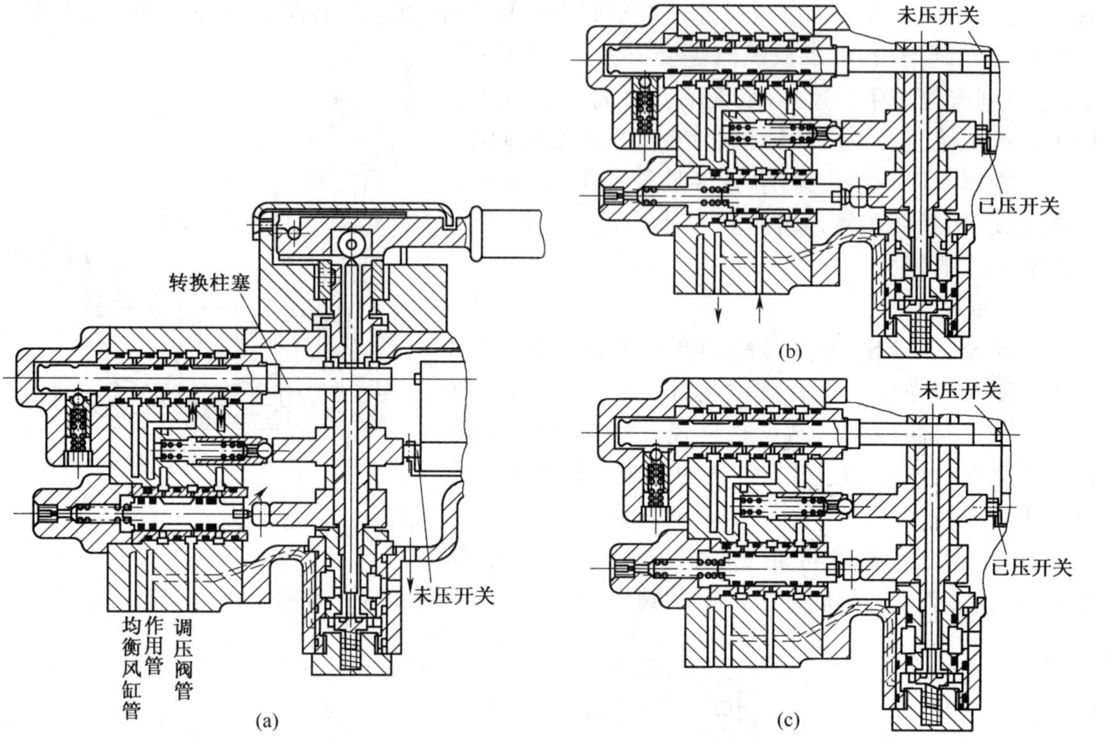

图 5-12　空气制动阀电空位作用原理图

(a)缓解位;(b)制动位;(c)中立位

作用柱塞,均衡风缸管被转换柱塞左边两个 O 形圈封闭。此时,空气制动阀只作为小闸来使用,与均衡风缸无关。

(1)操纵手柄在缓解位〔图 5-12(a)〕

作用柱塞被凸轮顶至右端,单独作用管迂回到作用柱塞时可经凸轮盒右下端通大气,实现机车的单独缓解。此时,定位凸轮有一个降程,即松开下联锁开关,接通了排 1 电空阀的电路,如电空控制器(大闸)在运转位,则该电空阀可得电,作用管也可从该电空阀口通大气,使作用管排得更快。但是,电空控制器若在制动后的中立位,则排 1 电空阀的电源已切断,该联锁开关的接通就没有实际意义。

(2)操纵手柄在制动位〔图 5-12(b)〕

作用柱塞凸轮有一个降程,作用柱塞在其左端弹簧的反拨力作用下右移,使单独作用管排风通路关闭,而调压阀管的压力空气可以经过作用柱塞中部的凹槽和转换柱塞右凹槽通往单独作用管,实现机车的单独制动作用。此时,定位凸轮有一个升程,即压动下联锁开关,切断排 1 电空阀的电源,使之“失电”,关闭单独作用管在该电空阀的排风口,确保机车的单独制动作用得以实现。

(3)操纵手柄在中立位〔图 5-12(c)〕

作用柱塞相对于制动位有一个较小的升程,即作用柱塞将左移到中间的位置,使单独作用管既不通调压阀也不通大气,同时,定位凸轮和下联锁开关状态与制动位相同,故单独作用管能保持既得的压强,不升也不降。

(4)操纵手柄在运转位

作用柱塞的位置与中立位相同,但定位凸轮和下联锁开关的状态与缓解相同,即小闸各气路不通,但排$_1$ 电空阀电路接通,单独作用管可由该电空阀通大气,也可实现机车的单独缓解作用。

2. 转换手柄及转换柱塞在空气位〔图 5-13〕

转换柱塞右移到空气位时,压动上联锁开关,切除电空制动控制器(大闸)的电源,同时,单独作用管通路被切断,均衡风缸可经转换柱塞迂回到作用柱塞,即空气制动阀可通过作用柱塞控制均衡风缸的充排气,代替电空制动器执行大闸的基本功能。

(1)操纵手柄在缓解位〔图 5-13(a)〕

作用柱塞的位置与电空—缓解位相同,但不是使单独作用管通大气,而是使调压阀管经过作用活塞中部凹槽和转换柱塞左凹槽与均衡风缸相通,使均衡风缸充气增压,实现列车充气缓解作用。

(2)操纵手柄在制动位〔图 5-13(b)〕

作用柱塞位置与电空—制动位相同,但不是使调压阀通作用管,而是切断调压阀与均衡风缸的通路,并且使均衡风缸由作用活塞左端排大气,产生列车减压制动的作用。

(3)操纵手柄在中立位和运转位〔图 5-13(c)〕

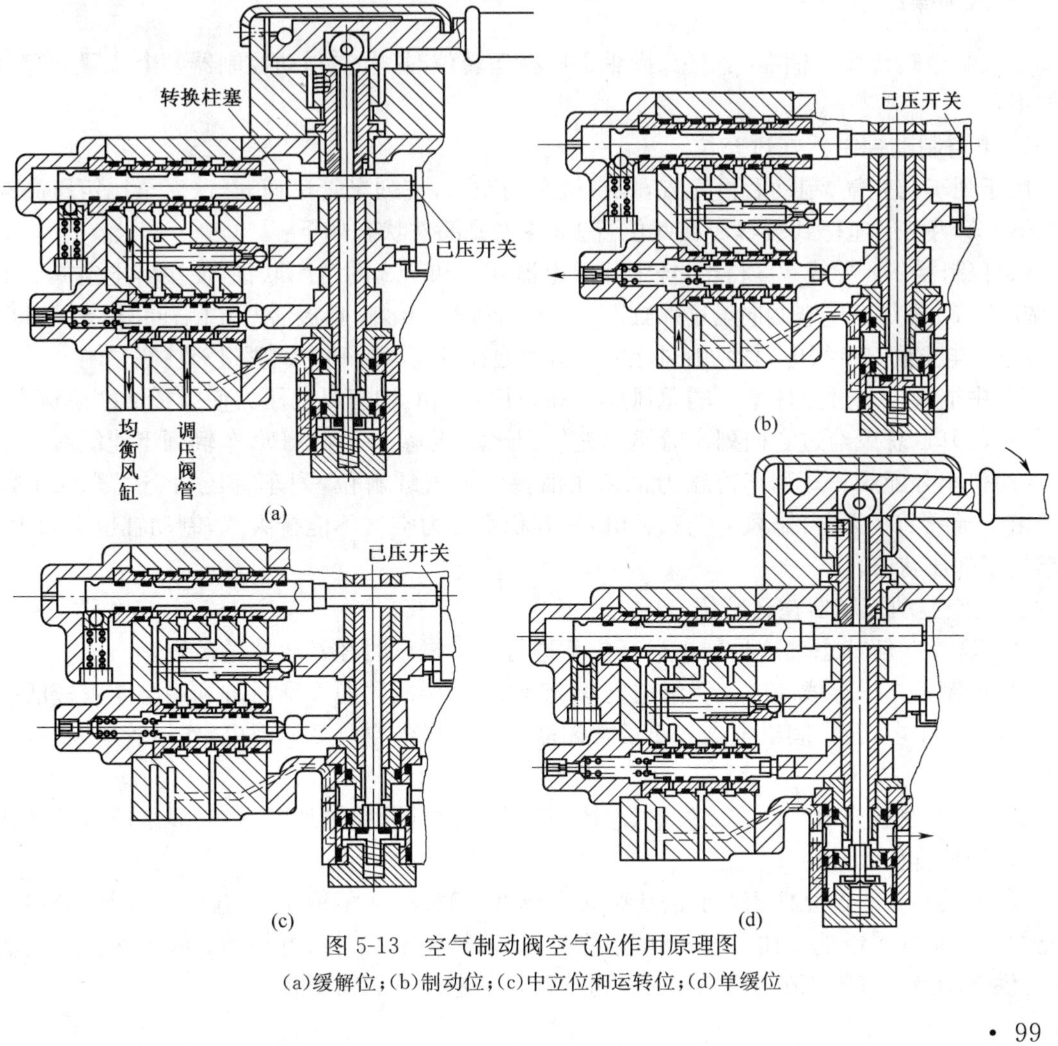

图 5-13　空气制动阀空气位作用原理图

(a)缓解位;(b)制动位;(c)中立位和运转位;(d)单缓位

作用柱塞位置与电空-中立位相同，即各气路都不通。由于转换手柄空气位电联锁失去作用，故运转位与中立位功能完全相同，即作用柱塞实际上只有三个作用位置(这一点与转换手柄电空位时是不同的)。

由于空气制动阀转换手柄在空气位时是通过操纵均衡风缸压强来控制全列车的，所以要单独缓解机车，必须另有安排，具体措施是：通过下压其手柄，打开右下部排风阀，使单独作用管通大气。参看图 5-13(d)(图中虚线为单独作用管与排风阀室的体内通路，排风阀被顶杆压开后，单独作用管的压力空气可经过此阀口向上由右侧排风口排大气)。

第三节　DK-1 型制动机的综合作用

DK-1 型制动机的综合作用参看表 5-2。表中顺号 1～6 为小闸(空气制动阀)在运转位，通过大闸(电空制动控制器)来操纵全列车制动或缓解时的综合作用；顺号为 7～9 者为大闸在运转位或中立位，通过小闸来单独操纵机车的制动或缓解时的综合作用；顺号为 10 和 11 者为检查折角塞门状态和列车发生分离事故时的综合作用。

一、大闸操纵

空气制动阀转换手柄在电空位、操纵手柄在运转位时，电空制动控制器各个位置的综合作用如下：

1. 电空制动控制器在过充位

用于列车初充气、制动后再充气，保持机车制动力，使列车管迅速充气(充至比定压高30～40 kPa)，车辆列迅速得到缓解。在此位置上，各主要部件状态如下：

(1)控制器——导线 803 得电，经中间继电器 451 和 452 的常闭联锁，使缓解电空阀 258 得电，调压阀 55 经缓解电空阀向均衡风缸 57 充气，并通往中继阀膜板活塞左侧；同时，导线 805 得电，使过充电空阀 252 得电，总风由过充电空阀口通往过充风缸和中继阀过充柱塞左侧。

(2)中继阀——过充柱塞上的总风压力和膜板左侧的均衡风缸压力使膜板活塞迅速右移，打开供气阀口，总风经过它向列车管迅速充气到比定压高 30～40 kPa，车辆列迅速缓解。

(3)机车分配阀——列车管压力推动主活塞到充气缓解位，列车管压力空气充入工作风缸。由于导线 809 无电，排风电空阀无电，故容积室压力空气不能排大气，制动缸也不通大气，机车处于保压状态。

2. 电空制动控制器在运转位

全列车在缓解状态。这是列车运行中不进行制动操纵时经常放置的位置。

(1)控制器——导线 803 及缓解电空阀 258 得电，调压器通均衡风缸和中继阀膜板活塞左侧；导线 809 得电，经中间继电器 451 的常闭联锁使排风电空阀 256 得电，作用管通大气，机车缓解。

导线 805 及过充电空阀 252 失电，总风与过充风缸的通路被切断，过充风缸压力空气从缩孔 d_1 缓慢地排往大气。

(2)中继阀——过充柱塞左侧的压强缓慢降低，膜板活塞稍稍左移，拉开排气阀，使列车管过充的压力空气缓慢地排往大气，既可消除过充压强，又不致引起再制动。膜板两侧压差消除之后，供气阀及排气阀都处于关闭状态，列车管处于定压下的保压状态。

表 5-2 DK-1 型电空制动机的综合作用（空气制动阀转换手柄在电空位）

顺号	使用目的	电空制动控制器	空气制动阀位置	电空阀状态：过充	排风	缓解	中立	制动	重联紧急	撒砂	检查	中继器遮断阀口	列车管压力变化	制动机作用：机车	车辆	附注
1	迅速充气，保持机车制动力，车辆缓解	过充	运转	⊖		⊖						开	过充30～40 kPa	保压	缓解	
2	全列车呈缓解状态	运转	运转		⊖	⊖						开	保持定压	缓解	缓解	*通过过充风缸小孔缓慢排大气列车管过充压力从中继阀的EX排出
3	常用制动，正常停车或途中调速	制动	运转				⊖					关	正常减压	制动	制动	
4	保压、即保持全列车一定制动力	中立	运转				⊖	⊖				关	制动保压	保压	保压	
5	紧急制动、全列车迅速停车	紧急	运转				⊖	⊖	⊖ ⊖	⊖		关	急剧减压	紧急	紧急	
6	重联、补机、无火、换端	重联	运转					⊖	⊖			开	保压	保压	/	
7	机车单独制动	运转	制动			⊖						开	保持定压	制动	缓解	
8	机车单独保压	运转	保压			⊖						开	保持定压	保压	缓解	
9	机车单独缓解	中立	缓解				⊖	⊖				关	制动保压	缓解	保压	
10	检查折角塞门开通状态	运转	运转		⊖	⊖			*⊖		*⊖	开/关	压力上升后又恢复定压，不恢复者为故障	缓解	缓解	*首先是检查电空阀受电，然后是重联电空阀受电
11	列车分离保护	运转	运转				⊖	⊖	⊖ ⊖			关	急剧减压	紧急	紧急	列车分离或后部车辆拉车长阀

注：① 图中符号⊖表示其电空阀受电；
② 补风转换开关463为不补风位。

(3)机车分配阀——主阀部在充气缓解位，工作风缸过充的压力空气缓慢地逆流回列车管，直至恢复定压；由于容积室及作用管可经排风电空阀口排大气，均衡部也处于缓解位，机车制动缸通大气，机车得到缓解。

3. 电空制动控制器在(常用)制动位

用于正常停车或调速

(1)控制器——缓解电空阀 258 失电，使均衡风缸的压力空气经该电空阀的上阀口至制动电空阀 257 的上阀口排大气和充入初制动风缸 58。均衡风缸减压量的大小取决于控制器手柄在制动位停留时间的长短(由于初制动风缸的设置，缓解电空阀即使是一瞬间失电，均衡风缸也可获得 30～40 kPa 的快速减压量)。同时，导线 806 得电，使中立电空阀 253 得电，中继阀上部的总风遮断阀被关闭；导线 808 得电，为压力开关 208 的下接点 808 与 800 接通作准备。在达到最大减压量后，压力开关 208 杆下落，使微动开关接通，制动电空阀 257 得电，关闭它的阀口，均衡风缸停止减压。

(2)中继阀——膜板左侧压力降低，使膜板活塞左移，拉开排气阀，列车管通大气，车辆制动。

(3)机车分配阀——主活塞到制动位，工作风缸向容积室充气，均衡部到制动位，总风缸通机车制动缸，机车制动。

4. 电空制动控制器在中立位

用于制动前准备及制动后保压。

(1)控制器——导线 806 得电，通过补风转换开关 463 使中立电空阀 253 得电，关闭总风遮断阀；同时，导线 807 得电，使制动电空阀 257 得电，关闭其阀口(均衡风缸排大气的出口)。如制动前移至此位，因缓解电空阀通过压力开关 209 的微动开关 807 与 803 继续得电，均衡风缸可保持运转位状态而不减压，只作为制动前的准备。

(2)中继阀——均衡风缸停止减压后，列车管压强减至与均衡风缸相等时，排气阀也关闭，处于保压状态。

(3)机车分配阀——各部分的通路均被切断，容积室和制动缸的压强都不变。如机车制动缸有漏泄，均衡部会自动给予补偿。

5. 电空制动控制器在紧急(制动)位

用于紧急情况下使列车在最短距离内停车。

(1)控制器——导线 806 得电，使中立电空阀 253 得电，总风遮断阀被关闭，切断了列车管的风源。导线 804 得电，使 ZDF 型电动放风阀得电，其阀口开启，列车管急剧排风减压，车辆发生紧急制动。导线 810 得电，使撒砂电空阀 251 得电，进行撒砂以改善机车黏着。导线 811 得电，使重联电空阀 259 得电，沟通列车管与均衡风缸。

(2)中继阀——处于自锁状态。

(3)机车分配阀——主阀与制动位基本相同，只是由于紧急增压阀的作用，使容积室压强可增到 450 kPa，机车制动缸也得到相应的增压。

6. 电空制动控制器在重联位

(1)控制器——导线 811 得电，通过Ⅱ端电空控制器连通导线 821，使重联电空阀 259 得电，沟通列车管与均衡风缸。导线 821 通过二极管 264 使制动电空阀 257 得电，切断均衡风缸的排气口。这样，重联机车就可以受本务机车制动机的操纵而不会起干扰作用。

(2)中继阀——自锁。

(3)机车分配阀——接受本务机车通过列车管进行的操纵，与车辆三通阀或分配阀相同。

二、小闸操纵

空气制动阀转换手柄仍在电空位，此时，操纵手柄各个位置的综合作用如下：

1. 电空制动控制器在运转位、空气制动阀操纵手柄在制动位

用于机车单独制动

(1)空气制动阀——作用柱塞凸轮使微动开关动作，导线 809～819 通路断开，排风电空阀 256 失电，关闭作用管的排气口；同时，作用柱塞右移到极端位置，使调压阀 53 的压力空气(30 kPa)通往作用管。

(2)机车分配阀——调压阀的压力空气经作用管进入容积室，使均衡部的均衡活塞(第二活塞)上移，总风经被顶开的均衡阀口进入机车制动缸，机车单独发生制动作用。

2. 电空制动控制器在运转位、空气制动阀操纵手柄在中立位(保压位)

用于机车单独制动前的准备和单独制动后的保压。

(1)空气制动阀——作用柱塞由制动位左移到中间位置，使作用管在作用柱塞处既不通调压阀也不通大气；排风电空阀仍失电，作用管也不能由该电空阀口通大气。

(2)机车分配阀——均衡部的均衡活塞(第二活塞)下移至中立位，机车制动缸的空气压强保持不变。

3. 电空制动控制器在中立位、空气制动阀操纵手柄在缓解位

用于机车单独制动后的单独缓解。

(1)空气制动阀——电路与运转位相同，排风电空阀得电，作用管通大气；同时，凸轮使作用柱塞左移到级解位，打开了作用管通大气的另一条气路(经转换柱塞凹槽)，故缓解比运转位稍快。

(2)机车分配阀——容积室通过作用管排大气面迅速减压，均衡活塞下移，机车制动缸排风减压而迅速缓解。

如果不是机车单独制动后的缓解，而是列车制动后的机车单独缓解，则电空制动控制器控制手柄应当在中立位，空气制动阀转换手柄应当在电空位，空气制动阀操纵手柄由运转位移到缓解位。此时，排风电空阀失电，作用管不能从该电空阀口排大气，但作用柱塞左移可使作用管通大气，机车也能实现单独缓解。

在电空系统发生故障时，司机可将空气制动阀转换手柄转至空气位，转换柱塞就会使相应的电路 N314～801 断开、N314～800 闭合，再将调压阀 203 的压强由 300 kPa 提高到500 kPa，电空制动控制器手柄置于运转位，即可用空气制动阀操纵全列车，施行(常用)制动、制动后的保压和缓解等功能，如本章第二节所述。

三、折角塞门状态的检查及列车发生分离事故时的综合作用

为确保行车安全，防止折角塞门被关闭而引起恶性事故，DK-1 型制动机加装了相应的检查装置，包括检查电空阀 255 和四个检查按钮(461、462、467、468)。按压充气按钮(461 或 462)时，检查电空阀得电，总风可直通均衡风缸，列车管将过充。根据检查的需要，在达到一定

的过充量后可松开充气按钮(总风不通均衡风缸),并迅速按压消除按钮(467 或 468),使重联电空阀得电,列车管与均衡风缸连通。此时,如折角塞门都在开通状态,机车上列车管已经过充的压力空气将迅速向列车后部流动,机车上列车管过充的压强将迅速消除。如果机车上列车管过充压强下降缓慢,而且不能恢复到定压,则有可能是折角塞门被关闭。根据机车上列车管过充压强消除的快慢,大致可判断出折角塞门关闭处离机车的远近。

当列车发生断钩分离事故或车长阀被拉开时,机车上的紧急阀动作,通过顶杆使微动开关 469 动作,导线 838 与 839 接通,中间继电器 451 得电并自锁,使排风和缓解两个电空阀失电,中立、重联两个电空阀及电动放风阀得电,从而迅速切断列车管风源,并进一步加速列车管的排风。这样,可避免列车前部因中继阀供风能力很强(电空制动控制器在运转位也不起作用)而发生缓解的事故。

四、SS_8 型电力机车 DK-1 型电空制动机新增的装置

为了适应高速旅客列车对制动系统工作同步性的要求,以及扩大电力机车自动控制的范围,SS_8 型电力机车所装用的 DK-1 型电空制动机在原来的基础上增设了下列装置:

1. 对旅客列车实施电空制动的相关装置

随着旅客列车电空制动机的逐步装车使用,SS_8 型电力机车的 DK-1 型电空制动机增设了对旅客列车实施电空制动的装置,主要包括:

(1)压力开关　用来自动控制列车缓解的实施与否,压差给定值为 20 kPa,其构造、工作原理已在本章第一节中介绍。

(2)直流接触器　共有列车缓解接触器、列车保压接触器、列车制动接触器和列车紧急接触器四个,分别用于控制列车的缓解、保压、常用制动和紧急制动。

(3)转换开关　用于控制 DK-1 型电空制动机是否对旅客列车实施电空制动的转换。

2. 与速度分级控制系统和速度监控装置配合的中间继电器

为了实现与机车速度分级控制系统和速度监控装置的配合,控制列车运行速度,SS_8 型电力机车 DK-1 型电空制动机增设了中间继电器 455KA。当机车速度分级控制系统或速度监控装置发出指令时,继电器间接或直接控制 DK-1 型电空制动机进行一级制动、二级制动或缓解、常用制动、紧急制动。

3. 停放制动按钮和停放制动电磁阀

SS_8 型电力机车 DK-1 型电空制动机增设了停放制动按钮和停放制动电磁阀,通过控制以弹簧驱动的停放制动缸的排风,来实现机车的停放制动,防止列车溜逸。

复习思考题

1. DK-1 型制动机的主要特点有哪些?

2. 电空制动控制器由哪些主要部件组成?其控制手柄有哪几个工作位置?

3. 空气制动阀由哪些主要部件组成?它的转换手柄和转换柱塞有哪几个工作位置?它的操纵手柄和作用柱塞有哪几个作用位置?

4. QTY 型调压阀是如何保证给定压强和稳定给风的?

5. DK-1 型制动机各个电空阀分别与哪些管子相连接？各自起什么作用？

6. 109 型空气分配阀的主要特点有哪些？

7. DK-1 型制动机紧急阀和电动放风阀的作用有何不同之处？

8. 空气制动阀作为小闸来使用时，它是怎样控制单独作用管空气压强的？

9. 空气制动阀临时作为大闸来使用时，它是如何控制均衡风缸压强的？

10. 电空制动控制器在各个工作位置上时，其导线和电空阀的得电情况如何？产生什么效果？

11. 用空气制动阀操纵全列车制动作用时，它在各个工作位置的导线和电空阀的得电情况如何？产生哪些效果？

12. DK-1 型制动机怎么检查折角塞门是否被关闭和判别关闭处离机车的远近的？

13. 在列车发生断钩分离等事故时，DK-1 型制动机将会有哪些保护性的动作？

第六章 列车制动计算

第一节 概 述

列车在运行中施行制动的有关计算，通常称为“列车制动计算”。它是“列车牵引计算”的一部分，在“列车牵引计算”中称之为“列车制动问题解算”。由于列车牵引计算（包括制动计算）与铁路很多部门有非常密切的关系，为了使各部门在计算时有个统一的依据和具有可比性，铁道部曾经三次制定和颁布《列车牵引计算规程》（以下简称“《牵规》”），其中规定了计算方法和所用主要技术数据的标准。

由于影响列车运行的因素很多也很复杂，很难用理论推导的方法来逐个计算，只能依据牵引和制动计算的理论结合大量试验，整理出一些既简单实用又符合实际的曲线、公式或图表，作为一定时期内的计算标准。《牵规》就是这样制定出来的。

但是，铁路情况和机车车辆运用条件不是一成不变的。随着科学技术的发展，铁路装备会得到更新，铁路管理和列车操纵的水平会不断提高，这就需要用新的装备、新的测试方法在新的试验条件下进行新的试验，得出新的计算标准。所以，《牵规》也要不定期地修订和改进。

中华人民共和国的第一个《牵规》是 1957 年 12 月 14 日颁布、1958 年 5 月 1 日开始实行的《蒸汽机车牵引计算规程》。第二个《牵规》是 1982 年 7 月 12 日颁布、1983 年 1 月 1 日开始实行的《列车牵引计算规程》（TB 1407—1982），它包括了蒸汽、内燃和电力三种牵引动力。第三个《牵规》是 1998 年 12 月 14 日发布、1999 年 4 月 1 日开始实施的《列车牵引计算规程》（TB/T 1407—1998），它全面采用了以国际单位制为基础的国家法定计量单位制，增加了很多新技术的内容，修订了原有的许多公式和数据，增加了列车牵引电算的条文而且明确规定“以电算为主”。

“列车制动计算”通常包括下列三个内容：制动距离计算、制动限速计算、列车必须的最小制动能力（换算制动率）的计算，其中关键是制动距离计算。为了进行这些计算，必须先了解列车制动时的受力情况。

列车在运行中受到方向和大小不同的各种力的作用。其中，与列车运行直接有关的力可分为三种：牵引力 F、列车运行阻力 W 和制动力 B。由动力传动装置产生的与列车运行方向相同的外力，称为牵引力，这是人为产生的可由司机控制的使列车发生运动或加速的力。在制动工况下，作用于列车的一般只是与列车运行方向相反的（自然产生的）列车运行阻力和（人为产生的）制动力，而没有牵引力。阻力和制动力可总称为制动合力。此合力一般为负值，即合力方向与列车运行方向相反，故又称为制动减速力。

在列车牵引和制动计算中，为便于表达各物理量之间的关系，并便于书写、印刷和校对，规定以一定的符号代表一定的物理量。它是根据《有关量、单位和符号的一般原则》（GB 3101—1993）规定的精神，按下列基本原则制定的：

(1)选用符号尽量符合国家标准和国际标准,并适当照顾过去的使用习惯。

(2)量的符号通常是单个拉丁字母或希腊字母,有时带有下标或其他说明性标记,量的符号必须用斜体印刷。

(3)下标尽量采用国际通用的,无国际通用时选用汉语拼音字母。下标的字体比基本符号略小,但基准线比基本符号稍低。表示物理量符号的下标用斜体,其他下标用正体。

下面列出制动计算中各主要物理量的名称、符号、单位及取值(准确度)要求(有些在《牵规》中有明确的规定和要求,有些是按约定俗成的习惯):

制动距离 s_z(m),	取为整数;
坡段长度 L(m),	取为整数;
坡度千分数,	取至 2 位小数;
运行阻力 W(kN),	取至 1 位小数;
制动力 B(kN),	取至 1 位小数;
单位阻力 w(N/kN),	取至 2 位小数;
单位制动力 b(N/kN),	取至 2 位小数;
列车管减压量 r(kPa),	取为整数;
闸瓦(闸片)压力 K(kN),	取至 2 位小数;
列车速度 v(km/h),	取至 1 位小数;
空走时间 t_{k}(s),	取至 1 位小数;
运行时间 t(min),	取至 1 位小数;
牵引重量(质量)G(t),	取至 10 的整倍数。

第二节　制动减速力和常用制动限速

一、列车运行阻力及其算式

列车运行中受到的(自然)阻力包括机车运行阻力和车辆运行阻力两部分。前者以阻力符号右上角加一撇来表示,后者加两撇,即

$$W = W' + W'' \quad (\mathrm{N}) \tag{6-1}$$

按阻力发生的情况,它又分为基本阻力和附加阻力两种。列车运行中任何情况下都有的阻力称为基本阻力,以阻力符号加下角标“0”来表示。只在个别情况下才有的阻力称为附加阻力,例如:在列车上坡时阻力会增大,其因坡道而增大的部分就称为坡道附加阻力,简称坡道阻力,以加下角标“i”来表示;在通过曲线或隧道时阻力也会增大,其因曲线或隧道而增大的部分分别称之为曲线或隧道附加阻力,简称曲线阻力和隧道阻力,以加下角标“r”或“s”来分别表示之。

试验表明,作用于机车、车辆和列车的阻力,绝大部分都与它受到的重力成正比。所以,在铁路牵引与制动计算中,将阻力与其相应重力之比称为单位阻力,以英文斜体的小写字母 ω 来表示。通常,阻力的单位用 N,重力的单位用 kN,即

机车单位阻力
$$w' = \frac{W'}{P \cdot g} \quad (\mathrm{N/kN}) \tag{6-2}$$

车辆单位阻力
$$w'' = \frac{W''}{G \cdot g} \quad (\mathrm{N/kN}) \tag{6-3}$$

列车单位阻力 $w=\dfrac{W}{(\sum P+G)\cdot g}=\dfrac{W'+W''}{(\sum P+G)\cdot g}$ (N/kN) (6-4)

式中 P——机车计算重量(计算质量)(t);

G——机车牵引重量(牵引质量)(t);

g——重力加速度,取为 $9.81\ m/s^2$。

1. 基本阻力

按产生原因,基本阻力可分为下列五个组成部分:①由轴承摩擦引起的运行阻力;②车轮滚动引起的运行阻力;③轮轨间滑动摩擦阻力;④冲击和振动引起的阻力;⑤空气阻力。

由于影响因素多而复杂,加以条件多变,实际上很难准确得出适应于列车任何工作条件的基本阻力值,所以在计算时通常采用由大量试验综合得出的经验公式。这些公式都是以单位基本阻力为函数,以列车运行速度为自变量的一元二次方程,即单位基本阻力

$$w_0=A+B\cdot v+C\cdot v^2 \quad (N/kN) \tag{6-5}$$

式中 A、B、C——随机车、车辆类型而异的常数。

(1)货车单位基本阻力的计算公式

中国货车车型繁多,不同类型的车辆,由于外形、尺寸、轴型、转向架结构以及自重、载重等因素的不同,单位基本阻力也不相同。

根据第三个《牵规》的规定,我国铁路货车的单位基本阻力按下列公式计算:

滚动轴承重货车 $w_0''=0.92+0.0048v+0.000125v^2$ (6-6)

滑动轴承重货车 $w_0''=1.07+0.0011v+0.000236v^2$ (6-7)

油罐重车专列 $w_0''=0.53+0.0121v+0.000080v^2$ (6-8)

空货车(不分类型) $w_0''=2.23+0.0053v+0.000675v^2$ (6-9)

对于混编货物列车,可根据其所占比例,按重量加权平均的方法求得其车辆列的单位基本阻力 w_0'',具体公式如下:

$$w_0''=\frac{\sum(w_{0i}''\cdot G_i\cdot g)}{\sum(G_i\cdot g)}=\sum(w_{0i}''\cdot x_i) \tag{6-10}$$

式中 w_{0i}''——各种货车(滚承重车、滑承重车、空货车)的单位基本阻力(N/kN);

x_i——各种货车的总重 G_i 与其总和 $\sum G_i$ 之比。

根据第三个《牵规》的规定,油罐车与其他货车混编时按滚承货车单位基本阻力公式计算。

为了简化计算,也可以预先将各种货车的单位基本阻力公式代入式(6-10),求出该混编列车的车辆列单位基本阻力公式,即按各种货车所占的比例,用按重量加权平均的方法预先求出混编的车辆列单位基本阻力公式的下列三个因数:

$$A=\sum(A_i\cdot x_i)B=\sum(B_i\cdot x_i)C=\sum(C_i\cdot x_i)$$

式中 A_i、B_i、C_i——各种货车单位基本阻力公式的三个系数。

(2)客车单位基本阻力的计算公式

客车在运用中载重量变化不太大,而且中国铁路干线客车已全是滚动轴承,所以客车不要分空车、重车,也没有滚承、滑承之分。按第三个《牵规》,客车的单位基本阻力公式如下(单位均为N/kN):

21、22 型客车(120 km/h) $w_0''=1.66+0.0075v+0.000155v^2$ (6-11)

25B、25G 型客车(140 km/h) $w_0''=1.82+0.0100v+0.000145v^2$ (6-12)

快速客车（160 km/h）｜单层客车 $w_0''=1.61+0.0040v+0.000187v^2$ (6-13)

快速客车（160 km/h）｜双层客车 $w_0''=1.24+0.0035v+0.000157v^2$ (6-14)

(3)机车单位基本阻力公式

机车在牵引列车运行中的基本阻力，除上述五个组成部分之外，还有机车发动机的机械摩擦和传动装置的能量损失也要消耗机车功率，这也是一种阻力——动力传动装置阻力。不过，在牵引计算时由于采用“轮周牵引力”作为计算标准，动力传动装置阻力已都考虑在该装置总效率之中(即，确定轮周牵引力值时该阻力就已被扣除)，所以机车牵引运行时不用考虑这一阻力。但是当机车在非牵引状态(惰行或制动)时，因为轮周牵引力 $F=0$(该阻力失去了依托)，机车的基本阻力就应当把动力传动装置阻力包括在内，也就是说，在列车牵引计算中，机车在牵引和非牵引状态的基本阻力值是不一样的。因此，每种机车都有牵引和惰行两个单位基本阻力公式，在列车制动计算中，机车的单位基本阻力都按惰行时的阻力公式计算。

其实，在列车总阻力中，机车阻力占的份额很小，把它等同于车辆阻力都可以，根本没必要再把它分得那么细。所以从第三个《牵规》开始，机车单位基本阻力就只有一个公式，牵引和非牵引状态都按它计算。

现在将我国几种主型机车试验所得单位基本阻力公式分列于下：

①电力机车

SS_1、SS_3、SS_4 型 $w_0'=2.25+0.0190v+0.000320v^2$ (6-15)

SS_7 型 $w_0'=1.40+0.0038v+0.000348v^2$ (6-16)

SS_8 型 $w_0'=1.02+0.0035v+0.000426v^2$ (6-17)

6K 型 $w_0'=3.25+0.0092v+0.000308v^2$ (6-18)

8G 型 $w_0'=2.55+0.0083v+0.000212v^2$ (6-19)

②内燃机车

DF_4(货、客)、DF_{4B}(货、客)、DF_{4C}(货)、DF_{7D}等型

$w_0'=2.28+0.0293v+0.000178v^2$ (6-20)

DF_8 型 $w_0'=2.40+0.0022v+0.000391v^2$ (6-21)

DF_{11}型 $w_0'=0.86+0.0054v+0.000218v^2$ (6-22)

ND_5 型 $w_0'=1.31+0.0167v+0.000391v^2$ (6-23)

ND_2 型 $w_0'=2.98+0.0202v+0.000033v^2$ (6-24)

DFH_3 型 $w_0'=1.96+0.0105v+0.000549v^2$ (6-25)

式中 v——机车运行速度(km/h)。

(4)列车单位基本阻力的计算

列车单位基本阻力可按下式计算：

$$w_0=\frac{\sum(P\cdot w_0')+G\cdot w_0''}{\sum P+G}\quad (\mathrm{N/kN})$$

在进行列车制动计算时，由于单位基本阻力比单位制动力小得多，前者每千牛只有几牛，后者每千牛高达几十甚至上百牛，所以单位基本阻力的误差对制动计算影响很小。为简化制动计算，可以事先按列车类别(客或货)，将各种牵引动力类型(电力、内燃或蒸汽)牵引不同重量的列车在惰行时的单位基本阻力进行加权平均，得出制动计算时通用的列车单位基本阻力公式；也可以忽略机车与车辆的阻力不相等对列车基本阻力的影响，就以车辆列的单位基本阻力 w_0''值作为整个列车的单位基本阻力 w_0 值来计算，即假设 $w_0=w_0''$。

应用以上机车车辆单位基本阻力公式时应注意以下问题：

①基本阻力的试验都是在运行速度不小于 10 km/h、外温不低于−10 ℃、风速一般不大于 5 m/s 的条件下进行的。因此，当气候条件变化时，计算结果与实际情况有不同程度的误差。计算公式也不适用于速度较低、情况较特殊的调车作业。

②低速运行时列车阻力变化比较复杂，所以当 $v<10$ km/h 时计算基本阻力，规定按 $V=10$ km/h 计算。

③装载轻浮货物的车辆，凡不足标记载重 50%的可按空车，达到标记载重 50%及其以上的可按重车计算其单位基本阻力。

④对于高速列车及无缝长钢轨的线路，阻力公式应相应改变。

下面介绍一些我国及其他国家的高速列车或动车组基本阻力公式（已变换为单位基本阻力），以供参考：

(1)我国 CRH 系列动车组

CRH1 $$w_0=1.12+0.00542v+0.000146v^2 \quad (6\text{-}26)$$

CRH2 $$w_0=0.88+0.00744v+0.000144v^2 \quad (6\text{-}27)$$

CRH3 $$w_0=0.42+0.00160v+0.000132v^2 \quad (6\text{-}28)$$

CRH5 $$w_0=1.65+0.0001v+0.000179v^2 \quad (6\text{-}29)$$

(2)日本新干线电动车组

100 系（12 辆动车、4 辆拖车、$M=886$ t）

板式道床 $$w_0=1.27+0.0016v+0.000148v^2 \quad (\text{N/kN}) \quad (6\text{-}30)$$

石砟道床 $$w_0=1.27+0.0081v+0.000129v^2 \quad (\text{N/kN}) \quad (6\text{-}31)$$

200 系（12 辆动车、$M=712$ t、板式道床）

$$w_0=1.18+0.0154v+0.00009v^2 \quad (\text{N/kN}) \quad (6\text{-}32)$$

(3)法国 TGV 动车组（2 辆动车、8 辆拖车、$M=418$ t、$l=200$ m）

$$w_0=0.73+0.008v+0.000148v^2 \quad (\text{N/kN}) \quad (6\text{-}33)$$

(4)英国 APT 列车

$$w_0=2.1+0.0098v+0.00017v^2 \quad (\text{N/kN}) \quad (6\text{-}34)$$

(5)德国 ICE（2 辆动车、14 辆拖车、$M=800$ t）

$$w_0=1.16+0.0053v+0.00012v^2 \quad (\text{N/kN}) \quad (6\text{-}35)$$

(6)意大利 ETR500（2 辆动车、10 辆拖车、$M=750$ t）

$$w_0=0.61+0.0102v+0.000113v^2 \quad (\text{N/kN}) \quad (6\text{-}36)$$

2. 附加阻力

(1)坡道（附加）阻力

图 6-1 为列车运行于上坡道的示意图（图中以一辆车作为代表）。ac 表示列车受到的总重力，其值为 $(\sum P+G)\cdot g$，可分为两个分力：分力 ad 垂直于轨面，被钢轨的垂直反力所平衡；分力 ab 平行于轨道，这就是因坡道而产生的附加阻力 W_i。由几何关系可得

$$\frac{W_i}{(\sum P+G)\cdot g}=\frac{\overline{BG}}{\overline{AB}}$$

$$W_i=(\sum P+G)\cdot g\cdot\frac{\overline{BC}}{\overline{AB}}=(\sum P+G)\cdot g\cdot\sin\theta \quad (\text{kN})$$

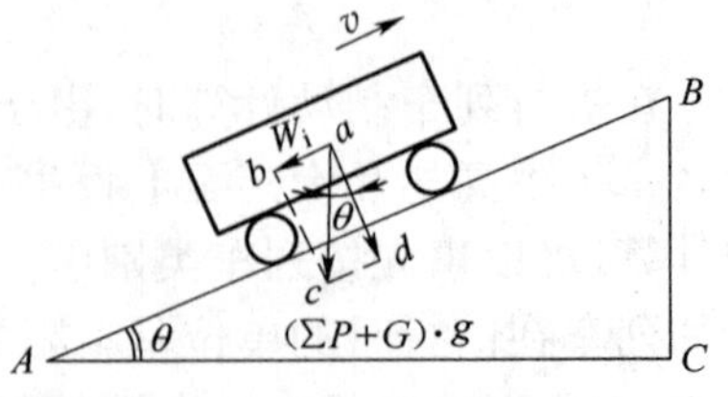

图 6-1 坡道阻力

如列车总重车单位用 kN，而坡道阻力的单位用 N，则上式中的 $(\sum P+G)\cdot g$ 应再乘以 1000，即

$$W_i=1000(\sum P+G)\cdot g\cdot \sin\theta \quad (\mathrm{N})$$

而单位坡道阻力

$$w_i=\frac{W_i}{(\sum P+G)\cdot g}=1000\cdot \sin\theta \quad (\mathrm{N/kN})$$

通常，线路坡度 i 指的是坡段终点对起点的高度差 BC 与两点间水平距离 AC 的比值千分率，即 $1000\cdot\tan\theta$；铁路坡度比较小，可以认为 $\sin\theta\approx\tan\theta$。故上式亦可写成

$$w_i=1000\cdot\tan\theta=i \quad (\mathrm{N/kN}) \tag{6-37}$$

即机车、车辆、列车的单位坡道附加阻力 w_i 的数值等于该坡道的坡度千分数 i。例如：$i=6$，则 $w_i=6\,\mathrm{N/kN}$；$i=-6$，则 $w_i=-6\,\mathrm{N/kN}$。后者是列车下坡运行，负的坡道附加阻力表示该阻力起的是负作用，变成了与列车运行方向相同的促使列车加速的"坡道下滑力"。

(2)曲线(附加)阻力

曲线附加阻力产生原因有：轮缘与外轨轨头内侧的摩擦，轴瓦与轴领的摩擦，轮轨间的横向和纵向滑动，车辆心盘和旁承因转向架转动而产生的摩擦等。因此，曲线阻力与曲线半径、列车运行速度、外轨超高、车辆轴距、轮箍磨耗程度、车辆重量等许多因素有关，用理论方法考虑所有这些因素也是很困难的。通常也是按大量试验得出的经验公式来计算单位曲线阻力，而且只以其中最主要的一个因素——曲线半径作为自变量，其形式为

$$w_r=\frac{A}{R} \quad (\mathrm{N/kN}) \tag{6-38}$$

式中 R——曲线半径(m)；

A——综合反映其他因素的常数，按我国第三个《牵规》，A 取为 600。

(3)隧道(附加)阻力

列车进入隧道时，对隧道内的空气产生冲击作用，使列车头部受到突然增大的正面压力。进入隧道后，列车驱使空气移动，增大了列车头部的正压与尾部负压的压力差，即增大了阻碍列车运行的空气阻力。同时，由于机车车辆外形结构的原因，隧道内的空气产生紊流，加剧了空气与列车表面、隧道表面的摩擦，也增大了阻碍列车运行的阻力。以上两项阻力增量之和，总称为隧道附加空气阻力，简称隧道阻力。

前面讲基本阻力组成时已经说过，空气阻力是基本阻力的一个组成部分，但那是指列车在空旷地段运行时的空气阻力。隧道附加空气阻力是指隧道内的空气阻力与空旷地段空气阻力之差。

隧道单位阻力以 w_s 表示。隧道越长，此阻力越大；列车越长、速度越高，此阻力也越大。另外，此阻力还与隧道断面积、列车外形等因素有关。这些复杂因素难以从理论上推导，因此通常也采用由试验得出的经验公式来计算。由于试验资料较少，《牵规》中一直没有正式颁布隧道阻力公式，只是在以前的《牵规》解释本中推荐过下列两个参考公式(通常用第二个公式)：

隧道内有限制坡道时 $$w_s=L_s\cdot v_s^2\cdot 10^{-7} \quad (\mathrm{N/kN}) \tag{6-39}$$

隧道内无限制坡道时 $$w_s=0.000\,13L_s \quad (\mathrm{N/kN}) \tag{6-40}$$

式中 L_s——隧道长度(m)；

v_s——列车在隧道内的运行速度(km/h)。

为计算方便，通常将单位曲线阻力和单位隧道阻力都看成是相当的单位坡道阻力，并把它和实际的单位坡道阻力相加，总称为“加算坡道阻力”，用 w_{ij} 表示。即加算坡道单位阻力

$$w_{ij}=w_i+w_r+w_s \quad (\mathrm{N/kN})$$

由于单位坡道阻力在数值上等于该坡道的坡度千分率，故加算坡道的坡度（简称加算坡度，用 i_j 表示）在数值上就等于加算坡道单位阻力，即

$$i_j=w_{ij} \tag{6-41}$$

有了列车单位基本阻力和加算坡度，就可以按下式计算列车总阻力 W：

$$W=W_0+W_{ij}=[w_0(\sum P+G)+i_j(\sum P+G)]\cdot g$$

即

$$W=(w_0+i_j)(\sum P+G)\cdot g \quad (\mathrm{kN}) \tag{6-42}$$

二、列车制动力的“实算法”和“换算法”

列车制动力包括机车和所有起制动作用的车辆的制动力。

由式(1-5)已知，制动力

$$B=\sum(K\cdot\varphi_K) \quad (\mathrm{kN})$$

由式(1-12)已知，中磷铸铁闸瓦摩擦系数

$$\varphi_K=0.64\cdot\frac{K+100}{5K+100}\cdot\frac{3.6v+100}{14v+100}+0.0007\cdot(110-v_0)$$

上式表明，闸瓦摩擦系数 φ_K 与闸瓦压力 K 有关。如果列车中各种车辆的闸瓦压力不一致，则计算列车制动力时，要先分别求出每一种车辆的闸瓦摩擦系数，并分别与该种车的闸瓦压力相乘，然后再将各个乘积相加。这种按实验求得的实际摩擦系数来计算列车制动力的算法称为“实算法”，即列车制动力

$$B=K_1\cdot\varphi_{K1}+K_2\cdot\varphi_{K2}+\cdots+K_n\cdot\varphi_{Kn} \tag{6-43}$$

为了简化制动力的计算，人们假定闸瓦摩擦系数与闸瓦压力无关，用一个不随闸瓦压力而变的假定的摩擦系数来代替上式中各种车辆原来的各个摩擦系数。同时，为了保持制动力计算结果等效，将各种车辆的闸瓦压力按下式换算成另一个数值：

$$K_h\cdot\varphi_h=K\cdot\varphi_K$$

即

$$K_h=K\cdot\frac{\varphi_K}{\varphi_h} \tag{6-44}$$

式中 K_h——按制动力等效换算得到的闸瓦压力，称为“换算闸瓦压力”；

φ_h——不随闸瓦压力而变的假定的闸瓦摩擦系数，相应地称为“换算摩擦系数”；

K——各种车辆原来的闸瓦压力，称为“实算闸瓦压力”；

φ_K——各种车辆原来的闸瓦摩擦系数，称为“实算摩擦系数”。

按换算闸瓦压力和换算摩擦系数计算列车制动力的方法，称为“换算法”。它只需求一个与闸瓦压力无关的换算摩擦系数，然后与全列车闸瓦压力总和相乘一次，即列车制动力

$$B=\varphi_h(K_{h1}+K_{h2}+\cdots+K_{hn})=\varphi_h\cdot\sum K_h \tag{6-45}$$

列车单位制动力

$$b=\frac{B\cdot 1000}{(\sum P+G)\cdot g}=\frac{1000\cdot\varphi_h\cdot\sum K_h}{(\sum P+G)\cdot g} \quad (\mathrm{N/kN})$$

令 $\vartheta_h=\dfrac{\sum K_h}{(\sum P+G)\cdot g}$，称为列车换算制动率，则

$$b=1000\cdot\varphi_h\cdot\vartheta_h\quad(\mathrm{N/kN})\tag{6-46}$$

按 2007 年 4 月 1 日开始实行的《技规》，货物列车（高摩合成闸瓦）的换算制动率 ϑ_h 不得小于 0.18，旅客列车（高磷铸铁闸瓦）不得小于 0.66（据研究，此值过高，还是第 9 版《技规》的 0.58 比较合适），盘形制动、高摩合成闸片的特快、快速旅客列车和特快行邮列车为 0.32，踏面制动的行包列车为 0.25，踏面制动的快速货物列车为 0.2。

按《牵规》：紧急制动时，列车换算制动率应取全值；解算列车进站制动时一般取全值的 50%；计算固定信号机间的距离时，取全值的 80%。在区间因调速而使用常用制动时，应根据列车管定压和列车管减压量由表 6-1 查出相应的“常用制动系数”（反映常用制动时列车制动能力利用程度的系数），将它与紧急制动时的制动率全值相乘，即为该列车在该减压量时应取的换算制动率。一般情况下，常用制动减压量在 90～100 kPa 之间，常用制动系数可近似取为 0.6。

表 6-1　常用制动系数表

列车管减压量 r/kPa	50	60	70	80	90	100	110	120	130	140	150	160	170	列车管定压 p_0/kPa
旅客列车	0.19	0.29	0.39	0.47	0.55	0.61	0.69	0.76	0.82	0.88	0.93	0.96	1.00	600
货物列车	0.17	0.28	0.37	0.46	0.53	0.60	0.67	0.73	0.78	0.83	0.88	0.93	0.96	600
	0.19	0.32	0.42	0.52	0.60	0.68	0.75	0.82	0.89	0.95	—	—	—	500

由于货车制动率一般小于机车的制动率，为简化计算，在进行一般制动计算时，对线路坡度不陡于 20 的下坡道、装有空气制动机的列车，通常不计入机车（对蒸汽机车还包括煤水车）的闸瓦压力和重量，即

$$\vartheta_h=\frac{\sum K''_h}{G\cdot g}$$

式中　$\sum K''_h$——车辆列中所有起制动作用的车辆换算闸瓦压力总和（kN）。

必须指出，计算制动率时的上述作法只是为简化计算，它实质上只是假定机车制动率等于货车制动率，即

$$B=b(\sum P+G)\cdot g\cdot 10^{-3}=\varphi_h\cdot\vartheta_h(\sum P+G)\cdot g=\varphi_h\cdot\frac{\sum K''_h}{G}(\sum P+G)$$

机车制动力并没有被忽略不计，只是少算了一些。所以，在实际运用中机车制动机必须发挥作用，使机车制动率不小于货车制动率，才能确保列车安全运行，不致因车辆制动机负担过重而招致磨托或烧车等事故。

在实际操作中，换算摩擦系数是将实算摩擦系数公式中的 K 值固定为某一数值而求得的。这个固定的 K 值原则上可任意选定，但为了能较确切地反映实际情况，尽量减少因换算带来的误差，应当采用本国客货车紧急制动时的实算闸瓦压力平均值。据我国制定第二个《牵规》时的统计，按我国各型制动机保有辆数所占比例及实算闸瓦压力值，中磷铸铁闸瓦换算摩擦系数确定按 25 kN 计算，代入式（1-12），可得

$$\varphi_h=0.64\times\frac{25+100}{5\times25+100}\times\frac{3.6v+100}{14v+100}+0.0007\times(110-v_0)$$

即

$$\varphi_h=0.356\times\frac{3.6v+100}{14v+100}+0.0007\times(110-v_0)\tag{6-47}$$

根据上式算得的不同制动初速下，随着列车运行速度的降低，在各个速度时的 φ_h 值，列于表 6-2 中。

将式(1-12)和式(6-47)代入式(6-44)，可得

$$K_h = K \cdot \frac{0.64 \times \dfrac{K+100}{5K+100} \times \dfrac{3.6v+100}{14v+100} + 0.0007 \times (110 - v_0)}{0.356 \times \dfrac{3.6v+100}{14v+100} + 0.0007 \times (110 - v_0)}$$

为简化计算，将分子分母中的初速修正项均略去，即都按制动初速 $v_0 = 110$ km/h 进行换算，可得中磷铸铁闸瓦换算闸瓦压力的算式如下：

$$K_h = 1.8K \cdot \frac{K+100}{5K+100} \tag{6-48}$$

尽管这样会有误差，而且误差会随制动初速的降低而有所增大。但是在进行一般计算时，这种总的来说不大的误差还是允许的。

表 6-2 中磷铸铁闸瓦换算摩擦系数表

v_0/(km·h^{-1}) v/(km·h^{-1})	120	110	100	90	80	70	60	50	40	30	20	10
5	0.240	0.247	0.254	0.261	0.268	0.275	0.282	0.289	0.296	0.303	0.310	0.317
10	0.195	0.202	0.209	0.216	0.223	0.230	0.237	0.244	0.251	0.258	0.265	0.272
15	0.170	0.177	0.184	0.191	0.198	0.205	0.212	0.219	0.226	0.233	0.240	
20	0.154	0.161	0.168	0.175	0.182	0.189	0.196	0.203	0.210	0.217	0.224	
25	0.143	0.150	0.157	0.164	0.171	0.178	0.185	0.192	0.199	0.206		
30	0.135	0.142	0.149	0.156	0.163	0.170	0.177	0.184	0.191	0.198		
35	0.129	0.136	0.143	0.150	0.157	0.164	0.171	0.178	0.185			
40	0.125	0.132	0.139	0.146	0.153	0.160	0.167	0.174	0.181			
45	0.121	0.128	0.135	0.142	0.149	0.156	0.163	0.170				
50	0.118	0.125	0.132	0.139	0.146	0.153	0.160	0.167				
55	0.115	0.122	0.129	0.136	0.143	0.150	0.157					
60	0.113	0.120	0.127	0.134	0.141	0.148	0.155					
65	0.111	0.118	0.125	0.132	0.139	0.146						
70	0.109	0.116	0.123	0.130	0.137	0.144						
75	0.108	0.115	0.122	0.129	0.136							
80	0.106	0.113	0.120	0.127	0.134							
85	0.105	0.112	0.119	0.126								
90	0.104	0.111	0.118	0.125								
95	0.103	0.110	0.117									
110	0.102	0.109	0.116									
105	0.101	0.108										
110	0.101	0.108										
115	1.000											
120	0.099											

$$\varphi_h = 0.356 \times \frac{3.6v+100}{14v+100} + 0.0007(110 - v_0)$$

《牵规》还给出了高磷铸铁闸瓦、低摩合成闸瓦、高摩合成闸瓦及制动合成闸片的换算摩擦系数公式如下：

高磷铸铁闸瓦 $$\varphi_h = 0.372 \times \frac{17v+100}{60v+100} + 0.0012(120 - v_0) \tag{6-49}$$

低摩合成闸瓦 $$\varphi_h = 0.202 \times \frac{4v+150}{10v+150} + 0.0006(100 - v_0) \tag{6-50}$$

高摩合成闸瓦的换算摩擦系数按每块闸瓦实算闸瓦压力 K 等于 20 kN 计算，得

$$\varphi_h = 0.322 \times \frac{v+150}{2v+150} \tag{6-51}$$

盘形制动合成闸片的换算摩擦系数按每块闸片实算闸片压力 K' 等于 20 kN 并折算到车轮踏面的 K 值计算，即

$$\varphi_h = 0.358 \times \frac{v+150}{2v+150} \tag{6-52}$$

按上述公式算出的数值分别列于表 6-3、表 6-4、表 6-5 和表 6-6 之中。

根据换算法的原理，同样也可得出上述四种闸瓦或闸片的换算压力算式。我国铁路机车、客车和货车紧急制动时每辆车的换算闸瓦压力参看后文表 6-10、表 6-11、表 6-12。

用换算法计算列车制动力时，应直接从这些表中去查摩擦系数和闸瓦压力的数值。

表 6-3　高磷铸铁闸瓦换算摩擦系数表

v_0/(km·h^{-1}) v/(km·h^{-1})	120	110	100	90	80	70	60	50	40	30	20	10
5	0.172	0.184	0.196	0.208	0.220	0.232	0.244	0.256	0.268	0.280	0.292	0.304
10	0.143	0.155	0.167	0.179	0.191	0.203	0.215	0.227	0.239	0.251	0.263	0.275
15	0.132	0.144	0.156	0.168	0.180	0.192	0.204	0.216	0.228	0.240	0.252	
20	0.126	0.138	0.150	0.162	0.174	0.186	0.198	0.210	0.222	0.234	0.246	
25	0.122	0.134	0.146	0.158	0.170	0.182	0.194	0.206	0.218	0.230		
30	0.119	0.131	0.143	0.155	0.167	0.179	0.191	0.203	0.215	0.227		
35	0.118	0.130	0.142	0.154	0.166	0.178	0.190	0.202	0.214			
40	0.116	0.128	0.140	0.152	0.164	0.176	0.188	0.200	0.212			
45	0.115	0.127	0.139	0.151	0.163	0.175	0.187	0.199				
50	0.114	0.126	0.138	0.150	0.162	0.174	0.186	0.198				
55	0.113	0.125	0.137	0.149	0.161	0.173	0.185					
60	0.113	0.125	0.137	0.149	0.161	0.173	0.185					
65	0.112	0.124	0.136	0.148	0.160	0.172						
70	0.112	0.124	0.136	0.148	0.160	0.172						
75	0.111	0.123	0.135	0.147	0.159							
80	0.111	0.123	0.135	0.147	0.159							
85	0.111	0.123	0.135	0.147								
90	0.110	0.122	0.134	0.146								
95	0.110	0.122	0.134									
100	0.110	0.122	0.134									
105	0.110	0.122										
110	0.109	0.121										
115	0.109											
120	0.109											

$$\varphi_h = 0.372 \times \frac{17v+100}{60v+100} + 0.0012(120 - v_0)$$

表 6-4 低摩合成闸瓦换算摩擦系数表

$v/(\mathrm{km\cdot h^{-1}})$ \ $v_0/(\mathrm{km\cdot h^{-1}})$	120	110	100	90	80	70	60	50	40	30	20	10
5	0.150	0.156	0.162	0.168	0.174	0.180	0.186	0.192	0.198	0.204	0.210	0.216
10	0.129	0.135	0.141	0.147	0.153	0.159	0.165	0.171	0.177	0.183	0.189	0.195
15	0.117	0.123	0.129	0.135	0.141	0.147	0.153	0.159	0.165	0.171	0.177	
20	0.109	0.115	0.121	0.127	0.133	0.139	0.145	0.151	0.157	0.163	0.169	
25	0.103	0.109	0.115	0.121	0.127	0.133	0.139	0.145	0.151	0.157		
30	0.099	0.105	0.111	0.117	0.123	0.129	0.135	0.141	0.147	0.153		
35	0.096	0.102	0.108	0.114	0.120	0.126	0.132	0.138	0.144			
40	0.093	0.099	0.105	0.111	0.117	0.123	0.129	0.135	0.141			
45	0.091	0.097	0.103	0.109	0.115	0.121	0.127	0.133				
50	0.089	0.095	0.101	0.107	0.113	0.119	0.125	0.131				
55	0.087	0.093	0.099	0.105	0.111	0.117	0.123					
60	0.086	0.092	0.098	0.104	0.110	0.116	0.122					
65	0.085	0.091	0.097	0.103	0.109	0.115						
70	0.084	0.090	0.096	0.102	0.108	0.114						
75	0.083	0.089	0.095	0.101	0.107							
80	0.082	0.088	0.094	0.100	0.106							
85	0.082	0.088	0.094	0.100								
90	0.081	0.087	0.093	0.099								
95	0.080	0.086	0.092									
100	0.080	0.086	0.092									
105	0.079	0.085										
110	0.079	0.085										
115	0.078											
120	0.078											

$$\varphi_h=0.202\times\frac{4v+100}{10v+100}+0.0006(100-v_0)$$

表 6-5 高摩合成闸瓦换算摩擦系数表

$v/(\mathrm{km\cdot h^{-1}})$	5	10	15	20	25	30	35	40	45
φ_h	0.312	0.303	0.295	0.288	0.282	0.276	0.271	0.266	0.262
$v/(\mathrm{km\cdot h^{-1}})$	50	55	60	65	70	75	80	85	90
φ_h	0.258	0.254	0.250	0.247	0.244	0.241	0.239	0.236	0.234
$v/(\mathrm{km\cdot h^{-1}})$	95	100	105	110	115	120	125	130	135
φ_h	0.232	0.230	0.228	0.226	0.225	0.223	0.221	0.220	0.218
$v/(\mathrm{km\cdot h^{-1}})$	140	145	150	155	160	$\varphi_h=0.322\times\frac{v+150}{2v+150}$			
φ_h	0.217	0.216	0.215	0.214	0.212				

表 6-6 盘形制动高摩合成闸片换算摩擦系数表

$v/(km\cdot h^{-1})$	5	10	15	20	25	30	35	40	45
φ_h	0.347	0.337	0.328	0.320	0.313	0.307	0.301	0.296	0.91
$v/(km\cdot h^{-1})$	50	55	60	65	70	75	80	85	90
φ_h	0.286	0.282	0.278	0.275	0.272	0.269	0.266	0.263	0.260
$v/(km\cdot h^{-1})$	95	100	105	110	115	120	125	130	135
φ_h	0.258	0.256	0.254	0.252	0.250	0.248	0.246	0.244	0.243
$v/(km\cdot h^{-1})$	140	145	150	155	160	$\varphi_h=0.358\dfrac{v+150}{2v+150}$			
φ_h	0.241	0.240	0.239	0.237	0.236				

三、制动合力(制动减速力)计算示例

【例 6-1】 DF_4(货)型内燃机车一台,牵引普通货物列车,编组辆数为 60 辆。机车计算重量 $P=135$ t,换算闸瓦压力为 650 kN。车辆全是滚动轴承重车、中磷铸铁闸瓦,标记载重64 t,自重 20 t,列车管定压是 500 kPa,每辆车铸铁闸瓦的换算闸瓦压力为 290 kN。① 求:

(1)列车换算制动率;

(2)在列车速率为 80 km/h 时,施行常用制动,列车管减压量为 100 kPa,列车速度为 75、55、35、30、25、20、15、5 km/h 时的单位制动力;

(3)在加算坡度为 0、−30 和−33 的坡道运行时施行上述制动,在上述速度时的单位制动合力。

【解】 重车位全列车换算闸瓦压力总和

$$\sum K_h=650+60\times 290=18\,050 \quad (kN)$$

全列车重力总和为

$$(\sum P+G)\cdot g=(135+60\times 84)\times 9.81=50\,767 \quad (kN)$$

紧急制动时的列车换算制动率

$$\vartheta_h=\frac{\sum K_h}{(\sum P+G)\cdot g}=\frac{18\,050}{50\,767}\approx 0.35$$

由表 6-1 查得,列车管定压为 500 kPa 的货物列车,减压 90 kPa 时的常用制动系数为 0.6,相应的换算制动率 ϑ_{hc} 为 $0.6\times 0.35=0.21$。

由表 6-2 查得,制动初速为 80 km/h,列车速度 $v=75$、55、35、30、25、20、15、5 km/h 时的中磷闸瓦换算摩擦系数 φ_h 为 0.136、0.143、0.157、0.163、0.171、0.182、0.198 和 0.268,代入式(6-46)可求得减压 90 kPa 时的单位制动力 b 为 28.56、30.03、32.97、34.23、35.91、38.22、41.58、56.28 N/kN。

由式(6-6)可算得相应速度的滚承重货车的单位基本阻力 w_0'' 各为 1.98、1.56、1.24、1.18、1.12、1.07、1.02、0.98 N/kN。

前已述及,制动计算中可假设 $w_0=w_0''$,故制动时的单位减速力或单位制动合力:

$$c=-(b+w_0''+i_j) \quad (N/kN) \tag{6-53}$$

将已知数据代入上式即可算得 $i_j=0$、−30 和−33 的所有数据,列于表 6-7 中。由于加算坡道附加阻力计算值与速度无关,所以,按表 6-8 中 $i_j=0$ 的减速力数据画出的 $c=f(v)$ 曲线,对 $i_j\neq 0$ 的坡道也可以用,只需要将速度坐标轴移动一下即可,参看图 6-2。

①:机车换算闸瓦压力可由后文表 6-10 查出,车辆换算闸瓦压力可由表 6-12 查出。

表 6-7 制动时的单位合力(kN)示例

速度 $v/(\mathrm{km\cdot h^{-1}})$ / 坡度 i_j	75	55	35	30	25	20	15	5
0	−30.54	−31.59	−34.21	−35.41	−37.03	−39.29	−42.6	−57.26
−30	−0.54	−1.59	−4.21	−5.41	−7.03	−9.29	−12.6	−27.26
−33	2.46	1.41	−1.21	−2.41	−4.03	−6.29	−9.6	−24.26

四、常用制动均衡速度与常用制动限速

由上述制动减速力示例中可以看出：

(1)制动减速力与列车速度的关系主要取决于制动力与列车速度的关系，而制动力与列车速度的关系主要受闸瓦摩擦系数的影响，高速时摩擦系数较小，速度降低时摩擦系数和制动减速力都将变大，速度越低，摩擦系数变大得越快，即制动减速力增加得也越多。

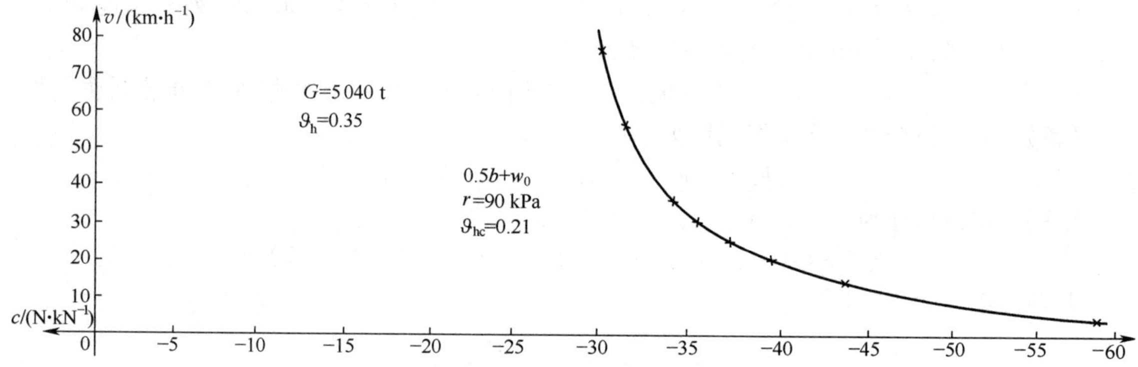

图 6-2 制动单位合力曲线示例

(2)在 $i_j=-30$ 的长大下坡道，如果列车常用制动时换算制动率为 0.21，列车制动初速为 75 km/h，则单位制动合力为 0.54 N/kN。换句话说，当 $i_j=-30.54$ 和 $v=75$ km/h 时，制动减速力与坡道下滑力刚好绝对值相等而方向相反，互相抵消，作用于列车上的合力为零，列车可保持匀速(75 km/h)运行，故此速度称为 $i_j=-30.54$ 的“常用制动均衡速度”。这个“均衡”是个不稳定的均衡，只要列车速度稍偏离均衡值，则偏离值会越来越大，即：列车速度低于均衡速度时，列车速度会越来越低，这是我们所希望的；列车速度高于均衡速度时，列车速度会越来越高，这是我们不希望出现的情况。所以对本示例来说，如果列车常用制动的换算制动率为 0.21，进入 $i_j=-30.54$ 的长大下坡道时的速度不能超过 75 km/h。

(3)如果常用制动的制动初速为 55 km/h，而下闸地点是在 $i_j=-33$ 的长大下坡道，则由表 6-8 可见，由于下了闸还有 1.41 N/kN 的单位制动合力($c>0$)，速度是控制不住的。由图 6-2 可见，均衡速度约为 38 km/h 左右。所以本示例中，列车进入 $i_j=-33$ 的长大下坡道时，速度不能超过 38 km/h。

由此可见，常用制动的均衡速度实质上是一种受列车制动能力和常用制动减压量制约的一种限制速度，故又称之为“常用制动限速”，其值取决于坡道的加算坡度 i_j、列车制动能力 ϑ_h

和常用制动时的减压量 r。后两个因素可体现为列车常用制动的制动率。该制动率一定时，长大下坡道越陡则常用制动限速越低；在坡道加算坡度一定时，该制动率越小，常用制动限速也越低。对于一定的制动率，其单位制动减速力曲线实质上也是一条常用制动限速曲线——常用制动限速与加算坡度的关系曲线，从这条曲线上可以查出各种加算坡度的常用制动限速。这是因为，坡道的坡度与坡道单位附加阻力数值上相等，例如单位制动减速力为－30 N/kN 又可看成为 $i_j=-30$ 的坡道。

第三节　列车制动力计算的等效二次换算法

一、等效二次换算法的原理和基型闸瓦(闸片)的选择

我国铁路货车采用高磷铸铁闸瓦或高摩合成闸瓦，客车采用高磷铸铁闸瓦或高摩合成闸片或粉末冶金闸片，机车采用中磷铸铁闸瓦或高摩合成闸瓦或粉末冶金闸瓦或低摩合成闸瓦等。这种多种材质闸瓦(闸片)并存的局面，使得实际运行的各种列车具有两种或更多材质闸瓦(闸片)的概率相当大，尤其是车辆与机车的闸瓦(闸片)材质不同更为多见。因为不同材质闸瓦(闸片)的换算摩擦系数 φ_h 各不相同，所以用传统的(一次)换算法计算这种列车的制动力就会出现麻烦，各种闸瓦(闸片)的机车车辆制动力先要分别计算，最后累加才能得出全列车制动力，而且不能求出全列车统一的换算制动率。这种不同材质闸瓦(闸片)并用的列车制动力就应当采用等效二次换算法(以下简称"等效法")来计算。

列车制动力计算等效法的实质是制动力等效处理原则的再次应用，其核心是选择列车中占主导地位的多数闸瓦(闸片)为基型，并假定它的换算摩擦系数与材质无关，把它作为等效摩擦系数 φ_e，从而可提到累加号$\sum$之外。与此同时，将列车中其他闸瓦(闸片)的换算闸瓦压力再次根据"制动力等效"原则进行二次换算，成为等效闸瓦压力 K_e，即等效条件是

$$K_e\cdot\varphi_e=K_h\cdot\varphi_h$$

由此，

$$K_e=\frac{\varphi_h}{\varphi_e}\cdot K_h$$

令 $x=\varphi_h/\varphi_e$，称之为闸瓦(闸片)等效折算系数，则

$$K_e=x\cdot K_h \tag{6-54}$$

这样，列车制动力的算式就可等效转换为

$$B=\varphi_e\cdot\sum(x\cdot K_h)=\varphi_e\cdot\sum K_e\qquad(\mathrm{kN}) \tag{6-55}$$

列车单位制动力

$$b=\frac{B\cdot 10^3}{(\sum P+G)\cdot g}=\varphi_e\cdot\frac{\sum K_e}{(\sum P+G)\cdot g}\cdot 10^3$$

令 $\vartheta_e=\dfrac{\sum K_e}{(\sum P+G)\cdot g}$，称之为列车等效制动率，则

$$b=\varphi_e\cdot\vartheta_e\cdot 10^3\quad(\mathrm{N/kN}) \tag{6-56}$$

单一材质闸瓦的列车，$x=1$，$\varphi_e=\varphi_h$，$K_e=K_h$，$\vartheta_e=\vartheta_h$，则 $b=\varphi_h\cdot\vartheta_h\cdot 10^3$。可见，列车制动力的换算法不过是等效法的一个特例。

因为机车制动力在全列车中所占比例不大，一般货物列车中机车制动力约占全列车的 5%或更低，而旅客列车中的机车制动力也不过占 10%左右，所以不同材质闸瓦(闸片)并用的列车基

型闸瓦(闸片)的选择必然要视车辆的闸瓦(闸片)类型及数量比例而定,即选择货车列或客车列中占主导地位的多数闸瓦(闸片)为基型。由此可见,一般货物列车的基型闸瓦可能是铸铁闸瓦或者是高摩合成闸瓦,而旅客列车的基型闸瓦(闸片)可能是铸铁闸瓦或是高摩合成闸片。

二、等效折算系数

由于铸铁闸瓦(高磷及中磷)和低摩合成闸瓦的换算摩擦系数存在不同的制动初速修正,所以无论是铸铁闸瓦或者是高摩合成闸瓦(闸片)选作基型,其他闸瓦(闸片)的等效折算系数一般都会出现随制动初速而变的关系。

经过综合比较分析大量计算数据,按线性处理的各种闸瓦(闸片)的等效折算系数与制动初速的关系,如表 6-8 所示。

表 6-8 不同基型时各种闸瓦(闸片)的等效折算系数表达式

其他闸瓦(闸片)	基 型		
	中磷铸铁闸瓦	高磷铸铁闸瓦	高摩合成闸片
中磷铸铁闸瓦	1	$1-0.0025(120-v_0)$	$0.43+0.0025(110-v_0)$
高磷铸铁闸瓦	$1+0.003(120-v_0)$	1	$0.42+0.0045(120-v_0)$
低摩合成闸片	0.83	$0.84-0.0025(120-v_0)$	$0.38+0.002(100-v_0)$
高摩合成闸瓦	$2.2-0.01(120-v_0)$	$2.2-0.015(120-v_0)$	0.9
高摩合成闸片	$2.4-0.01(120-v_0)$	$2.4-0.015(120-v_0)$	1

注:①v_0 为制动初速,单位为 km/h。

②无论作为基型与否,中磷与高磷铸铁闸瓦相关的等效系数差别不大,可统一按铸铁闸瓦处理。

③选择高摩合成闸瓦为基型时,只需在以高摩合成闸片为基型的各等效折算系数基础上放大 10%,即乘以 1.1 即可。

④粉末冶金闸瓦摩擦系数及相关的等效折算系数可暂按高摩合成闸瓦的 80%考虑。

⑤"新高摩合成闸瓦"的摩擦系数及相关的等效系数待定,但是用更高摩擦系数的新型瓦取代高摩合成闸瓦时,通常新型瓦的闸瓦压力会按 $K \cdot \varphi_K$ 相近的原则适当降低,使两种闸瓦的制动效能保持基本一致。只要两种闸瓦摩擦系数中的速度因子基本相同或相近,高摩合成闸瓦有关数据就可原则通用。

按照表 6-8 的规律,如果要根据实际列车在不同区段制动初速的变化来实时选择相应的等效折算系数,显然相当困难。

为此,推荐按最高速度分级,并提供各种闸瓦(闸片)的等效折算系数近似取值,如表 6-9 所示。

表 6-9 不同基型时按最高速度分级的各种闸瓦(闸片)的等效折算系数近似取值($A/B/C$)

其他闸瓦(闸片)	基 型		
	铸铁闸瓦	高磷合成闸瓦	高摩合成闸片
铸铁闸瓦	1	0.63/0.5/(0.36)	(0.56)/(0.42)/(0.33)
低摩合成闸片	0.8	0.5/0.4/(0.33)	(0.45)/(0.38)/(0.3)
粉末冶金闸瓦	1.3/1.6/(1.8)	0.8	0.7
高摩合成闸瓦	1.6/1.9/(2.3)	1	0.9
高摩合成闸片	(1.8)/(2.1)/(2.6)	1.1	1

注:①$A/B/C$ 中的 A、B、C 分别对应不同最高速度(v_{max})的机车车辆相关闸瓦(闸片)的等效折算系数近似取值:A 对应 $v_{max}=100$ km/h 的普通货物列车;B 对应 $v_{max}\approx 120$ km/h 的普通旅客列车、普通行邮列车和行包列车以及快运货物列车;C 对应 $v_{max}\approx 160\sim 200$ km/h 的快速旅客列车、快速动车组以及快速行邮列车。

②括弧表示通常不会出现或不宜出现的状况。

③并不完全遵循两种闸瓦(闸片)互为基型时,等效折算系数互为倒数的规律。

三、换算闸瓦压力和等效闸瓦压力推荐值

按照表 6-9 的等效折算系数近似取值为标准，核定各种机车车辆每台（辆）换算闸瓦压力和等效闸瓦压力推荐值见表 6-10（机车）、表 6-11（客车）和 6-12（货车）。上述三表中，圆括号（　）内是折算（二次换算）到铸铁闸瓦的等效闸瓦压力值；菱形括号〈　〉内是折算到高摩合成闸瓦的等效闸瓦压力值；方括号[　]内是折算到高摩合成闸片的等效闸瓦压力值，亦可简称为：折算为××闸瓦（闸片）的闸瓦压力值。

相应速度范围而未列入表内或者是另行改用别的闸瓦（闸片）（或其换算闸瓦压力）的机车车辆等效闸瓦压力值可参照表 6-9 的等效折算系数近似取值予以核定。

四轴货车的换算闸瓦“比力”值（每吨重量的闸瓦压力，kN/t）可供多轴货车和轴重小于 21 t的货车核定换算及等效闸瓦压力时参照。

表 6-10　机车每台换算闸瓦压力和等效闸瓦压力推荐值

机车型式		最高速度 /$(km \cdot h^{-1})$	计算重量 /t	闸瓦类别	换算及等效闸瓦压力/kN	等效折算系数
快速客运	SS_{7D}、SS_{7E}、SS_9	170	126	高摩合成闸瓦	340[305]	0.9
	SS_8	170	88	粉末冶金闸瓦	280[195]	0.7
	DF_{4D}(全悬挂)、DF_{11}	170	138	铸铁闸瓦	650[215]	0.33
	DF_{11G}	170	2×138	铸铁闸瓦	2×650[2×215]	0.33
普通客运（含客货两用及快速货运）	DJ_1	120	2×92	高摩合成闸瓦	2×250(2×475)	1.9
	DF_4(客)	120	135	铸铁闸瓦	650〈325〉	0.5
	DF_{4B}(客)	120	138	铸铁闸瓦	650〈325〉	0.5
	DF_{4D}(半悬挂)	132	138	铸铁闸瓦	650〈325〉	0.5
	DF_{8BJ}	120	130/150	粉末冶金闸瓦	450(720)〈360〉	1.6,0.8
	DFH_3	120	85	铸铁闸瓦	550〈275〉	0.5
	ND_2	120	118	铸铁闸瓦	560〈280〉	0.5
	ND_5	118	135	高摩合成闸瓦	420〈800〉	1.9
普通货运	SS_1、SS_3、SS_6	100	138	铸铁闸瓦	700〈440〉	0.63
	SS_{3B}、SS_{6B}	100	138	高摩合成闸瓦	300(480)	1.6
	SS_4 系列、8K	100	2×92	高摩合成闸瓦	2×200(2×320)	1.6
	SS_7	100	138	铸铁闸瓦	840〈530〉	0.63
	6K	100	138	铸铁闸瓦	780〈490〉	0.63
	8G	100	2×92	高摩合成闸瓦	2×190(2×305)	1.6
	DF	100	124	铸铁闸瓦	550〈345〉	0.63
	DF_2	100	110	铸铁闸瓦	500〈315〉	0.63
	DF_4(货)、DF_5、DF_7	100	135	铸铁闸瓦	650〈410〉	0.63
	DF_{4B}(货)、DF_{4C}(货)	100	138	铸铁闸瓦	650〈410〉	0.63
	DF_{4D}(货)、DF_8	100	138	铸铁闸瓦	650〈410〉	0.63
	DF_{4E}	100	2×138	铸铁闸瓦	2×650(2×410)	0.63
	DF_{7B}、DF_{7C}	100	135	低摩合成闸瓦	720(580)〈360〉	0.8,0.5
	DF_{7D}	100	138	低摩合成闸瓦	720(580)〈360〉	0.8,0.5
	DF_{8B}	100	138/150	粉末冶金闸瓦	450(580)〈360〉	1.3,0.8

表 6-11 客车每辆换算闸瓦压力和等效闸瓦压力推荐值

客车类型（含动车组及行邮行包列车）		最高速度/(km·h^{-1})	每辆总重/t	轴重/t	闸瓦(闸片)类别	换算及等效闸瓦压力/kN
快速客车	单层	160	56	14	高摩合成闸片	190(490)
	双层	160	68	17	高摩合成闸片	220(570)
快速电动车组		160～200	64	16	高摩合成闸片	220(570)
快速内燃动车组		160～180	72	18	高摩合成闸瓦	270[240](620)
快速行邮车		160	56	14	高摩合成闸片	190(490)
(除内燃动车组等效折算系数为 0.9、2.3 外)等效折算系数 2.6						
普通客车		120	55	13.8	铸铁闸瓦	350〈180〉
普通行邮车		120	55	13.8	铸铁闸瓦	350〈180〉
普通行包车	重车	120	72	18	铸铁闸瓦	350〈180〉
	空车		44	11		140〈70〉
等效折算系数 0.5						

表 6-12 四轴货车每辆换算闸瓦压力和等效闸瓦压力推荐值

类型	轴重/t	每辆总重/t	换算及等效闸瓦压力/kN		换算闸瓦比力/(kN·t^{-1})	
			列车管定压/kPa		列车管定压/kPa	
			500	600	500	600
快运货车	25	重车位最大值 100	220(420)	240(460)	2.2	2.4
		空车位最小值 24	90(170)	100(190)	3.7	4.2
	23	重车位最大值 92	200(380)	220(420)	2.15	2.4
		空车位最小值 22	80(150)	90(170)	3.6	4.1
	21	重车位最大值 84	180(340)	200(380)	2.1	2.4
		空车位最小值 20	70(130)	80(150)	3.5	4
	基型是高摩合成闸瓦，最高速度 120 km/h，等效折算系数 1.9					
普通货车	25	重车位最大值 100	350〈220〉	380〈240〉	3.5	3.8
		空车位最小值 24	145〈90〉	160〈100〉	6	6.7
	23	重车位最大值 92	320〈200〉	350〈220〉	3.5	3.8
		空车位最小值 22	130〈80〉	145〈90〉	5.9	6.6
	21	重车位最大值 84	290〈180〉	320〈200〉	3.5	3.8
		空车位最小值 20	115〈70〉	130〈80〉	5.8	6.5
	基型是铸铁闸瓦，最高速度 100 km/h，等效折算系数 0.63					

四、等效法和换算法的比较示例

【例 6-2】 SS_9 型快速客运电力机车($P=126$ t，高摩合成闸瓦 $\sum K'_h=340$ kN)牵引 16 辆快速单层客车($G=16\times56=896$ t，高摩合成闸片 $\sum K''_h=16\times190=3\,040$ kN)，求列车单位制动力。

【解】 (1)等效法(以高摩合成闸片为基型)

由于 6-10,SS_9 型机车折算为高摩合成闸片的闸瓦压力为 305 kN。

列车等效制动率

$$\vartheta_e=\frac{305+3\,040}{(126+826)\cdot g}\approx 0.334$$

列车单位制动力 $b=\varphi_e\cdot\vartheta_e\cdot 10^3$ 的计算结果见表 6-13。

表 6-13 等效法(以高摩合成闸片为基型)的计算结果

$v(\mathrm{km\cdot h^{-1}})$	10	30	50	70	90	110	130	150	160
φ_e	0.337	0.307	0.286	0.272	0.260	0.252	0.244	0.239	0.236
$b/(\mathrm{N\cdot kN^{-1}})$	112.6	102.5	95.5	90.8	86.8	84.2	81.5	79.8	78.8

(2)换算法

客车换算制动率(高摩合成闸片)

$$\vartheta''_h=\frac{3\,040}{1\,022g}\approx 0.303$$

机车换算制动率(高摩合成闸瓦)

$$\vartheta'_h=\frac{340}{1\,022g}\approx 0.034$$

列车单位制动力 $b=\sum(\varphi_h\cdot\vartheta_h)\cdot 10^3$ 的计算过程及结果见表 6-14。

比较表 6-13 和表 6-14 的计算结果可以看出,相关闸瓦(闸片)的换算摩擦系数的速度因子相同或相近,而且均无制动初速修正时,用等效(二次换算)法计算的列车制动力与传统的(一次)换算法计算结果就会相同或基本一致,但过程更为简便,并可得出全列车的等效制动率。

表 6-14 换算法的计算过程及结果

$v/(\mathrm{km\cdot h^{-1}})$		10	30	50	70	90	110	130	150	160
客车(高摩合成闸片)	φ''_h	0.337	0.307	0.286	0.272	0.260	0.252	0.244	0.239	0.236
	$b''/(\mathrm{N\cdot kN^{-1}})$	102.1	93.0	86.7	82.4	78.8	76.4	73.9	72.4	71.5
机车(高摩合成闸瓦)	φ'_h	0.303	0.276	0.258	0.244	0.234	0.226	0.220	0.215	0.212
	$b'/(\mathrm{N\cdot kN^{-1}})$	10.3	9.4	8.8	8.3	8.0	7.7	7.5	7.3	7.2
$b=b''+b'$ (N/kN)		112.4	102.4	95.5	90.7	86.8	84.1	81.4	79.7	78.7

【例 6-3】 SS_4 型普通货运电力机车($P=2\times 92=184$ t,高摩合成闸瓦,$\sum K'_h=2\times 200=400$ kN)牵引 $G=5\,040$ t 的轴重 21 t 的货车 60 辆。其中:50 辆采用铸铁闸瓦,其闸瓦压力 $\sum K''_{h1}=50\times 290=14\,500$ kN;10 辆采用高摩合成闸瓦,其闸瓦压力 $\sum K''_{h2}=10\times 180=1\,800$ kN。列车管定压为 500 kPa。求列车单位制动力。

【解】 (1)等效法(以铸铁闸瓦为基型)

由表 6-10,SS_4 型机车折算为铸铁闸瓦时,其闸瓦压力为 $2\times 320=640$ kN;

由表 6-12,当列车管定压为 500 kPa,10 辆货车折算为铸铁闸瓦时,其闸瓦压力为 $10\times 290=2\,900$ kN,列车等效制动率

$$\vartheta_e=\frac{640+2\,900+14\,500}{(184+5\,040)\cdot g}\approx 0.352$$

列车单位制动力 $b=\varphi_e\cdot\vartheta_e\cdot 10^3$ 的计算结果见表 6-15。

表 6-15 等效法(以铸铁闸瓦为基型)的计算结果

$v/(\mathrm{km\cdot h^{-1}})$		10	30	50	70	80	90
φ_e	$v_0=70(\mathrm{km/h})$	0.203	0.179	0.174	0.172		
	$v_0=80(\mathrm{km/h})$	0.191	0.167	0.162	0.160	0.159	
	$v_0=90(\mathrm{km/h})$	0.179	0.155	0.150	0.148	0.147	0.146
$b/(\mathrm{N\cdot kN^{-1}})$	$v_0=70\ \mathrm{km/h}$	71.5	63.0	61.2	60.5		
	$v_0=80\ \mathrm{km/h}$	67.2	58.8	57.0	56.3	56.0	
	$v_0=90\ \mathrm{km/h}$	63.0	54.6	52.8	52.1	51.7	51.4

(2)换算法

50 辆货车换算制动率(铸铁闸瓦)

$$\vartheta''_{h1}=\frac{14\,500}{(184+5\,040)g}=0.283$$

10 辆货车换算制动率(高摩合成闸瓦)

$$\vartheta''_{h2}=\frac{1\,800}{(184+5\,040)g}=0.035$$

机车换算制动率(高摩合成闸瓦)

$$\vartheta'_{h}=\frac{400}{(184+5\,040)g}=0.008$$

因为 SS_4 型机车与 10 辆货车均采用高摩合成闸瓦,换算制动率可以合并为

$$\vartheta''_{h2}+\vartheta'_{h}=0.043$$

列车单位制动力 $b=\sum(\varphi_h\cdot\vartheta_h)\cdot 10^3$ 的计算过程及结果见表 6-16。

表 6-16 换算法的计算过程及结果

$v/(\mathrm{km\cdot h^{-1}})$			10	30	50	70	80	90
50 辆货车(铸铁闸瓦)	ϑ''_{h1}	$v_0=70\ \mathrm{km/h}$	0.203	0.179	0.174	0.172		
		$v_0=80\ \mathrm{km/h}$	0.191	0.167	0.162	0.160	0.159	
		$v_0=90\ \mathrm{km/h}$	0.179	0.155	0.150	0.148	0.147	0.146
	b''_1	$v_0=70\ \mathrm{km/h}$	57.5	50.7	49.2	48.7		
		$v_0=80\ \mathrm{km/h}$	54.1	47.3	45.8	45.3	45.0	
		$v_0=90\ \mathrm{km/h}$	50.7	43.9	42.4	41.9	41.6	41.3
机车与 10 辆货车(高摩合成闸瓦)	φ'_h或φ''_{h2}		0.303	0.276	0.258	0.244	0.239	0.234
	$b'+b''_2$ (N/kN)		13.0	11.9	11.1	10.5	10.3	10.1
$b=b'+b''_1+b''_2$ (N/kN)	$v_0=70(\mathrm{km/h})$		70.5	62.6	60.3	59.2		
	$v_0=80(\mathrm{km/h})$		67.1	59.2	56.9	55.8	55.3	
	$v_0=90(\mathrm{km/h})$		63.7	55.8	53.5	52.4	51.9	51.4

比较表 6-15 和表 6-16 可知,即使相关闸瓦(闸片)的换算摩擦系数及其变化规律差异较大,只要正确合理地选择基型闸瓦(闸片),用等效法计算的列车制动力与传统的换算法计算结果也比较接近,同样说明等效法的实用性与有效性。

总之,等效法不仅简单易行而且能得出统一的列车等效制动率。

等效法可在列车制动计算中为编制和使用机车车辆每台(辆)换算和等效闸瓦压力表和列车制动限速表,以及提交列车制动效能证明书等提供很大的方便。

第四节　制动距离的计算

在本书第一章第一节中已经讲述了制动距离的定义、它的标准或计算值以及它的发展趋势。这里，我们再进一步分析一下，从司机将制动阀手柄置于制动位开始到列车停住为止，列车制动过程经历了哪些阶段。

在司机施行制动时，列车中各个机车车辆的制动缸并非立即、同时开始充气增压，制动缸压强也还有一个上升的过程，并非瞬间就能增到最大值。参看图 6-3，图中 t_0 和 t_m 分别为从司机施行制动至第一辆车和最末一辆车的制动缸压强开始上升的时间。在 t_0 的时间内，列车实际上在惰行，没有一点制动力，故称 t_0 为纯空走时间，即真正完全空走的时间。t_c 为全列车制动缸充气时间(从第一辆车制动缸压强由零开始上升到最末一辆车制动缸压强升到预定值为止所经历的时间)。

由此可见，列车制动实际上经历了三个阶段：无制动力的纯空走阶段、全列车闸瓦压力由零上升到预定值的递增阶段和全列车闸瓦压力保持不变的稳定阶段。但是，为了便于计算，通常假定全列车的闸瓦压力在递增阶段的某一瞬间同时压上车轮并且全列车闸瓦压力就在这一瞬间突增到预定值，如图 6-4 中虚线所示，这样，列车制动过程就被简化成了两个阶段：从施行制动到假定制动力突增那一瞬间的阶段都成了毫无制动力的空走过程，它所经历的时间被称为空走时间，以 t_k 表示，在这一段时间内所走过的距离被称为空走距离，以 s_k 表示；从突增那一瞬间到列车停住的阶段都成了全列车闸瓦压力保持预定值的有效制动过程，它所经历的时间称为有效制动时间，以 t_e 表示，在这一段时间内走过的距离被称为有效制动距离，以 s_e 表示。则制动距离 s_b 可按下式计算：

$$s_b = s_k + s_e \tag{6-57}$$

显然，上述假定能否成立取决于假想制动力突增的瞬间是否选择得合适。选择合适时突增，前后一正一负两种误差可以互相抵消，即假想的空走距离与有效制动距离之和可以等于实际的制动距离。换句话说，制动力突增的瞬间或者说空走时间的长短应按制动距离等效的原则来决定。正因为如此，当编组辆数或列车管减压量增大(t_m 或 t_c 随之增大)时，空走时间也必然要随之增大(这样，一正一负的两种误差才能相互抵消)。

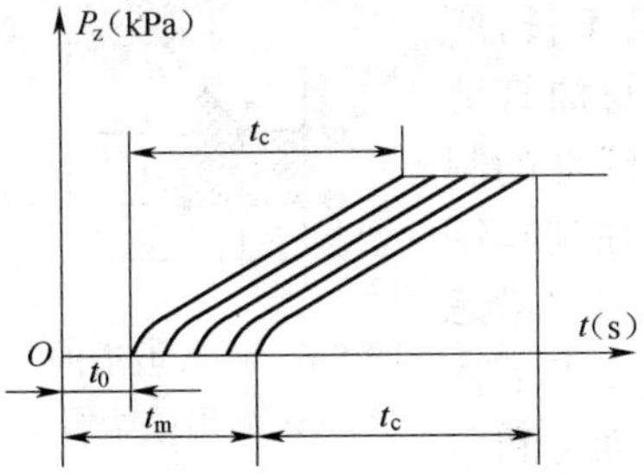

图 6-3　制动缸压强的上升

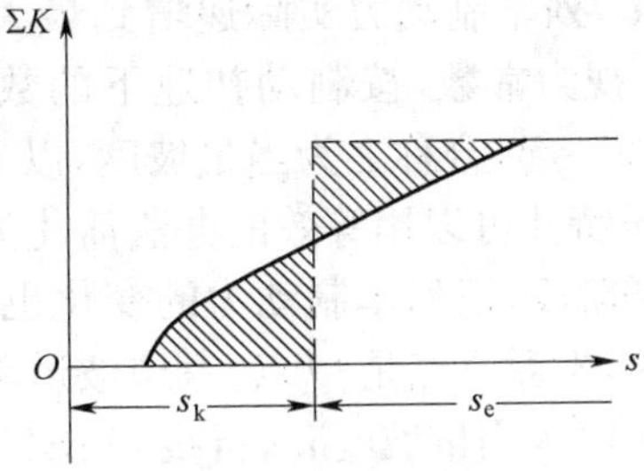

图 6-4　空走距离的原始假定概念

一、空走时间与空走距离的计算

根据上述假定，列车在空走时间内是在惰行。那么，在平道、上坡道或坡度绝对值较小的下坡道，列车速度应逐渐降低，空走距离较短；而在较陡的下坡道，当坡道下滑力大于列车基本阻力绝对值时，在空走时间内列车速度不但不降，反而会逐渐上升，空走距离较长。

为简化计算，通常假定在空走时间内列车速度不变，始终等于制动初速，至于线路坡度对列车速度和空走距离的影响，采取修正空走时间值的办法来解决。这样，空走距离就可按下列简单匀速运动的公式来计算：

$$s_k=\frac{1000 \cdot v_0 \cdot t_k}{60\times 60}=\frac{v_0 \cdot t_k}{3.6} \quad (\mathrm{m}) \tag{6-58}$$

式中 v_0——制动初速(km/h)；

t_k——空走时间(s)。

空走时间可按通过试验获得的经验公式计算，也可按通过理论推导获得的理论公式计算。

在制定我国第三个《牵规》时，分别对装有不同制动机的客货车辆进行了单独编组试验，整理出了各种制动机的空走时间公式。然后，根据我国现有各种车辆所占百分比进行加权平均，得出统一的客货列车常用的紧急制动时的空走时间公式如下：

货物列车

常用制动 $$t_k=(3.6+0.00176r \cdot n)(1-0.32i_j) \quad (\mathrm{s}) \tag{6-59}$$

紧急制动 $$t_k=(1.6+0.065n)(1-0.028i_j) \quad (\mathrm{s}) \tag{6-60}$$

旅客列车

常用制动 $$t_k=(4.1+0.002r \cdot n)(1-0.03i_j) \quad (\mathrm{s}) \tag{6-61}$$

紧急制动 $$t_k=3.5-0.08i_j \quad (\mathrm{s}) \tag{6-62}$$

式中 i_j——加算坡度千分数，当 $i_j>0$ 时，规定按 $i_j=0$ 计算；

r——列车管减压量(kPa)；

n——牵引辆数。

电空制动和单机运行不分类型，t_k 均可按下式计算：

$$t_k=2-0.08i_j \quad (\mathrm{s}) \tag{6-63}$$

根据图 6-4 所示的空走距离原始假定概念，将坡度影响考虑在内，可以画出制动过程中列车单位制动合力随时间而变的曲线图，如图 6-5 所示。横坐标表示制动时间 t，纵坐标表示单位制动合力 $c=b+i_j+w_0=b+i_w$，式中的 $i_w=i_j+w_0$。由于列车单位基本阻力 w_0 比单位制动力 b 小得很多，列车制动力实际递增到最大值以前的时间又不长，所以将 w_0 视为常数，按制动初速下的数值折合成坡度，与加算坡度 i_j 并在一起，合称之为当量坡度，以 i_w 表示。由于非线性的制动缸升压特性可以用等效的办法简化为线性关系，所以在列车制动力递增阶段，把列车制动力的变化也处理成线性关系。单考虑制动力时，坐标原点是 O 点；考虑坡道阻力影响后，坐标原点下移至 O' 点 OO' 为当量坡度 i_w，折线 $OAED$ 表示列车单位制动力和单位制动合力的实际变化过程，折线 $O'HEBD$ 表示单位制动合力按假定瞬间突增的变化过程。

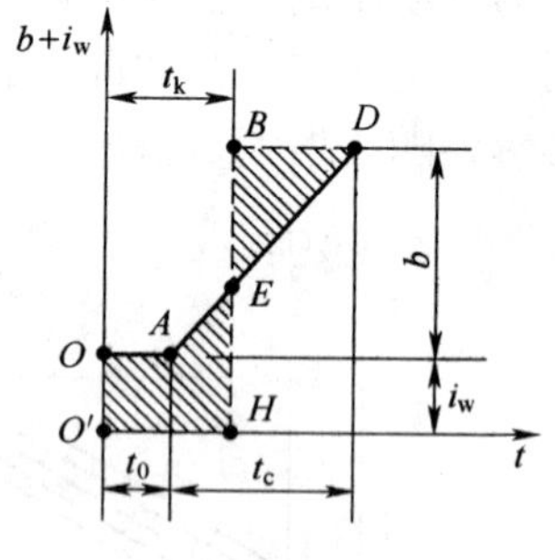

图 6-5 一般坡道的空走时间(未溢出原始假定者)

根据制动距离等效的原则，可用数学方法从理论上推导出一般坡道(非长大下坡道)列车制动空走时间的公式如下(由于 t_0 值很小，为简化计算，已忽略不计)：

$$t_k=t_c\left(1-\sqrt{1-\frac{2}{3}\cdot\frac{1}{1+\frac{i_w}{b}}}\right) \quad (\mathrm{s}) \tag{6-64}$$

式中　t_c——全列车制动缸的充气时间(s)；

i_w——当量坡度千分数；

b——列车单位制动力(N/kN)。

式(6-64)在$i_w>0$和$i_w=0$时全可适用，$i_w=0$时$t_k=0.42t_c$。但是，当$i_w<0$时，它只是在$i_w\geqslant-\frac{b}{3}$的情况下才能使用。当$i_w=-\frac{b}{3}$时，t_k已增至与t_c相同；如i_w的代数值再减小(下坡道更陡)，即$i_w<-\frac{b}{3}$，则t_k将大于t_c，溢出了图6-5所示的原始假定概念(所以这里“一般坡道”指的是列车制动空走时间未溢出原始假定的非长大下坡道)。这是将“线路坡度对列车速度的影响”人为假定为“对空走时间的影响”所造成的结果。这里，按式(6-64)计算所得的t_k值中将出现虚数(根号内为负数)，即t_k将变成复数。

为了解决上述问题，必须打破制动力突增瞬间限制在实际制动力递增过程中的原始假定概念，而另行建立新概念。参看图6-6，图中没有画出t_0，表示已忽略不计。当量坡度$i_w=0$时坐标原点为O点，考虑长大下坡道的下滑力的影响后，坐标原点上移到O'点。从O'至A，下滑力大于制动力，剩余的下滑力使列车速度上升；过了A点，制动力大于下滑力，剩余的制动力使列车速度下降；在H点，列车速度降回到制动初速，空走过程结束。单位制动力就假定在H点这一瞬间突增到b值(E点)，E点以后为有效制动过程。即：OO'为当量坡度i_w，折线$OADE$为实际单位制动合力的变化过程，折线$O'AHE$为假定的变化过程。根据制动距离等效的原则，同样可用数学方法从理论上推导出适用于长大下坡道$\left(i_w\leqslant-\frac{b}{3}\right)$的列车制动空走时间公式如下($t_0$亦已忽略不计)：

$$t_k=t_c\frac{1+\sqrt{-\frac{1}{3}\times\left(1+4\times\frac{i_w}{b}\right)}}{2\times\left(1+\frac{i_w}{b}\right)}\quad(s)\tag{6-65}$$

式中符号意义与式(6-64)相同。式(6-65)和式(6-64)是姊妹公式，必须配套使用。

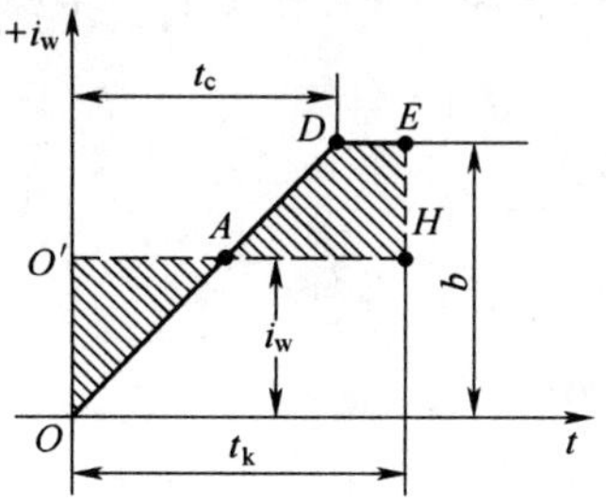

图6-6　长大下坡道的空走时间(溢出原始假定者)

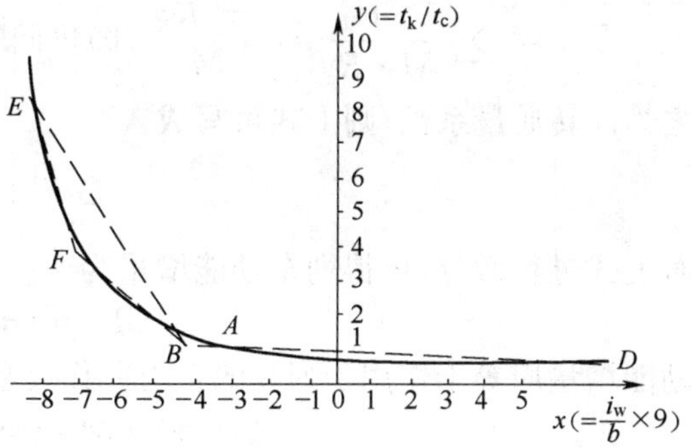

图6-7　空走时间与当量坡度的关系曲线

图6-7为根据式(6-64)和式(6-65)画出的空走时间与当量坡度的关系曲线。图中横坐标$x=9\times\frac{i_w}{b}$，当b值一定时，它就代表i_w的大小；纵坐标$y=\frac{t_k}{t_c}$，当t_c值一定时，它就代表t_k。A点是两个公式的分界点。A点的横坐标$\frac{i_w}{b}\times9=-3$，即$i_w=-\frac{3b}{9}=-\frac{b}{3}$；$A$点的纵坐标$\frac{t_k}{t_c}=$

1，即 $t_k = t_c$。A 点以右的曲线是按式(6-64)绘制的，A 点以左的曲线是按式(6-65)绘制的。

由于列车制动缸充气时间 t_c 随列车编组辆数 n 和列车单位制动力 b 而变，单位制动力 b 随列车管减压量 r 而变，当量坡度 i_w 随加算坡度 i_j 而变，所以，按数学推导得到的两个理论公式算得的 t_k 值，与前面用编组试验得到的五个经验公式相似，都是线路加算坡度 i_j、列车编组辆数 n 和减压量 r 的函数。由于理论公式比较复杂，实际运用不便，因此现在规定采用经验公式进行计算。其实，理论公式也可以简化成线性公式，如图 6-7 中虚线所示：$\overline{BAD}$为一般坡道用，$\overline{BE}$为长大下坡道用，甚至还可分成$\overline{BF}$和$\overline{FE}$两段直线。

二、有效制动距离的计算

根据前述假定，列车的有效制动过程是在空走时间终了以后，列车在瞬间突增到预定值的制动力和(自然)阻力联合作用下急剧减速直至停车或减到预定速度的过程。

把整个列车视为一个刚性系统，则按动能定律——系统动能的微分等于作用于该系统合力的微分，可以推导出列车运动的微分方程式。

由于列车在整体作平移运动的同时，还有某些部分(如轮对等)在作回转运动，所以列车的动能应由两部分组成，即整个列车的动能

$$E=\frac{M\cdot v}{2}+\sum\frac{I\cdot\omega}{2}$$

式中　M——整个列车的质量；

v——列车运行速度；

I——各个回转部分的转动惯量；

ω——各个回转部分的角速度。

令回转部分的回转半径为 R_h，则因 $\omega=\frac{v}{R_h}$，上式可改写为

$$E=\frac{M\cdot v^2}{2}+\sum\frac{I}{2}\cdot\left(\frac{v^2}{R_h^2}\right)=\frac{M\cdot v^2}{2}+\frac{M\cdot v^2}{2}\cdot\sum\frac{I}{M\cdot R_h^2}$$

令 $\gamma=\sum\frac{I}{M\cdot R_h^2}=\frac{\sum\frac{I}{R_h^2}}{M}$，即将回转动能的“折算平移质量”与整个列车质量之比，称之为回转质量系数，则上式可写成

$$E=(1+\gamma)\cdot\frac{M\cdot v^2}{2}$$

对上式进行微分，可得列车动能增量为

$$\mathrm{d}E=(1+\gamma)\cdot M\cdot v\cdot\mathrm{d}v$$

动能增量应等于作用于列车的合力所作之功，故

$$(1+\gamma)\cdot M\cdot v\cdot\mathrm{d}v=C\cdot\mathrm{d}s=C\cdot v\cdot\mathrm{d}t$$

$$\frac{\mathrm{d}v}{\mathrm{d}t}=\frac{C}{(1+\gamma)\cdot M}=\frac{C}{(1+\gamma)\times 1\,000\times(P+G)}$$

$$=\frac{g}{1\,000\times(1+\gamma)}\cdot\frac{C}{(P+G)\cdot g}$$

$$=\frac{g}{1\,000\times(1+\gamma)}\cdot c$$

式中，$g=9.81\ \mathrm{m/s^2}\approx 127\,000\ \mathrm{km/h^2}$，故上式又可写成

$$\frac{dv}{dt}=\frac{127\,000}{1\,000\times(1+\gamma)}\cdot c=\frac{127}{1+\gamma}\cdot c$$

令$\frac{127}{1+\gamma}=\xi$，称之为加速度系数，代入上式即可得出列车运动议程的一般形式：

$$\frac{dv}{dt}=\xi\cdot c$$

由此可得

$$dt=\frac{dv}{\xi\cdot c}$$

$$v\cdot dt=\frac{v\cdot dv}{\xi\cdot c}$$

$$ds=\frac{v\cdot dv}{\xi\cdot c}$$

$$\int ds=\int\frac{v\cdot dv}{\xi\cdot c}$$

由于上式中单位合力是随工况和速度而变的复杂函数，直接解算比较困难，所以，在实际计算时通常采用“分段累计法”来代替“直接积分法”（参看图 6-8），即把列车速度范围划分为若干个速度间隔，并假定在每个速度间隔内单位合力为常数，等于该速度间隔平均速度下的数值 c_p。这样，式(6-65)就可改写为

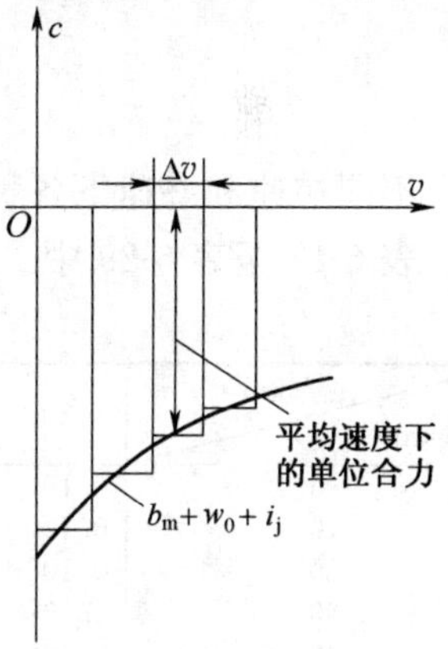

图 6-8　分段累计法

$$\int_{s_1}^{s_2}ds=\frac{1}{\xi\cdot c_p}\int_{v_1}^{v_2}v\cdot dv$$

列车在每个速度间隔内的运行距离

$$\Delta s=\frac{v_2^2-v_1^2}{2\cdot\xi\cdot c_p}$$

加速度系数 ξ 在回转质量系数 γ 有关，因机车车辆类型而异。为计算方便，在一般计算时规定统一取平均值 $\xi=120$ 为旅客列车和重货物列车的计算标准（相当于 $\gamma=0.06$）。故上式可写成

$$\Delta s=\frac{v_2^2-v_1^2}{240\cdot c_p}\quad(\text{km})$$

或

$$\Delta s=\frac{4.17\cdot(v_2^2-v_1^2)}{c_p}\quad(\text{m})^{①}\tag{6-66}$$

有效制动距离

$$s_e=\sum\Delta s=\sum\frac{4.17\cdot(v_2^2-v_1^2)}{1000\cdot\varphi_h\cdot\vartheta_h+w_0+i_j}\quad(\text{m})\tag{6-67}$$

式中 φ 和 w_0 分别为每个速度间隔（v_1 至 v_2）的平均速度 v_p 的闸瓦换算摩擦系数和列车单位基本阻力。

为了简化运用中的有效制动距离计算，还可以进一步假定闸瓦换算摩擦系数和制动时的单位基本阻力在制动过程中都不随速度而变，用制动距离等效的常量 φ_s 和 w_s 来代替 φ_h 和 w_0，这样，式(6-67)就可改写为

$$s_e=\frac{4.17\cdot(v_0^2-v_Z^2)}{1000\cdot\varphi_s\cdot\vartheta_h+w_s+i_j}\quad(\text{m})\tag{6-68}$$

---

①：我国空货车的回转质量系数 γ 约在 0.16～0.20 之间，相应的加速度系数 ξ 约为 110～106 之间。所以，对完全由空车组成的货物列车，式(6-66)的 4.17 应改为 4.63（相当于 ξ 的平均值为 108）。

式中 v_0——制动初速(km/h);

v_z——制动终速(km/h),紧急制动时 $v_z=0$;

φ_s——距离等效摩擦系数;

w_s——距离等效单位基本阻力(N/kN)。

这种求有效制动距离的方法称为"等效一次计算法",也可简称为"等效法"(注意:不要与求制动力的"等效法"混淆)。它比"分段累计法"显然方便得多。关键是如何事先求出等效值 φ_s 和 w_s。

由式(6-67)和式(6-68),并将坡度和阻力的影响先略而不计,可得

$$\sum \frac{4.17(v_2^2-v_1^2)}{1\,000\cdot\varphi_h\cdot\vartheta_h}=\frac{4.17(v_0^2-v_z^2)}{1\,000\cdot\varphi_s\cdot\vartheta_h}$$

$$\varphi_s=\frac{v_0^2-v_z^2}{\sum\dfrac{v_2^2-v_1^2}{\varphi_h}} \tag{6-69}$$

由式(6-67)和式(6-68),并将坡度和制动力的影响先略而不计,可得

$$w_s=\frac{v_0^2-v_z^2}{\sum\dfrac{v_2^2-v_1^2}{w_0}} \tag{6-70}$$

不同初速和终速下各种闸瓦或闸片的 φ_s 值以及旅客列车和货物列车(重车)的 w_s 值分别列于表 6-17 至表 6-29 中。

表 6-17 中磷闸瓦的距离等效摩擦系数 φ_s

v_z/(km·h⁻¹) \ v_0/(km·h⁻¹)	120	110	100	90	80	70	60	50	40	30	20	10
0	0.109	0.118	0.127	0.137	0.147	0.158	0.171	0.185	0.201	0.223	0.254	0.317
10	0.109	0.117	0.127	0.136	0.146	0.157	0.169	0.182	0.197	0.216	0.240	
20	0.108	0.116	0.125	0.135	0.144	0.155	0.166	0.178	0.191	0.206		
30	0.107	0.115	0.124	0.133	0.142	0.152	0.162	0.173	0.185			
40	0.106	0.114	0.123	0.131	0.140	0.150	0.160	0.170				
50	0.105	0.113	0.121	0.130	0.139	0.148	0.157					
60	0.104	0.112	0.120	0.128	0.137	0.146						
70	0.103	0.111	0.119	0.127	0.136							
80	0.102	0.110	0.118	0.126								
90	0.101	0.109	0.117									
100	0.101	0.108										
110	0.100											

按 $\varphi_h=0.356\dfrac{3.6v+100}{14v+100}+0.0007(110-v_0)$ 求得

表 6-18 高磷闸瓦的距离等效摩擦系数 φ_s

v_z/(km·h⁻¹) \ v_0/(km·h⁻¹)	120	110	100	90	80	70	60	50	40	30	20	10
0	0.112	0.125	0.137	0.150	0.163	0.177	0.190	0.205	0.220	0.238	0.261	0.304
10	0.112	0.124	0.137	0.150	0.163	0.176	0.189	0.203	0.218	0.234	0.252	
20	0.111	0.124	0.137	0.149	0.162	0.175	0.188	0.201	0.215	0.230		
30	0.111	0.124	0.136	0.149	0.161	0.174	0.187	0.200	0.214			
40	0.111	0.123	0.136	0.148	0.161	0.173	0.186	0.199				
50	0.111	0.123	0.135	0.148	0.160	0.173	0.185					
60	0.110	0.123	0.135	0.147	0.160	0.172						
70	0.110	0.122	0.135	0.147	0.159							
80	0.110	0.122	0.134	0.147								
90	0.110	0.122	0.134									
100	0.109	0.122										
110	0.109											

按 $\varphi_h=0.372\dfrac{17v+100}{60v+100}+0.0012(120-v_0)$ 求得

表 6-19 低摩合成闸瓦的距离等效摩擦系数 φ_s

$v_z/(\mathrm{km\cdot h^{-1}})$ \ $v_0/(\mathrm{km\cdot h^{-1}})$	120	110	100	90	80	70	60	50	40	30	20	10
0	0.084	0.091	0.099	0.106	0.114	0.122	0.131	0.141	0.152	0.166	0.184	0.216
10	0.084	0.091	0.98	0.106	0.113	0.122	0.130	0.140	0.150	0.162	0.177	
20	0.083	0.090	0.097	0.105	0.112	0.120	0.128	0.137	0.147	0.157		
30	0.083	0.090	0.097	0.104	0.111	0.119	0.127	0.135	0.144			
40	0.082	0.089	0.096	0.103	0.110	0.117	0.125	0.133				
50	0.081	0.088	0.095	0.102	0.109	0.116	0.123					
60	0.081	0.087	0.094	0.101	0.108	0.115						
70	0.080	0.087	0.094	0.100	0.107							
80	0.080	0.086	0.093	0.100								
90	0.079	0.086	0.092									
100	0.079	0.085										
110	0.078											

按 $\varphi_h=0.202\frac{4v+150}{10v+150}+0.0006(100-v_0)$ 求得

表 6-20 高摩合成闸瓦的距离等效摩擦系数 φ_s （$v_0=160\ \mathrm{km/h}$）

$v_z/(\mathrm{km\cdot h^{-1}})$	0	10	20	30	40	50	60	70
φ_s	0.230	0.230	0.229	0.228	0.227	0.226	0.225	0.223
$v_z/(\mathrm{km\cdot h^{-1}})$	80	90	100	110	120	130	140	150
φ_s	0.222	0.221	0.220	0.218	0.217	0.216	0.215	0.214

表 6-21 盘形制动高摩闸片的距离等效摩擦系数 φ_s （$v_0=160\ \mathrm{km/h}$）

$v_z/(\mathrm{km\cdot h^{-1}})$	0	10	20	30	40	50	60	70
φ_s	0.256	0.255	0.255	0.254	0.253	0.251	0.250	0.248
$v_z/(\mathrm{km\cdot h^{-1}})$	80	90	100	110	120	130	140	150
φ_s	0.247	0.246	0.244	0.243	0.241	0.240	0.239	0.237

表 6-22 21、22 型客车的距离等效单位基本阻力 w_s

$v_z/(\mathrm{km\cdot h^{-1}})$ \ $v_0/(\mathrm{km\cdot h^{-1}})$	160	150	140	130	120	110	100	90	80	70	60	50	40	30	20	10
0	3.91	3.71	3.51	3.32	3.13	2.96	2.79	2.63	2.48	2.33	2.20	2.08	1.97	1.87	1.78	1.70
10	3.93	3.73	3.53	3.34	3.15	2.98	2.81	2.65	2.49	2.35	2.22	2.10	1.99	1.89	1.81	
20	3.99	3.78	3.58	3.39	3.20	3.03	2.86	2.69	2.54	2.40	2.27	2.15	2.04	1.94		
30	4.08	3.87	3.67	3.47	3.28	3.10	2.93	2.77	2.62	2.47	2.34	2.22	2.11			
40	4.19	3.98	3.77	3.58	3.39	3.20	3.03	2.87	2.71	2.57	2.43	2.31				
50	4.33	4.11	3.90	3.70	3.51	3.32	3.15	2.98	2.82	2.68	2.54					
60	4.49	4.27	4.05	3.85	3.65	3.46	3.28	3.11	2.95	2.80						
70	4.66	4.44	4.22	4.01	3.81	3.62	3.43	3.26	3.09							
80	4.85	4.62	4.40	4.19	3.98	3.78	3.60	3.42								
90	5.06	4.83	4.60	4.38	4.17	3.96	3.77									
100	5.28	5.04	4.81	4.58	4.36	4.16										
110	5.51	5.27	5.03	4.80	4.57											
120	5.76	5.50	5.26	5.02												
130	6.01	5.75	5.50													
140	6.27	6.01														
150	6.55															

按 $w_0=1.66+0.0075v+0.000125v^2$ 求得

表 6-23　25G、25B 型客车的距离等效单位基本阻力 w_s

v_z/(km·h^{-1}) \ v_0/(km·h^{-1})	160	150	140	130	120	110	100	90	80	70	60	50	40	30	20	10
0	4.23	4.02	3.82	3.62	3.42	3.24	3.06	2.89	2.73	2.58	2.44	2.31	2.18	2.07	1.97	1.87
10	4.25	4.04	3.84	3.64	3.44	3.26	3.08	2.91	2.76	2.60	2.46	2.33	2.21	2.10	2.00	
20	4.31	4.10	3.89	3.69	3.50	3.31	3.14	2.97	2.81	2.66	2.52	2.38	2.27	2.16		
30	4.40	4.18	3.98	3.78	3.58	3.39	3.22	3.05	2.89	2.73	2.59	2.46	2.35			
40	4.51	4.30	4.09	3.88	3.69	3.50	3.32	3.15	2.99	2.83	2.69	2.56				
50	4.65	4.43	4.22	4.01	3.81	3.62	3.44	3.27	3.10	2.95	2.81					
60	4.81	4.59	4.37	4.16	3.96	3.77	3.58	3.40	3.24	3.08						
70	4.99	4.76	4.54	4.32	4.12	3.92	3.73	3.55	3.39							
80	5.18	4.95	4.72	4.50	4.29	4.09	3.90	3.72								
90	5.38	5.15	4.92	4.69	4.48	4.27	4.08									
100	5.60	5.36	5.12	4.90	4.68	4.47										
110	5.83	5.58	5.34	5.11	4.89											
120	6.07	5.82	5.57	5.34			按 $w_0=1.82+0.01v+0.000145v^2$ 求得									
130	6.32	6.06	5.81													
140	6.58	6.32														
150	6.85															

表 6-24　准高速单层客车的距离等效单位基本阻力 w_s

v_z/(km·h^{-1}) \ v_0/(km·h^{-1})	160	150	140	130	120	110	100	90	80	70	60	50	40	30	20	10
0	3.82	3.61	3.40	3.20	3.01	2.83	2.66	2.49	2.34	2.20	2.07	1.96	1.85	1.76	1.69	1.63
10	3.84	3.63	3.42	3.22	3.03	2.85	2.67	2.51	2.36	2.22	2.09	1.97	1.87	1.78	1.71	
20	3.90	3.68	3.47	3.27	3.08	2.89	2.72	2.56	2.40	2.26	2.13	2.02	1.91	1.83		
30	3.99	3.77	3.56	3.35	3.16	2.97	2.80	2.63	2.47	2.33	2.20	2.08	1.98			
40	4.11	3.89	3.67	3.46	3.27	3.08	2.90	2.73	2.57	2.42	2.29	2.17				
50	4.26	4.03	3.81	3.60	3.39	3.20	3.02	2.84	2.68	2.53	2.40					
60	4.43	4.20	3.97	3.75	3.55	3.35	3.16	2.98	2.81	2.66						
70	4.63	4.39	4.15	3.93	3.71	3.51	3.32	3.13	2.96							
80	4.84	4.59	4.35	4.12	3.90	3.69	3.49	3.30								
90	5.07	4.81	4.57	4.33	4.10	3.88	3.68									
100	5.31	5.05	4.80	4.55	4.32	4.09										
110	5.57	5.30	5.04	4.78	4.54											
120	5.84	5.56	5.29	5.03			按 $w_0=1.61+0.004v+0.000187v^2$ 求得									
130	6.12	5.84	5.56													
140	6.42	6.12														
150	6.72															

表 6-25　准高速双层客车的距离等效单位基本阻力 w_s

v_z/(km·h^{-1}) \ v_0/(km·h^{-1})	160	150	140	130	120	110	100	90	80	70	60	50	40	30	20	10
0	3.09	2.91	2.74	2.57	2.41	2.26	2.12	1.98	1.86	1.74	1.63	1.53	1.45	1.37	1.31	1.26
10	3.10	2.93	2.75	2.59	2.43	2.28	2.13	2.00	1.87	1.75	1.64	1.55	1.46	1.39	1.33	
20	3.15	2.97	2.80	2.63	2.47	2.32	2.17	2.04	1.91	1.79	1.68	1.58	1.50	1.43		
30	3.23	3.05	2.88	2.70	2.54	2.39	2.24	2.10	1.97	1.85	1.74	1.64	1.55			
40	3.34	3.15	2.97	2.80	2.63	2.48	2.33	2.18	2.05	1.93	1.82	1.72				
50	3.47	3.28	3.09	2.91	2.74	2.58	2.43	2.28	2.15	2.02	1.91					
60	3.62	3.42	3.23	3.05	2.87	2.71	2.55	2.40	2.26	2.13						
70	3.78	3.58	3.38	3.20	3.02	2.85	2.68	2.53	2.39							
80	3.96	3.75	3.55	3.36	3.17	3.00	2.83	2.67								
90	4.16	3.94	3.73	3.54	3.35	3.16	2.99									
100	4.36	4.14	3.93	3.72	3.53	3.34										
110	4.58	4.35	4.13	3.92	3.72											
120	4.81	4.58	4.35	4.13			按 $w_0=1.24+0.0035v+0.000157v^2$ 求得									
130	5.05	4.81	4.57													
140	5.30	5.05														
150	5.55															

表 6-26　滚承重货车的距离等效单位基本阻力 w_s

v_0/(km·h^{-1}) v_z/(km·h^{-1})	120	110	100	90	80	70	60	50	40	30	20	10
0	1.98	1.85	1.73	1.61	1.50	1.40	1.30	1.21	1.13	1.06	1.00	0.95
10	2.00	1.87	1.75	1.63	1.52	1.41	1.32	1.23	1.15	1.08	1.02	
20	2.04	1.91	1.78	1.67	1.55	1.45	1.35	1.27	1.19	1.12		
30	2.10	1.97	1.85	1.73	1.61	1.51	1.41	1.32	1.24			
40	2.19	2.05	1.92	1.80	1.69	1.58	1.48	1.39				
50	2.29	2.15	2.02	1.89	1.77	1.66	1.56					
60	2.40	2.26	2.12	1.99	1.87	1.76						
70	2.53	2.38	2.24	2.11	1.98							
80	2.66	2.51	2.37	2.23								
90	2.81	2.65	2.50			按 $w_0=0.92+0.0048v+0.000125v^2$ 求得						
100	2.96	2.80										
110	3.13											

表 6-27　滑承重货车的距离等效单位基本阻力 w_s

v_0/(km·h^{-1}) v_z/(km·h^{-1})	120	110	100	90	80	70	60	50	40	30	20	10
0	2.45	2.26	2.08	1.92	1.76	1.62	1.49	1.37	1.27	1.19	1.12	1.08
10	2.47	2.28	2.10	1.94	1.78	1.64	1.50	1.39	1.29	1.20	1.14	
20	2.53	2.34	2.16	1.99	1.83	1.68	1.55	1.43	1.33	1.25		
30	2.63	2.44	2.25	2.08	1.91	1.76	1.63	1.50	1.40			
40	2.77	2.56	2.37	2.19	2.02	1.87	1.72	1.60				
50	2.93	2.72	2.52	2.33	2.16	1.99	1.84					
60	3.12	2.90	2.69	2.49	2.31	2.14						
70	3.32	3.09	2.88	2.67	2.48							
80	3.55	3.31	3.08	2.87								
90	3.79	3.54	3.30			按 $w_0=1.07+0.0011v+0.000236v^2$ 求得						
100	4.05	3.79										
110	4.32											

表 6-28　油罐车的距离等效单位基本阻力 w_s

v_0/(km·h^{-1}) v_z/(km·h^{-1})	120	110	100	90	80	70	60	50	40	30	20	10
0	1.79	1.67	1.54	1.43	1.31	1.20	1.09	0.98	0.88	0.79	0.69	0.59
10	1.82	1.69	1.57	1.45	1.34	1.22	1.12	1.01	0.91	0.82	0.73	
20	1.88	1.75	1.63	1.51	1.39	1.28	1.17	1.07	0.97	0.88		
30	1.96	1.83	1.71	1.59	1.47	1.36	1.25	1.15	1.05			
40	2.06	1.93	1.80	1.68	1.56	1.45	1.34	1.24				
50	2.17	2.04	1.91	1.78	1.66	1.55	1.44					
60	2.29	2.15	2.02	1.89	1.77	1.65						
70	2.41	2.28	2.14	2.01	1.89							
80	2.55	2.40	2.27	2.14								
90	2.68	2.54	2.40			按 $w_0=0.53+0.0121v+0.00008v^2$ 求得						
100	2.83	2.68										
110	2.98											

表 6-29　空货车的距离等效单位基本阻力 w_s

$v_z/(km\cdot h^{-1})$ \ $v_0/(km\cdot h^{-1})$	120	110	100	90	80	70	60	50	40	30	20	10
0	6.13	5.61	5.13	4.67	4.24	3.84	3.47	3.14	2.85	2.61	2.41	2.27
10	6.20	5.68	5.19	4.73	4.30	3.89	3.52	3.19	2.90	2.65	2.46	
20	6.41	5.88	5.38	4.91	4.46	4.05	3.67	3.33	3.03	2.78		
30	6.73	6.19	5.67	5.18	4.72	4.30	3.90	3.55	3.24			
40	7.15	6.59	6.05	5.54	5.06	4.61	4.20	3.84				
50	7.65	7.06	6.50	5.96	5.46	4.99	4.56					
60	8.22	7.60	7.01	6.45	5.92	5.43						
70	8.84	8.19	7.57	6.98	6.42							
80	9.51	8.83	8.18	7.56								
90	10.23	9.51	8.82			按 $w_0=2.23+0.0053v+0.000675v^2$ 求得						
100	10.98	10.23										
110	11.77											

空重混编列车的 w_s 值可将表 6-26(滚承重车)或表 6-27(滑承重车)查得的数值乘以系数 α：

$$\alpha=\frac{G_{重}+2\cdot G_{空}}{G_{重}+G_{空}} \tag{6-71}$$

式中　$G_{重}$——混编列车中重车的总重(t)；

$G_{空}$——混编列车中空车的总重(t)。

列车中全是空车时，$\alpha=2$，即空车单位基本阻力按重车的一倍计算；全是重车时，$\alpha=1$。

三、制动距离计算实例

【例 6-4】 设某货物列车由 55 辆滚动轴承重车编组而成，全是高磷闸瓦，换算制动率为 0.30，在加算坡度为 10 的坡道以 60 km/h 速度下坡运行时施行紧急制动。试按分段累计法和等效法分别计算其紧急制动距离。

【解】 (1)求空走时间

由式(6-59)可得货物列车紧急制动空走时间：

$$t_k=(1.6+0.065\times55)[1-0.028\times(-10)]=6.6\quad(s)$$

(2)求空走距离

由式(6-57)可得相应的空走距离：

$$s_k=\frac{60\times6.6}{3.6}=110\quad(m)$$

(3)按分段累计法求有效制动距离

按表 6-30 进行计算。由该表最下面一栏各个 Δs 值可得

$$s_e=\sum\Delta s=97.5+79+60.5+42.3+24+6.5=309.7\quad(m)$$

(4)按等效法求有效制动距离

由表 6-18 查得 $\varphi_s=0.190$，由表 6-26 查得 $w_S=1.30$ N/kN，代入式(6-68)，可得

$$s_e=\frac{4.17\times(60^2-0^2)}{1000\times0.190\times0.30+1.30+(-10)}=310.8\quad(m)$$

与分段累计法相比，有效制动距离相差不大，本例中只相差 1.1 m。

(5)求制动距离

按分段累计法：　　$s_z = 110 + 309.7 = 419.7$　(m)

按等效法：　　$s_z = 110 + 310.8 = 420.8$　(m)

表 6-30　有效制动距离分段计算表

计算项目 \ 速度间隔/($km \cdot h^{-1}$)	60→50	50→40	40→30	30→20	20→10	10→0
$v_p = \frac{v_2 + v_1}{2}$	55	45	35	25	15	5(10)
$w_0 = 0.92 + 0.0048v_p + 0.000125v_p^2$	1.56	1.39	1.24	1.12	1.02	0.98
$\varphi_h = 0.372\frac{17v+100}{60v+100} + 0.0012(120 - v_0)$	0.185	0.187	0.190	0.194	0.204	0.244
$b = 1000\vartheta_h \cdot \varphi_h$	55.5	56.1	57	58.2	61.2	73.2
$c = b + w_0 + i_j$	47.06	47.49	48.24	49.32	52.22	64.18
$\Delta s = \frac{4.17 \times (v_1^2 - v_2^2)}{c} = \frac{8.34\Delta v \cdot v_p}{c}$	97.5	79	60.5	42.3	24	6.5

第五节　紧急制动限速和列车最小换算制动率

在本书第一章第一节已经讲过，制动限速有紧急制动限速和常用制动限速之分，两者之中较低的那个，才是真正的制动限速。在本章第一节结合单位合力曲线的示例又进一步阐述了，长大下坡道常用制动的均衡速度就是常用制动限速，并且指出，常用制动单位合力曲线即常用制动限速曲线，由它可以查出不同加算坡度的常用制动限速。

本节所要讲述的是：在制动地点的坡度和制动距离已经确定的条件下，如何根据已知的列车换算制动率求允许的最高速度——紧急制动限速；或者，根据该坡道要求的限速求列车必需的最小换算制动率；最后，介绍我们编制出的客货列车制动限速表及其与《技规》的制动限速表的不同之处。

一、紧急制动限速的解算

由于制动距离公式的闸瓦摩擦系数和单位基本阻力都与列车运行速度有关，在制动初速未知的情况下不好计算，所以，解算紧急制动限速需要采用试凑的方法，即先假定一个制动初速，变“求制动初速”为“求制动距离”，并将算得的制动距离与给定的制动距离相比较；如算得的值较高，应取较低的初速再算制动距离；如算得的值比给定的值低得多，则应再取较高的初速再算。经过如此反复试算，直至算得的制动距离等于或稍低于给定值为止，此时的初速，就是该地段的制动限速。为了确保列车安全下岭，实际规定制动限速时还应留有余地，即再稍降低一些。

【例 6-5】　求上一节例题中的列车在坡度为 10 的下坡道运行时 800 m 内能停车的紧急制动限速。

【解】　由上节例题的解算已知，该列车在 60 km/h 的紧急制动距离不到 500 m。由此可知，其紧急制动限速必然比 60 km/h 高得多，故先取制动初速 $v_0 = 80$ km/h 试算一下。

由表 6-18 查出 $v_0 = 80$ km/h、$v_z = 0$ 时的 $\varphi_s = 0.163$，再由表 6-26 查出相应的 $w_s =$

1.5 N/kN,故

$$s_e=\frac{4.17\times 80^2}{1000\times 0.3\times 0.163+1.5+(-10)}\approx 660.6 \quad (m)$$

$$s_k=\frac{80\times 6.6}{3.6}=146.6 \ (m)$$

$$s_z=660.6+146.6=807.2 \quad (m)$$

计算结果表明,制动初速取得高了。假定再取 $v_0=70$ km/h,并查得 $\varphi_s=0.177$,$w_s=1.40$ N/kN,而

$$s_e=\frac{4.17\times 70^2}{1000\times 0.3\times 0.177+1.4+(-10)}\approx 459.2 \quad (m)$$

$$s_k=\frac{70\times 6.6}{3.6}\approx 128.3 \quad (m)$$

$$s_Z=459.2+128.3=587.5 \quad (m)$$

显然,v_0 又取低了。再取 $v_0=75$ km/h,再按插值法求出 $\varphi_s=\frac{0.163+0.177}{2}=0.170$,$w_s=\frac{1.5+1.4}{2}=1.45$ N/kN,

$$s_e=\frac{4.17\times 75^2}{1000\times 0.3\times 0.170+1.45+(-10)}\approx 552.6 \quad (m)$$

$$s_k=\frac{75\times 6.6}{3.6}\approx 137.5 \quad (m)$$

$$s_z=552.6+137.5=690.1 \quad (m)$$

这说明,$s_z=800$ m 的紧急制动限速应当在 75~80 km/h 之间。为适当留有余地,列车的紧急制动限速可以就取为 75 km/h。

二、列车最小换算制动率的解算

这个问题用等效法计算比较简便。首先,按已知的制动初速 v_0 和计算制动距离 s_{bj},求出相应的有效制动距离 s_e:

$$s_e=s_{bj}-s_k=s_{bj}-\frac{v_0\cdot t_k}{3.6} \quad (m) \tag{6-72}$$

然后,由已知的 v_0 查相应的 φ_s 和 w_s 值,再按下式求出列车必需的最小换算制动率 ϑ_h:

$$\vartheta_h=\frac{\frac{4.17\cdot v_0^2}{s_e}-(w_s+i_j)}{1000\cdot\varphi_s} \tag{6-73}$$

如果用分段累计法,就和求紧急制动限速相似,要变"求制动率为求制动距离",经过不断试凑,才能解算出所需的换算制动率。

【例 6-6】 某货物列车由 55 辆滚承重车编组而成,全是高磷闸瓦。如果希望该列车在 $i_j=20$ 的坡道下坡运行时的紧急制动限速能达到 75 km/h,问:列车至少必须有多大的换算制动率?

【解】

$$t_k=(1.6+0.065\times 55)[1-0.028\times(-20)]\approx 7 \quad (s)$$

$$s_k=\frac{75\times 7}{3.6}\approx 146 \quad (m)$$

$$s_e=800-146=654 \quad (m)$$

用插值法求得高磷闸瓦在 $v_0=75$ km/h、$v_z=0$ 的 $\varphi_s=\frac{0.163+0.177}{2}=0.170$，$w_s=\frac{1.50+1.40}{2}=1.45$ N/kN，故

$$\vartheta_h=\frac{\frac{4.17\times75^2}{654}-[1.45+(-20)]}{1\,000\times0.170}\approx0.32$$

三、各种列车或动车组在不同制动条件下的制动限速表

为应用方便，事先用电子计算机将平道和各种下坡道并对应各种换算制动率的制动限速求出来，列成表格形式，即“列车制动限速表”（关于制动限速表的电算，参看本章第五节）。

表 6-31 为采用空气制动机和中磷闸瓦的货物列车制动限速表。左边第一栏为加算坡度 i_j 值，上方第一行为 $100\cdot\vartheta_h$，即每百千牛列车重力的换算闸瓦压力(kN)值，它与工程单位制的每百吨重列车重力的换算闸瓦压力(tf)值相等。表中的制动限速是从紧急制动限速和常用制动限速两个数值中取较低值而得的：阶梯形粗黑线的右上方均为紧急制动限速（它比相应的常用制动限速低，故常用制动限速不起限制作用）；阶梯形粗黑线左下方均为常用制动限速（它比相应的紧急制动限速低，故紧急制动限速不起限制作用）。

常用制动限速是按常用制动单位合力为零的下列公式求出的：

$$\beta_c\cdot b+w_0+i_j=0$$

式中 β_c——常用制动系数，货车取为 0.5，客车取为 0.6；

b——列车单位换算制动力(N/kN)；

w_0——列车单位基本阻力(N/kN)；

i_j——加算坡度千分数(代数值)。

采用高磷闸瓦和高摩合成闸瓦的货物列车制动限速表分别参看表 6-32 和表 6-33。

表 6-34 至表 6-38 均为旅客列车制动限速表。表 6-34 和表 6-35 是普通旅客列车，表 6-36 是 140 km/h 级的快速旅客列车，表 6-37 和表 6-38 是 160 km/h 级的快速旅客列车，即准高速列车。表 6-39 和表 6-40 分别为动车组 160 km/h 级和 200 km/h 级的制动限速表。客车和动车组的限速表中无紧急制动限速与常用制动限速的分界线，这是因为，旅客列车和动车组的制动能力较强，即使在 $i_j=33\sim34$ 的下坡道，换算制动率为表中最小值时，常用制动限速也比紧急制动限速高得多。所以，对旅客列车来说，制动限速即紧急制动限速。

在线路加算坡度和列车换算制动率已知时，可以很方便地从表中查出该下坡道真正的制动限速。例如上节例题中采用高磷闸瓦和滚动轴承的货物列车，其 $\vartheta_h=0.30$，$i_j=-10$，即 $100\vartheta_h=30$，由表 6-32 可查得其紧急制动限速为 79 km/h（本节前面求制动限速的例题解算结果是在 75～80 km/h 之间）。

在列车最高运行速度和线路加算坡度已知时，也可以直接从表中反查出列车在该下坡道运行至少必需的换算制动率。例如上述货物列车，当 $i_j=-33$，$v_0=50$ km/h 时，由表 6-32 中查得该列车至少必需的 $100\vartheta_h$ 值为 32 kN，即 $\vartheta_h=0.32$。

从 2000 年 5 月 1 日起施行的第 9 版《铁路技术管理规程》开始，“每百吨列车重量的换算闸瓦压力表”改成了“制动限速表”，这是一个进步。但它与本书的制动限速表仍有两个不同之处：

(1)编制的根据不同。该规程的制动限速表还是按紧急制动距离内停车的要求编制的，它

还是没有考虑常用制动限速有可能更低的情况，所以，它们仍只列到 20，在表的下方还注明了“坡度超过 20 的下坡道要由铁路局根据试验以命令规定之”。其实，只要考虑了常用制动限速，坡度陡于 20 的下坡道也完全可以从理论上算出，无需另行通过试验以命令来规定。

表 6-31　空气、踏面制动中磷闸瓦的货物列车制动限速表(km/h)

i_j \ $100 \cdot \vartheta_h$	26	27	28	29	30	31	32	33	34	35	36	37	38
0													
−1	79												
−2	78	79											
−3	77	78	79										
−4	76	77	78	79									
−5	75	76	77	79	79								
−6	74	75	77	77	79								
−7	74	74	75	77	78	79							
−8	72	74	75	76	77	78	79						
−9	72	73	74	75	76	77	78	79					
−10	70	72	73	74	75	76	77	79	79				
−11	70	71	72	73	74	75	77	77	79	79			
−12	68	70	71	72	74	75	75	77	78	79			
−13	68	69	70	72	73	74	75	76	77	78	79		
−14	67	68	69	70	72	73	74	75	76	77	78	79	
−15	66	67	68	70	71	72	73	74	75	76	77	78	79
−16	65	67	68	69	70	71	72	74	74	75	77	77	79
−17	64	65	67	68	69	70	72	72	74	75	75	77	77
−18	63	65	66	67	68	70	70	72	73	74	75	76	77
−19	62	63	65	66	67	68	70	71	72	73	74	75	76
−20	62	63	64	65	67	68	69	70	71	72	74	74	75
−21	60	62	63	65	66	67	68	69	70	72	72	74	74
−22	58	61	62	63	65	66	67	68	70	70	72	73	74
−23	50	56	61	63	64	65	67	68	68	70	71	72	73
−24	44	49	55	60	63	64	65	67	68	69	70	71	72
−25	38	43	48	53	58	63	65	66	67	68	69	70	72
−26	33	38	42	47	52	57	62	65	66	67	68	70	70
−27	29	33	37	41	46	51	56	60	65	67	68	68	70
−28	26	29	33	37	41	45	50	55	59	63	67	68	69
−29	23	26	29	33	36	41	45	49	53	58	62	66	68
−30	20	23	26	29	33	36	40	44	48	53	56	61	65
−31	18	20	23	26	29	33	36	40	43	48	51	55	60
−32	15	18	20	23	26	29	32	36	40	43	47	51	55
−33	14	16	18	21	23	26	29	32	35	39	43	46	50
−34	12	14	16	18	21	23	26	29	32	35	38	42	46

注：①紧急制动距离计算值为 800 m；
②列车管定压为 500 kPa，常用制动系数取为 0.5；
③滚动轴承，$w''_0 = 0.92 + 0.0048v + 0.000125v^2$；
④其他因素的限速为 80 km/h。

表 6-32 空气、踏面制动高磷闸瓦的货物列车制动限速表(km/h)

i_j \ $100 \cdot \vartheta_h$	26	27	28	29	30	31	32	33	34	35	36	37	38
0													
−1													
−2													
−3													
−4	79												
−5	78	79											
−6	77	79											
−7	77	78	79										
−8	75	77	78	79									
−9	75	76	77	79	79								
−10	74	75	77	77	79								
−11	73	74	75	77	78	79							
−12	72	74	75	76	77	78	79						
−13	72	73	74	75	76	77	79	79					
−14	70	72	73	74	75	77	77	79					
−15	70	71	72	74	75	75	77	78	79				
−16	69	70	72	73	74	75	76	77	78	79			
−17	68	69	70	72	73	74	75	76	77	79	79		
−18	67	68	70	71	72	74	75	75	77	77	79		
−19	67	68	69	70	72	73	74	75	76	77	78	79	
−20	65	67	68	70	70	72	73	74	75	76	77	78	79
−21	65	66	67	68	70	71	72	74	74	75	77	77	79
−22	64	65	67	68	69	70	72	72	74	75	75	77	78
−23	63	64	66	67	68	70	70	72	73	74	75	76	77
−24	62	63	65	66	67	68	70	71	72	73	74	75	76
−25	61	63	64	65	67	68	69	70	72	72	74	75	75
−26	57	62	63	65	66	67	68	70	70	72	73	74	75
−27	51	56	62	63	65	67	68	68	70	71	72	73	74
−28	45	50	56	62	64	65	67	68	69	70	72	72	74
−29	38	45	50	56	61	65	66	67	68	70	70	72	73
−30	33	39	45	50	56	61	65	67	68	68	70	71	72
−31	28	33	40	45	50	55	60	65	67	68	69	70	71
−32	23	29	34	40	45	50	55	60	65	67	68	70	70
−33	20	24	30	35	40	45	50	55	60	64	68	68	70
−34	16	20	25	30	35	40	45	50	55	59	63	68	69

注:①紧急制动距离计算值为 800 m;

②列车管定压为 500 kPa,常用制动系数取为 0.5;

③滚动轴承,$w''_0 = 0.92 + 0.0048v + 0.000125v^2$;

④其他因素的限速为 80 km/h。

表 6-33　空气、踏面制动高摩合成闸瓦的货物列车制动限速表(km/h)

i_j \ $100\cdot\vartheta_h$	22	23	24	25	26	27	28	29	30	31	32	33	34
0	93	96	97	99									
−1	93	94	97	98									
−2	92	93	95	97	99								
−3	91	93	94	96	97	99							
−4	89	92	93	95	97	98							
−5	89	91	93	94	96	97	99						
−6	88	89	92	93	95	97	98						
−7	87	89	90	93	94	96	97	99					
−8	86	88	89	91	93	95	97	98	99				
−9	85	87	89	90	92	93	95	97	98				
−10	84	86	88	89	91	93	94	96	97	99			
−11	83	85	87	89	90	92	93	95	97	98			
−12	82	84	86	88	89	91	93	94	96	97	99		
−13	82	83	85	87	89	90	92	93	95	97	98	99	
−14	80	82	84	86	88	89	91	93	94	96	97	98	
−15	79	82	83	85	87	89	90	92	93	95	96	97	99
−16	78	81	82	84	86	88	89	91	93	94	95	97	98
−17	78	79	82	83	85	86	89	90	92	93	94	96	97
−18	77	78	81	82	84	86	87	89	90	92	93	95	97
−19	75	78	79	82	83	85	86	88	89	91	93	94	96
−20	74	77	78	81	82	84	86	87	89	90	92	93	95
−21	74	76	78	79	82	83	85	86	88	89	91	93	94
−22	73	74	77	78	81	82	84	86	87	89	90	92	93
−23	72	74	76	78	80	82	83	85	86	88	89	91	93
−24	71	73	75	77	78	81	82	84	86	87	89	90	92
−25	70	72	74	76	78	80	82	83	85	86	88	89	91
−26	69	71	73	75	77	78	81	82	84	86	87	89	90
−27	68	70	72	74	76	78	80	82	83	85	86	88	89
−28	67	69	71	73	75	77	78	81	82	84	86	87	88
−29	64	68	71	72	74	76	78	80	82	83	85	86	87
−30	46	67	69	71	74	75	77	78	81	82	84	86	86
−31	35	50	68	71	72	74	76	78	80	82	83	85	86
−32	25	38	54	70	71	74	75	77	78	81	82	84	85
−33	17	28	42	59	71	73	74	76	78	79	82	82	84
−34	11	21	32	45	63	71	74	75	77	78	80	82	83

注:①紧急制动距离计算值为 800 m;

②列车管定压为 500 kPa,常用制动系数取为 0.5;

③滚动轴承,$w_0''=0.92+0.0048v+0.000125v^2$;

④其他因素的限速为 100 km/h。

表 6-34　空气、踏面制动中磷闸瓦的普通旅客列车制动限速表(km/h)

i_j \ $100 \cdot \vartheta_h$	56	58	60	62	64	66	68	70	72	74	76	78	80
0	107	108	110	111	112	113	114	115	117	118	119		
−1	106	108	109	110	111	113	114	115	116	117	118	119	
−2	106	107	108	109	111	112	113	114	115	116	117	118	
−3	105	106	107	109	110	111	112	114	115	116	117	118	119
−4	104	105	107	108	109	111	112	113	114	115	116	117	118
−5	103	105	106	107	109	110	111	112	113	114	116	117	118
−6	103	104	105	107	108	109	110	112	113	114	115	116	117
−7	103	103	105	106	107	109	110	111	112	113	114	115	116
−8	102	103	104	105	107	108	109	110	111	113	114	115	116
−9	102	103	103	105	106	107	108	110	111	112	113	114	115
−10	101	102	103	104	105	107	108	109	110	111	112	113	115
−11	100	102	103	103	105	106	107	108	110	111	112	113	114
−12	100	101	102	103	104	105	107	108	109	110	111	112	113
−13	99	100	102	103	103	105	106	107	108	109	111	112	113
−14	98	100	101	102	103	104	105	106	108	109	110	111	112
−15	98	99	100	102	103	103	105	106	107	108	109	110	111
−16	97	98	100	101	102	103	104	105	106	108	109	110	111
−17	96	98	99	100	102	103	103	105	106	107	108	109	110
−18	95	97	98	100	101	102	103	104	105	106	107	109	110
−19	95	96	98	99	100	102	103	103	104	106	107	108	109
−20	94	96	97	98	100	101	102	103	104	105	106	107	108
−21	93	95	96	98	99	100	102	103	103	104	106	107	108
−22	93	94	96	97	98	100	101	102	103	104	105	106	107
−23	92	94	95	96	98	99	100	102	103	103	104	106	107
−24	91	93	94	96	97	99	100	101	102	103	104	105	106
−25	91	92	94	95	97	98	99	101	102	103	103	104	105
−26	90	91	93	94	96	97	99	100	101	102	103	104	105
−27	89	91	92	94	95	97	98	99	101	102	103	103	104
−28	89	90	92	93	95	96	97	99	100	101	102	103	104
−29	88	89	91	92	94	95	97	98	99	101	102	103	103
−30	87	89	90	92	93	95	96	97	99	100	101	102	103
−31	86	88	90	91	93	94	95	97	98	99	101	102	103
−32	86	87	89	91	92	93	95	96	97	99	100	101	102
−33	86	87	88	90	91	93	94	96	97	98	99	101	102
−34	85	86	88	89	91	92	94	95	96	97	99	100	101

注:①紧急制动距离计算值为 800 m;

②列车管定压为 600 kPa,常用制动系数取为 0.6;

③$w''_0 = 1.66 + 0.0075v + 0.000155v^2$;

④其他因素的限速为 120 km/h。

表 6-35　空气、踏面制动高磷闸瓦的普通旅客列车制动限速表(km/h)

i_j \ $100 \cdot \vartheta_h$	56	58	60	62	64	66	68	70	72	74	76	78	80
0	109	110	111	113	114	115	116	117	118	119			
−1	108	110	111	112	113	114	115	116	117	118	119		
−2	108	109	110	111	112	114	115	116	117	118	119		
−3	107	108	110	111	112	113	114	115	116	117	118	119	
−4	106	108	109	110	111	112	113	115	116	117	118	118	119
−5	106	107	108	110	111	112	113	114	115	116	117	118	119
−6	105	106	108	109	110	111	112	113	114	115	116	117	118
−7	105	106	107	108	109	111	112	113	114	115	116	117	118
−8	104	105	107	108	109	110	111	112	113	114	115	116	117
−9	103	105	106	107	108	109	111	112	113	114	115	116	117
−10	103	104	105	107	108	109	110	111	112	113	114	115	116
−11	103	103	105	106	107	108	109	111	112	113	114	115	116
−12	102	103	104	105	107	108	109	110	111	112	113	114	115
−13	102	103	103	105	106	107	108	109	110	112	113	114	114
−14	101	103	103	104	105	107	108	109	110	111	112	113	114
−15	101	102	103	104	105	106	107	108	109	110	111	112	113
−16	100	101	103	103	104	105	107	108	109	110	111	112	113
−17	99	101	102	103	104	105	106	107	108	109	110	111	112
−18	99	100	101	103	103	104	105	107	108	109	110	111	112
−19	98	100	101	102	103	104	105	106	107	108	109	110	111
−20	98	99	100	102	103	103	104	105	107	108	109	110	111
−21	97	98	100	101	102	103	104	105	106	107	108	109	110
−22	96	98	99	100	102	103	103	104	105	107	108	109	110
−23	96	97	99	100	101	102	103	104	105	106	107	108	109
−24	95	97	98	99	101	102	103	103	104	105	107	108	109
−25	94	96	97	99	100	101	102	103	104	105	106	107	108
−26	94	95	97	98	99	101	102	103	103	104	105	107	108
−27	93	95	96	97	99	100	101	103	103	104	105	106	107
−28	93	94	96	97	98	100	101	102	103	103	104	105	107
−29	92	93	95	96	98	99	100	101	103	103	104	105	106
−30	91	93	94	96	97	98	100	101	102	103	103	104	105
−31	91	92	94	95	97	98	99	100	102	103	103	104	105
−32	90	92	93	95	96	97	99	100	101	102	103	103	104
−33	90	91	93	94	95	97	98	99	100	102	103	103	104
−34	89	90	92	93	95	96	97	99	100	101	102	103	103

注:①紧急制动距离计算值为 800 m;

②列车管定压为 600 kPa,常用制动系数取为 0.6;

③$w''_0 = 1.66 + 0.0075v + 0.000155v^2$;

④其他因素的限速为 120 km/h。

表 6-36　空气、踏面制动高摩合成闸瓦的 140 km/h 级快速旅客列车制动限速表(km/h)

i_j \ $100 \cdot \vartheta_h$	34	35	36	37	38	39	40	41	42	43	44	45	46
0	139												
−1	138	139											
−2	137	139											
−3	136	138	139										
−4	135	137	138										
−5	134	136	138	139									
−6	133	135	137	138									
−7	132	134	136	137	139								
−8	131	133	135	137	138								
−9	131	132	134	136	137	139							
−10	129	131	133	134	137	138	139						
−11	128	130	132	134	136	137	139						
−12	128	129	131	133	134	136	138	139					
−13	127	128	130	132	134	136	137	139					
−14	126	127	129	131	133	134	136	138	139				
−15	125	127	128	130	132	133	135	137	138				
−16	124	126	127	129	131	133	134	136	138	139			
−17	123	125	127	128	130	132	133	135	137	138			
−18	122	124	126	127	129	131	133	134	136	137	139		
−19	121	123	125	127	128	130	132	133	135	137	138	139	
−20	120	122	124	126	127	129	131	132	134	136	137	139	
−21	119	121	123	125	126	128	130	132	133	135	136	138	139
−22	118	120	122	124	126	127	129	131	132	134	136	137	139
−23	117	119	121	123	125	126	128	130	132	133	134	136	138
−24	116	118	120	122	124	126	127	129	131	132	134	136	137
−25	115	117	119	121	123	125	126	128	129	131	133	134	136
−26	115	116	118	120	122	123	126	127	129	131	132	134	135
−27	114	115	117	119	121	123	125	126	128	129	131	133	134
−28	112	115	116	118	120	122	123	126	127	129	131	132	133
−29	111	114	115	117	119	121	123	125	126	128	129	131	133
−30	111	112	115	116	118	120	122	123	125	127	128	130	132
−31	110	112	114	116	117	119	121	123	125	126	128	129	131
−32	109	111	112	115	116	118	120	122	123	125	127	128	130
−33	107	110	112	114	116	117	119	121	123	125	126	128	129
−34	107	109	111	113	115	116	118	120	122	123	125	127	128

注:①紧急制动距离计算值为 1 100 m;

②列车管定压为 600 kPa,常用制动系数取为 0.6;

③$w''_0 = 1.82 + 0.0100v + 0.000145v^2$;

④其他因素的限速为 140 km/h。

表 6-37　空气、盘形制动高摩合成闸片的 160 km/h 级快速旅客列车制动限速表（km/h）

i_j \ $100\cdot\vartheta_h$	34	35	36	37	38	39	40	41	42	43	44	45	46
0													
−1													
−2													
−3													
−4	159												
−5	158												
−6	157	159											
−7	156	158											
−8	155	157	159										
−9	154	156	158										
−10	153	155	157	159									
−11	152	154	156	158									
−12	151	153	155	157	159								
−13	150	152	154	156	158								
−14	149	151	153	155	157	159							
−15	148	150	152	154	156	158							
−16	147	149	151	153	155	157	159						
−17	146	148	150	152	154	156	158						
−18	145	147	149	151	153	155	157	159					
−19	144	146	148	150	152	154	156	158					
−20	143	145	147	149	151	154	155	157	159				
−21	142	144	146	148	150	152	154	156	158				
−22	140	143	145	147	149	151	154	155	157	159			
−23	140	142	144	146	149	150	152	154	156	158			
−24	138	141	143	145	147	149	152	154	155	157	159		
−25	137	140	142	144	146	149	150	152	154	156	158		
−26	137	138	141	143	145	147	149	152	154	155	157	159	
−27	135	138	140	142	144	147	149	150	152	154	156	158	
−28	134	137	139	141	144	145	147	150	152	154	155	157	159
−29	133	135	138	140	142	144	147	149	150	152	154	156	158
−30	132	135	137	139	141	144	145	147	150	152	154	155	157
−31	131	133	136	138	140	142	145	147	149	150	152	154	156
−32	130	133	135	137	139	142	144	145	148	150	152	154	155
−33	129	132	134	136	138	140	143	145	147	149	150	152	154
−34	128	130	133	135	137	140	142	144	146	148	150	152	154

注：①紧急制动距离计算值为 1 400 m；

②列车管定压为 600 kPa，常用制动系数取为 0.6；

③$w_0'' = 1.24 + 0.0035v + 0.000157v^2$；

④其他因素的限速为 160 km/h。

表 6-38　电空、盘形制动高摩合成闸片的 160 km/h 级快速旅客列车制动限速表(km/h)

i_j \ $100\cdot\vartheta_h$	30	31	32	33	34	35	36	37	38	39	40	41	42
0	159												
−1	157	159											
−2	156	159											
−3	155	157											
−4	154	156	159										
−5	153	155	157										
−6	152	154	156	159									
−7	150	153	155	157									
−8	149	152	154	157	159								
−9	149	150	153	155	157								
−10	147	150	152	154	157	159							
−11	146	149	151	153	155	158							
−12	145	147	150	152	154	157	159						
−13	144	146	149	151	154	155	158						
−14	143	145	147	150	152	154	157	159					
−15	142	144	147	149	151	154	155	158					
−16	140	143	145	148	150	152	155	157	159				
−17	139	142	144	147	149	151	154	155	158				
−18	138	141	143	145	148	150	152	155	157	159			
−19	137	140	142	145	147	149	152	154	156	158			
−20	136	138	141	144	146	148	150	152	155	157	159		
−21	135	137	140	142	145	147	149	152	154	156	158		
−22	133	136	138	141	144	146	149	150	153	155	157	159	
−23	133	135	138	140	142	145	147	149	152	154	156	158	
−24	132	134	137	139	142	144	146	149	150	153	155	157	159
−25	130	133	135	138	140	143	145	147	150	152	154	156	158
−26	129	132	134	137	139	142	144	146	149	150	153	155	157
−27	128	130	133	136	138	140	143	145	147	150	152	154	156
−28	127	130	132	135	137	140	142	144	147	149	151	153	155
−29	126	128	131	133	136	138	141	143	145	148	150	152	154
−30	125	127	130	132	135	137	140	142	144	147	149	151	153
−31	123	126	128	132	134	136	138	141	144	145	148	150	152
−32	122	125	128	130	133	135	138	140	142	145	147	149	151
−33	121	124	127	129	132	134	137	139	141	144	146	148	150
−34	120	123	125	128	130	133	135	138	140	142	145	147	149

注：①紧急制动距离计算值为 1 400 m；

②列车管定压为 600 kPa，常用制动系数取为 0.6；

③$w''_0=1.24+0.0035v+0.000157v^2$；

④其他因素的限速为 160 km/h。

表 6-39　电空、盘形制动的 160 km/h 级动车组制动限速表(km/h)

i_j \ $100 \cdot \vartheta_h$	30	31	32	33	34	35	36	37	38	39	40	41	42
0	156	159											
−1	155	157											
−2	154	156	159										
−3	153	155	157										
−4	152	154	157	159									
−5	151	153	155	157									
−6	150	152	154	157	159								
−7	149	151	153	155	157								
−8	147	150	152	154	157	159							
−9	147	149	151	154	155	158							
−10	145	148	150	152	154	157	159						
−11	144	147	149	151	154	155	158						
−12	143	145	148	150	152	155	157	159					
−13	142	145	147	149	151	154	155	158					
−14	141	144	146	148	150	152	155	157	159				
−15	140	142	145	147	149	152	154	156	158				
−16	138	141	144	146	148	150	152	155	157	159			
−17	138	140	142	145	147	149	152	154	156	158			
−18	137	139	142	144	146	149	150	153	155	157	159		
−19	135	138	140	143	145	147	150	152	154	156	158		
−20	134	137	139	142	144	146	149	150	153	155	157	159	
−21	133	136	138	140	143	145	147	150	152	154	156	158	
−22	132	135	137	140	142	144	147	149	151	153	155	157	159
−23	131	133	136	138	141	143	145	147	150	152	154	156	158
−24	130	132	135	137	140	142	144	147	149	151	153	155	157
−25	129	132	134	137	138	141	144	145	148	150	152	154	156
−26	128	130	133	135	138	140	142	145	147	149	151	153	155
−27	127	129	132	134	137	139	141	144	145	148	150	152	154
−28	125	128	130	133	135	138	140	142	145	147	149	151	153
−29	124	127	130	132	135	137	139	142	144	146	148	150	152
−30	123	126	128	131	133	136	138	140	143	145	147	149	151
−31	122	125	127	130	132	135	137	139	142	144	146	148	150
−32	121	123	126	129	131	133	136	138	140	143	145	147	149
−33	120	122	125	128	130	133	135	137	140	142	144	146	148
−34	118	122	124	127	129	132	134	136	138	141	143	145	147

注：①紧急制动距离计算值为 1 400 m；

②列车管定压为 600 kPa，常用制动系数取为 0.6；

③$w_0'' = 0.88 + 0.00744v + 0.000144v^2$，8 辆编组；

④其他因素的限速为 160 km/h。

表 6-40　电空、盘形制动的 200 km/h 级动车组制动限速表(km/h)

i_j \ $100\cdot\vartheta_h$	34	35	36	37	38	39	40	41	42	43	44	45	46
0	197												
−1	196	199											
−2	195	197											
−3	193	196	199										
−4	193	195	197										
−5	191	193	197	199									
−6	190	193	195	197									
−7	189	191	193	197	199								
−8	187	190	193	195	197								
−9	186	189	191	193	197	199							
−10	185	187	190	193	195	197							
−11	183	186	189	191	194	197	199						
−12	182	185	187	190	193	195	197						
−13	181	184	186	189	191	194	197	199					
−14	180	182	185	188	190	193	195	197					
−15	179	181	184	186	189	191	194	197	199				
−16	177	180	182	185	188	190	193	195	197				
−17	176	179	182	184	186	189	192	194	197	199			
−18	175	178	180	182	186	188	190	193	195	197			
−19	173	176	179	182	184	186	189	192	194	197	199		
−20	172	175	178	180	182	186	188	190	193	195	197		
−21	171	174	176	179	182	184	186	190	192	194	197	199	
−22	170	172	175	178	180	183	186	188	190	193	195	197	
−23	168	171	174	176	179	182	184	187	190	192	194	197	199
−24	167	170	172	175	178	181	183	186	188	190	193	195	197
−25	166	168	171	174	177	179	182	184	187	190	192	194	197
−26	164	168	170	173	175	178	181	183	186	188	190	193	195
−27	163	166	169	171	175	177	179	182	185	187	190	192	194
−28	162	164	168	171	173	175	179	181	183	186	188	190	193
−29	160	164	166	169	171	175	177	179	182	185	187	190	192
−30	159	162	165	168	171	173	176	179	181	183	186	188	190
−31	158	160	164	167	169	172	175	177	180	182	185	187	190
−32	157	160	163	165	168	171	173	176	179	181	183	186	188
−33	155	158	161	164	167	170	172	175	178	180	182	185	187
−34	154	157	160	163	165	168	171	174	176	179	181	183	186

注：①紧急制动距离计算值为 2 000 m；

②列车管定压为 600 kPa，常用制动系数取为 0.6；

③$w''_0=0.88+0.007\,44v+0.000\,144v^2$，8 辆编组；

④其他因素的限速为 200 km/h。

(2)列车制动能力的表达方式不同。它仍坚持过去的“每百吨列车重量的闸瓦压力”这个概念，闸瓦压力的单位虽改用了 kN，但列车重量并不改成“重力”，其单位还是用 t 而不用 kN，所以，表中的换算闸瓦压力(kN)值实质上是 $1000\cdot\vartheta_h$，即相当于过去“每百吨列车重量的闸瓦压力”的 10 倍。那时，重量的单位是 tf，闸瓦压力的单位也是 tf，分母和分子上的单位是一致的，所以 ϑ_h 称为列车换算制动率。现在这种分母上用 t(质量单位)，分子上用 kN(力的单位)

的做法是不好的。

第六节　列车制动电算

列车制动计算在铁路机车车辆设计、长大下坡道制动限速或列车制动率的确定、行车事故的分析、铁路信号的配置以及列车操纵自动化等方面都很有用。传统的“手算”(包括“分析法”和“图解法”)由于计算速度慢,严重影响了其广泛应用。因此,用电子计算机进行计算的方法(电算法)和进行“制动电算”的专用软件便应运而生。

BJD-PR 软件(2009 版)是北京交通大学彭俊彬和饶忠合作编制的列车制动计算软件,它具有用户界面友好、操作简便以及计算精度高的优点。此软件包含“紧急制动距离电算”和“制动限速表电算”两个功能:

(1)按分段累计法求实际线路上某列车或动车组在任意地点施行紧急制动的制动距离。线路数据的输入方法是:把下闸地点作为第一个坡段的起点,由键盘逐个敲入制动过程中每个坡道的加算坡度和坡段长度,直至停车为止。

(2)用于计算平道和各种加算坡度的下坡道在不同制动初速下真正的列车制动限速(紧急限速和常用限速之中的较低值),并编制成“列车制动限速表”。

图 6-9 为 BJD-PR 软件(2009 版)的主对话框,选择“紧急制动距离电算”或“制动限速表电算”中的任一选项,并点击“确定”按钮,即可执行相应的功能。

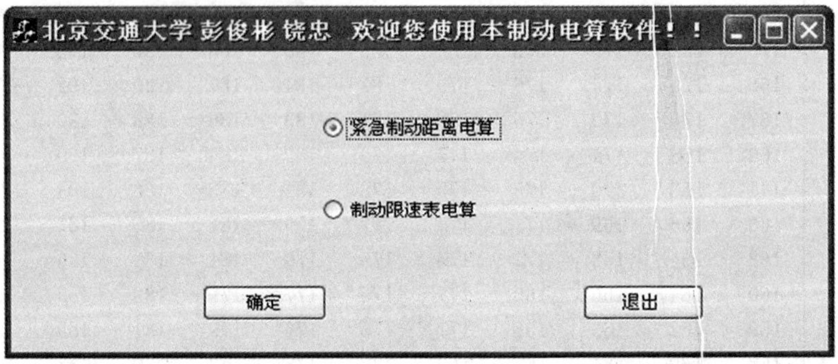

图 6-9　BJD-PR 软件(2009 版)的主对话框

一、紧急制动距离电算

“紧急制动距离电算”功能的对话框参看图 6-10。图中左边为需要选择或输入的计算条件和原始数据,右边为“计算过程显示”列表框,在计算开始后用以显示包括空走过程起点和终点、变坡点和有效制动过程每个速度间隔终点的速度、距离等相关数据。图中最下方左边为计算完毕(紧急制动停车)后显示的最终计算结果(空走时间、空走距离和总的制动距离),右边为“计算”按钮和“退出”按钮。

在计算所需的原始条件未完全确定(选择或输入)之前,“紧急制动距离电算”对话框中的“计算”按钮处于灰化状态,不能进行计算。待计算所需的条件逐个确定后,“计算”按钮才被激活,点击它,即可进行计算。需要注意的是:

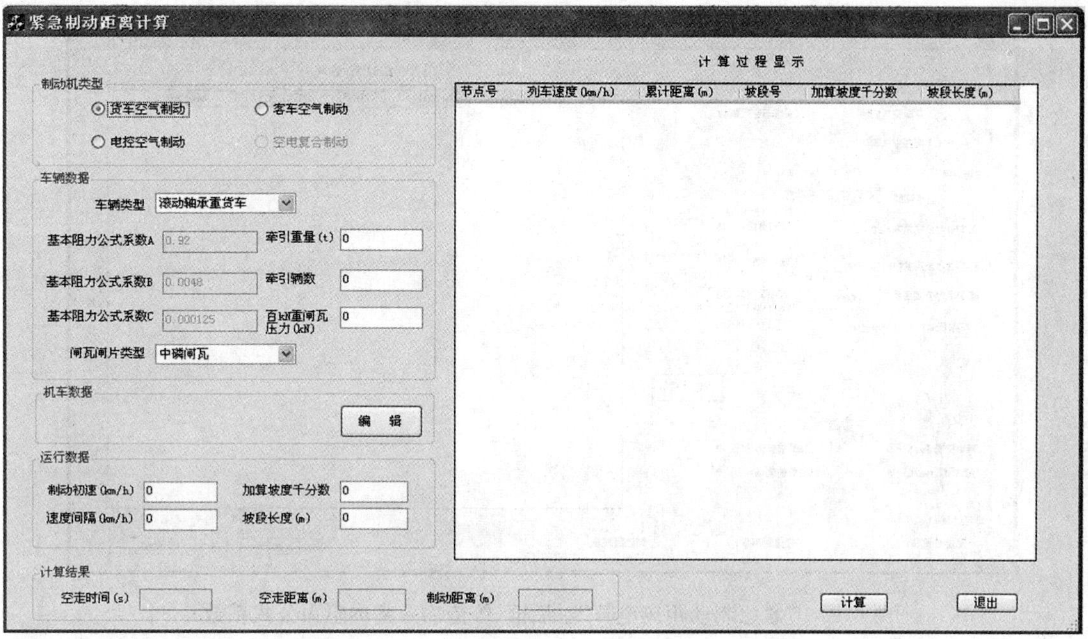

图 6-10　“紧急制动距离电算”对话框(等待数据输入)

(1)只有在“制动机种类”中选择了“货车空气制动”“客车空气制动”“电控空气制动”中的任意一项,“车辆数据”中的“车辆类型”及“基本阻力公式系数”才会显示信息和数据,如图 6-11 所示(由于条件尚未完全具备,“空电复合制动”暂时还不能用)。“车辆类型”可在其下拉框中进行选择,“基本阻力公式系数”A、B、C 会随所选车型而改变。而且,在选定车型时,“基本阻力公式系数”框的数字处于只读状态,不能改变。只是在选择最后一项“其他类型货车”或“其他类型客车”选项时,“基本阻力公式系数”框才变成可编辑状态,等待用户输入“车辆类型”下拉框中未列出的其他车型的基本阻力公式系数,如图 6-12 所示。

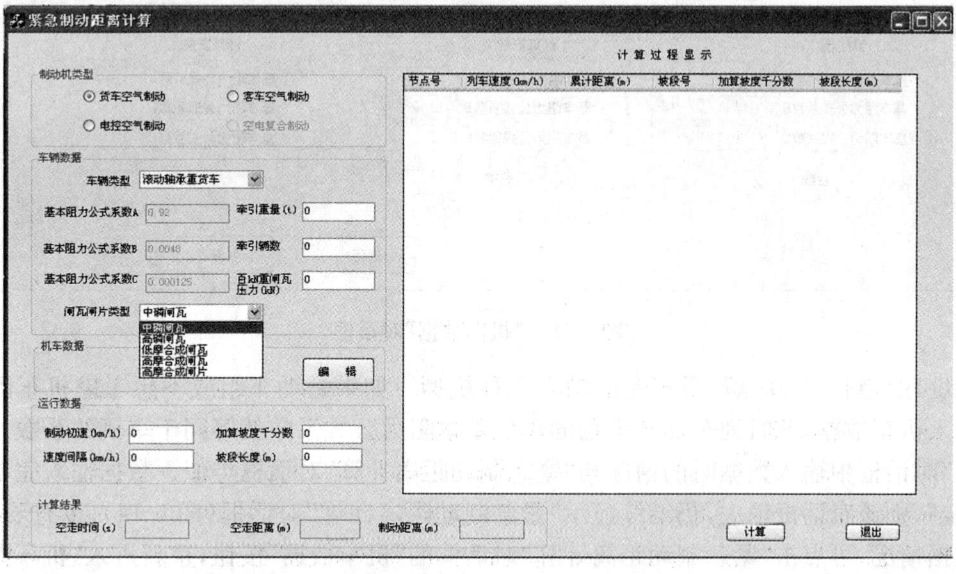

图 6-11　“紧急制动距离电算”对话框(数据正在输入)

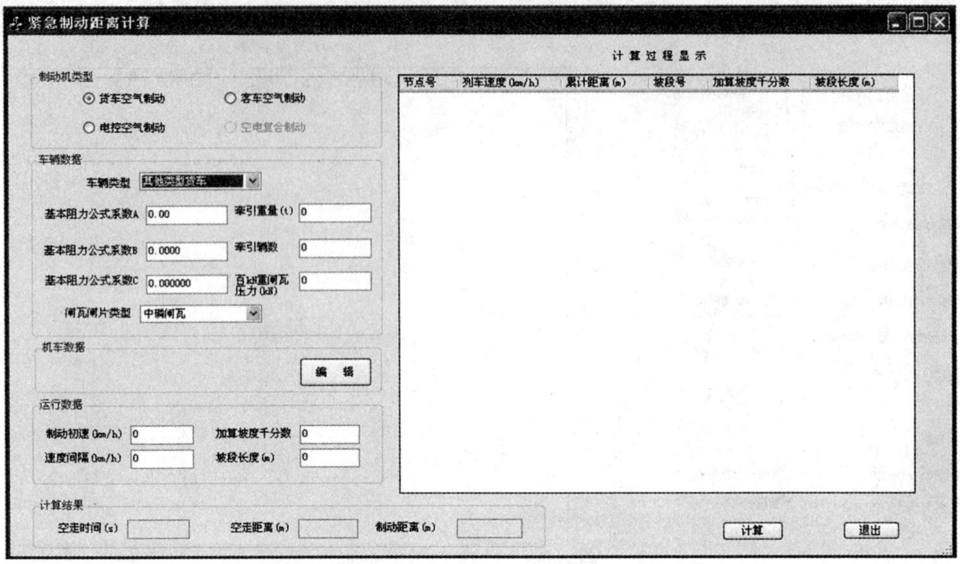

图 6-12　“紧急制动距离电算”对话框(等待输入基本阻力公式系数)

(2)点击“机车数据”画框中的“编辑”按钮,可弹出“机车数据”的对话框,选择机车数据类型,如图 6-13 所示。

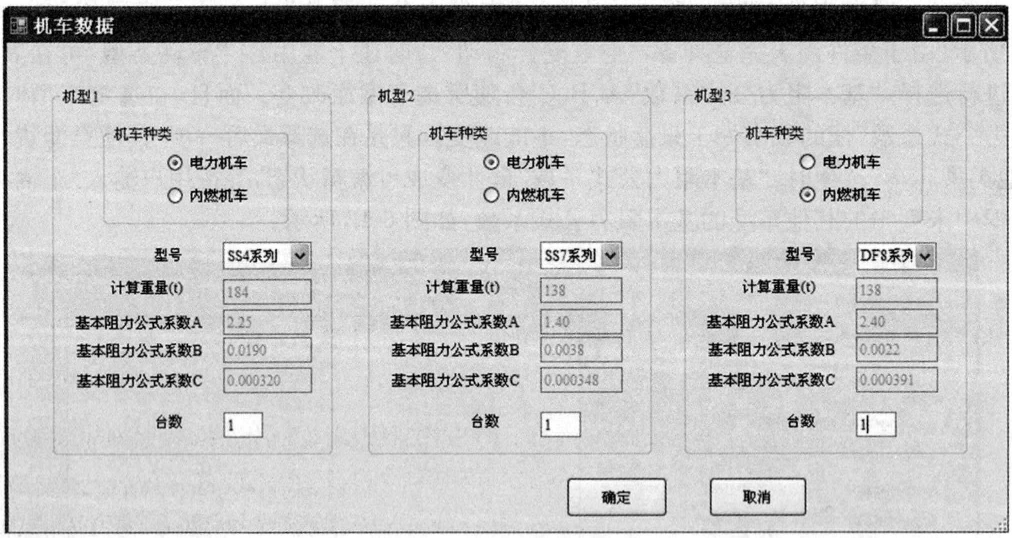

图 6-13　“机车数据”对话框

BJD-PR 软件(2009 版)最多允许输入三种机型。如果是动车组或不想考虑机车因素,可以不输入机车数据,此时列车加权平均的单位基本阻力公式系数就等同于车辆的系数。在“机车数据”对话框中输入数据时的情况与“紧急制动距离计算”对话框类似。数据输入完毕后,点击“确定”,则该对话框消失,仍继续显示“紧急制动距离计算”对话框(图 6-14);欲查看或修改机车数据情况,可点击“紧急制动距离计算”对话框的“机车数据”按钮,重新进入“机车数据”对话框。

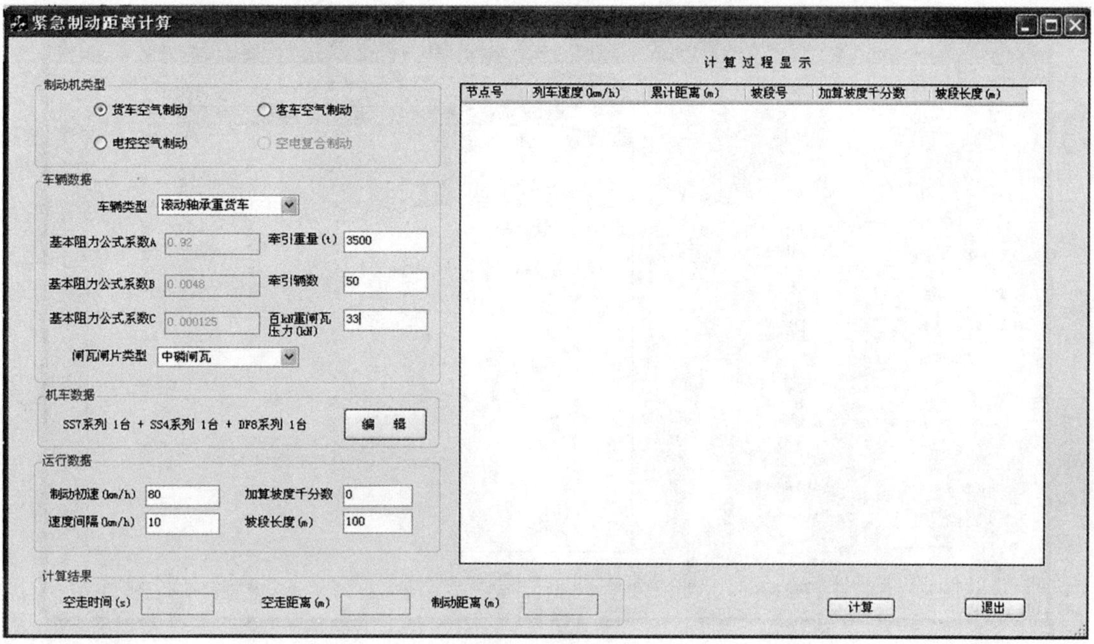

图 6-14　“紧急制动距离电算”对话框(数据输入完毕)

(3)程序启动后,各编辑框(如“牵引重量”、“制动初速”和“加算坡度千分数”等)自动显示“0”。

在点击“计算”按钮以后,对话框右边“计算过程显示”列表框即开始显示各节点的相关信息:“节点号”“列车速度”“累计距离”“坡段号”“加算坡度千分数”和“坡段长度”等,如图 6-15 所示。如果第一个坡段的长度不足以使列车在该坡段停住,则左侧的大部分原始数据都灰化,不能改动。只有“加算坡度千分数”和“坡段长度”仍处于可编辑状态,等待用户输入下一坡段数据。在输入新的坡段数据后,再次点击“计算”按钮,可接着计算。每计算完一个坡段,“计算过程显示”列表框内即增加显示相应的节点数据。如果还没停车,则还要输入下一坡段数据,直至停车为止。此时,“加算坡度千分数”“坡段长度”“计算”等三个按钮也将灰化(如图 6-16所示);列车紧急制动过程中的所有节点信息全部显示,并在对话框下方显示计算结果(“空走时间”、“空走距离”和“制动距离”的数值);此时,“计算”按钮将变成“重新计算”按钮:如果不想再算,可以点击“退出”按钮,退出“紧急制动距离计算”对话框;如果想修改某些原始数据以后再算一回,可以点击“重新计算”按钮,解除全部原始数据的灰化,而且,“重新计算”按钮将变成“开始计算”按钮,待用户修改好原始数据以后,点击该按钮即可开始新一轮计算(如果原始数据没改,就是一次重复运算),算完后,“开始计算”按钮还会变成“重新计算”按钮。

二、制动限速表电算

“制动限速表电算”对话框(等待数据输入状态)如图 6-17 所示,主体为“制动限速表”列表框,图的左边为需选择或输入的条件和数据(最下面一排是“开始编制”按钮和“退出”按钮)。

限速表编制完成后的“制动限速表电算”对话框如图 6-18 所示。限速表右上方的三角形“空白”是因为制动限速已等于或高于“其他因素决定的最高限速”,此时,限制列车速度的不是制动限速而是其他因素,故制动限速不显示。

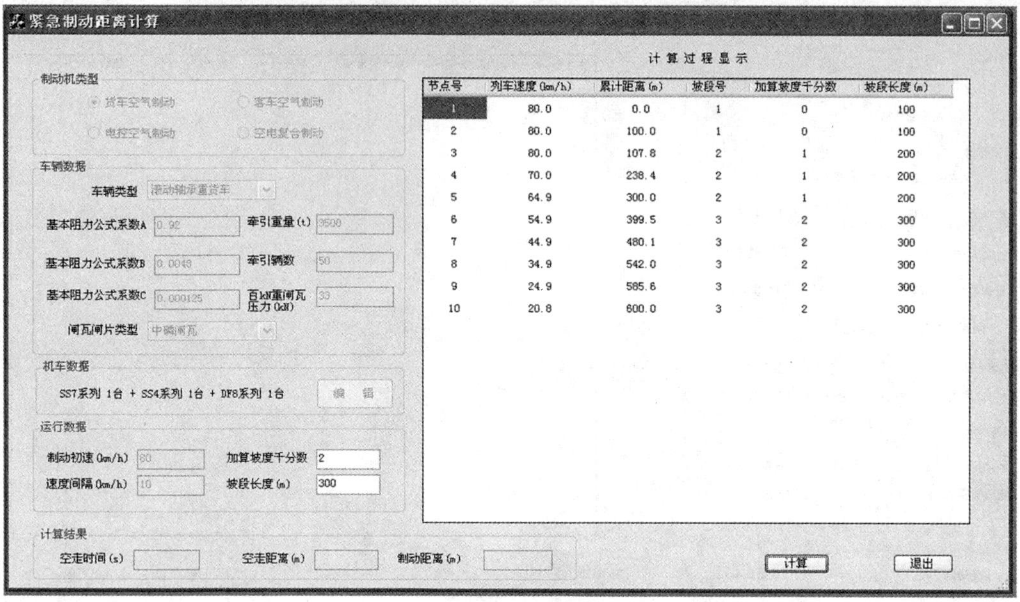

图 6-15 “紧急制动距离电算”对话框(计算之中)

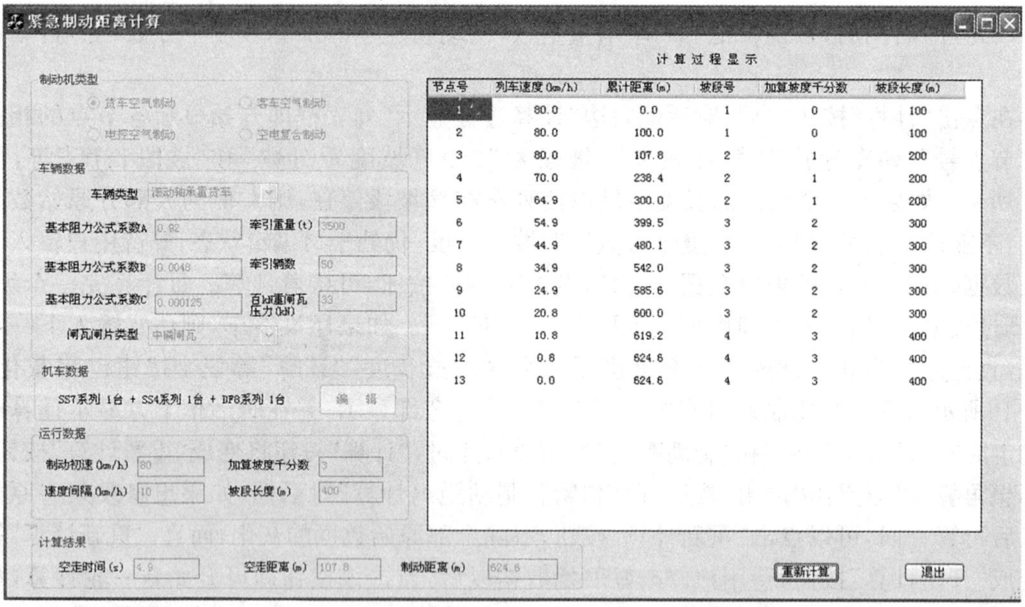

图 6-16 “紧急制动距离电算”对话框(计算完毕)

“制动限速表电算”的操作方法和操纵过程中的注意事项与“紧急制动距离电算”类似。制动限速表编制完毕,“开始编制”按钮将变成“重新计算”按钮:如果用户不想再算,可点击“退出”按钮,退出“制动限速表电算”对话框;如果想修改某些原始数据然后再算一回,可点击“重新计算”按钮,解除全部原始数据的灰化,并且“重新计算”按钮将变成“开始计算”按钮,待用户修改好原始数据以后,点击该按钮即可开始新一轮计算(如果原始数据没改,就是一次重复运算),算完后,“开始计算”按钮还会变成“重新计算”按钮。

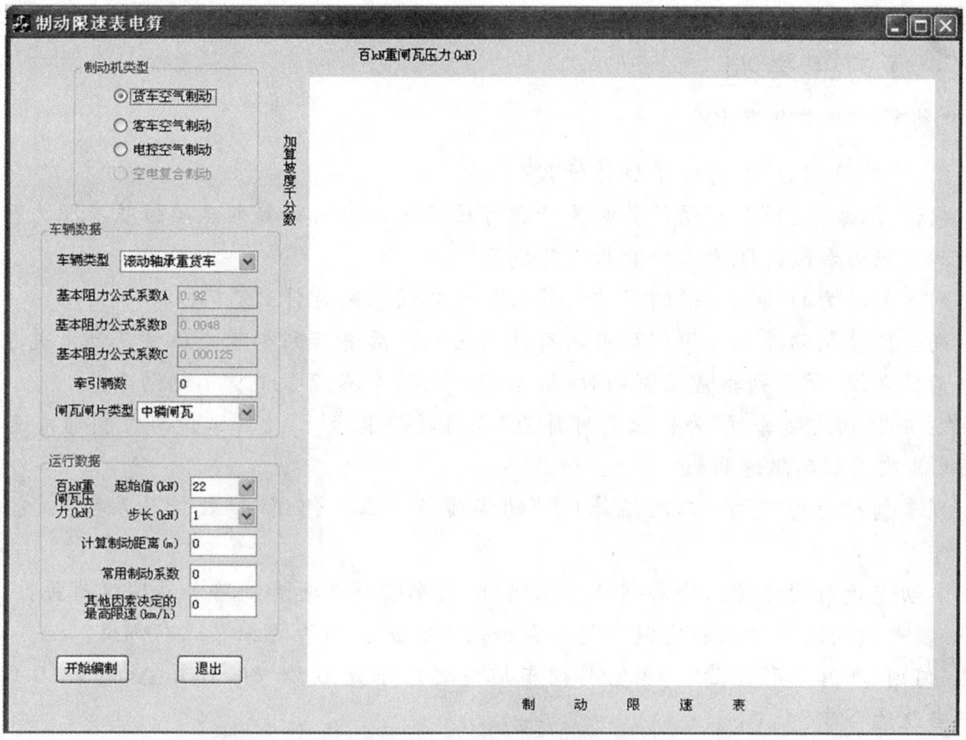

图 6-17　“制动限速表电算”对话框(等待数据输入状态)

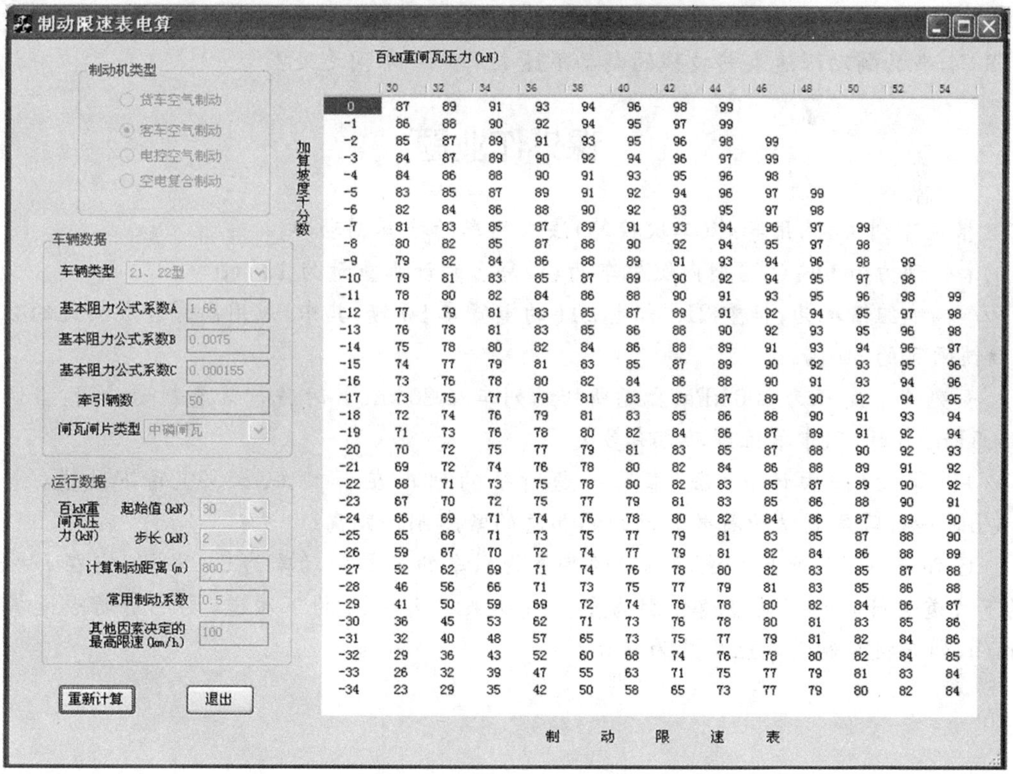

	30	32	34	36	38	40	42	44	46	48	50	52	54
0	87	89	91	93	94	96	98	99					
−1	86	88	90	92	94	95	97	99					
−2	85	87	89	91	93	95	96	98	99				
−3	84	87	89	90	92	94	96	97	99				
−4	84	86	88	90	91	93	95	96	98				
−5	83	85	87	89	91	92	94	96	97	99			
−6	82	84	86	88	90	92	93	95	97	98			
−7	81	83	85	87	89	91	93	94	96	97	99		
−8	80	82	85	87	88	90	92	94	95	97	98		
−9	79	82	84	86	88	89	91	93	94	96	98	99	
−10	79	81	83	85	87	89	90	92	94	95	97	98	
−11	78	80	82	84	86	88	90	91	93	95	96	98	99
−12	77	79	81	83	85	87	89	91	92	94	95	97	98
−13	76	78	81	83	85	86	88	90	92	93	95	96	98
−14	75	78	80	82	84	86	88	89	91	93	94	96	97
−15	74	77	79	81	83	85	87	89	90	92	93	95	96
−16	73	76	78	80	82	84	86	88	90	91	93	94	96
−17	73	75	77	79	81	83	85	87	89	90	92	94	95
−18	72	74	76	79	81	83	85	86	88	90	91	93	94
−19	71	73	76	78	80	82	84	86	87	89	91	92	94
−20	70	72	75	77	79	81	83	85	87	88	90	92	93
−21	69	72	74	76	78	80	82	84	86	88	89	91	92
−22	68	71	73	75	78	80	82	83	85	87	89	90	92
−23	67	70	72	75	77	79	81	83	85	86	88	90	91
−24	66	69	71	74	76	78	80	82	84	86	87	89	90
−25	65	68	71	73	75	77	79	81	83	85	87	88	90
−26	59	67	70	72	74	77	79	81	82	84	86	88	89
−27	52	62	69	71	74	76	78	80	82	83	85	87	88
−28	46	56	66	71	73	75	77	79	81	83	85	86	88
−29	41	50	59	69	72	74	76	78	80	82	84	86	87
−30	36	45	53	62	71	73	76	78	80	81	83	85	86
−31	32	40	48	57	65	73	75	77	79	81	82	84	86
−32	29	36	43	52	60	68	74	76	78	80	82	84	85
−33	26	32	39	47	55	63	71	75	77	79	81	83	84
−34	23	29	35	42	50	58	65	73	77	79	80	82	84

图 6-18　“制动限速表电算”对话框(限速表编制完成后)

复习思考题

1. 何谓“单位阻力”？它的单位是什么？

2. 何谓“基本阻力”？制动计算时为什么可按通用的公式计算列车单位基本阻力？

3. 曲线阻力和隧道阻力为何能折算为坡度？

4. 列车制动力的“换算法”的实质是什么？换算的原则是什么？

5. 列车换算制动率和常用制动系数有什么区别？后者与列车管减压量是什么关系？

6. 为什么说，货物列车常用制动时，机车实际制动率不应小于货车制动率？

7.“常用制动均衡速度”为什么又可称为“常用制动限速”？为什么说单位制动减速力曲线实质上也是常用制动限速曲线？

8. 列车制动力的“等效(二次换算)法”的实质是什么？何谓“等效折算系数”？它起什么作用？

9. 制动空走时间为什么会与列车编组辆数、列车管减压量和线路加算坡度有关？

10. 空走时间溢出原始假定概念是怎么一回事？溢出与否的分界点在哪里？

11. 何谓“折算平移质量”？当它与列车质量之比不是 0.06 时，计算 Δs 的式(6-66)中的 4.17 应当改为多少？

12. 有效制动距离计算的“等效(一次计算)法”的实质是什么？等效值 w_s 和 φ_s 是怎么求出来的？

13. 本书的制动限速表与技规的制动限速表有哪些不同之处？

课外作业题

1. 根据下列条件，用等效(二次换算)法求列车的换算制动率：

①牵引动力为 DF_4(货)型内燃机车两台，每台的计算重量为 135 t；

②车辆编组情况为，轴重 21 t 自重 20 t 的重货车 50 辆，其中，采用高摩合成闸瓦的 20 辆，采用铸铁闸瓦的 30 辆。

2. 如列车管定压为 500 kPa，上题所给的列车在 80 km/h 时施行紧急制动。问：当速度为 75、35、5 km/h 时，列车单位制动力有多大？

3. 用“等效(一次计算)法”求第一题所给的列车在 $i_j = 10$、20、30 的下坡道，速度为 80 km/h时施行紧急制动的有效制动距离和总的紧急制动距离。

4. 已知采用高磷闸瓦和滚动轴承的某货物列车的换算制动率为 0.28，问：它在 $i_j = 32$ 和 21 的下坡道运行时的制动限速分别为多少？如果在 $i_j = 32$ 的下坡道，要把制动限速提高到 55 km/h，列车换算制动率至少应为多大？

第七章 制动性能试验

由于制动装置的好坏直接影响到铁路列车的运行安全，所以，不管是新造的机车车辆还是经过检修的机车车辆，不管是新研制的制动装置还是已在运用中的制动装置，都要按规定进行一系列的性能试验，合格后方准装车；装车后仍要进行试验，合格的才准投入运用；运用中还要经常按规定进行必要的试验。

第一节　制动性能试验的种类

根据制动装置的组成，制动性能试验可分为机车制动试验和车辆制动试验两大类，亦可分为制动机性能试验和基础制动性能试验两大类。本节按后者分类分别阐述。

一、制动机性能试验

制动机性能试验可按试验的步骤和试验的手段，分为下列三种：

(1)单个三通阀、分配阀或控制阀在试验台上的制动性能试验。这是制动机性能试验最基本的一步，不合格者绝对不准装车。由于只是一个阀，又是在试验台上测试，因此可以比较方便地从各个方面来进行测试，取得尽可能多的比较细致的数据，试验手段也容易搞得比较完善和先进。我国铁路唯一的成批生产制动试验台的厂家——沈阳机车车辆机械厂已经研制成功了用微机控制的可自动进行一系列试验并自动采集数据的不同制动机的各种试验台。

(2)单个车辆或单个机车的制动性能试验。前者通常简称为“单车试验”(用专门的单车试验器操纵)，后者就叫做机车制动机试验。这类试验可以在现车上做，也可以用机车或车辆的制动装置各个部件组装成的专门试验台来做。

(3)成组车辆或机车车辆组成列车进行的试验。该试验目的是检验机车车辆成组运用时的性能，包括：在定置试验台上进行的“定置试验”，在专用线上进行的“专列静止试验”，准备或已在运用的客货列车在静止状态下进行的列车制动试验(简称“列车试验”)，在环行道或营业线上进行的“专列运行试验”。定置试验、专列静止试验和列车试验都是为了检查静止状态下列车制动机的内部性能；专列运行试验则既能检查运行状态下列车制动机的内部性能，又能测试列车制动机的外部性能，如列车制动距离、列车减速度等，这些性能都与列车外部的因素如线路坡道、曲线、隧道甚至气候有关，与基础制动装置的状态好坏也有关。

二、基础制动性能试验

基础制动性能试验有下列四种：

(1)闸瓦性能试验，扩大一点可称为“制动摩擦副”性能试验(包括闸瓦制动和盘形制动)。

其目的是检验闸瓦、闸片的摩擦性能(摩擦系数与正压力和运行速度的关系)、耐磨性、导热性(温度效应)等等。它还可分两种:闸瓦试验台试验和现车溜放闸瓦试验。前者是在试验台上以一个车轮及相应的闸瓦或一个制动盘及相应的闸片为单元、以飞轮的回转动能模拟各种车辆或机车的平移动能来进行试验;后者是在铁路线路上以现车若干辆和试验车编为一组,由试验用的机车将它们牵引加速至某一速度,然后摘钩溜放,并由试验车上的操纵阀施行制动,然后根据测得的闸瓦压力、制动初速和制动减速度等,反算出相应的闸瓦或闸片的摩擦系数。

(2)制动黏着试验。将黏着试验车挂在客货列车内,在运行中让试验车自己下闸并逐渐加大其闸瓦压力,测出其黏着的临界点,也可以检验防滑器性能。

(3)传动效率试验。将实际闸瓦换成内部装有压力传感器的试验用的闸瓦,可测出静止状态下基础制动装置的传动效率,即静效率;将实际的闸瓦吊杆换成内部装有压力传感器的试验用的吊杆,可测算出运行状态下基础制动装置的传动效率,即动效率。

(4)闸调器试验。在专门的闸调器试验台上,通过加减垫板来模拟闸瓦间隙的变化,检验闸瓦间隙自动调整器的性能。

第二节　闸瓦试验台及闸瓦在该试验台上的性能试验

对闸瓦制动来说,每个车轮及与其相摩擦的一块或一组闸瓦,是制动时进行能量转换的基本单元。在列车制动过程中,巨大的动能就是通过许多这样的基本单元转换成热能并消散于大气的。图 7-1 所示的 1∶1 闸瓦试验台,就是在试验室内研究这种基本单元的专用设备。它使闸瓦性能试验从只能在线路上进行现车试验的阶段进入到也能在室内对一个基本的闸瓦制动单元进行细致研究的新阶段。这个试验台是根据下列两个条件来设计的:

①试验台一个车轮的制动能量(A_T)和现车一个车轮的制动能量(A_C)相等,即一个基本的闸瓦制动单元的摩擦功相等——$A_T=A_C$;

②试验台的车轮轮周线速度(v_T)和现车的车轮轮周线速度(v_C)相等——$v_T=v_C$。

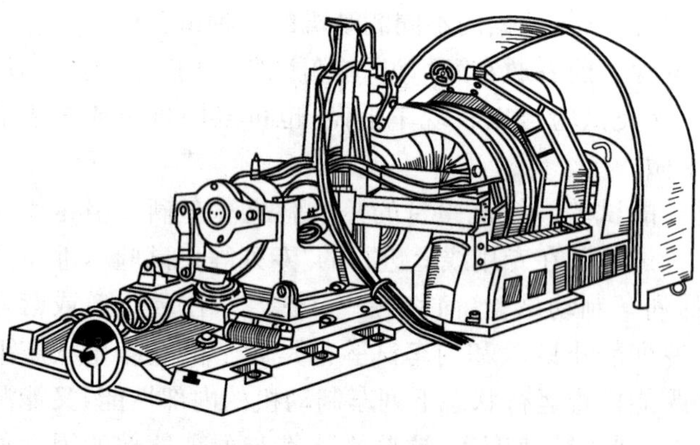

图 7-1　1∶1 闸瓦试验台

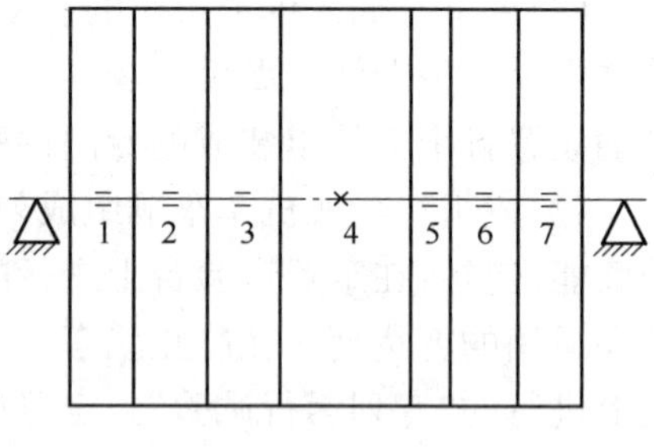

图 7-2　惯性轮组合示意

试验台由能量模拟系统、加压测力系统、主电机无级调整系统、继电控制及操纵系统、液压制动系统和制动参数测试系统等组成。其中,能量模拟系统的惯性轮(俗称飞轮)共有 7 个,参看图 7-2,轮径均为 1.4 m,轮重共为 10 t,转动惯量共为 207 kg·m²。7 个惯性轮中只有一个固定在轴上,即必须与轴同转(图中第 4 个惯性轮,以"×"号表示固定),另外 6 个惯性轮只是套在主轴上(图中以"="表示套装),它们是否与主轴同转视需要而定(需同转者用螺栓穿过飞轮上的孔与飞轮 4 紧固在一起)。惯性轮的组合、相应的转动惯量和相当的车重参看表 7-1。表中每组惯性轮的转动惯量总值对于客货车分别代表不同的车重,这是因为客货车轮直径不同,在 $v_T=v_C$、$A_T=A_C$ 的条件下,对于轮径较小的货车,惯性轮的角速度就要大些,故相当的车重也就较大。

表 7-1 1:1 闸瓦试验台惯性轮的组合、转动惯量和相当的车重

序号	惯性轮的组合	惯性轮转动惯量/(kg·m^{-2})[1]	相当的车重/t	
			客车[2]	货车[3]
1	4	49.6	18.56	21.92
2	4-5	62.5	23.40	27.64
3	3-4	75.7	28.32	33.48
4	3-4-5 或 4-5-6	88.6	33.16	39.20
5	2-3-4	102.1	38.20	45.16
6	2-3-4-5 或 3-4-5-6	115.0	43.04	50.88
7	1-2-3-4 或 4-5-6-7	128.3	48.08	56.76
8	1-2-3-4-5 或 2-3-4-5-6	140.8	52.92	62.44
9	3-4-5-6-7	154.4	57.76	68.32
10	1-2-3-4-5-6	167.0	62.72	73.04
11	2-3-4-5-6-7	180.8	67.64	80.00
12	1-2-3-4-5-6-7	207.0	77.44	91.60

注:[1] 根据实际测得的重量计算而得;
[2] 车轮直径 915 mm;
[3] 车轮直径 840 mm。

闸瓦在试验台上的试验内容如下:

(1)磨合试验——让新闸瓦作固定速度的连续循环制动,直至闸瓦与车轮踏面的接触面积达 80%以上为止。通过磨合试验可以看接触面是否很快吻合,踏面温度上升是否均匀,有无局部高温;可以观测每闸的制动时间,求制动功率,了解车轮踏面温度与闸瓦磨耗的关系,闸瓦弹性模量与车轮踏面温度的关系,了解噪声、气味、制动火花等现象及其程度;可以记录新闸瓦第一闸及以后各闸摩擦系数的变化;可以记录摩擦系数随踏面和闸瓦温度的升高而"热衰减"的程度和"恢复"的过程。

(2)平道一次紧急制动试验——模拟现车紧急制动。试验的最高速度应为本车型现场运行速度加 10 km/h,试验用的闸瓦压力为本车型紧急制动的闸瓦压力,试验中每闸都要待车轮踏面温度降到 50 ℃以下才能进行。记录的内容有各种制动初速下的摩擦系数随速度而变的函数曲线、车轮踏面和闸瓦的温度随速度而变的函数曲线、有效制动距离、有效制动时间和磨耗量等。可以进行干燥和潮湿条件的对比试验;可以测定制动能量、制动功率和闸瓦磨耗量的关系。

(3)平道一次常用制动试验——模拟现车常用制动。除闸瓦压力为常用制动的闸瓦压力外,基本上与上一次试验相同。

(4)下坡道连续制动试验——主电机回路不切断,用以模拟现车下坡的制动状态。闸瓦压力与下坡道现车制动相同。

(5)功率极限试验——实际是求长大下坡道受制动功率限制的制动限速。

(6)静摩擦系数试验——闸瓦在车轮静止时加压,然后启动,记录由静止到开始转动瞬间的摩擦系数，即静摩擦系数。

1∶1试验台的优点是能用实际的车轮和闸瓦做实验，比较接近现车情况，但它的造价和技术要求都比较高，所以在进行材质研究、试样初选和产品检查时一般只用1∶4或1∶3的小型模拟试验台，它们以单位摩擦功相等为依据，只能是机械模拟。在小型试验台上研究得差不多了，再拿到1∶1试验台上去验证。

闸瓦试验台试验虽有其优点，但并不能完全代替现车试验，尤其是我国幅员辽阔、气候复杂、线路条件差别很大，现车试验更加重要。所以新型闸瓦在试验台上通过之后，还要到线路上作现车运行试验，看看它是否能充分满足运行要求和技术条件。

第三节　现车溜放闸瓦试验

溜放试验是求闸瓦摩擦系数的一个传统的方法。其过程为：用机车牵引若干辆货车或客车（包括试验车），达到预定速度后摘开机车后钩，机车继续向前运行，车辆组则由试验车施行紧急制动直至停车；然后，根据测得的闸瓦压力、制动初速和制动减速度，按减速度与闸瓦摩擦系数的关系，反算出摩擦系数之值。

根据牛顿第二定律，在空旷的平直道上溜放制动过程中，

$$B''+W''_0=1\,000(1+\gamma)\cdot G\cdot a \tag{7-1}$$

式中　B''——车辆组的制动力（N）；

W''_0——车辆组的基本阻力（N）；

G——车辆组总重量（t）；

γ——车轮回转质量系数，参看本书第六章第三节；

a——车辆组的减速度（m/s^2）。

上式等号两边除以G，可得

$$b''+w''_0=1\,000(1+\gamma)\cdot a \tag{7-2}$$

式中　b''——车辆组的单位制动力（N/kN）；

w''_0——车辆组的单位基本阻力（N/kN）。

上式亦可写成

$$1\,000\cdot\vartheta''\cdot\varphi_K+w''_0+1\,000(1+\gamma)\cdot a \tag{7-3}$$

或

$$\varphi_K=\frac{1\,000(1+\gamma)\cdot a-w''_0}{1\,000\cdot\vartheta''} \tag{7-4}$$

式中　φ_K——闸瓦（实算）摩擦系数；

ϑ''——车辆组的（实算）制动率，等于车辆组实测或实算闸瓦压力总和与车辆组总重力之比，即

$$\vartheta''=\frac{\sum\left(p_z\cdot\frac{\pi}{4}d^2\cdot n\cdot\eta\right)}{G\cdot g} \tag{7-5}$$

其中　p_z——制动缸压强（kPa），

d——制动缸直径（m），

n——每辆车的制动缸数，

η——基础制动装置的传动效率(动效率)，

g——重力加速度(m/s^2)。

式(7-4)是通过溜放制动试验求闸瓦摩擦系数的基本公式。由于减速度曲线波动幅度较大，为能准确地测算，可采用按减速度分段反算有效制动距离，然后以累计值与试验测得的有效制动距离值相比较，或者说复核。

按减速度反算有效制动距离的公式为

$$S_e = \sum \frac{4.17(v_n^2 - v_{n+1}^2)}{1\,000(1+\gamma) \cdot a} \tag{7-6}$$

式中　S_e——车辆组的有效制动距离(m)；

v_n——每个速度间隔的初速(km/h)；

v_{n+1}——每个速度间隔的末速(km/h)。

由式(7-2)可知，上式等号右边的分母 $1\,000(1+\gamma) \cdot a$ 即制动时作用于车辆组的单位基本合力 $b''+w_o''$。关于有效制动距离算式的推导，参看本书第六章第三节。

第四节　705 型试验台与 104/103 阀在该试验台上的性能试验以及 120 阀性能试验

一、705 型试验台

705 型试验台是中国自行设计制造的供 103/104 型分配阀进行性能试验用试验台。

705 型试验台的组成如图 7-3 所示，包括：操纵阀，安装部(由主阀安装座、紧急阀安装座和各自的自动抓紧机构等组成)，各种风缸、压力表、风动阀门和控制阀，限压阀，台架和附属装

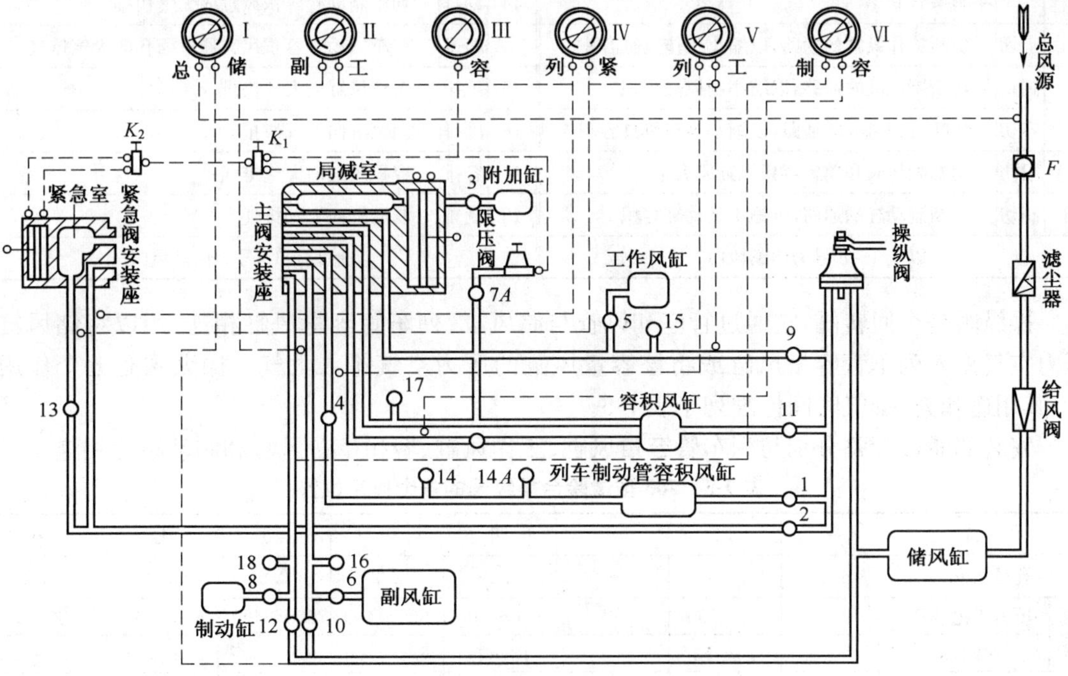

图 7-3　705 型试验台简图

置。各风缸的名称和容积列于表 7-2(局减室和紧急室分别设在主阀安装座和紧急阀安装座内)。各种压力表的编号和用途列于表 7-3。各控制阀及风动阀门(简称风门)的编号和用途列于表 7-4。

表 7-2　705 型试验台的风缸名称和容积(包括管路)

名称	容积/L
储风缸	100
副风缸	80
列车管容量风缸	15
制动缸	15
工作风缸	11
容积(室)风缸	3.5
紧急室	1.5
局减室	0.6

表 7-3　705 型试验台各压力表的编号和用途

编号	用途(显示何处的空气压强)		简称
	黑针	红针	
Ⅰ	总风源	储风缸	总、储
Ⅱ	副风缸	工作风缸	副、工
Ⅲ	容积室空气压强(单针)		容
Ⅳ	紧急阀座列车管	紧急室	列、紧
Ⅴ	主阀座列车管	工作风缸或紧急室	列、工
Ⅵ	制动缸	容积室	制、容

表 7-4　705 型试验台各控制阀及风动阀门的编号和用途

编号	简称	用　　途	编号	简称	用　　途
K_1	主卡	控制主阀安装座抓紧机构的进、排气	9	工充	向工作风缸快充
K_2	紧卡	控制紧急阀安装座抓紧机构的进、排气	10	副充	向副风缸快充
1	主列	切断列车制动管容积风缸与操纵阀的通路	11	容充	向容积风缸快充
2	系列	切断紧急阀安装座列车制动管与操纵阀的通路	12	制充	向制动缸快充
3	附切	切断附加风缸的通路	13	紧充	向紧急室快充
4	列切	切断主阀安装座列车制动管的通路,以缩小列车制动管容积	以上 9～13 号为快充风门		
			14	列排	列车制动管容积风缸向大气快排
5	工切	切断工作风缸的通路,以缩小工作风缸容积	14A	缩排	列车制动管容积风缸通过缩孔向大气排气
6	副切	切断副风缸的通路,以缩小副风缸容积	15	工排	工作风缸向大气快排
7	容切	切断容积风缸的通路,以缩小容积风缸容积	16	副排	副风缸向大气快排
7A	限切	切断限压阀和单针容积风缸风表Ⅲ	17	容排	容积风缸向大气排气
8	制切	切断制动缸的通路,以缩小制动缸容积	18	制排	制动缸向大气排气
以上 1～8 号为切断风门			以上 14～18 号为快排风门		

操纵阀是个回转阀,它通过管座和风管与储风缸、列车管容量风缸相连,用以将储风缸的压力空气充入列车管容量风缸或将该容量风缸的压力空气排入大气。操纵阀有七个作用位置,其用途和充、排气时间标准列于表 7-5。

安装部通过管路分别与列车管容量风缸、工作风缸、容积(室)风缸和制动缸等相连。

表 7-5　705 型试验台操纵阀的各个作用位置

位　置		一	二	三	四	五	六	七	八
孔径/mm		6.4	0.6	—	0.85	2.2	2.5	3.0	3.4
要求	压力变化/kPa	—	50～150	—	600～500	600～400	600～400	600～300	600～300
	时间/s	—	50～52	—	18～20	6.5～7.0	5.0～5.5	6.5～7.0	5.0～5.5
用　途		快充气	慢充气	保压	制动灵敏度试验	货车安定试验	客车安定试验	货车紧急灵敏度试验	客车紧急灵敏度试验

二、104/103 阀在 705 型试验台上的性能试验

104/103 型分配阀的主阀和紧急阀在 705 型试验台上是分别进行试验的。

1. 主阀试验

在进行主阀性能试验之前要做好下列准备工作：①确认总风源的压强在 650 kPa 以上，给风阀调整到 600 kPa，限压阀调整到 50 kPa；②打开控制阀 K_1，将主阀卡紧在主阀安装座上；③开放 1、4、5、6、7、8 号风门，关闭其他风门；④103 阀要调整到重车位。

104/103 阀主阀试验的项目、操作和要求如下：

(1)初充气和充气位漏泄试验

操纵阀置一位，观察工作风缸与副风缸风压的上升并测定工作风缸空气压强由零升至 580 kPa 的充气时间。要求是：在整个充气过程中，副风缸压强不得超过工作风缸压强；当工作风缸压强达 580 kPa 时，副风缸压强不小于 560 kPa；工作风缸充气时间应在表 7-6 规定的范围之内。

表 7-6　工作风缸由零至 580 kPa 的充气时间标准(s)

修程 阀型	洗检及修理品	新品
103	130～160	130～150
104	60～90	60～80

充至定压后用肥皂水检查各结合部(不得有漏泄)和局减排气口(5 s 内肥皂泡直径不得大于 25 mm)，用漏泄测定器检查均衡部大排气口和作用部小排气口的漏泄(水面由第二格升至第三格的时间不得小于 5 s)。

(2)紧急制动位漏泄试验

确认工作风缸和副风缸充至定压后，将操纵阀手柄在一位和八位间反复移动 2～3 次，然后置于一位。待工作风缸和副风缸充至定压后，再将操纵阀置于三位(保压)，开 14 号风门(使列车制动管急排，相当于分配阀紧急制动)，待列车制动管容量风缸的压力空气排净后，用肥皂水检查各结合部(不得有漏泄)，用漏泄测定器测均衡部大排气口和作用部小排气口的漏泄(水面由第二格升至第三格的时间不得小于 10 s)。然后，关 14 号风门，操纵阀置二位，待列车制动管压强升至 40 kPa 时，再移至三位，开 10 号风门。当副风缸压强达 580 kPa 时，关 10 号风门，压强稳定时关 4 号风门，观察列车制动管空气压强的上升情况(10 s 内压强增量不得超过：新品 15 kPa，洗检和修理品为 20 kPa)。最后，在局减阀盖的小孔处涂肥皂水(不得有漏泄)。

试验毕，开 4 号风门，操纵阀置一位。

(3)常用制动灵敏度、制动保压作用和缓解灵敏度试验

确认工作风缸和副风缸充至定压，将操纵阀置四位，使列车制动管减压 40 kPa，再移至三位保压 1 min，保压期间关 7 号风门并观察容积风缸压强上升情况，10 s 后关 7 号风门，最后将操纵阀移至二位缓解。

试验中要求：①列车制动管减压 20 kPa 以前要起局减作用，减压 40 kPa 以前要起制动作用；②从操纵阀置三位起到局减室压力空气排尽的时间不得超过规定(新品 10 s，洗检及修理品 15 s)；③保压的 1 min 内不得自然缓解，关 7 号风门期间，容积(室)风缸的空气压强增量 10 s 内不得超过规定(新品 10 kPa，洗检及洗理品 20 kPa)；④从操纵阀置二位起到作用部小排气口开始排气缓解的时间，不论是否新品均不得超过 15 s。

(4)局减阀试验

确认工作风缸和副风缸充至定压后，关 7 号风门，堵住均衡部大排气口，将操纵阀置四位，

待制动缸压强开始上升时再移至三位。制动缸压强稳定后看(局减阀关闭时)制动缸压力表显示的压强,然后关 8 号风门,保持 20 s,其间注意制动缸压强的变化,最后再开 8 号和 18 号风门,当列车制动管压力表压强开始下降时看制动缸压力表显示的(局减阀开放时)压强,并关 18 号风门。

试验中要求:①局减阀关闭时制动缸压力表的压强应在 50~70 kPa 之间;②关 8 号风门期间,20 s 内制动缸压力表的压强增量不得超过 10 kPa;③局减阀开放时制动缸压力表的压强不得小于 20 kPa。

试验毕,操纵阀置一位,卸下均衡部大排气口的堵,开 7 号风门。

(5)缓解稳定性试验

确认工作风缸和副风缸充至定压后,操纵阀置三位,开 14*A* 号风门,使列车制动管减压 50 kPa,关 14*A* 号风门。

在列车制动管减压 50 kPa 以前,不得发生局减和制动作用。

试验后操纵阀置一位。

(6)104 阀紧急不增压试验(增压阀已改弹簧为垫圈者)

确认工作风缸和副风缸充至定压,操纵阀置五位,列车制动管减压 250~320 kPa 时改置三位,保持 2 min,制动缸不得有增压作用。试验后操纵阀置一位。

(7)103 阀紧急二段跃升试验

确认工作风缸和副风缸充至定压,关 1 号风门,开 14 号风门,观察容积(室)风缸的压强上升情况。要求是:首先迅速上升至 120~160 kPa,然后缓慢上升至平衡压强,而且由零升至 400 kPa 的时间不分新品与否均应为 8~12 s。

试验后关 14 号风门,开 1 号风门。

(8)缓解试验

确认工作风缸和副风缸充至定压,操纵阀置五位制动,当容积风缸升至平衡压强时移至三位保压,压强稳定后再移至一位(103 阀置二位)缓解。要求:①容积风缸由 400 kPa 降至 40 kPa 的时间,新品 4.5~7 s,洗检及修理品 4.5~8 s;②制动缸压强应随容积(室)风缸压强一起下降,两者压差不得超过 25 kPa。

(9)103 阀减速缓解和空车压强试验

确认工作风缸和副风缸充至定压,将空重车调整装置置于空车位,操纵阀置五位制动,当容积风缸达平衡压强时再移至三位保压,压强稳定后再置一位缓解。要求:①容积风缸由 400 kPa 降至 40 kPa 的时间,新品为 24~28 s,洗检及修理品为 23~29 s;②空车压强为 180~210 kPa。

(10)均衡部灵敏度试验

确认工作风缸和副风缸充至定压,关闭 1、7、8 号风门,操纵阀置八位,排尽列车制动管余风,开 7*A*、11、18 号风门,操纵阀置二位,让储风缸的风经过操纵阀直接缓慢进入容积风缸,注意(单针)容积风缸压力表,要求在容积风缸压强不大于 15 kPa(104 阀)或 20 kPa(103 阀)时,18 号风门排气口就开始排风(不分新品与否)。

试完后操纵阀置八位,排尽容积风缸和列车制动管的压力空气,关 7*A*、11、18 号风门,开 1、7、8、14、15、16 号风门,排尽各风缸的压力空气,关控制阀 K_1,卸下主阀。

2. 紧急阀试验

在进行紧急阀性能试验前要做好下列准备工作:打开控制阀 K_2,将紧急阀抓紧在紧急阀安装座上；开放 1、2 号风门，关闭其他风门；确认总风源压强在 650 kPa 以上，调压阀调到600 kPa。

104/103 阀紧急阀试验的项目、操作和要求如下：

(1)紧急室充气及紧急放风阀漏泄试验

操纵阀置一位，紧急室压强由零升至 580 kPa 的时间应为：新品 40～55 s，洗检及修理品 40～60 s；充至定压和压强稳定后关 2 号风门，列车制动管压强在 20 s 内不得下降；充至定压后用肥皂水检查各结合部，不得有漏泄。试验后开 2 号风门。

(2)紧急制动灵敏度及紧急室排风时间试验

确认紧急室充至定压，反复开、关 14 号风门，使紧急阀发生紧急放风 2～3 次，然后关 14 号风门，待紧急室充至定压后将操纵阀置于八位(104 阀)或七位(103 阀)。要求：①列车制动管减压 100 kPa 前发生紧急排风；②紧急室由紧急排风到其压强降为 40 kPa 的时间应为：新品 14～18 s，洗检及修理品 12～20 s。

试验后操纵阀置一位。

(3)常用制动安定性试验

确认紧急室充至定压，操纵阀置六位(104 阀)或五位(103 阀)，减压 200 kPa 后再移至三位。紧急室压强应随列车制动管压强平稳下降，不得发生紧急排风作用。

试验后操纵阀置于八位，开 13 号风门，将列车制动管和紧急室余风排净，然后关 2、13 号风门，开控制阀 K_2，卸下紧急阀。

三、120 阀在 120 型试验台上的性能试验

120 型控制阀的主阀、紧急阀和半自动缓解阀在 120 型试验台上是分别进行试验的(半自动缓解阀与主阀一起装在主阀安装座上)。

1. 主阀试验

将主阀与半自动缓解阀组装在一起，主阀安装面与试验台安装座对正，然后，开控制阀 K_1，将主阀抓紧在主阀安装座上；确认总风源在 650 kPa 以上，调压阀调至 600 kPa；开风门 1、4、5、6、8 号，关其他风门。

120 阀主阀试验的项目、操作和要求如下：

(1)初充气和充气位漏泄试验

操纵阀置一位，测副风缸压强由零升至 580 kPa 的时间：制动缸直径为 356 mm 者应为 240～290 s，制动缸直径为 254 mm 者应为 290～340 s。加速缓解风缸(在试验台上为工作风缸，下同)不得超过副风缸压强，当副风缸达 580 kPa 时，加速缓解风缸不得小于 560 kPa。

充至定压后用肥皂水检查各结合部，不得有漏泄。用漏泄测定器测作用部排气口和局减排气口的漏泄，水面由第二格升至第三格的时间不得少于 10 s。

(2)紧急制动位漏泄试验

确认副风缸和加速缓解风缸充至定压，操纵阀在一位和八位间反复移动 2～3 次，然后置于一位，待副风缸和加速缓解风缸充至定压后再置于三位(保压)，开 14 号风门急速排出列车制动管压力空气(相当于 120 阀紧急制动)。在列车制动管压力空气排尽后用肥皂水检查各结合部(不得有漏泄)，用漏泄测定器测作用部排气口和局减排气口的漏泄(水面由第二格升至第三格的时间不得小于 10 s)。然后，关 14 号风门，操纵阀置二位，待列车制动管压强升至

40 kPa 时再置于三位，压强稳定后关 4 号风门，观察列车制动管压强上升情况（10 s 内压强增量不得大于 15 kPa），然后在局减阀盖的小孔处涂肥皂水（不得不漏泄）。

试完后开 4 号风门，操纵阀置一位。

(3)常用制动灵敏度、制动保压作用和缓解灵敏度试验

确认副风缸和加速缓解风缸充至定压，操纵阀置四位减压 40 kPa，再移至三位保压 1 min，保压期间关 8 号风门，观察制动缸压强上升情况，10 s 后关 8 号风门，然后将操纵阀移至二位。要求：①列车制动管减压 20 kPa 以前要发生局减作用，减压 40 kPa 以前要发生制动作用；②从操纵阀置三位起至局减室排气终止的时间不得超过 10 s；③保压 1 min 内不得发生自然缓解；④关 8 号风门期间，10 s 内制动缸压强增量不得大于 10 kPa；⑤从操纵阀置二位起至主阀开始排气缓解的时间不得大于 15 s。

试验后操纵阀置一位。

(4)局减阀试验

确认副风缸和加速缓解风缸充至定压，操纵阀置四位，当制动缸压强开始上升时操纵阀置三位，关 6 号风门；待制动缸压强稳定后，开 18 号风门，在列车制动管压强开始下降时，观察局减阀开放时的制动缸压强（不得小于 20 kPa）；关闭 18 号风门，待制动缸压强稳定后，观察局减阀关闭时的制动缸压强（应为 50～70 kPa）。

试验后开 6 号风门，操纵阀置一位。

(5)缓解稳定性试验

确认副风缸和加速缓解风缸充至定压，操纵阀置三位，开风门 14*A*，减压 40 kPa 后再关闭该风门。要求在列车制动管减压 40 kPa 以前不得发生局减和制动作用。试验完毕操纵阀置一位。

(6)紧急二段跃升试验

确认副风缸和加速缓解风缸充至定压，操纵阀置三位，开 14 号风门，制动缸压强应迅速上升至 120～160 kPa，然后缓慢上升至平衡压强。制动缸压强由零升至 400 kPa 的时间：ϕ356 mm 制动缸为 6～9 s，ϕ254 mm 制动缸为 9～13 s。

试验后关 14 号风门，紧接着做缓解试验。

(7)缓解试验

在上项试验后，将操纵阀置一位缓解。要求制动缸压强由 350 kPa 降至 40 kPa 的时间：ϕ356 mm 制动缸为 13～17 s，ϕ254 mm 制动缸为 18～23 s。

(8)加速缓解试验

确认副风缸和加速缓解风缸充至定压，操纵阀置五位减压 70 kPa，再置三位保压；压强稳定后关 5 号风门，在 20 s 内，加速缓解风缸的压降不得大于 5 kPa；然后开 5 号和 18 号风门，待制动缸压强降至 100 kPa 时关 18 号风门，操纵阀置二位充气缓解。要求在制动缸开始排气时列车制动管的压强应有跃升。

(9)逆流孔作用试验

操纵阀置一位，确认副风缸和加速缓解风缸充至定压后再移至四位，减压 50 kPa 后移至三位，关 6、8 号风门，开风门 14*A*（要求在列车制动管压强下降 20 kPa 时，副风缸压强应能随之下降，制动缸压强增量不大于 15 kPa），然后，关风门 14*A*。

试验后开 6、8 号风门，操纵阀置一位。

2. 半自动缓解阀试验

半自动缓解阀性能试验包括四项：通量试验、制动缸缓解试验、副风缸和加速缓解风缸排气及解锁试验、主阀缓解（再制动）试验。

(1)通量试验

确认副风缸和加速缓解风缸充至定压，操纵阀置八位，排尽列车制动管的压力空气（制动缸压强由零升至 350 kPa 的时间不得超过 4 s)，用肥皂水检查缓解阀排气口（不得有漏泄)。

(2)制动缸缓解试验

在上项试验后拉动缓解阀手柄，要求从副风缸开始降压起，制动缸应在 3 s 内开始缓解。当制动缸开始缓解时松开缓解阀手柄，要求制动缸压强由 350 kPa 降至 40 kPa 的时间不大于 4 s，然后，用肥皂水检查上盖的排气孔，不得有漏泄。

(3)副风缸和加速缓解风缸排气及解锁试验

在上项试验后，将缓解阀手柄拉到最大位，待副风缸和加速缓解风缸的压强降至 200 kPa 以下时放开该手柄，测副风缸从 450 kPa 降至 200 kPa 的时间（不得超过 20 s；当副风缸为 200 kPa 时，加速缓解风缸压强应更低)。然后，开 15、16 号风门，分别使副风缸、加速缓解风缸压强减至 100 kPa，关 15、16 号风门，用肥皂水检查缓解阀排气口（10 s 内肥皂泡不得大于 12 mm）及拉杆处（不得有漏泄)。然后开 18 号风门（排尽制动缸的压力空气)，关 8 号风门（切断制动缸)，开 16 号风门，将副风缸压强降至 40 kPa，关 16 号风门（在副风缸压强降至 40 kPa 以前，18 号风门不得有排气)。试验后关 18 号风门。

(4)主阀（再制动）缓解试验

操纵阀置一位，待副风缸和加速缓解风缸充至定压后改置四位，使列车制动管减压 50 kPa 再改置三位，然后拉缓解阀手柄，直至制动缸开始缓解时才松开。在制动缸压力空气排尽后将操纵阀置五位减压 40 kPa，再改置三位保压，制动缸应能产生再制动作用。

3. 紧急阀试验

120 阀的紧急阀试验，从准备工作到试验项目、操作和要求都与 104/103 阀大致相同，故此处只指出其不同之处如下（参看前面 104/103 的“紧急阀试验”部分)：

(1)在“紧急制动灵敏度及紧急室排气时间试验”中，120 阀是让操纵阀在一至八位间反复移动，然后置于一位，待紧急室充至定压后再移至八位，在“质量要求”上也多一条——列车制动管压强从紧急排风起到降为 40 kPa 的时间不得大于 1.5 s。

(2)在“常用制动安定性试验”中，120 阀是用操纵阀置六位来实现减压制动。

(3)120 阀多一个“常用转紧急的制动试验”：操纵阀置一位，待紧急室充至定压再置六位，减压 170 kPa 后立即转置八位，要求此时列车制动管应能由常用制动变成紧急制动，即发生紧急局减作用。

第五节 单车试验、列车试验、定置试验、专列静止试验和专列运行试验

一、单车试验

根据《车辆制动装置检修细则》的规定，凡新造车、制动机发生故障的车辆以及经过制动检查或其以上修程的车辆，都要用单车试验器进行“单车试验”——检查车辆制动机和整个车辆

制动装置在静止状态的性能，合格后才能将车辆交付运用。

1. 单车试验器的组成

单车试验器分客车用和货车用两种，组成相同，仅内部联络孔大小不同。

单车试验器由远心集尘器、给气阀、操纵阀(简称单阀)、双针压力表和放风塞门等组成，参看图 7-4。给气阀的输出压强在试验前要调整到定压——600 kPa 或 500 kPa。双针压力表的红针表示给气阀的输出压强，黑针表示列车制动管的压强。操纵阀的用途是控制列车制动管空气压强(充气、排气或保压)，它由回转阀、阀座、阀体和手柄等组成。回转阀上方通给气阀，回转阀和阀座的孔路见图 7-5。

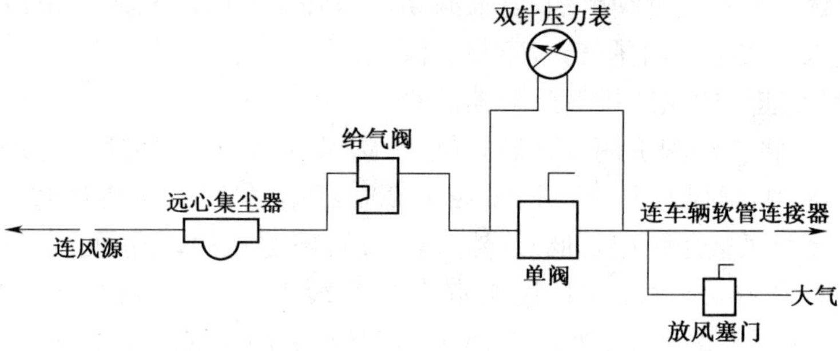

图 7-4　单车试验器组成示意

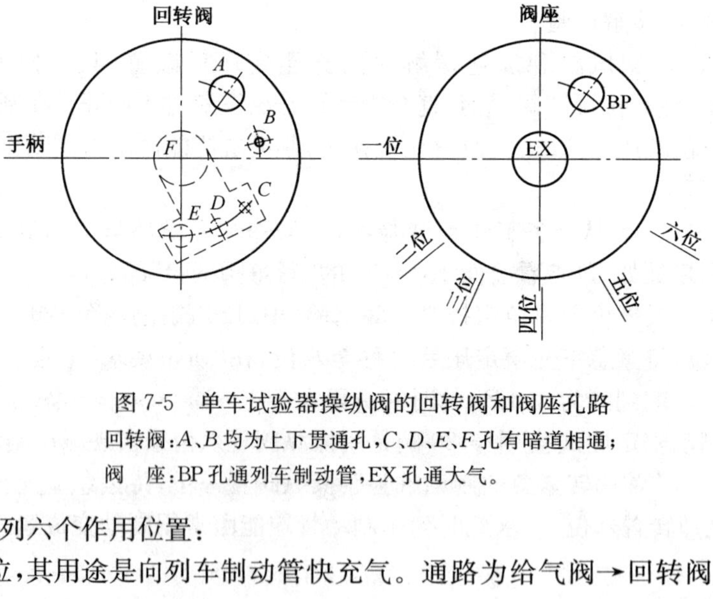

图 7-5　单车试验器操纵阀的回转阀和阀座孔路

回转阀：A、B 均为上下贯通孔，C、D、E、F 孔有暗道相通；

阀　座：BP 孔通列车制动管，EX 孔通大气。

操纵阀有下列六个作用位置：

(1)急充气位，其用途是向列车制动管快充气。通路为给气阀→回转阀上方→A 孔→BP 孔→列车制动管。

(2)慢充气位，其用途是向列车制动管慢充气(例如试验缓解灵敏度)。通路为给气阀→回转阀上方→B 孔→BP 孔→列车制动管。

(3)保压位，其用途是让列车制动管保压(不充也不排)，还可检查管路漏泄。

(4)常用制动灵敏度试验位，其用途是检查车辆制动机常用制动的灵敏度(也称制动感度)。通路为列车制动管→BP 孔→C 孔→F 孔→EX 孔→大气。

(5)常用制动安定性试验位，其用途是检查车辆制动机常用制动的安定性。通路为列车制动管→BP孔→D孔→F孔→EX孔→大气。

(6)紧急制动位,其用途是检查车辆制动机的紧急制动性能。通路为列车制动管→BP孔→E孔→F孔→EX孔→大气。

2. 单车试验的准备工作

(1)空重车手柄置空车位,确认车辆上其他风动装置处于运行时的工作状态,而且不影响车辆制动机的正常作用。

(2)装有闸调器的车辆须准备好规定的弧形垫板(16 mm×60 mm×340 mm,R420 mm)。全部更换新闸瓦时还要将现车闸调器的螺杆调至规定的尺寸(螺杆上刻线至护管端头的距离):ST1-600型及SAB型为500～570 mm;ST2-250型为200～240 mm;574Б型为500～570 mm。

(3)在三通阀(或分配阀、控制阀)安装前,先用木锤敲打列车管系,震落管内锈垢,然后连接地面风源,用反复开关试验车辆端部折角塞门和支管截断塞门的方法,将管内锈垢吹扫干净并在列车管系各接口处涂肥皂水检查(不许有漏泄)。

(4)三通阀(或分配阀、控制阀)安装后,将单车试验器与试验车辆一端的软管连接器接上,在车辆另一端的软管连接器上加装软管防尘堵,开放支管截断塞门。

3. 单车试验的内容

单车试验的项目、操作和要求如下:

(1)全车漏泄试验

操纵阀置一位快充气,充至定压后转置三位保压1 min,检查列车制动主管、支管、截断塞门和折角塞门等各接合处是否有漏泄(1 min内因全车总漏泄量引起的列车制动管压降不得超过10 kPa)。

(2)常用制动灵敏度、制动保压作用和缓解灵敏度试验

操纵阀置一位快充气,充至定压后改置四位,列车制动管减压达40 kPa时再立即移至三位,制动机须在减压40 kPa以前起制动作用,而且局减量不得超过下列数值:K_1型、K_2型、103/104型为40 kPa,GK型为50 kPa,L_3型、GL型为30 kPa。

在局减作用终止后,保压1 min内不得自然缓解。随后,操纵阀置二位慢充气,要求在45 s内缓解完毕(120阀应在20 s内听到排气声,45 s时制动缸压强要求不大于30 kPa)

(3)常用制动安定性试验和制动缸活塞行程检查

操纵阀置一位快充气,充至定压后移置五位。要求是列车制动管减压140 kPa(定压为500 kPa者)或170 kPa(定压为600 kPa者)之前不得发生紧急制动。当列车制动管减压达140 kPa(定压为500 kPa者)或170 kPa(定压为600 kPa者)时将操纵阀置于三位保压,检查制动缸活塞行程是否符合规定(参看本书第一章第九节)。

(4)紧急制动试验

操纵阀置一位快充风,充至定压后移至六位。要求在列车制动管减压140 kPa(定压为500 kPa者)或170 kPa(定压为600 kPa者)以前(104和103阀为100 kPa以前)必须起紧急制动作用。GK阀还要检查其空车安全阀(排风及停排作用均须良好)。各车要检查其制动缸压强(不得小于420 kPa)。

(5)120阀的加速缓解阀试验

操纵阀置一位,充至定压后置四位,减压100 kPa置三位,压强稳定后置二位,制动缸开始

缓解时列车制动管压强应有明显的跃升。

(6)120 阀的(半自动)缓解阀试验

①常用制动—缓解—再制动试验

操纵阀置一位充至定压,置四位减压 50 kPa 再置三位保压,拉缓解阀手柄至全开位 3~5 s 后松开,待制动缸压力空气排尽,操纵阀置五位再减压 50 kPa 左右,要求还能发生制动作用。

②紧急制动后的缓解试验

操纵阀置一位充至定压,再置六位施行紧急制动,待列车制动管压力空气排尽,拉缓解阀手柄约 3~5 s 后松开,制动缸压力空气应能排尽。

(7)闸调器性能试验

①减小间隙试验

操纵阀置一位充风,将垫板放入任一闸瓦与车轮之间,充至定压后将操纵阀置于五位施行最大有效减压(定压 600 kPa 者减 170 kPa,定压 500 kPa 者减 140 kPa),此时制动缸活塞行程应变长。反复制动缓解三次以后制动缸活塞行程与其初始值(未加垫板时的行程)之差应不大于 10 mm。

②增大间隙试验

制动机缓解后撤去闸瓦与车轮之间的垫板,制动后制动缸活塞行程应变长,反复制动缓解三次以上,行程与其初始值之差应不大于 10 mm(推杆式不大于 5 mm)。

苏联 574Б 型闸调器试验时不加垫板,而是将闸调器体手动调整转 2~3 圈,使制动缸活塞行程变长或变短 30~60 mm。反复制动缓解三次以上后行程与初始值之差也要求不大于 10 mm。

(8)紧急制动阀试验

操纵阀置一位充至定压,将紧急制动阀手柄扳至全开位,应发生紧急制动作用。合格后以棉线绳将该紧急制动阀进行铅封。

(9)手制动机试验

拧紧手制动机的手轮或摇柄,全车闸瓦应能抱紧车轮,手轮或摇柄松开时闸瓦也要松开。

二、列车试验

在本章第一节中已提到过,"列车试验"指的是准备运用或已在运用的客货列车在静止状态下进行的列车制动试验。它有"全部试验"和"简略试验"两种。

1. 全部试验

客货列车在编组以后、始发以前,旅客列车不入库折返或货物列车到达编组站之后都要进行全部试验。

全部试验的项目、操作和要求如下:

(1)管系漏泄试验(到达列车不做)

确认列车制动管达定压以后保压 1 min。要求列车制动管压降不得大于 20 kPa,旅客列车尾部车辆压力表与校对压力表的压差不得大于 20 kPa。

(2)制动灵敏度试验

用自动制动阀施行常用制动减压 50 kPa(编组车辆数超过 60 者减压 70 kPa)。要求在达到规定减压量之前起制动作用,而且不得自然缓解。

(3)缓解灵敏度试验

自动制动阀移至运转位。要求全列车 1 min 内缓解完毕。

(4)常用制动安定性试验

用自动制动阀施行常用制动最大有效减压(客车 170 kPa,货车 140 kPa)。要求不发生紧急制动并确认制动缸活塞行程。

2. 简略试验

在区段站和一般列检所对无调中转列车可施行简略试验;始发车辆列已经利用地下压力空气管系做过全部试验者,连挂机车后也只做简略试验;通过列车只做简略试验。

简略试验的操作和要求是:用自动制动阀施行常用制动减压 100 kPa 左右,由列车尾部检车员(或车长)确认最后一辆车已起制动作用,向司机显示要求缓解的信号并确认已经缓解。

三、定置试验

在本章第一节中已提及,定置试验是指在定置试验台上进行的车辆列或列车制动试验。在室内进行列车静止制动试验的专用设备称为"定置试验台",如图 7-6 所示。它是由实际的列车制动管、三通阀(或分配阀、控制阀)、副风缸、制动缸等组成的。为节省空间,列车制动主管通常被煨成一根根椭圆形的弯管并布置在试验台上方。每根主管的两端还设有折角塞门并以软管和联结器相连。三通阀(或分配阀、控制阀)和制动缸布置在管组下面的架子上。副风缸及其他风缸则装在最下面。为观察和测试方便起见,制动缸和三通阀等被排成两列,活塞杆都向中间伸出。每个制动缸还装有活塞行程卡子,可以用垫片调整活塞行程。每个三通阀(或分配阀、控制阀)都有制动支管与相应的制动主管相连。支管上装有截断塞门和远心集尘器。管组的前面设有控制台,用以安装操纵列车和机车制动的大、小闸及各种测量仪表。在每辆车或每隔若干辆车的制动主管、副风缸和制动缸上,装有带塞门或丝堵的风压引出接头,用以连接压力传感器或其他仪器(不用时可关上塞门或以丝堵堵住)。另外,还设有供试验仪器使用的各种电源插头、与机车大闸相连接的起始点信号和连接仪器秒针记号的接点。现代化的定置试验台还配有控制和收集数据用的微机系统。

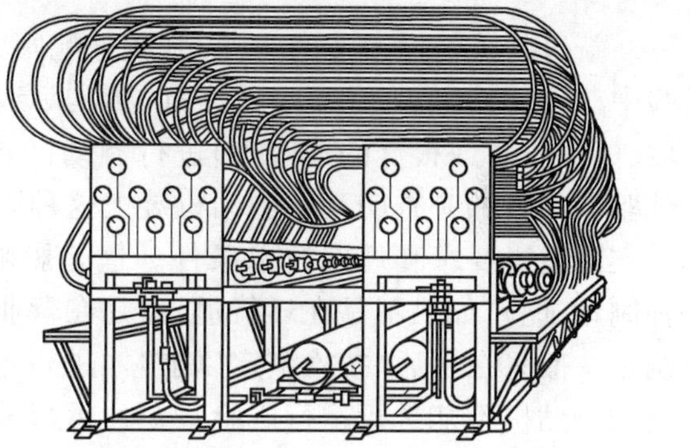

图 7-6　定置试验台

定置试验可进行的内容有:①测定列车制动机的充气、制动和缓解时间;②测定列车制动管的减压速度;③测定列车制动管内的空气波速、制动波速和缓解波速;④研究列车制动管泄漏对列车制动性能的影响;⑤研究编组辆数对列车制动性能的影响;⑥研究不同类型制动机混编的性能;⑦研究列车制动管直径大小对列车制动性能的影响;⑧研究机车制动机对列车制动性能的影响;⑨研究列车制动管的空气动力学问题;等等。

四、专列静止试验

在车站、车辆段或车辆厂的专用线上利用专门编组的列车进行"专列静止试验"时,通常将该列车分成两半,分别置于相邻的两股道上,使列车尾部与机车并列(参看图 7-7),这样在试验中联系比较方便。因此,要在列车中部分开处安置一根横跨两股道的制动主管(相当于一辆车)，将列车两部分的列车制动管连成一根连续的列车制动管。然后，在两股道之间或列车中某个车辆内安置各种测量仪表(最好有一辆专门的制动试验车，附挂于列车的尾部)。这样就可以进行列车制动机在静止状态下的各种内部性能试验了。

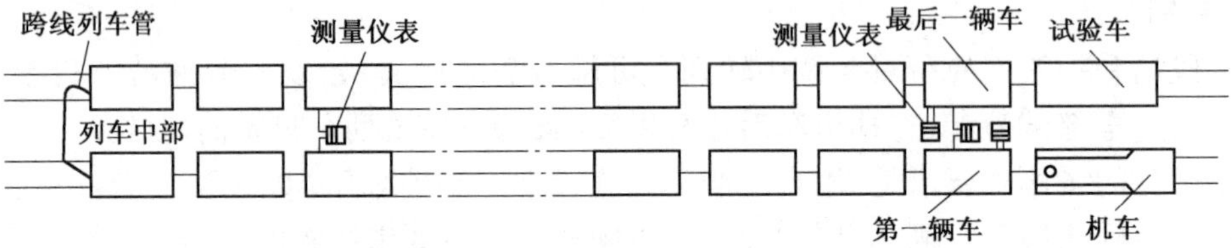

图 7-7　在专用线上进行专列静止试验时列车的布置

五、专列运行试验

新研制或经过改造的三通阀(或分配阀、控制阀)，在单个试验、定置试验或专列静止试验中获得成功之后，还要组成专列，到实际线路上去，在各种运行条件下(平道高速、长大下坡、气温较高或很低的地区等)进行制动试验(专列中挂有专门的试验车)，统称“专列运行试验”，其目的是查明列车制动机装上这种阀之后的全部实际效果，确认它是否能够充分满足实际运行要求和规定技术条件。这是影响因素最为复杂多变、耗资最多、需时最久的一种制动试验，如果不是在环行道，而是在营业线路上进行，则对铁路运输正常秩序还会有影响。一般只在最后(技术鉴定以前)才进行这样的试验。没有通过定置试验或专列静止试验的制动机不能进行运行试验。专列运行试验未通过的制动机，国家不能发给鉴定合格证书，自然也不能投入运用。此外，专列运行试验也是老产品发生事故后进行分析的一种有效手段。

制动试验车本身也是一个可以制动的车辆。它可以挂在列车中任何位置，但在试验专列中它多挂在尾部，这样可更好地测定空气波速、制动波速、缓解波速和制动动力作用等。在制动试验车上装有各种测试仪表，现代化的试验车还应装有微机控制和数据采集系统。沿列车长度也要分散设置一些观测点，配置必要的观测仪表，并用软管或电气线路与有关部分相连接。机车大闸上也要加装发出起始点信号及其他信号的装置。为了便于试验车与机车以及各个观测点的联系，使列车中同时进行的全部研究工作成为一个整体，在机车、试验车和各个观测点都要配备方便而清晰的通话设备。试验车还配备有柴油或汽油发电机组，可以独立发电，给各种测试仪表提供交流或直流电源。试验车上还设有办公室、卧室和厨房等设施，给试验车工作人员提供必要的工作和旅行生活条件。

在进行试验前要根据试验目的和内容以及现场的实际条件，制订出下列详细计划：①确定试验专列的最高试验速度和试验速度的间隔；②试验专列的组成和要求；③试验时的操纵方法，除紧急制动外，常用制动还要根据试验目的确定不同的减压量。

试验中应注意：①试验的线路，做制动距离试验时应选择空旷的平直线路，尽量避免弯道、坡道和隧道，做坡道试验时应选择长距离内坡度比较接近的线路，同时要有足够的距离来加速；②同一试验条件应重复做三次以上，尤其高速试验，更要多次重复；③除专门试验雨天影响外，应避免在雨天做试验，以免因黏着和其他条件变化而影响效果；④试验开始前，应将专列各个车辆的制动缸活塞行程调整到规定值，以免影响试验质量。

复习思考题

1. 制动性能试验有哪些种类？铁路列车制动装置为何要做这么多的性能试验？
2. 1∶1的闸瓦试验台是根据什么条件设计的？它要做哪些试验？
3. 什么是溜放试验？它测的是什么值？求的是什么值？为何还要复核？
4. 104阀和120阀在试验台上要进行哪些试验？比较其异同之处。
5. 何谓“单车试验”、“列车试验”、“定置试验”、专列的“静止试验”和“运行试验”？

第八章

高速和重载列车制动综述

第一节　高速列车制动方式及发展趋势

高速列车(或高速动车组)的编组辆数一般不会太多。最多的如日本的 300 系也只有 16 辆(10 辆动车和 6 辆拖车),最少的如德国的 ICE-V 才 5 辆(2 辆动力和 3 辆拖车)。

高速列车的运行速度很高,其构造速度相当于我国现在一般旅客列车(100～140 km/h)的 2 倍左右(200～300 km/h),甚至更高。动能与速度的平方成正比,故高速列车的动能很大。要在不太长的制动时间和距离内将此巨大的动能转化、消散或移走,没有足够大的制动功率和更灵敏的制动操纵控制系统是不行的。这是因为,速度越高,空走时间对制动距离的影响越大,而且,有效制动距离决定于制动力和制动功率的大小,制动功率与速度的三次方成正比。

参看表 8-1,其中列出了日本新干线、法国 TGV 和德国 ICE 在制动方面的一些情况。这是国际上在高速列车方面比较先进而且有代表性的三个国家,可供我们发展高速铁路时参考。由此表可以看出,高速列车制动有两个主要特点:①多种制动方式协调配合,而且普遍装有防滑器;②列车制动操纵控制普遍采用了电控、直通或微机控制电气指令式等更为灵敏而迅速的系统。

分析表 8-1 可以看出,这些高速列车采用的制动方式共有七种,并可分为三类:

(1)受黏着限制的摩擦制动——闸瓦(踏面)制动、盘形制动(摩擦式圆盘制动)。

(2)受黏着限制的动力制动——电阻制动、再生制动、旋转涡流制动(涡流式圆盘制动)。

(3)不受黏着限制的非黏制动——磁轨制动(摩擦式轨道电磁制动)、线性涡流制动(涡流式轨道电磁制动)。

动车(具有牵引动力装置的车辆)一般是在前两类(黏着制动)中各取 1～2 种配合使用。例如法国的 TGV-A 就是“闸瓦制动＋电阻制动”;日本新干线的 0 系和 100 系则为“盘形制动＋电阻制动”;日本的 300 系、法国的 TGV-N 以及德国的 ICE 和 ICE-V 都是“盘形制动＋再生制动”。

拖车因为没有牵引动力装置,无法采用动力制动,故一般是在第一类和第三类中各取一种配合使用。例如,法国的 TGV-N、德国的 ICE 就都是“盘形制动＋磁轨制动”,日本的 100 系和 300 系则是“盘形制动＋线性涡流制动”,只有法国的 TGV-S 用的是“闸瓦制动＋盘形制动”,全是第一类的。TGV-A 连闸瓦制动都不用,只用盘形制动。

从整个列车,即把动力和拖车综合起来看,每种列车几乎都有三种制动方式(日本 0 系无拖车者除外):基本上是以第一类(受黏着限制的摩擦制动)为基础,动车加第二类(动力制动),拖车加第三类(非黏制动,法国的 TGV-S 和 TGV-A 除外)。

表 8-1 国外高速列车制动简介

国别		日本			法国			德国	
列车型号		0 系	100 系	300 系	TGV-S	TGV-A	TGV-N	ICE-V	ICE
		16 动无拖	12 动＋4 拖	10 动＋6 拖	2 动＋8 拖	2 动＋8 拖	2 动＋10 拖	2 动＋3 拖	2 动＋14 拖
最高运行速度 /(km·h^{-1})		210	230	300	270	300	350	300	280
运用年代		1964	1985	1991	1983	1989	1995	1990	1991
列车制动控制方式		电磁直通 空-液	电气指令 直通 空-液	微机控制 电气指令 电空	自动式 电空	微机控制 电气指令 电空	微机控制 电气指令 电空	微机控制 电气指令 电空	微机控制 电气指令 电空
备用制动		直通电空	直通电空	直通电空	空气制动	空气制动	空气制动	空气制动	空气制动
防滑装置		电子防滑器	电子防滑器	微机控制防滑器	电子防滑器	微机控制防滑器	微机控制防滑器	微机控制防滑器	微机控制防滑器
动车制动方式	闸瓦制动				采用	采用			
	盘形制动	采用	采用	采用			采用	采用	采用
	电阻制动	采用	采用		采用	采用			
	再生制动			采用			采用	采用	采用
	旋转涡流		采用	采用	采用			采用	预留
拖车制动方式	闸瓦制动				采用				
	盘形制动		采用	采用	采用	采用	采用	采用	采用
	磁轨制动						采用	采用	
	线性涡流							采用	
紧急制动距离 /m		2270	2620	—	3200	3500	—	3190	2900
平均减速度 /(m·s^{-2})		0.75	0.78	—	0.88	0.99	—	1.08	1.04

从发展上来看，有以下三个明显的趋势：

(1)在受黏着限制的摩擦制动中，只有法国的 TGV-S 和 TGV-A 在最高速度为 270～300 km/h 的情况下还保留着闸瓦(踏面)制动，而且其动车只加电阻制动，拖车只加盘形制动或者用盘形制动代替闸瓦制动。这一方面说明，法国高速列车力图在其传统的制动方式基础上实现高速，并且是成功的；另一方面也说明，随着列车走向高速化，闸瓦制动终究是走下坡路了，它已经逐渐被盘形制动所代替，或者退居次要地位，因为盘形制动的“摩擦副”在结构和材质上都可以双向选择，能承受较大的热负荷，车轮踏面的磨耗也可以减轻。不过，为了保持踏面洁净，有的制动机又加装了踏面清扫装置，或者采用“盘形加踏面，以盘形为主”的混合制动方式。

(2)在动力制动中，电阻制动逐渐被再生制动所代替。后者可以节能，经济性比较好。

(3)在非黏制动中，摩擦式和涡流式基本上平分秋色、不相上下。这是因为，摩擦式要磨损电磁铁和钢轨，涡流式无此磨损但耗电较多。但不管怎么说，非黏制动可使列车在黏着限制之外获得更大的制动力。对高速列车来说，这是特别需要的一种制动方式。

由于黏着制动始终是基础，为了充分利用黏着，高速列车普遍装有防滑器。从表 8-1 中可以看出，稍早的高速列车，如 20 世纪 60 年代的日本 0 系、80 年代的日本 100 系和法国的 TGV-S，用的是电子防滑器，已经比机械防滑器高了一级。近期的高速列车，如 20 世纪 80 年代末的法国 TGV-A 和 90 年代的所有其他高速列车都改用了更为先进的微机控制防滑器。

多种制动方式的协调配合和装用防滑器，只能缩短有效制动距离。为了缩短制动空走时间从而缩短空走距离，高速列车的主控方式已由空气压强控制（气控）普遍转变为电控，即由空气制动机转变为电空制动机，由自动式转变为（电磁）直通式；近期又进一步向微机控制（电气指令式）的方向发展。

高速列车制动的总目标是控制列车的制动距离，使它不至于随着列车速度的增大而增长得太多。但是，制动距离随列车速度的提高而适当延长是不可避免的，也是必需的，否则，制动时列车减速度就会太大，使旅客难以承受。按我国现有的一般铁路客车构造速度 $v_G=120\,\text{km/h}$（约合 33.33 m/s）和紧急制动距离 $s_b=800$ m 计算，平均减速度 $a=\frac{v_G^2}{2s_b}$，约为 $0.7\,\text{m/s}^2$。广深线准高速客车构造速度按 160 km/h（约合 44.44 m/s）计，紧急制动距离如按 1 400 m，则平均减速度也约为 $0.7\,\text{m/s}^2$，但紧急制动距离如果定为 1 200 m，则平均减速度将增至约 $0.83\,\text{m/s}^2$。由表 9-1 可见，当构造速度从 210 km/h 逐渐增到 300 km/h 时，紧急制动时的平均减速度和制动距离都在相应增加。构造速度为 300 km/h 的高速列车，其紧急制动距离约在 3 200～3 500 m 之间，相应的平均减速度约为 $1.0\sim1.1\,\text{m/s}^2$。这说明，尽管制动距离标准适当延长了，减速度仍在增大，假如这一标准不随构造速度的提高适当延长，减速度的增大将是无法承受的。

第二节　准高速列车电空制动机

广深线是我国第一条列车速度达到 160 km/h 的线路。按现在的划分方法，200 km/h 及其以上的算是“高速”，故 160 km/h 只能称之为“准高速”。比起我国原有的其他线路原来的允许速度 100～110 km/h，广深线当时在技术上算是迈上了一个大台阶。

根据 1990 年 12 月在上海召开的“高速客运制动系统方案讨论会”的精神，为了不改变现有制动机的性能，广深线 160 km/h 旅客列车的电空制动机应仍是自动制动机，在电操纵为主的同时要保持原空气制动机的全部作用，在电路发生故障时，空气制动应当仍然有效，并能在列车尾部加挂非电空制动的车辆。

会议还提出了下列其他各项技术要求：

(1)机车用的 DK-1 型电空制动机或 JZ-7 型空气制动机加装电控以后（简称“JZ-7 加电控”），应能同时适用于操纵“F-8 加电控”和“104 加电控”，而且两者应能混编运行。

(2)制动系统采用得电作用式，并具有阶段缓解和自动补风的性能。

(3)采用“单管”（贯通全列车的制动风管只有一根，即列车管），并应能满足制动机性能要求。

(4)控制线路采用五线制，并具有故障显示功能。各车辆电空制动连接线及插座的结构尺寸及安装位置要统一。

(5)电操纵电源电压为直流 110 V，蓄电池供电时不低于 77 V。

(6)车辆制动方式采用盘形加踏面，以盘形制动为主，并加装防滑器。

(7)采用统一的闸瓦、闸片和闸片托组成,统一制动盘基本尺寸和安装位置尺寸。制动盘须抽样在试验台上做超速试验,速度不低于 180 km/h,合格后方能装车。

(8)防滑器采用轴控(制)式,输入电源为交流 220 V。在车轴端部要采用统一的安装方式及尺寸。

JZ-7 加电控是一种以电控为主、气控为辅的机车电空制动机,它是在原有的 JZ-7 型空气制动机基础上加装空电转换阀、继电器控制箱、电磁阀、压力开关、导线等部件而形成的。空电转换阀的功用是把空气的压差迅速转换成电信号,以操纵电磁阀的动作。导线为五线制,即导线有五根,分别为:制动导线、缓解导线、保压导线(供 104 型加电控用)、紧急(制动)导线(104 型加电控把它作为检查线)和 110 V 的电源负线(零线或回线)。

当自动制动阀手柄置于运转位时,均衡风缸充气,同时也进入空电转换阀膜板的均衡风缸侧,推动膜板向另一侧,即列车管侧移动,从而使缓解继电器得电,电流经缓解导线使车辆缓解电磁阀得电,从而使车辆制动机缓解。当列车管充气增压到与均衡风缸平衡时,空电转换阀膜板反向移动到保压位,使保压继电器得电。保压导线得电,保压电磁阀得电,缓解电磁阀失电,使车辆制动机实现缓解保压。当列车管压强达到或接近定压时,列车管压力开关的作用可使保压电磁阀失电,这样可使自阀手柄在运转位正常运用时所有电磁阀都不带电。

当自阀手柄移到常用制动区内时,均衡风缸减压,空电转换阀的膜板均衡风缸侧也减压,膜板向均衡风缸侧移动,使制动继电器得电,并通过制动导线使车辆的制动电磁阀得电,使全部车辆发生制动作用。当列车管压强减到与均衡风缸平衡时,空电转换阀反向移动到保压位,使保压继电器、保压导线和保压电磁阀得电,实现制动保压作用。当自阀手柄由最小有效减压位分阶段向右移动,空电转换阀将反复由制动继电器得电转到保压继电器得电,从而形成阶段制动;如果手柄由最大有效减压位分阶段向左移动,空电转换阀则将反复由缓解继电器得电转到保压继电器得电,从而形成阶段缓解。

当自阀手柄置于紧急制动位时,由于均衡风缸减压,空电转换阀膜板也移到制动位,使制动继电器、制动导线和制动电磁阀得电;同时,由于自阀手柄在紧急位时,进入撒砂管的总风也进入紧急压力开关,使紧急继电器得电,经紧急导线传到车辆紧急电磁阀,从而得到紧急制动作用。

当自阀手柄置于过充位时,由于均衡风缸只能达到定压,而列车管可过充到比定压高40 kPa 左右,这样,空电转换阀膜板就会移到制动位去,使制动继电器得电,为此在电路上安装了过充压力开关,过充时可切断制动继电器通向制动导线的电流,使它不起制动作用。

F-8 加电控是一种以电控为主、气控为辅的客车电空制动机。它是在原有的 F-8 型空气制动机的基础上加装一个电空阀箱而形成的,电空阀箱是单独设置和安装的,它与原 F-8 阀之间只用管路连接,参看图 8-1。这样,可保留 F-8 阀原设计,不做任何改动,既可保持互换性,也有利于分别检修和故障处理。电磁阀共有三个(参看图 8-2):常用制动电磁阀 SV、缓解电磁阀 RV 和紧急(制动)电磁阀 EV。前两个装在一个连接阀体上,紧急电磁阀安装在另一个阀体上,这个阀体中又包含有放大阀和限压阀。放大阀增加了一条由副风缸至制动缸的通路,相当于放大了紧急制动时副风缸与制动缸间的通路截面(这是因为电控时列车前后部作用的一致性很好,时间差不成问题,所以制动缸升压可以加快,以缩短制动距离)。限压阀用以限制紧急制动时制动缸的空气压强，避免滑行擦伤。

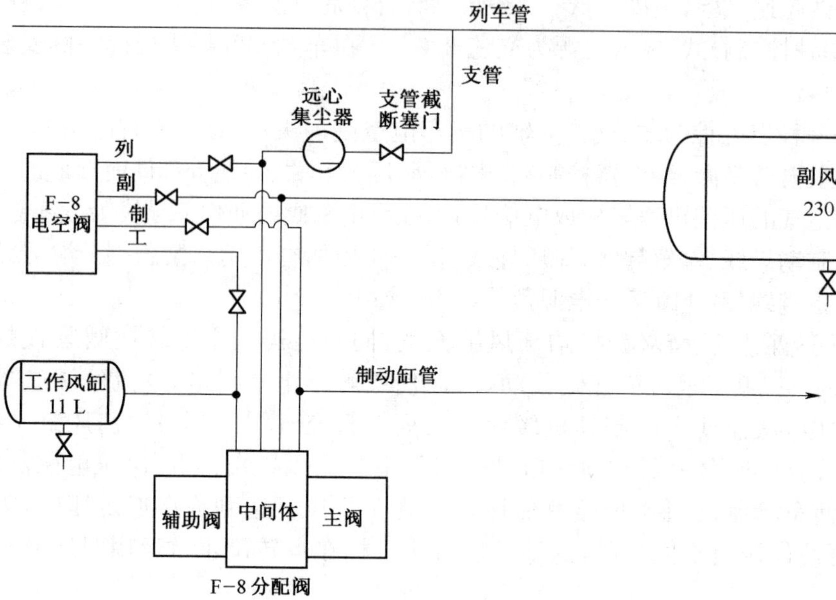

图 8-1　F-8 加电控列车管路连接方案图

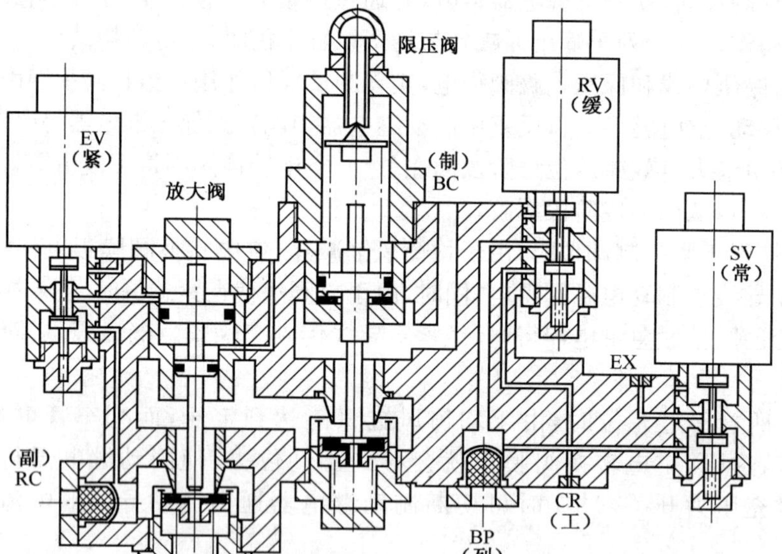

图 8-2　F-8 加电控的电空阀示意图

电磁阀和阀体都安装在电空阀箱内。箱盖为密闭式，可保证尘土和雨水不会进入箱内。

电空制动采用五线制，F-8 加电控实际上只用四线：制动、缓解、紧急和零线，但是，为了保证与 104 加电控混编，制动保压线仍应保持贯通。

常用制动时，常用电磁阀励磁，列车管压力空气除经机车大闸排气外，同时还经每个车辆的常用（制动）电磁阀排入大气，使全列车（包括机车和各个车辆）的分配阀同时发生常用制动作用。当列车管压强减到预定值时，常用(制动)电磁阀复位，列车管停止减压，各个分配阀进入保压状态。

常用制动后施行缓解时，缓解电磁阀励磁，工作风缸压力空气经缩孔堵和缓解电磁阀流向列车管，不用另外加装“加速缓解风缸”就起到了使全列车各个车辆和机车同步实现“加速缓解”(局部增压)的目的。

紧急制动时紧急电磁阀励磁，副风缸压力空气经过紧急电磁阀口进入放大阀活塞上方，使活塞下移，活塞杆下端压开放大阀口，使副风缸压力空气经过较大的通路截面进入制动缸。当制动缸空气压强达到限压阀调整弹簧的限压值时，限压阀上部的活塞被顶起，限压阀下部的阀口被关闭，切断副风缸由此通往制动缸的通路。

根据1992年9月铁道部在青岛召开的“准高速旅客列车电空制动技术审查会”的意见，F-8型加电控又作了两点改进：

(1)为了向104型加电控靠拢，F-8型加电控不得不把紧急制动时的制动缸升压时间放长了一些，这样可以减轻混编时的纵向冲动。

(2)在保持原三个电磁阀不变的基础上，不增加新的部件，只改造其紧急制动部分，增加了电空紧急放风性能(列车管经过紧急电磁阀较大的阀口向大气排风)。这样，在F-8型加电控的列车尾部无论加挂F-8型或104型的空气分配阀，均可使它提前紧急放风，达到同步作用的目的。

104型加电控也是一种以电控为主、气控为辅的客车电空制动机，它是在原有的104型空气制动机的基础上加装一个电磁阀安装座、三个电磁阀(制动、缓解和保压)、一个缓解风缸及相应的管路、导线、插头、插座等分线盒组成的，如图8-3和图8-4所示。

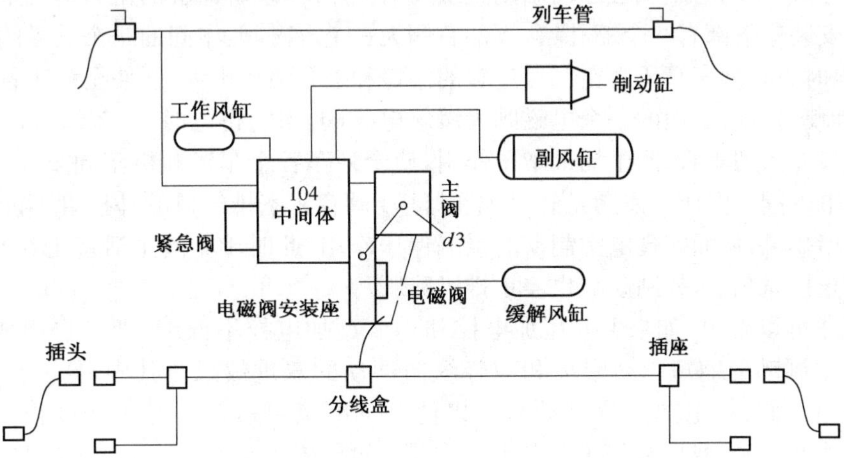

图8-3 104型加电控的综合原理图

104型加电控也是五线制。它在每个车辆的端部左右各装一个五芯电缆插座，这五芯(4×4+1×2.5)分别接制动、缓解、保压、检查(即F-8型加电控的紧急)和回线(即零线)、车辆中部的分线盒将主导线与每个车辆上的电磁阀连接。相邻车辆(或机车)的插座之间再用独立的电缆插头相连接。

由于原来的104型空气分配阀无阶段缓解作用，所以电空制动的阶段缓解必须靠另外

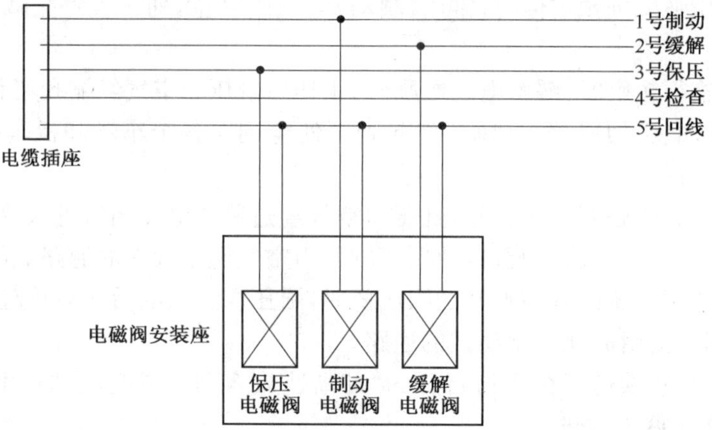

图 8-4　104 型加电控的导线连接示意图

加装一个保压电磁阀来实现，而且，主阀作用部 $d3$ 排气口要通过管路与电磁阀安装座相连接。这样一来，除非用四个电磁阀(比 F-8 型加电控多一个)，否则 104 型加电控就不可能再有紧急电磁阀。换句话说，它在电空制动时没有紧急与常用之分，其制动缸充气时间在紧急制动时也不可能缩短。所以，只能让 F-8 型加电控向它靠拢。由于 F-8 型加电控有电空紧急制动，因此，为了混编，104 型加电控的 4 号线(F-8 型加电控的电空紧急制动导线)必须保持贯通。

104 型加电控的空气通路和构造作用原理如图 8-5 所示。在主阀和中间体之间新加了电磁阀安装座，它的顶端是缓解风缸的充气止回阀。在列车管向副风缸充气的同时，可以经此阀向缓解风缸充气；制动时副风缸因向制动缸供风而减压时，缓解风缸的压力空气不能经此阀逆流。电磁阀安装座下部有一个缩孔堵，下部右侧为三个电磁阀：中间的一个电磁阀为制动电磁阀，当它得电时可将列车管压力空气经过它的阀口和缩孔堵排出大气，使全列车各个车辆和机车同步发生制动作用；上面的一个电磁阀为缓解电磁阀，当它得电时，缓解风缸的定压空气可经过它的阀口充入列车管，产生局部增压作用，使全列车各个车辆和机车同步发生缓解作用；下面的一个电磁阀为保压电磁阀，当它得电时，104 阀容积室排气口的外接管不能通过此电磁阀口和缩孔堵排风，从而实现电空制动的缓解保压作用(此时 104 阀主活塞仍在充气缓解位，但容积室停止排风减压，故制动缸也停止排风减压)。

综上所述可以看出，如果 F-8 型加电控和 104 型加电控不混编，即各自组成专列运用，都可收到电空制动的缩短制动距离和减轻纵向冲动的双重效果。其中，F-8 型加电控由于不需要保压电磁阀，在电空紧急制动时可以使制动距离更短，即，对于速度很高、需要阶段缓解的旅客列车，F-8 型具有先天的优势。但是，如果要求混编，则由于 104 型空气分配阀没有阶段缓解作用，104 型加电控的第三个电磁阀要用于缓解保压，不能用于电空紧急，所以施行紧急制动时不可能大大缩短制动缸充气时间，纵向冲动就会太大。为此，必须要求 F-8型加电控向 104 型加电控靠拢，实际上也就是使前者在“缩短制动距离”方面受到损失。104 型加电控由于只有一个制动电磁阀，它的排气口大小只能按常用制动来设计，不能太大，否则可能发生意外紧急制动。F-8 型加电控有两个制动电磁阀，可以按常用和紧急来分别设计其排气口的大小，而且可以在紧急制动时大大缩短制动缸充气时间，使制动距离大大缩短。

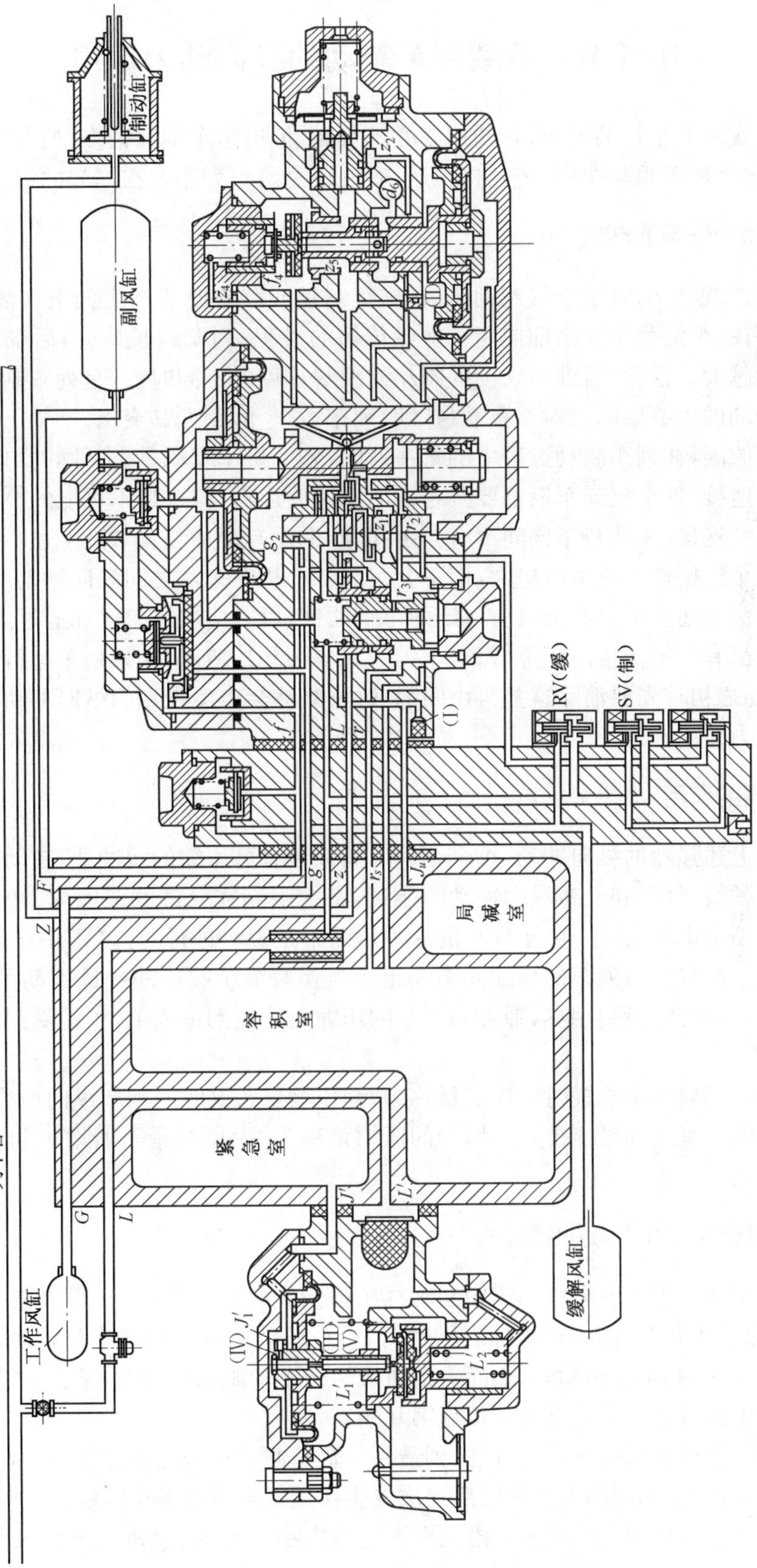

图 8-5 104 型加电控的构造作用示意(常用制动位)

第三节　重载列车制动的纵向动力作用

重载列车实际上是扩编列车，它的速度并不很高，但编组车辆数很多，列车很长，需要大功率机车，或者多个机车重联牵引，或补机推送，有的还是两个列车合在一起的组合列车。

一、纵向动力作用的产生

由本书第二章已知，对于空气制动机，在施行制动或缓解时所产生的空气波（列车管减压波或增压波）有一个沿列车管由前向后扩散或传播的过程；列车越长，其前后部开始制动或缓解的时间差就越大。这种“沿列车长度的制动或缓解作用的不同时性”是列车制动或缓解时发生强烈纵向冲动的主要原因。对于重载（扩编）列车，这个问题尤其突出。

由于上述原因，在列车制动过程中的每一瞬间，各个机车车辆具有不同的单位制动力。如果没有车钩的连接，各个机车车辆都要按各自的减速度运行，但这是不可能的。如果机车车辆之间全部是刚性连接（车钩与车钩间没有自由间隙，也没有缓冲装置），则上述不同的单位制动力只能导致各个连接件中产生内应力，而不会引起各个机车车辆之间纵向冲动。但是，为了使列车各机车车辆之间上下左右都具有一定的可折曲性，以适应坡道起伏和通过曲线的需要，车钩与车钩之间都有一定的自由间隙（每对车钩约为 40 mm），所以，如果列车施行制动时是在拉伸状态，则制动之初首先要消除这些自由间隙，这就必然会产生强烈的纵向冲动，或者说，发生强烈的纵向动力作用。

二、缓冲器的作用

为了缓和上述强烈的纵向冲动，每个车钩后面都装有可压缩的缓冲器，制动时可通过前从板压缩缓冲器弹簧，吸取和衰减纵向冲动的能量，将它限制在允许的范围内。但这样一来，列车纵向的可压缩量也增大了。由于列车的这种压缩不是缓慢进行的，它具有一定速度，所以弹簧被压缩到静平衡位置时列车的压缩并未停止。当弹簧继续被压缩并达到动平衡位置时，列车压缩的相对运动的能量被用尽，弹簧和列车的压缩量才达到最大值，车钩受到的纵向力也才达到最大值。

弹簧被压缩到静平衡位置时的压缩量称为“静压缩量”，这时的列车纵向力称为“最大静压缩力”；由静平衡位置到动平衡位置所增加的压缩量称为“动压缩量”，所增加的列车纵向力称为“最大动压缩力”。

三、制动过程中各个阶段的状况

根据列车制动过程中各个机车车辆制动缸压强的变化和分布情况，可以把这个过程划分为四个阶段，参看图 8-6。图中横坐标表示时间 t(s)，纵坐标表示列车管和制动缸的空气压强 p(kPa)以及相应的制动力 B(kN)，上面一组曲线为列车管压强的曲线，下面一组为制动缸的，每条曲线上标出的数字表示它是属于机后第几辆车。

由第一辆车制动缸压强开始上升起，到最后一辆车制动缸压强开始上升止，为第一制动阶段。在此阶段，各辆车的制动机由前往后逐次发生作用。当后一辆车的制动缸开始升压时，前一辆车的制动缸已具有相当的压强。沿列车长度方向由前往后，制动缸压强及相应的制动力

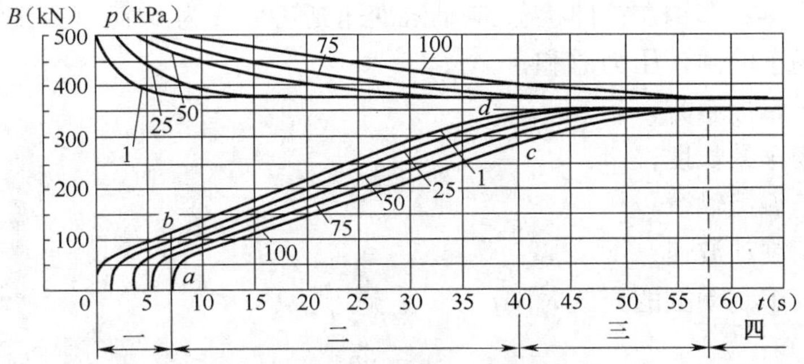

图 8-6　货物列车制动阶段的划分

是越来越小的，所以，前部车辆减速度大，后部车辆减速度小，列车中发生各车辆从两端向列车中部挤压的相对运动。在第一阶段末，列车静压缩力达到最大值，列车静压缩量也达到最大值，缓冲器弹簧处于静平衡位置。

由第一阶段末到第一辆车制动缸压强升到最大值止为第二制动阶段。在此阶段，各辆车的制动缸压强保持着第一阶段末已形成的差别而以相同的速率上升，但是列车的压缩仍在继续进行，直至缓冲器弹簧达到动平衡位置。然后在弹簧反拨力作用下，列车开始不断伸张和压缩，形成纵向动力振动。这个振动在缓冲器摩擦阻尼作用下逐渐衰减而消失。最后，缓冲器弹簧仍停在其静平衡位置，列车依然保持着压缩状态，直至第二阶段末。

由第二阶段末到最后一辆车制动缸压强升到最大值止为第三制动阶段。在此阶段，各辆车的制动缸压强逐次达到最大值，即趋于一致，或者说，由前后压差造成的纵向压缩力逐渐减小，所以，第一阶段储存在缓冲器弹簧中的压缩位能逐渐释放了出来，在缓冲器弹簧的反拨力作用下，列车发生由中部向两端伸张的相对运动（消除原来的压缩），直至第三阶段末，列车原来的静压缩量全部消除。

由第三阶段末到列车停住为第四制动阶段。在此阶段，每辆车都给出了最大制动力。如果列车单位制动力分布是均匀的，则车钩之间应不存在任何因制动而产生的纵向力。但是，由于第三阶段的列车伸张具有一定的速度，不是很缓慢的，所以，在这个阶段之初，列车的伸张并没有停止。列车的继续伸张也会引起纵向冲动和动力振动，而且，这种振动也会在缓冲器阻尼作用下逐渐衰减而消失。

列车中车辆类型、制动机型式及装载情况的不一致性，使得全列车制动缸压强都达到指定值之后，各个机车车辆的单位制动力（每千牛重力所拥有的制动力牛顿数）还可能有一个“沿列车长度的分布不均匀性”问题。这是导致列车发生纵向冲动的另一个原因。但是除非列车编组极不合理，形成了单位制动力完全前大后小或完全前小后大的局面，否则，单位制动力的这种不均匀分布所导致的纵向冲动往往互相抵消，不会对整个列车产生严重的影响。

四、列车制动时的纵向冲击力及其影响因素

根据勃·勒·卡洛瓦茨基和沃·莫·卡赞林诺夫的理论研究，列车制动时的纵向冲击力（最大静压缩力和最大动压缩力的总和）R 可按下列公式计算：

$$R=A\cdot(K\cdot\varphi_K)_{\max}\cdot\frac{l\cdot n^2}{w_{ZB}\cdot t_{ZC}} \tag{8-1}$$

式中　A——反映施行制动时的车钩状态和制动缸充气特性的系数，制动时车钩在压缩状态下

$A\approx0.42$，车钩在拉伸状态、制动缸变速充气时 A 为 0.75（无变速充气时为 1.5）；

K——一辆车的闸瓦压力总和；

φ_K——闸瓦摩擦系数；

l——一辆车的长度；

n——列车编组辆数；

w_{ZB}——列车制动波速；

t_{ZC}——一辆车制动缸的充气时间。

由式(8-1)可知：

(1)列车制动时的纵向冲击力或总压缩力 R 均与制动波速 w_{ZB} 和制动缸充气时间 t_{ZC} 成反比。所以，提高制动波速和延长制动缸充气时间都可以减轻列车制动时的纵向冲动。但是，提高制动波速还可以缩短制动距离，而延长制动缸充气时间却会导致制动距离延长。要想在不延长制动距离的条件下减轻制动时的纵向冲动，只有首先大力提高制动波速，同时在此基础上适当地科学地延长制动缸充气时间，如采用“先快后慢”的变速充气。这样，可以使两者对制动距离的影响互相抵消而得到减轻冲动的双料效果。

(2)纵向力 R 与编组辆数 n 的平方及一辆车的长度 l 成正比。所以，发展大吨位车辆比增加编组辆数对减轻制动冲击较为有利。

(3)纵向力 R 与制动 $(K\cdot\varphi_K)_{max}$ 成正比。由于闸瓦摩擦系数随列车速度的降低而增大，所以在闸瓦压力相同的条件下，低速时的制动冲击更大。但是，如果列车速度很低，例如制动初速低于 30 km/h 时，也可能在冲击力尚未达到最大值以前就停了车。这时，冲击力也可能反而比制动初速高时更小。

(4)列车在拉伸状态下制动，其纵向冲击力比在压缩状态下大得很多。

五、重载列车制动装置的特点

除了纵向冲击这个首要问题之外，重载（扩编）列车由于编组辆数特别多，副风缸也特别多，列车管也特别长，列车管总容积很大，从而还带来下列其他问题：①初充风时间特别长；②在同样的机车制动阀排风和充风速度下，列车管减压和增压速度都很低；③列车管的减压和增压速度沿管长方向的“衰减”都较严重。所以，重载列车制动装置必须具备下列特点：

(1)要有很高的制动波速和较高的缓解波速。这可以缩短制动和缓解时列车前后部作用的时间差，减轻制动和缓解时的纵向冲击，制动波速高还可缩短制动距离。为此，必须加强和改进每辆车的局部减压性能，增添局部增压性能，这样，沿列车管长方向的衰减问题也可迎刃而解。

(2)在大力提高制动波速的同时，采用制动缸先快后慢的变速充气方法，适当地（科学地）延长制动缸充气时间，以达到大大减轻制动冲击、又不延长制动距离的目的。

(3)采用摩擦系数较大的闸瓦，如高摩合成闸瓦，同时改用较小的制动缸和副风缸。这样，可以在保证同样的闸瓦摩擦力条件下，使重载列车的初充风时间不致太长。而且，由于闸瓦压强较低，闸瓦磨耗可以减轻，“磨托”和“烧车”的事故也就不容易发生。

(4)采用性能良好的空重车自动调整装置，保证空车不滑行，重车具有足够的制动力。

(5)列车管内壁和各个连接管器要具有较小的气体流动阻抗。

(6)要有密封式制动缸和良好的“压力保持”性能。在长大下坡道制动保压时，能保持制动缸不漏泄，即使有一点漏泄，副风缸也能及时给予补风，总风缸也能经过列车管给副风缸补风，保持制动缸压强不致因漏泄而衰减。

(7)牵引组合列车的处于列车中部的机车应当装有“中继制动装置”或“同步制动装置”：前者可以把前面传来的已经衰减得很微弱的制动指令加以放大，然后再向后传送；后者可以接收列车头部的制动指令，并把它同步向后传送。

第四节　EUROTROL 型制动机

一、制动机的特点和组成

EUROTROL 型制动机由法国法维莱(Faiveley)公司制造，在 HXD2 型大功率(9 600 kW)电力机车上使用；与国产 SS_4 型电力机车类似，每台 HXD2 型机车由两节 4 轴机车连挂在一起。

EUROTROL 型制动机有以下特点：

(1)采用微机(制动控制单元 BCU)控制，制动和缓解过程的控制更精确(列车管压强变化的级差可以比 10 kPa 更小)，并能实现电制动和空气制动的协调配合。

(2)具有多机重联无线控制系统(MU)。多台机车重联时，各机车 MU 系统通过无线通讯，由本务机车对制动系统进行统一控制。

(3)部件普遍采用模块化、集成化的结构设计，便于设计、制造、拆装和检修；如电空制动控制模块将电磁阀、中继阀和压力传感器等集成在一个单元中。

这种制动机主要包括自动制动控制器、制动控制单元 BCU、电空制动控制模块、备用制动模块、紧急排风阀、分配阀模块、直通制动装置和停放制动装置等。

(一)自动制动控制器

自动制动控制器安装在每个司机室中，通过一个垂向手柄进行操纵，手柄具有一次缓解、阶段缓解、中立、常用制动和紧急制动 5 个作用位。其中，中立位和紧急制动位是手柄可以停住的位置；手柄在一次缓解、阶段缓解或常用制动位停不住，手一松开就会自动返回中立位。手柄置于中立位时，列车管中的压强保持不变。列车不制动时，手柄经常停放于此位置。手柄置于紧急制动位时，列车管中压强速降为零，列车产生紧急制动作用。手柄置于常用制动位，列车管减压量与手柄停留时间成正比，所以列车管压强可分段递减，列车可实现阶段制动。手柄置于一次缓解位，列车管压强将一次增至定压，列车将一次完全缓解。手柄置于阶段缓解位，列车管增压量与手柄停留时间成正比，所以列车管压强可分段递增，列车可实现阶段缓解。

自动制动控制器有“电控”和“气控”两种控制模式。

1.“电控”模式

其控制原理如图 8-7 所示：一般情况下是通过制动控制单元 BCU 进行控制；当 BCU 发生故障时，则通过备用制动模块控制。

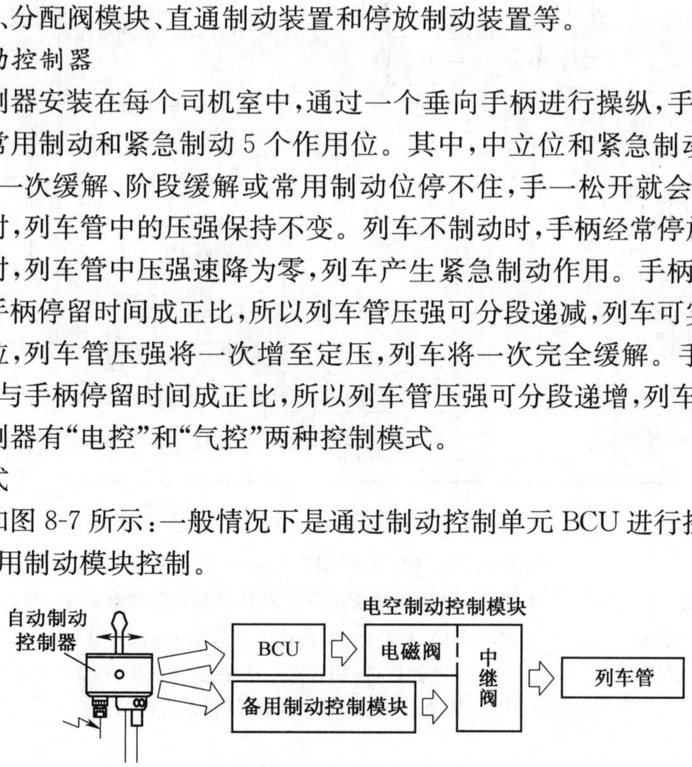

图 8-7　自动制动控制器“电控”模式控制原理

BCU 控制是，将操纵手柄置于不同的位置，向制动控制单元 BCU 发出制动或缓解的电气指令。BCU 根据接收到的指令进行计算，并发出相应的的电信号，使电空制动控制模块中的各个电磁阀打开或关闭，以改变中继阀控制压强（均衡风缸压强），从而控制列车管空气压强，实现全列车的制动与缓解的控制。

备用制动控制是，当 BCU 发生故障时，自动制动控制器通过备用制动模块直接改变中继阀控制压强，实现全列车的制动和缓解的控制。

2.“气控”模式

自动制动控制器上有凸轮驱动的一个控制阀。在自动制动控制器手柄置于紧急制动位时，列车管可以直接通过一个大孔紧急排风，从而实现紧急制动作用。

在自动制动控制器之外，机车上还有一个独立的紧急制动按钮，按下后也可起到类似的紧急排风作用。

（二）电空制动控制模块

电空制动控制模块的作用是：接收从 BCU 来的电信号，然后将其转换成列车管压强信号。下面介绍电空制动控制模块的各个组成部分（参看图 8-8）。

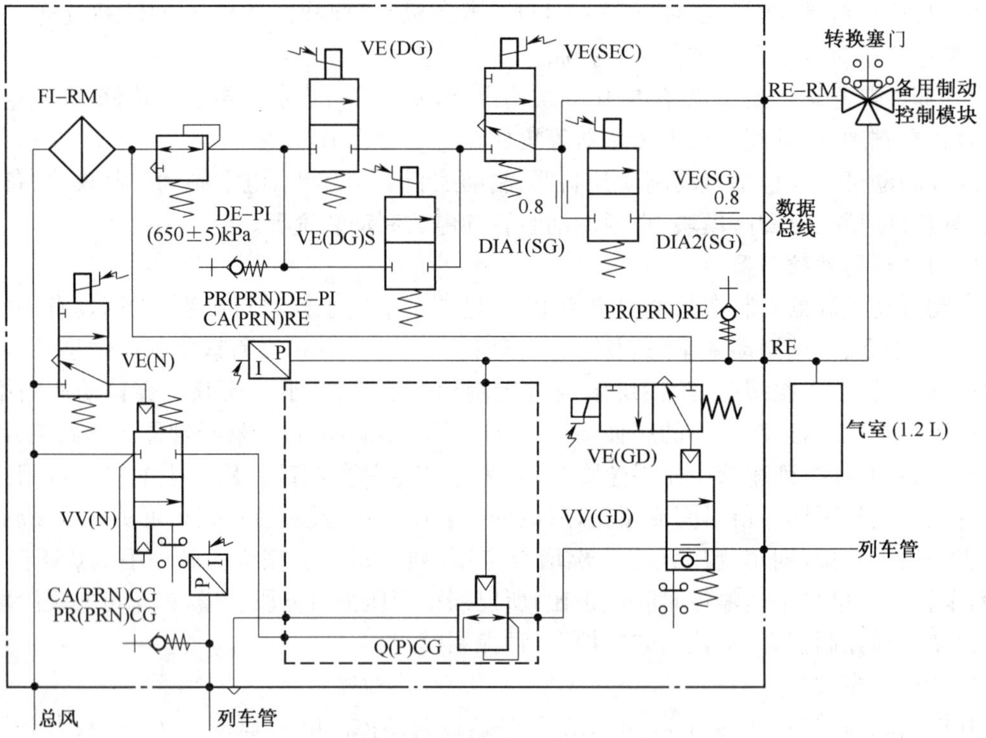

图 8-8　电空制动控制模块的工作原理

FI-RM—过滤器；DE-PI—调压阀；VE(DG)—缓解电磁阀；VE(DG)S—备用缓解电磁阀；VE(SG)—制动电磁阀；VE(SEC)—备用制动电磁阀；DIA1(SG)、DIA2(SG)—缩孔；CA(PRN)RE、CA(PRN)CG—压力传感器；PR(PRN)RE、PR(PRN)DE-PI、PR(PRN)CG—检测接口；VE(N)—中立电磁阀；VV(N)—中立阀；Q(P)CG—中继阀；VE(GD)—快速缓解电磁阀；VV(GD)—快速缓解阀

1. 减压阀

电空制动控制模块的电磁阀通过总风管与风源相连。风源的过滤器后装有减压阀 DE-

PI，它将压强降至(650±5) kPa的范围内，以避免比过充压强还要高的压强作用于中继阀。

2. 电磁阀

电空制动控制模块内包含VE(DG)、VE(DG)S、VE(SEC)及VE(SG)等多个电磁阀，它们均与BCU相连并受其控制。电磁阀的开闭用于对空气压强进行控制。

缓解电磁阀VE(DG)和制动电磁阀VE(SG)用来对均衡风缸的压强进行控制：当缓解电磁阀VE(DG)得电时，总风管向均衡风缸充风，均衡风缸压强升高；制动电磁阀VE(SG)得电时，均衡风缸内的压力空气排出，均衡风缸压强降低。

当缓解电磁阀VE(DG)发生故障时，电磁阀VE(DG)S可起备用作用。

当制动电磁阀VE(SG)发生故障时，电磁阀VE(SEC)起备用作用。电磁阀VE(SEC)常得电，紧急制动时失电，用于产生制动压强的初次跃升；如电源发生故障，该电磁阀也失电，使均衡风缸排风，并切断其补风通路。

3. 中立阀

中立阀VV(N)受中立电磁阀VE(N)的控制，用来切断中继阀Q(P)CG的供风通路，以免在紧急制动时总风管向列车管补风。

4. 中继阀

中继阀Q(P)CG的用途是，根据均衡风缸的压强控制列车管的压强，最终使列车管压强与均衡风缸压强相同。同时，中继阀还可起到流量放大的作用。

5. 压力传感器

电空制动控制模块中的压力传感器有两个：CA(PRN)RE和CA(PRN)CG，两个传感器的输入为0～1000 kPa的空气压强，输出为4～20 mA的电流信号，输出的电流信号由BCU读取。BCU通过压力传感器CA(PRN)RE读取并调节均衡风缸压强，通过压力传感器CA(PRN)CG监控列车管压强。

6. 快速缓解阀

快速缓解阀VV(GD)受快速缓解电磁阀VE(GD)的控制，可使来自电磁阀VE(GD)的压力空气绕过缓解电磁阀、制动电磁阀和中继阀等，直接快速充向列车管。

(三)制动控制单元(BCU)

BCU是一个被称作双子座(Gemini Ⅱ)的通用软硬件平台，用来实现对列车或机车的控制。BCU通过总线与机车控制装置接口。

BCU对均衡风缸的压强进行闭环控制，如图8-9所示。BCU根据自动制动控制器来的输入信号，首先计算所需的均衡风缸压强，然后通过控制电空制动控制模块中各电磁阀的开闭，对均衡风缸压强进行控制。压力传感器CA(PRN)RE读取均衡风缸的压强，以模拟信号的形式发送给BCU。BCU根据该信号使制动电磁阀和缓解电磁阀得电或失电，对均衡风缸的压强进行调节。

(四)备用制动控制模块

当电空制动控制模块的电磁阀或BCU发生故障时，作为冗余装置的备用制动控制模块可对均衡风缸压强进行控制。备用制动的控制是通过其制动控制面板上的相应装置来实现，但备用模式和微控模式都由同一个制动控制器进行控制。

如图8-10所示，塞门RB-FSE用来在微控模式和备用制动模式之间进行转换。转为备用制动模式后，中继阀的控制压强(均衡风缸压强)由制动电磁阀VE(SG)FSE与缓解电磁阀

VE(DG)FSE 来控制。制动的初始动作靠差动式压力开关 MD(PD-REARM)FSE 产生。

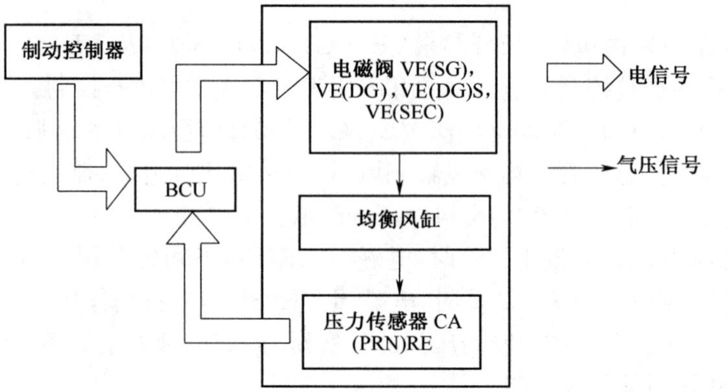

图 8-9　BCU 闭环控制原理图

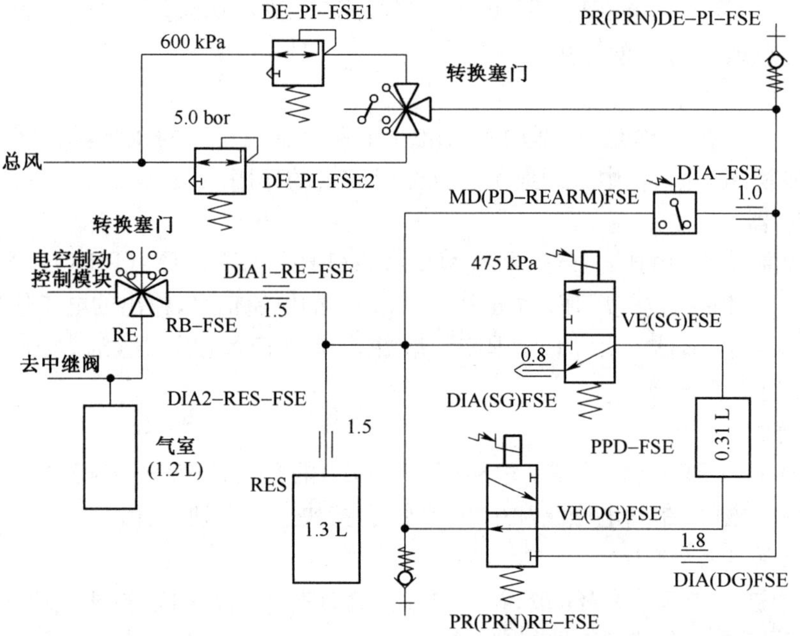

图 8-10　备用制动控制模块

DE-PI-FSE1、DE-PI-FSE2—调压阀；RB-FSE—转换塞门；MD(PD-REARM)FSE—差动式压力开关；
VE(DG)FSE—缓解电磁阀；VE(SG)FSE—制动电磁阀；RES、PPD-FSE—气室；
PR(PRN)DE-PI-FSE、PR(PRN)RE-FSE—检测接口；
DIA-FSE、DIA(SG)FSE、DIA(DG)FSE、DIA1-RE-FSE、DIA2-RES-FSE—缩孔

备用制动模块能够实现阶段制动和阶段缓解。在阶段制动和阶段缓解时，列车管压强变化可以 10 kPa 或更小的级差进行；当均衡风缸的风压达到某个值时，列车管的风压也维持该值。

（五）紧急排风阀

如图 8-11 所示，紧急排风阀包含两个模块，每个模块结构完全相同，分别由电磁阀 VE1/2-URG、气控阀 Q(P)1/2-URG 与塞门 RB(IS)Q(P)1/2-URG 组成，都是用于在紧急制动时将列车管的压力空气通过一个大的开口排出。

其中一个模块与安全回路相连(也与紧急制动按钮以及制动控制器相连),可在机车信号系统等设备使紧急回路断开(失电)时产生紧急排风。另一个模块可在重联工况下与MU(重联)控制系统接口,并由列车线传来的信号或指令控制,实现紧急制动作用;该模块得电时起作用。

在发生故障的情况下,可用塞门将每个模块隔离起来。

(六)分配阀模块

分配阀模块包含分配阀、副风缸、工作风缸和转向架中继阀等部件,其气路原理如图8-12所示,分配阀模块中具有PR(PRN)系列的检测接口,以对制动缸、列车管、工作风缸和副风缸等的空气压强进行监测。每节机车的两台转向架共用一个分配阀模块。

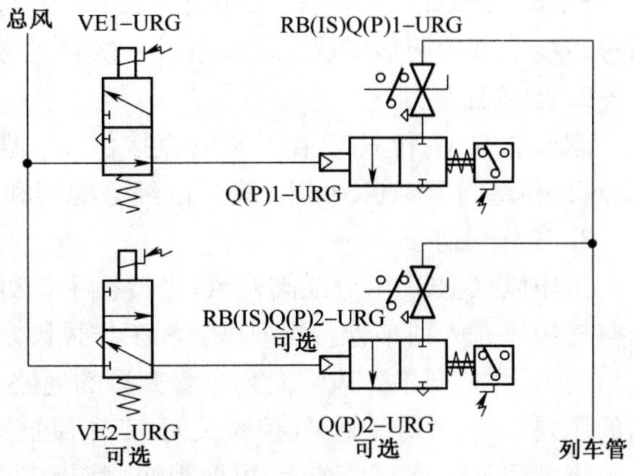

图8-11　紧急排风阀

VE1-URG、VE2-URG—电磁阀;

Q(P)1-URG、Q(P)2-URG—气控阀;

RB(IS)Q(P)1-URG、RB(IS)Q(P)2-URG—塞门

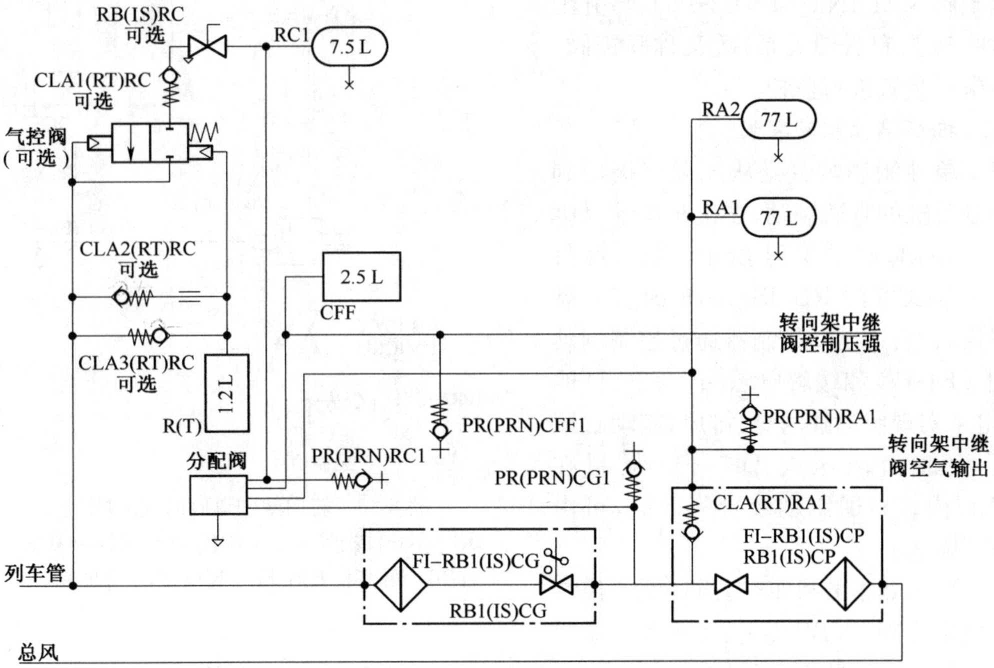

图8-12　分配阀模块的气路原理

RA1、RA2—副风缸;RC1—工作风缸;CFF、R(T)—气室;

PR(PRN)RA1、CLA(RT)RA1、PR(PRN)CC1、PR(PRN)RC1、PR(PRN)CFF1、

CLA1(RT)RC、CLA2(RT)RC、CLA3(RT)RC—检测接口;

FI-RB1(IS)CG、FI-RB1(IS)CP—过滤器;RB1(IS)CG、RB1(IS)CP—塞门

1. 分配阀

EUROTROL 型制动机采用符合 UIC540 标准的 SW4 型分配阀，该阀是三压力机构，可通过转换手柄的调整实现阶段缓解或一次轻易缓解的功能。

2. 副风缸

副风缸 RA1 和 RA2 由总风管直接供风。压力空气进入副风缸前要经由过滤器 FI-RB1(IS)CP 和塞门 RB1(IS)CP。副风缸经分配阀和转向架中继阀相连。

3. 工作风缸

工作风缸 RC1 由分配阀充风；当转换手柄处于一次轻易缓解位时，缓解时工作风缸的压力空气快速充入列车管。当列车管和工作风缸之间的压差大于 30 kPa 时，相应的气控阀可将其检测出，并打开工作风缸向列车管充风的通路，产生快速缓解作用。当列车管和工作风缸之间的压差小于 30 kPa 时，气控阀关闭，工作风缸重新由分配阀充风。

将塞门 RB(IS)RC 关闭，可取消快速缓解功能，使分配阀处于阶段缓解状态。

4. 转向架中继阀

转向架中继阀 Q(P)FR1 和 Q(P)FR2 也采用模块化设计，如图 8-13 所示（只显示一台转向架的情形）。转向架中继阀接收来自分配阀的控制压强（经由联锁电磁阀 VE1-INT 或 VE2-INT），输出的压力空气经双向止回阀到达转向架上的制动缸。

电磁阀 VE1-INT 和 VE2-INT 与分配阀的输出压强有联锁关系，故又称联锁阀，该阀由电子装置进行监控。

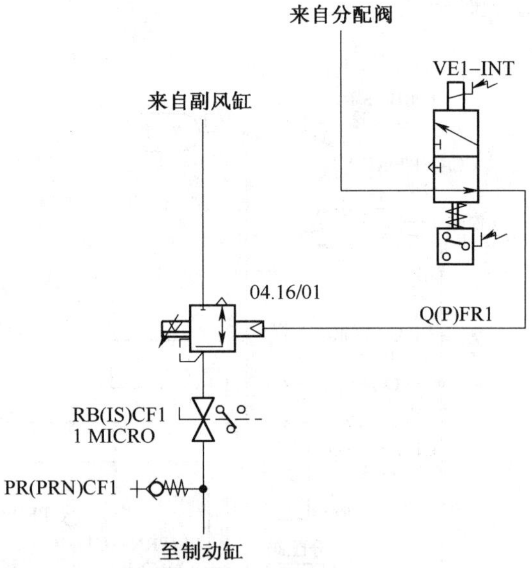

图 8-13　转向架中继阀的气路原理

Q(P)FR1—转向架中继阀；VE1-INT—联锁电磁阀；RB(IS)CF1—塞门；PR(PRN)CF1—检测接口

（七）机车单独制动装置

机车单独制动装置是从风源直接通到转向架制动缸的直通制动，在机车单独操纵或调车时使用，如图 8-14 所示。总风经打开的牵引模式塞门 RB(IS)ARF 向直通制动装置供风，直通制动控制器通过控制制动电磁阀 VE1-FD 和缓解电磁阀 VE2-FD 的得、失电来实现制动缸的充、排风，制动缸压强的最大值由调压阀 DE-FD 限制在 325 kPa以内。直通制动装置失效时，可由塞门进行隔离。

当机车为非本务机车时，通过电子控制装置可使电磁阀 EVBP 得电，由本务机车对本机车的单独制动装置进行统一控制。此时，总风绕过牵引模式塞门 RB(IS)ARF 向直通制动装置供风。

（八）停放制动装置

弹簧驱动的停放制动装置（或称停放制动缸）安装在普通制动缸的后盖上，弹簧伸长时可将与之接触的停放制动活塞推出，该活塞再推动普通制动缸内的活塞，实现制动作用。停放制动缸充风时，压力空气充至停放活塞与弹簧相对的另一侧，将弹簧顶回，停放制动缓解。

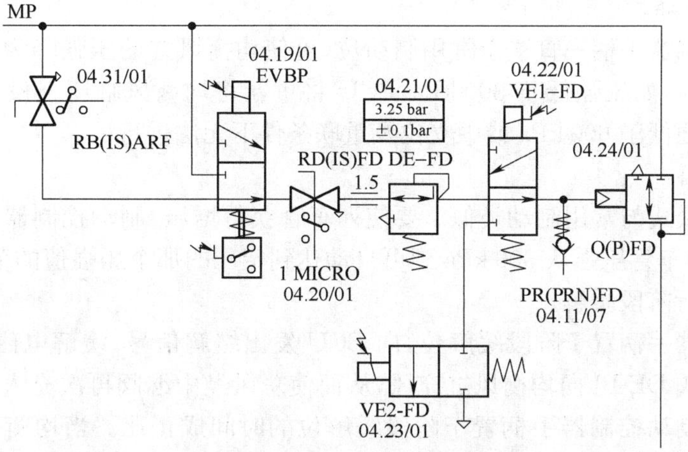

图 8-14　机车单独制动的气路原理

RB(IS)ARF、RD(IS)FD—塞门；EVBP—电磁阀；DE-FD—调压阀；VE1-FD—制动电磁阀；VE2-FD—缓解电磁阀；Q(P)FD—单独制动中继阀；PR(PRN)FD—检测接口

停放制动由副风缸压强控制。机车进行停放时，首先靠自动空气制动装置起作用，即通过列车管排风使分配阀动作，副风缸向制动缸供风。机车经长时间的停放后，副风缸的压强因泄漏降低，此时，弹簧制动逐步起作用，以保证停放制动的作用。

二、BCU 控制(微控)的作用原理

(一)初 压 降

列车管压强的初次降低通过自动制动控制器发出的一个时长为 70 ms 的电脉冲来实现。初压降从缓解状态开始进行，通过制动电磁阀 VE(SG)和备用制动电磁阀 VE(SEC)的作用实现，如图 8-15 所示。

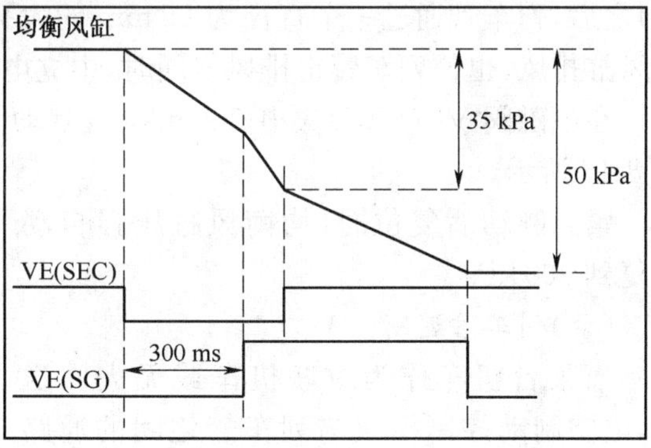

图 8-15　初压降的实现过程

在该过程中，电磁阀 VE(SEC)首先失电，均衡风缸的压强降低。300 ms 后，电磁阀 VE(SG)得电，均衡风缸压强降低的速度加快。当均衡风缸的压降达到 35 kPa 时，VE(SEC)重新得电，均衡风缸压强降低的速度减缓，初压降过程仅靠 VE(SG)的排风完成。即使有缓解指令使该过程中断，也能实现 35 kPa 的初压降。

(二)常用制动

在初压降之后，自动制动控制器可通过发出时长大于 70 ms 的制动脉冲信号，实现级差为 5 kPa 的阶段制动。

将制动控制器手柄置于常用制动位，向 BCU 发送制动信号，制动电磁阀 VE(SG)得电，均衡风缸排风，从而使列车管的压力空气由中继阀排出。均衡风缸压强的降低量与制动控制器手柄置于常用制动位的时间成正比。达到所需压强时，松开制动控制器手柄，BCU 使制动电磁阀 VE(SG)失电，均衡风缸停止排风。全制动时，可在 6～8 s 的时间内，从 500 kPa 的定压

产生 150 kPa 的压降。

如将制动控制器手柄一直置于常用制动位，可使均衡风缸的压强降为零。当制动控制器手柄回到中立位时，如压强低于 300 kPa，BCU 将重新将均衡风缸压强设为起始的 300 kPa。该过程在总风压强低于 600 kPa 或中立位及重联条件下无法进行。

（三）缓　　解

缓解的操纵模式与常用制动类似。要使列车管获得增压，制动控制器发出的电脉冲最短应为 70 ms。在列车管压强从 300 kPa 到可自动达到定压的那个压强值的范围内，可以不大于 10 kPa 的级差进行阶段缓解。

将制动控制器手柄置于阶段缓解位，向 BCU 发出缓解信号，缓解电磁阀 VE(DG)得电，使总风管经减压阀 DE-PI 向均衡风缸充风，从而使总风经中继阀再次充入列车管。均衡风缸压强的增加量与制动控制器手柄置于阶段缓解位的时间成正比。当均衡风缸达到所需压强时，松开制动控制器手柄，BCU 使缓解电磁阀 VE(DG)失电，均衡风缸停止充风。当将手柄置于一次缓解位时，可在 4～6 s 的时间内，将列车管压强由 350 kPa 充至 490 kPa。而且，可在 5 s 以内由 490 kPa 升至 500 kPa(定压)，并保持稳定。

当总风压强低于 600 kPa 时，不能进行缓解操纵。

（四）常用制动或缓解后的保压

当自动制动控制器手柄从常用制动位或阶段缓解位松开时，将自动回到中立位。此时，BCU 通过压力传感器 CA(PRN)RE 获取均衡风缸的风压值，并根据该风压控制制动电磁阀 VE(SG)和缓解阀电磁 VE(DG)的开闭，以保持均衡风缸压强的稳定。

（五）紧急制动

操纵司机室的紧急制动设备(压下紧急制动按钮或将自动制动控制器手柄置于紧急制动位)之后，列车管通过一个直径为 25 mm 的大孔迅速排风。另外，电磁阀 VE(SEC)失电使均衡风缸排风，也使列车管也排风。同时，中立电磁阀 VE(N)得电，切断列车管的补风通路。

在电磁阀 VE(SEC)失电 300 ms 后，制动电磁阀 VE(SG)得电，帮助排均衡风缸的风，如图 8-16 所示。

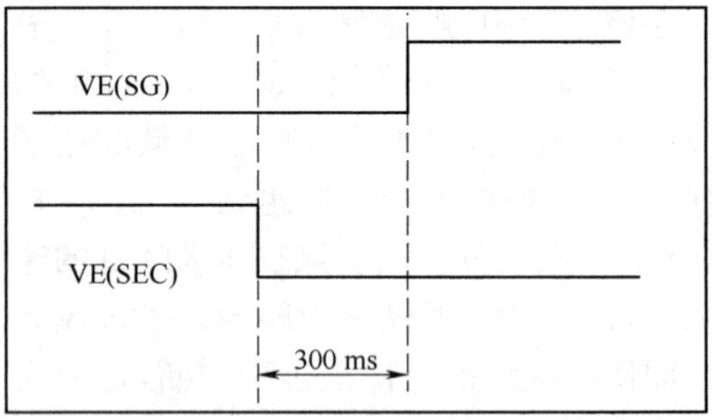

图 8-16　紧急制动的实现过程

紧急制动后复位时，均衡风缸压强自动恢复到 300 kPa。

（六）列车管遮断

当某台机车作为重联机车或无火回送时，电空制动控制模块与列车管之间的通路被遮断。

BCU 仅在第一种情况下起作用。司机通过操纵选择器发出重联指令，该信号传送至重联机车的 BCU，BCU 控制相应的电磁阀得电，使重联机车的电空制动控制模块被遮断。

机车的电空制动控制模块被遮断时，仍可执行制动指令：此时，BCU 先使电磁阀失电，取消电空制动控制模块的遮断状态，实施制动，然后再将电空制动控制模块重新遮断。

自动制动控制阀被遮断时无法进行缓解。

（七）中　　立

该功能用于进行列车管的密封性测试，以及在紧急制动期间避免列车管补风。

在中立状态下,BCU 接收由机车控制单元控制的中立电磁阀 VE(N)的得失电状态信号。当 VE(N)得电时,任何缓解作用都被禁止,但可以制动。当 VE(N)失电时,若均衡风缸压强高于 300 kPa,将保持已达到的压强值;如压强低于 300 kPa,将自动设定为 300 kPa。

(八)快速缓解

快速缓解由 BCU 控制,仅在司机发出该指令(按下司机操纵台专用的快速缓解按钮或将制动控制器手柄置于一次缓解位),同时均衡风缸压强低于再充风压强的条件下起作用。快速缓解可使相当于列车管的容积为 400 L 风缸的压强在 10 s 的时间内从 350 kPa 升至490 kPa。

快速缓解指令确认后,快速缓解电磁阀 VE(GD)得电,均衡风缸的过充量设为 10 kPa。60 s 后,电磁阀 VE(GD)失电,10 kPa 的过充压强开始自动消除。

施行快速缓解时,按压按钮或手柄置于快速缓解位的时间应大于 150 ms,否则不会产生快速缓解作用。但如持续时间在 60 s 以上,该操作会被 BCU 自动取消。

在常用制动、紧急制动、中立或重联时,电磁阀 VE(GD)失电,快速缓解过程中断。

(九)过充及其消除

在接收到司机的过充指令(按下司机操纵台上专用的过充按钮)后,由 BCU 启动该功能,并且只能在完全缓解、不在中立及重联状态时才可实施过充。在过充过程中,均衡风缸的压强以 2 kPa/s(20 s 内增压 35～45 kPa,可达到的最高压强为 540 kPa)的速度增加。过充期间,快速缓解电磁阀 VE(GD)保持失电状态。

如在未完全缓解(均衡风缸压强小于再充风压强)时发出过充指令,过充不会启动,也不会发生缓解作用。

当司机再次按下过充按钮时,过充过程中断,过充消除过程开始。在 60～75 s 的时间内,压强降低 15 kPa(即压强从 540 kPa 下降到 500 kPa 的时间为 160～200 s)。需要注意的是:

(1)在过充期间,如出现常用制动制动或紧急制动指令,过充会中断。制动后进行全缓解时,列车管压强将升至制动前的列车管压强值,称为“过充记忆”功能;如过充指令仍存在,过充会自动重新启动。

(2)在过充消除期间,如出现常用制动制动或紧急制动指令,过充消除过程会停止。制动后进行完全缓解时,列车管压强值将升至比制动前的列车管压强值大 15 kPa(最高不超过 540 kPa)。60 s 后,过充消除过程会自动重新启动。

(3)如过充期间出现遮断指令,过充立即停止,并且过充的目标压强值保持不变。遮断命令消除后,如过充命令仍然存在,过充作用按照当前的目标压强值重新启动。

(4)如过充消除期间出现遮断指令,过充消除过程立即终止,该过程减压的目标压强保持不变。遮断指令消除后,中继阀通过自身的自然漏泄恢复至正确的列车管压强;60 s 后,过充消除过程按照当前的目标压强值重新开始。

(5)如过充期间出现中立指令,过充立即终止,目标压强值设为 500 kPa。如中立指令消除时过充指令仍然存在,过充将按照当前的目标压强值重新开始。

(6)如过充消除期间出现中立指令,过充消除过程立即终止,目标压强值设为 500 kPa。

三、备用模块控制的作用原理

(一)中 立 位

参看图 8-10,在备用模式下运行时,在两个调压阀 DE-PI-FSE(根据相应转换塞门的位置，只有一个起作用）的作用下，均衡风缸和列车管可设为（500±5）kPa或（600±5）kPa的定压。

当列车不制动时，自动制动控制器手柄经常置于中立位。此时，制动控制器发出“停止制动”信号，缓解电磁阀VE(DG)FSE得电。制动电磁阀VE(SG)FSE失电，将气室PPD-FSE的压力空气排向大气。

（二）常用制动位

自动制动控制器手柄置于常用制动位时，缓解电磁阀VE(DG)FSE失电关闭，制动电磁阀VE(SG)FSE失电打开，均衡风缸通过打开的制动电磁阀VE(SG)FSE和缩孔DIA(SG)FSE排风，使列车管压强在6～8 s的时间内由定压降低150 kPa，产生制动作用。

（三）缓 解 位

自动制动控制器手柄置于缓解位时，缓解电磁阀VE(DG)FSE得电打开，制动电磁阀VE(SG)FSE得电关闭。来自总风缸的压力空气经缩孔DIA(DG)FSE和打开的缓解电磁阀VE(DG)FSE充入均衡风缸，使列车管压强在4～6 s的时间内，从低于定压150 kPa增压50 kPa，然后在不到5 s的时间内增至定压，从而产生缓解作用。

（四）常用制动或缓解后的保压

备用制动模块可实现阶段制动和阶段缓解作用，系统所能分辨的均衡风缸压强变化级差为10 kPa或更小。当列车管压强达到一定值时，缓解电磁阀VE(DG)FSE阀失电关闭，自动制动控制器发出“停止制动”信号，使制动电磁阀VE(SG)FSE得电关闭，均衡风缸压强保持不变。

（五）再 充 风

在制动动作的最后，当均衡风缸压强达到470～480 kPa（制动后开始再充风的压强）时，可对缓解作用进行准确调节。此时，差压开关MD(PD-REARM)FSE调至再充风位；在该位置，自动制动控制器发出“停止制动”信号，缓解电磁阀VE(DG)FSE得电打开，制动装置重新处于运转状态。

（六）紧急制动

紧急制动可由以下条件触发：

(1)将自动制动控制器手柄置于紧急位；

(2)按下紧急制动按钮；

(3)安全环路失电（作用方式与动车组制动系统类似）。

此时，制动电磁阀VE(SG)FSE失电，导致均衡风缸紧急排风。

四、辅助模式、救援模式和重联模式

1. 辅助模式：若要使一台HXD_2型机车中的某一节处于辅助机车模式，通过BCU控制电磁阀VE(IS)RM阀得电（详见列车管遮断的相关内容），可使该节机车的自动制动控制阀与列车管隔离，失去对列车管压强的控制作用，但其余的所有功能仍有效。

2. 救援模式：机车可作为无动力的货车编入列车。为设定成该模式，关闭截止阀RB(IS)ARF，此时，列车管控制（自动制动控制阀及备用制动模块）、紧急阀VE1-URG和VE2-URG，以及直通制动等都被自动切断。

3. 重联模式：在牵引重载列车时，几台机车可联挂在一起，由本务机车根据牵引和制动指令进行统一控制，该功能通过与 MU 控制系统接口实现。

MU 控制系统必须和机车控制单元以及制动控制单元 BCU 接口，这三个系统之间的主接口为总线，可允许制动系统与 MU 控制系统或其他类似的遥控设备接口。

MU 控制系统安装于所有机车上(本务机车和被遥控的非本务机车)。几个 MU 控制系统通过无线方式进行通信，它们都具有用来与机车控制单元和 BCU 进行数据交换的总线接口。

当 MU 控制系统处于操纵模式时，机车控制单元和 BCU 接收到相应的信息。于是，在本务机车中，BCU 根据驾驶室的输入信号工作；而在被遥控的非本务机车中，BCU 根据总线传来的输入信号进行工作。

复习思考题

1. 高速列车制动的主要特点有哪些？动车和拖车的制动方式有什么区别？

2. 从发展上看，高速列车制动方式的变化有哪些明显的趋势？

3. 为什么制动距离要随着列车速度的增高而适当放长？

4. JZ-7 加电控、F-8 加电控和 104 加电控各有哪些主要特点？

5. 列车制动时发生强烈的纵向冲动，其主要原因有哪些？制动冲击力与哪些因素有关？减轻制动冲击的正确方法应当是什么？

6. 除纵向冲击外，重载列车在制动方面还有哪些问题？这些问题如何解决？

7. EUROTROL 型制动机有哪些特点？它的自动制动控制器手柄在操纵上有什么特点？“电控”和“气控”是如何起作用的？

第九章

高速动车组制动系统综述

动车组是城际和市郊铁路实现小编组、大密度的高效运输工具,以其编组灵活、方便、快捷、安全,可靠、舒适为特点,备受世界各国铁路运输和城市轨道交通运输的青睐。

传统列车的牵引动力是集中配置的。有牵引动力装置并只承担牵引任务的称为机车,它与无牵引动力并只载客或装货的客货车辆不是长期固定连挂的。机车与其后的车辆列是在列车运行之前才连挂在一起组成列车的。

动车组中没有只承担牵引任务的机车。动车组中有牵引动力装置也载客的车辆称为动车(M),无牵引动力只载客的称为拖车(T)。动车组长期固定编组运营,运用时不解编,但同型号动车组可重联运行。动车组牵引动力配置有动力集中式和动力分散式两种。

动力集中式的动车组有两种牵引动力配置模式:一种是,两端都为有牵引动力并带司机室的动车(Mc),中间为无牵引动力只载客的拖车(T);另一种是,只一端为有牵引动力并带司机室的动车(Mc),另一端为无牵引动力但带控制室的拖车(Tc)。动力集中式的典型代表为德国的 ICE1、ICE2 和法国的 TGV 。

动力分散式的动车组也有两种牵引动力配置模式:一种是牵引动力完全分散,即动车组中全部为动车,如日本的 0 系;另一种是相对分散,即,动车组中既有动车也有拖车,如日本的 100 系、700 系,由 12 辆动车、4 辆拖车组成,即所谓的“12 动+4 拖”。

按照牵引动力类型,动车组还有电动车组和内燃动车组之分。内燃动车组按传动方式又有电传动和液力传动两种,电动车组按电流制式又有直流和交流两种,当今世界上运营的动车组大多为交流电动车组。

2006 年以前,我国自主研发、先后投入运营的内燃动车组和电动车组有:新曙光号(NZJ1 型)、神州号(NZJ2)、金轮号内燃动车组、九江号和北亚号液力传动动车组、普天号摆式内燃动车组和春城号、大白鲨号、蓝箭号、先锋号、中原之星号、中华之星号电动车组,多数为动力集中式。从 2006 年开始, 通过引进、消化吸收、逐步国产化的方式,我国开始生产 200 km/h 及速度更高的动力分散式的 CRH 系列电动车组,本书主要介绍 CRH 系列高速动车组的制动装置。

高速动车组制动装置是一个能提供更强大制动力并能更好利用黏着的复合制动系统。它主要由电制动、空气制动、防滑、制动控制等四大系统组成。制动时采用“电制动优先”的空、电联合作用方式。

第一节　高速动车组电制动系统

高速动车组的电制动主要有电阻制动和再生制动两种。

一、电阻制动

使用直流电机的动车组有的是通过调节主变压器输出侧抽头，将电网上 25 kV 的交流电变为电压可调的交流电，再经整流后送给主电动机（如日本新干线 0 系动车组）。有的是把经主变压器降压的交流电通过主控制整流器的连续相位控制，得到电压连续可调的直流电送给主电动机（新干线 100 系、200 系和 400 系动车组）。下面以新干线 100 系动车组为例，介绍电阻制动系统的组成和工作原理。

1. 系统组成和工作过程

动车组的主电动机回路和电阻制动主回路分别如图 9-1 和 9-2 所示。

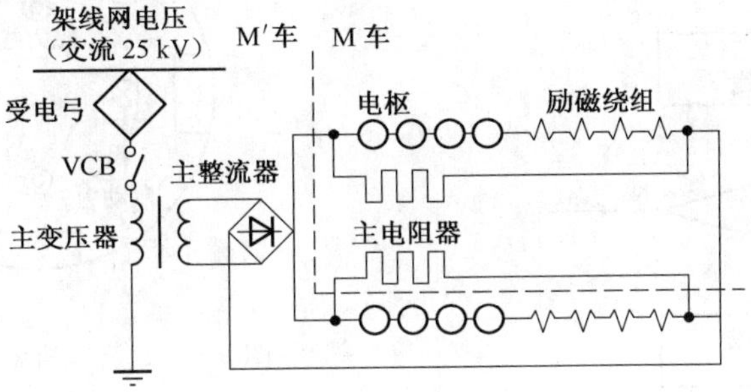

图 9-1　主电动机回路

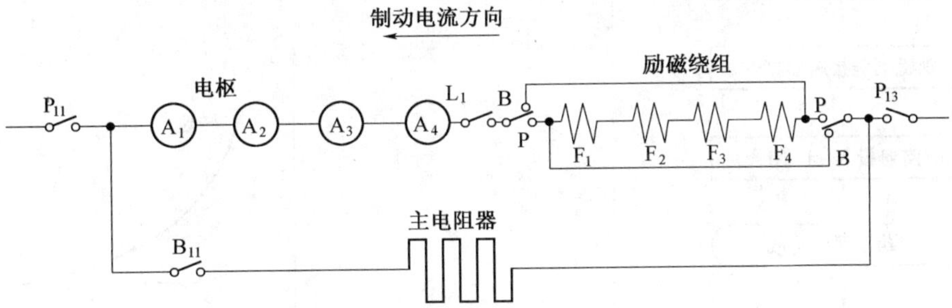

图 9-2　电阻制动系统的主回路

系统的工作过程如下：由司机制动控制器或列车自动控制系统 ATC 发出制动指令后，制动控制装置 BCU 首先对列车运行速度进行判断。当速度大于 25 km/h 时，制动主回路构成（PB 转换器转为制动位置），然后制动接触器动作（B_{11} 闭合、P_{11} 打开、P_{13} 打开），随后依次是励磁削弱接触器打开、预励磁接触器投入，最后，断路器投入（L_1 闭合）。此时，电枢绕组、励磁绕组和主电阻器构成电阻制动主回路，并使电流向增加牵引时剩磁的方向流动，再由主电阻器将电枢转动发出的电能变为热能耗散掉。

电阻制动主回路的控制原理如图 9-3 所示。

2. 电枢制动力的产生原理

参看图 9-4。电阻制动的电枢制动力产生原理是：假设转子（电枢）顺时针转动，励磁磁力线从 N 极到 S 极构成回路，按照弗莱明右手法则，则会产生如图所示的从纸面向外的电流“⊙”和从纸面向里的电流“⊗”。这一电流按弗莱明左手法则会产生在图左侧“⊗”处向下，图右侧“⊗”处向上的阻止电枢转动的力，这就是直流电机产生的电枢制动力。

在电制动系统中，无论采用何种方式或主电机，电枢制动力的产生原理均如上所述。即：将根据弗莱明右手法则产生的感应电动势通过回路形成感应电流，这一电流在电枢中流过时就会产生与电枢运动方向相反的电枢制动力。简单地说，就是让运动的导体切割磁力线发电，然后利用该电流产生与导体运动方向相反的力，来实现对电枢的制动作用。

3. 电枢制动特性

直流电机电阻制动的制动特性如图 9-5 所示，转速增加时电枢电流下降，电枢电流增加时电枢制动力也增加。

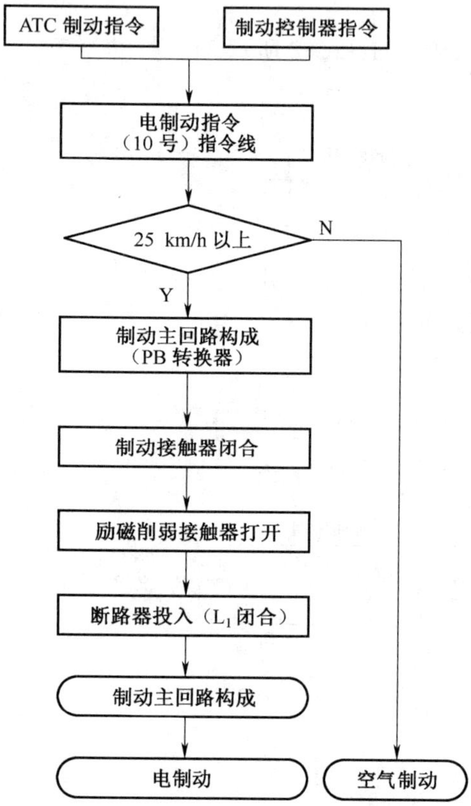

图 9-3　电阻制动主回路的控制过程

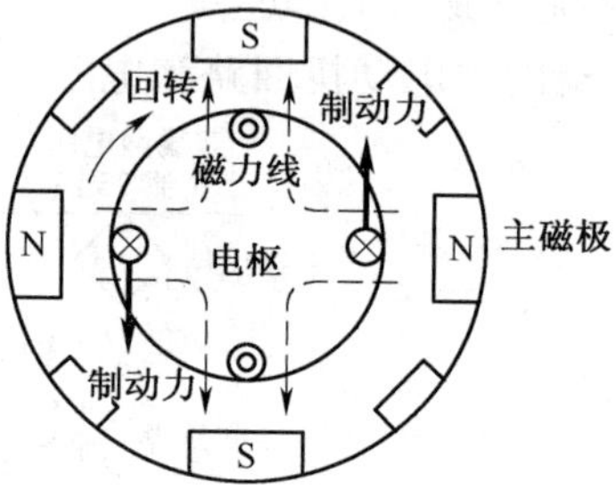

图 9-4　直流电机电枢制动力的产生原理

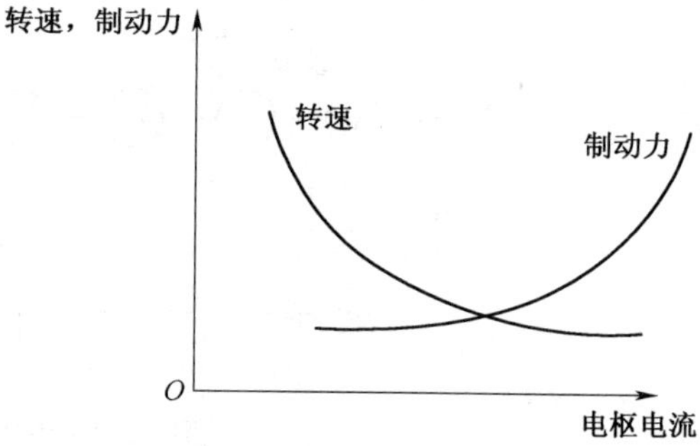

图 9-5　直流电机电阻制动的电枢制动特性

该特性对于速度变化较大的动车组低速时需要较大牵引力、高速时不需太大牵引力的牵引要求相吻合，但对在整个速度范围内都需要恒定制动力的制动控制，则需采取相应的措施。对于设有主电阻器的车辆，因变换了牵引时的主回路，由电枢绕组、励磁绕组及主电阻器构成闭合回路产生制动电流，所以，即使电网停电，只要供给构成回路的控制电源，就可产生电枢制动力。

4. 电枢制动力（制动转矩）的控制

如图 9-4 所示，直流电机的转矩与励磁磁通和电枢电流成正比，其关系为

$$T = k\Phi I \tag{9-1}$$

式中　T——转矩；

k——电机常数；

Φ——励磁磁通；

I——电枢电流。

直流电机的感应电动势是由励磁磁场强度和电枢转速(即感应电动势计算公式 $E=k\Phi n$ 中的 n)决定的。通过将串联在主回路中的主电阻器阻值逐渐减少,使主回路的平均电流保持恒定,就可得到恒定的电枢制动力。因此,从高速到低速电阻制动的控制方式是:电枢制动力产生→速度下降→感应电压降低→制动电流减少→短接部分主电阻;反复进行以上动作过程,可使电枢制动力保持恒定。

二、再生制动

交流电机有感应电机和同步电机两种,同步电机由于必须向转子提供电流,以及结构复杂等原因,未在动车组上获得广泛使用。使用感应电机的动车组利用整流器和逆变器的组合(称为变换器)进行 C/I(交直流相互转换)的同时,通过 VVVF(Variable Voltage Variable Frequency)控制,可以很容易地进行能量再利用的再生制动。与直流电机相比,功率相当的感应电机具有构造简单、体积小、无换向火花以及维修工作量少等优点。下面以日本新干线 700 系动车组为例,对再生制动系统的组成和工作原理进行介绍。

1. 系统组成和工作过程

图 9-6 为日本新干线 700 系动车组感应电动机的主回路(3 辆车为一个单元)。

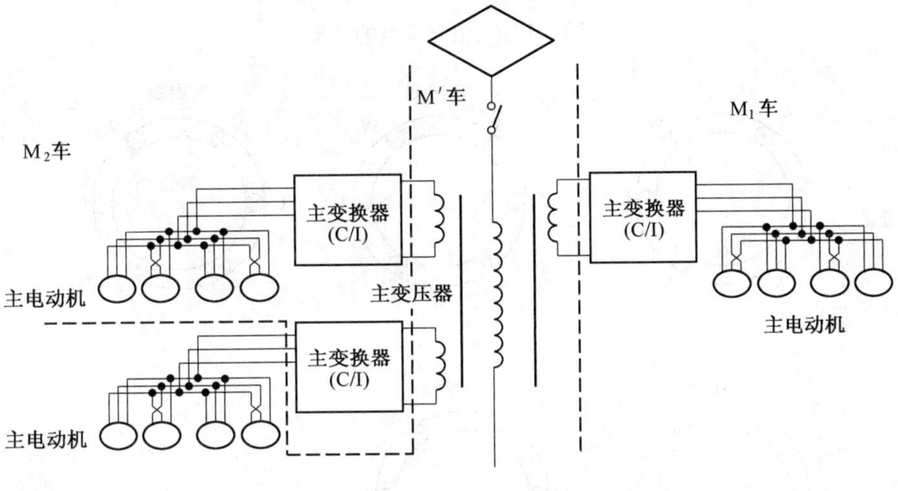

图 9-6　感应电动机主回路

列车牵引运行时,先用主变压器将电网 25 kV 的单相交流电降压,然后用整流器将交流电变为直流电,再由逆变器将直流电变成三相交流电供给感应电机(交流电的电压和频率与列车速度及牵引力相应,并可方便地进行调节)。再生制动时,过程与牵引运行正好相反,感应电机由电动机变为发电机,原来的整流器和逆变器也发挥其逆作用,分别执行逆变器和整流器的功能:整流器将电机产生的三相交流电变换为直流电,再由逆变器将直流电变为与电网频率相同的单相交流电,最后由主变压器将交流电升压后反馈回电网,供处于牵引运行状态的其他动车组利用。

2. 电枢制动力的产生原理

感应电机制动时与直流电机一样,将主电动机转变为发电机运行。电机磁场从 N 极到 S 极构成磁通回路,与在转子中通过的电流相互作用产生制动力,其基本原理与直流电机相同;

不同之处在于感应电机定子线圈中通过的是三相交流电，它在定子中产生旋转磁场，当定子磁场转速比转子转速慢时，磁场切割转子导线，根据弗莱明右手法则可知，转子导体中有电流产生，产生的电流又切割定子磁力线，由弗莱明左手法则可知会产生电枢制动力。

当图 9-7 所示的三相交流电加于电机的定子后，其结果如同在定子周围有磁场在旋转，定子磁场的旋转状态如图 9-8 所示。图中的"⊙"表示从纸面向外的电流，"⊗"表示从纸面向里的电流，○表示没有电流流过。

定子磁场绕转子转动时的转速 N 可以表示为

$$N=120f/p \tag{9-2}$$

式中 f——电源频率；

p——感应电机的级数。

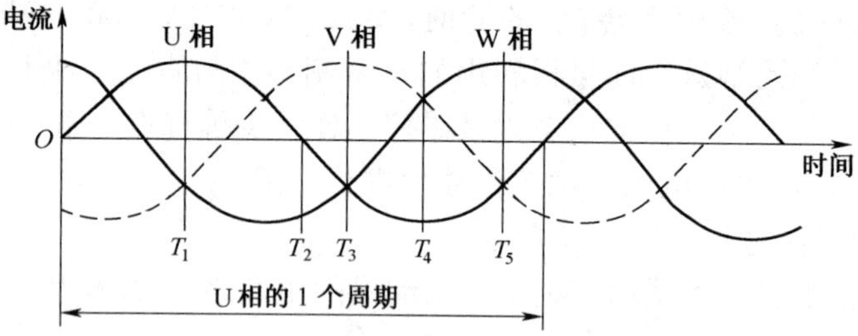

图 9-7 三相交流电的波形

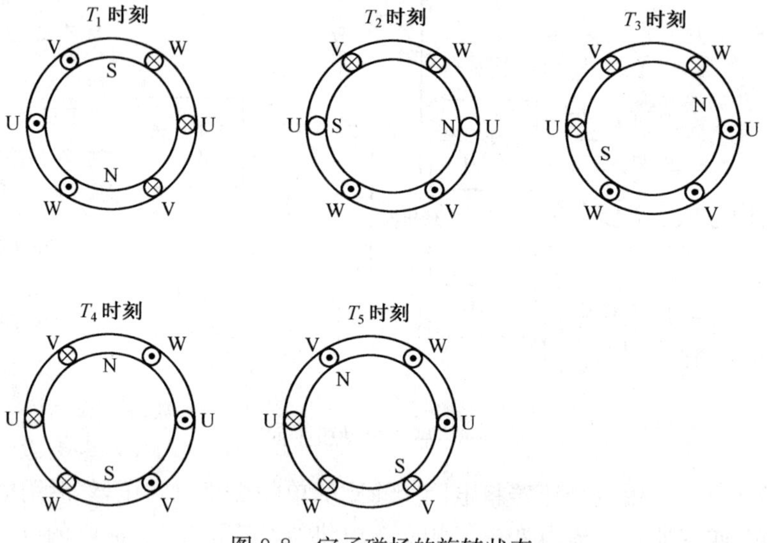

图 9-8 定子磁场的旋转状态

3．电枢制动特性

在分析感应电动机再生制动的特性时，往往用到转差率这一参量，其定义为

$$s=(N-n)/N \tag{9-3}$$

式中 s——转差率；

N——定子磁场转速；

n——转子转速。

感应电机用转子转速与定子磁场转速的差来表示的转差率与转矩(制动力矩)的关系

如图 9-9 所示。从图中可以看出，在转差率较小的范围内，转矩随转差率的增大基本上是线性增加；当转差率增加到一定程度后，转矩不但急剧减小，其值也不稳定。因此，实际应用的控制范围是转差率从 0 到产生最大转矩的范围内(转差率小于 10 Hz)。

4. 制动力(制动转矩)的控制

感应电机的电枢制动特性如图 9-10 所示，由恒转矩区(VVVF 控制)、恒功区和自然特性区组成。

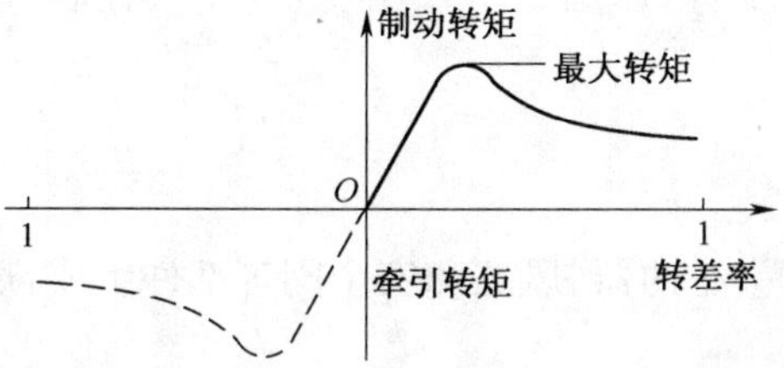

图 9-9　转矩与转差率的关系

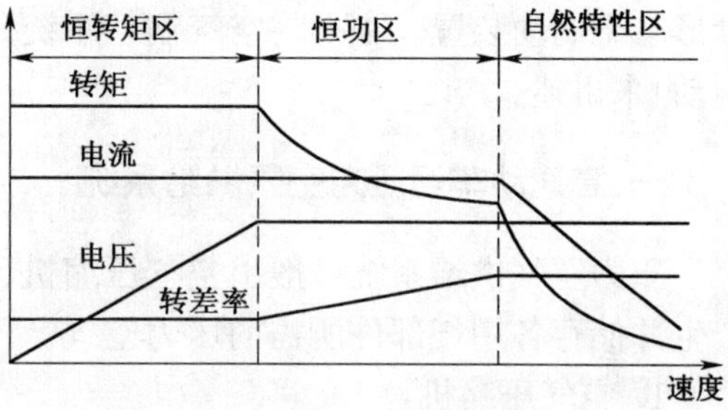

图 9-10　感应电机再生制动的电枢制动特性

感应电机是通过定子磁场转速 N 与转子转速 n 之差得到电枢制动力的(即控制定子磁场的转速 N，使其低于转子的转速 n)，根据式(9-2)、式(9-3)和图 9-9，要对电枢制动力(转矩)进行控制，就需准确控制交流电的频率 f。以前对该量进行控制是很困难的，但随着技术的进步，利用整流器和逆变器的组合(即前述的变换器)，可以产生电压和频率任意可调的交流电。这时，所产生的电枢制动力(制动转矩)由逆变器的输出电压、逆变器的输出频率和转差频率所决定，即

$$T=k(U/f_{inv})^2 f_s \tag{9-4}$$

式中　T——制动转矩；

k——电机常数；

U——逆变器输出电压；

f_{inv}——逆变器输出频率；

f_s——转差频率。

感应电机的速度控制是通过改变逆变器的调制周期，其平均电压是用半导体器件以 PWM(Pulse Width Modulation)方式进行控制的，这样就可以任意地调整输出电压和频率(如图 9-11 所示)。

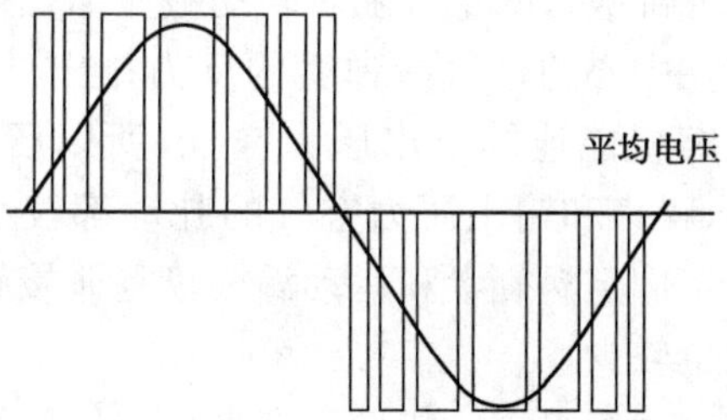

图 9-11　PWM 控制

半导体开关器件采用的是 GTO(Gate Turn Off Thyristor，即门极可关断可控硅开关)或 IGBT(Insulated Gate Bipolar Transistor，即绝缘栅双极型晶体管)，开关接通时间采用 PWM 方式进行电压控制。

第二节　高速动车组空气制动系统

虽然电阻制动和再生制动可以提供强大的制动力，但其他制动方式，例如盘形制动，对于高速动车组来说目前仍不可缺少。这是因为：对于直流电机，其制动力随着列车速度的降低而减少，如果没有其他制动方式，列车就不可能停下来；对于交流电机，虽然从理论上说，可通过

改变定子磁场转速 N 与转子转速 n 的转差来控制制动力的大小，只要二者存在转差，即使列车停止（转子转速 $n=0$）也可以得到制动力，但是，从高速到停止均能有效作用而且可靠的电制动装置尚处于研究阶段。因为，要在低速时有效使用电制动，需要准确控制交流电频率，以及对转子转速即列车速度进行准确检测：既要利用整流器和逆变器的组合，使交流电的电压和频率任意可调（目前已能实现）；又需要低速时也有很高精度的速度解析装置（有待开发）。

CRH 系列动车组的空气制动系统采用的是电气指令控制的直通式电空制动机和夹钳式盘形基础制动装置。本书将空气制动系统分为三个部分（压力空气供给、空气制动控制、基础制动）来讲述。

一、高速动车组压力空气供给系统

压力空气供给系统一般由空气压缩机、干燥装置、滤油器、风缸和安全阀等部件组成，用以产生并储存各用气部件所需的压力空气。

1. 空气压缩机

空气压缩机按其压缩方法可分为往复式和旋转式两种。

往复式空气压缩机由电动机通过联轴装置直接驱动，电动机轴直接带动曲轴使活塞动作，反复交替地进行吸气和压缩。在吸气行程，吸气阀打开吸入空气；在压缩行程，压力空气克服排气阀弹簧的反力后排出。一般经二级压缩即可得到所需压强的压力空气。

旋转式空气压缩机采用电动机与压缩机直联的方式。旋转式空气压缩机又分为涡旋式和螺杆式两种。涡旋式空气压缩机由固定涡旋盘和运动涡旋盘组成（如图 9-12 所示），当运动涡旋盘转动时，固定涡旋盘和运动涡旋盘之间被分成月牙形的空间，因为越向中心空间越小，所以从外部吸入的空气随着转动被压缩，然后克服安装在中心的排气阀弹簧的反力排出。因旋转式压缩机能连续排出压力空气，所以压缩机的振动、噪声和输出压力空气的脉动都较小。此外，由于固定涡旋盘和运动涡旋盘是非接触的，维修量也较少。

图 9-12　旋转式空气压缩机的涡旋部

动车组中一般设置有多个空气压缩机，由同步指令线来控制各压缩机的同步工作，以使负荷均匀。

2. 空气干燥装置

空气干燥装置是为了防止管路、风缸及用气设备等的腐蚀以及因冬季排水阀冻结而发生的设备故障，设置在空气压缩机输出管路上的装置。以前除湿使用的是吸附材料（铝硅酸盐），现在开始采用体积小、质量轻，且不需要电源的高效高分子中空丝膜式除湿装置（如图 9-13 所示）。

有的干燥装置在吸收压力空气中的水分的同时，还可以吸附灰尘和油等，因而无须再专门设置滤油装置。

3. 风缸

为储存压力空气，动车组上设置了不同用途的风缸。由空气压缩机输出的压力空气储存在该车的总风缸中，然后经总风管送到本车的制动风缸、控制风缸，以及动车组其他各车的总风缸。制动风缸是存储制动专用的压力空气的风缸，控制风缸的作用是为制动系统以外的空气弹簧、踏面清扫装置等供风。

在动车组中，有时将一个圆柱形风缸分成若干个气室，分别作为总风缸、制动风缸和控制风缸等；与这些风缸单独设置相比，可明显减少质量和体积。

4. 安全阀

安全阀安装在有空气压缩机的车辆的总风缸上，用于在总风缸空气压强超过规定值时排出多余的压力空气，以防损坏用气设备以及与其连接的其他装置。

安全阀的结构原理如图 9-14 所示：压紧弹簧 3 压住阀杆 2，关闭阀体 1 的阀座 8。压紧弹簧 3 的压力在调节螺母 4 处设定。铅封 6 用来阻止打开阀体 1。

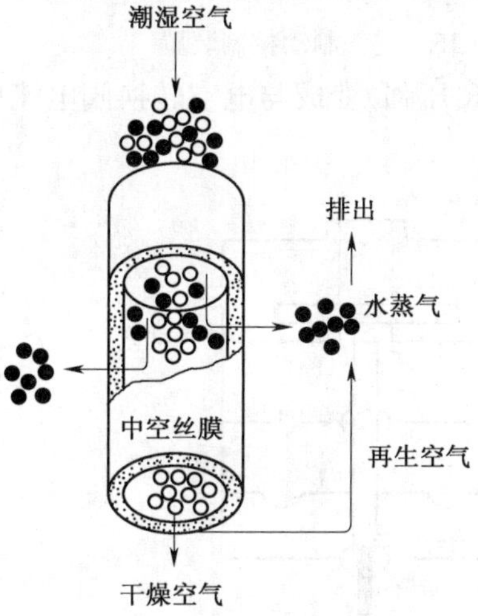

图 9-13　中空丝膜式除湿装置

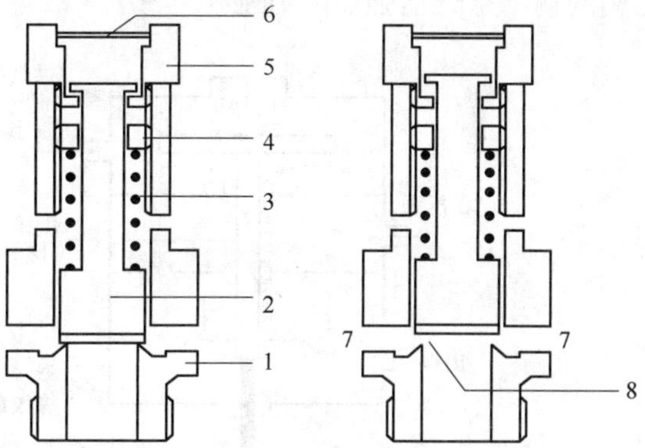

图 9-14　安全阀

1—阀体；2—阀杆；3—压紧弹簧；4—调节螺母；5—封口螺母；6—铅封；7—排气口；8—阀座

工作压强在正常水平时，阀座 8 关闭。超过开放压强（安全阀设定的安全值）则阀杆 2 会顶起压紧弹簧 3，使多余的压力空气通过打开的排气口 7 释放。压强降到设定的关闭值后，阀座 8 关闭。旋转调节螺母 4 可改变安全阀的开放压强。打开安全阀封口螺母 5，可检查零件工作状态，并排出阀体 1 内的灰尘。

5. 管路和塞门

管路的作用是将空气压缩机输出的压力空气输送给各种风缸及制动控制阀等用气设备。各设备根据空气流量的大小，可采用 3/4 英寸或 3/8 英寸的管路来输送压力空气。塞门是为了在需要时将压力空气的气路截断或打开而串在连接风缸和空气制动控制装置等设备管路前后的部件。

二、高速动车组空气制动控制系统

空气制动控制系统的作用是，根据动车组制动控制装置（其核心是制动控制单元 BCU，详见本章第四节）的指令，产生空气制动的原动力，并对其进行操纵和控制。它包含各种控制阀类（如电空转换阀、中继阀和电磁阀）和制动缸等部件。CRH 系列动车组中的控制阀、塞门等采用单元化方式，集中安装在金属面板的前面，总称为“空气制动控制装置”(如图 9-15 所示)，以减轻动车组重量和减少维护、检修工作量。另外，为了检查方便，在空气制动控制装置上还设置了测试口。

图 9-15　空气制动控制装置

1. 电空转换阀(EP 阀)

电空转换阀(如图 9-16 所示)安装在空气制动控制装置内，它由电磁线圈、供气阀和供排气阀杆等零部件构成。当 BCU 输出的空气制动指令(电空转换阀电流)通过电磁线圈时，会产生与电流成比例的吸力，控制供气阀的开闭。通过电空转换阀的控制，可将输入的空气压强(SR 压强)变成与电空转换阀电流成比例的输出空气压强(AC 压强)。

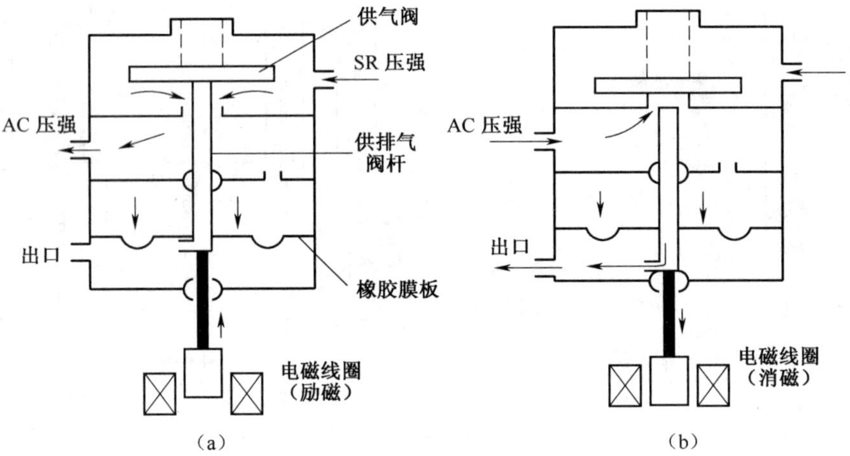

图 9-16　电空转换阀的动作原理

(a)制动(供气)作用；(b)缓解(排气)作用

电空转换阀也简称电空阀，其输入量(线圈电流)和输出量(空气压强)的数值都是可连续变化的，因此，动车组中的电空阀为一模拟型控制部件。我国电力机车 DK-1 型电空制动机中的电空阀虽名称与此相同，但其属于开关型控制部件，与后面将要介绍的电磁阀相同。

为防止缓解时 AC 压强随电空转换阀温度的变化而变化，需要加偏流进行缓解补偿。另外，为补偿 AC 压强上升和下降时所产生的压差，即使是对于相同的制动级别，也要供给不同的电空转换阀电流以保证输出正确的 AC 压强。

2. 中继阀

中继阀(如图 9-17 所示)也安装在空气制动控制装置内，它由供排气阀杆、供气阀、复位弹簧等构成，中继阀将电空转换阀输出的 AC 压强或紧急用压力调整阀(详见第十章第三节中 B_{11} 型调压阀相关内容)输出的紧急制动压强作为输入压强，向增压缸输出与此控制压强相应的空气压强(增压缸为 CRH2 型动车组特有的结构，对于 CRH1、CRH3 和 CRH5 型动车组，此处的输出为制动缸压强，下同)。

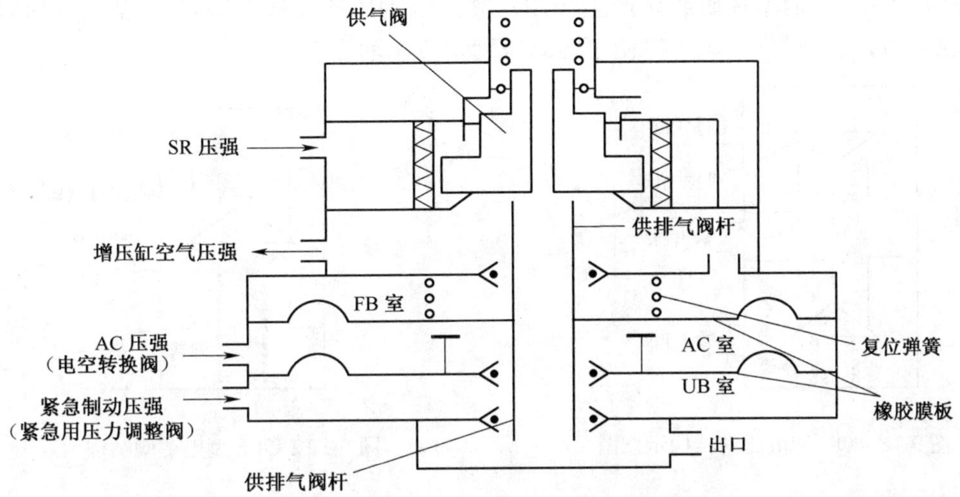

图 9-17　中继阀的动作原理

常用制动或非常制动时，来自电空转换阀的压力空气进入 AC 室；紧急制动时，从紧急用压力调整阀送来的紧急制动压力空气进入 UB 室。这些压力空气输入后，使供排气阀杆上移，顶开供气阀；然后，SR 压力空气通过打开的供气阀口输至增压缸。

另外，增压缸压力空气还流入 FB 室产生反馈作用。当增压缸空气压强上升到与 AC 压强或紧急制动压强相同时，供气阀下移关闭阀口，SR 压力空气停止向增压缸的流动（保压状态）；不论 AC 压强或紧急制动压强多大，这时的增压缸空气压强均与之相同。反之，制动缓解时，AC 压强或紧急制动压强降低，导致供排气阀杆下移离开供气阀，增压缸压力空气从供排气阀杆内部的通路排向大气，呈缓解状态。

3. 压力调整阀

压力调整阀（简称调压阀）输入风源的压力空气，输出用于某种用气设备的压力空气。例如：在 CRH2 型动车组中，B_{11} 型调压阀输入制动风缸的压力空气，输出紧急制动用的压力空气；B_{10} 调压阀输入控制风缸的压力空气，输出踏面清扫装置用的压力空气。

与 EP 阀利用电磁力和空气压力之差使橡胶膜板动作类似，压力调整阀是利用弹簧力和空气压力之差使橡胶膜板动作，进行空气压强的调整。弹簧力的大小可通过安装在调压阀下部的调节螺丝调节，从而实现输出不同的空气压强（与国产电力机车 DK-1 型制动机中的 QTY 型调压阀的工作原理类似）。

4. 电磁阀

电磁阀由供排气阀部和电磁阀部组成，它通过电磁阀部线圈的励磁和消磁（得电和失电）使可动铁芯动作，开闭供排气阀。因此，动车组中的电磁阀为开关型部件，与 DK-1 型制动机中的电空阀一样。

电磁阀有 ON 型和 OFF 型两种（分别如图 9-19、9-20 所示）。ON 型电磁阀在电磁阀励磁时，输入口和输出口之间连通，同时排气口关闭，电磁阀处于供气状态；消磁时输入口关闭，同时输出口与排气口相通，电磁阀处于排气状态。OFF 型电磁阀的励磁/消磁状态和供气/排气状态的对应关系与 ON 型电磁阀完全相反。

在 CRH2 型动车组上："踏面清扫装置用电磁阀"是 ON 型电磁阀，它励磁后向踏面清扫装置输送压力空气，使增黏研磨块产生作用；"紧急制动用电磁阀"是OFF型电磁阀，它励磁时关闭输入口，消磁时打开输入口使中继阀得到紧急制动压强。

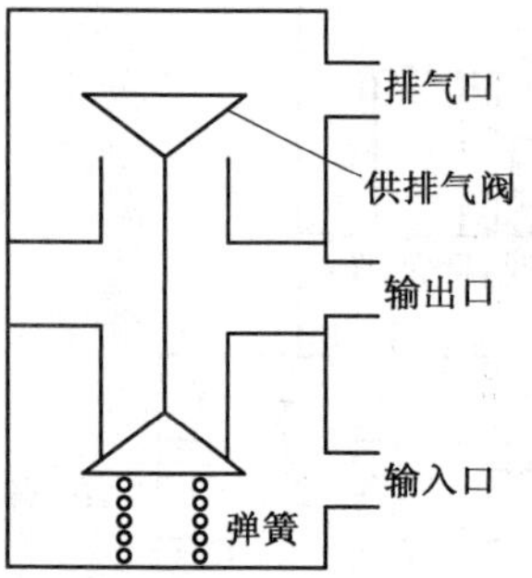

图 9-18　ON型电磁阀结构示意图

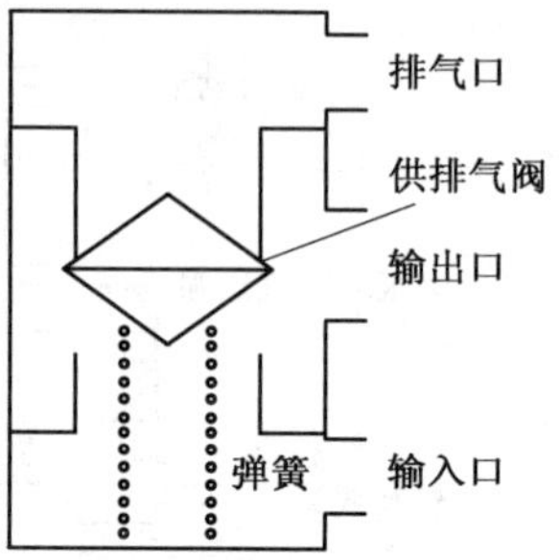

图 9-19　OFF型电磁阀结构示意图

5. 增压缸

增压缸如图9-20所示。它是CRH2型动车组特有的部件，由气缸、油缸和活塞等构成。增压缸的活塞具有一大一小两个活塞面，分别位于活塞杆的两端；大活塞面上作用的是气压，小活塞面上作用的是液压。增压缸可将来自中继阀的空气压强转换为一定倍率的液压输出到夹钳装置中。由于液压比气压高得多，因而液压面的尺寸要比气压面小得多，从而使得与其相连的夹钳机构等的尺寸也大大减小，以实现制动装置的小型轻量化。

图 9-20　增压缸

6. 制动缸

动车组的制动缸有液压制动缸（CRH2型动车组）和气压制动缸（CRH1、CRH3和CRH5型动车组）两种，分别以液压和气压作为制动原动力来驱动基础制动装置动作。动车组的制动缸也采取了一定的措施来实现小型轻量化，如采用铝合金结构等。

三、高速动车组基础制动装置

动车组空气制动系统的基础制动装置可分为传动和摩擦两部分。

1. 传动部分

为减少空间的占用，动车组基础制动装置的传动部分采用紧凑式的夹钳结构。国产CRH系列动车组的制动夹钳有杠杆式（CRH1、CRH3和CRH5型动车组）和一体式（CRH2型动车组）两种。

杠杆式制动夹钳如图9-21所示，是用一根横杆将两个制动杠杆用销轴联结起来，形成"H"形的结构，制动缸和闸片分别安装在"H"形夹钳的两端。制动时，通过制动缸及制动杠杆的作用，使安装在另一端的闸片夹紧制动盘；缓解时，由于制动缸内的压力降低，在制动缸内缓解弹簧的作用下，闸片离开制动盘。

一体式制动夹钳如图9-22所示，由支架和"H"形的本体组成，由于整个本体为一个零件，故称"一体式"夹钳。"H"形本体的一端以销轴与支架联结，本体可在销轴上滑动；另一端安装液压制动缸(内藏于夹钳)和闸片。本体上还有闸片间隙调整器,以适应闸片的不同磨耗程度。这种一体式夹钳结构只在本体的一侧设有液压制动缸,夹钳本身可以移动,称为浮动式夹钳;还有一种一体式夹钳,在本体两侧均设有制动缸,称为对置式夹钳。

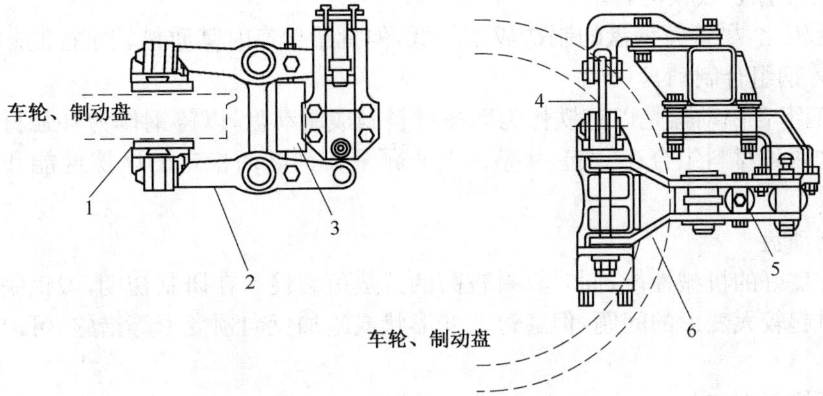

图 9-21 杠杆式制动夹钳

1—闸片;2、6—制动杠杆;3、5—制动缸;4—闸片吊杆

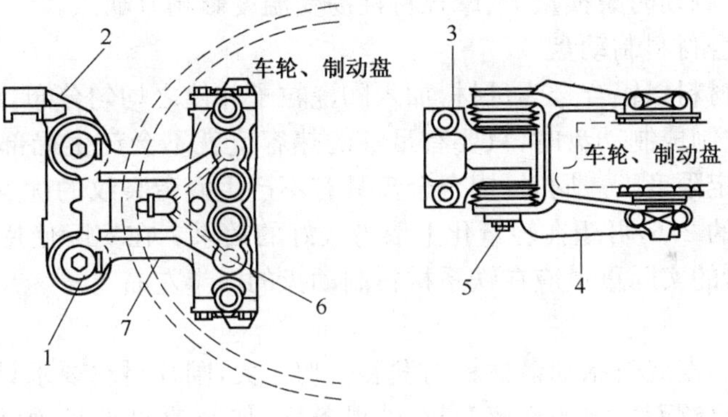

图 9-22 一体式制动夹钳

1、5—销轴;2、3—支架;4、7—本体;6—制动缸

2. 摩擦部分

(1)制动盘

在动车组盘形制动装置中,动车的动轴采用轮盘式,因动轴要安装驱动装置,使安装制动盘的空间受到限制。动车的非动轴和拖车则一般采用轴盘式。

长期以来,世界各国开发了多种适合于不同运行工况的制动材料。制动盘材料曾使用过普通铸铁、普通铸钢、低合金铸铁;此后,由于列车轻量化的需要,又相继研究开发了特殊合金铸钢、低合金锻钢、铸铁-铸钢组合材料、C/C 纤维复合材料和铝合金基复合材料。大致说来,制动盘材料可分为两大类,即铁系金属材料和复合材料。

①铸铁制动盘

铸铁制动盘具有摩擦性能好、耐磨、耐热、抗热裂、抗变形及可铸性好等优点。

②铸钢制动盘

合金铸钢制动盘能够大量吸收制动能量,并具有以下特点:

a. 温度稳定性较高，热裂纹倾向小；

b. 对潮湿环境的敏感性较低；

c. 制动力大时，闸片磨耗较少；

d. 高温时摩擦系数较均匀。

与锻钢盘相比，尽管铸钢盘的制造成本较低，但批量生产时其质量较难控制。

③铸铁-铸钢组合制动盘

铸铁-铸钢组合制动盘是以铸铁作为摩擦材料制成制动盘，以铸钢作为补强材料制成盘毂的制动盘。这两种材料组合在一起，从整体上兼顾了铸铁高而稳定的摩擦性能和钢较好的耐龟裂特性。

④锻钢制动盘

锻钢具有良好的机械性能，同时具有较高的抗热龟裂性。在研制初期，锻钢制动盘存在因制动摩擦热引起较大变形的问题，但通过改变形状或施加反向预变形等措施，可以达到实用化程度。

⑤C/C 纤维复合材料

C/C 纤维复合材料是用碳纤维强化碳母材得到的复合材料，具有密度小、重量轻、耐热裂及高速制动性能好等特点，此种材料已在飞机和赛车上经过实际应用的考验。与传统的铁系制动盘相比，有常用制动时磨损量大、摩擦特性易受温度影响等缺点。

⑥铝合金基复合材料制动盘

铝合金基复合材料以铝合金为母材，加入陶瓷粒子并使之均匀分布，以改善耐磨性。铝合金的导热性好，用它制成制动盘时，只要有足够的热容量就不会产生局部的热量蓄积，从而使表面温度保持在一定限度下。同时，铝合金盘具有不产生疲劳裂纹的优点。另外，铝基复合材料的比重不足铸铁的 2/5，可望在轻量化上取得较好的效果。在实际使用中，考虑到必要的热容量，铝合金制动盘的实际重量应在铁系材料制动盘的一半左右。

(2)制动闸片

制动闸片材料的发展与制动盘材料的发展密切相关，闸片材料要求具有以下性能：

①材料应具有足够而稳定的摩擦系数，外界条件(如制动初速度、闸片压力、环境温度、环境介质等)改变时对其影响较小；

②材料具有较高的耐磨性；

③材料应具有良好的物理机械性能——导热性好，热容量大，有一定的高温机械强度；

④闸片对制动盘的表面损伤小，不易划伤表面和产生黏着磨损，且摩擦过程中不易产生噪声，无臭味，无污染；

⑤经济性好，原料来源充裕，价格便宜，生产工艺简单。

闸片材料大致可分为四种：合成材料、烧结材料、C/C 纤维组合材料和陶瓷基复合材料。

①合成材料闸片

在高速列车发展的初期，与铸铁制动盘配对的均为合成材料闸片。合成材料闸片是通过把树脂、金属粉末、增强材料、摩擦材料等混合在一起，加热后压缩而成的。合成材料闸片近几年来的发展方针主要是研制不含石棉的闸片，石棉的代用品有玻璃纤维、碳纤维、有机纤维、Kevlar 纤维、铜纤维和矿纤维等。

②烧结金属材料闸片

烧结金属摩擦材料是以一种金属或合金为主要成分，加入摩擦、减磨或起某些特殊作用的其他金属、非金属成分。用粉末冶金技术制成的烧结材料具有明显的金属性、优越的物理-力学性能和摩擦磨损性能。与其他材料相比，烧结金属材料具有以下优异的使用特性：

a. 高的机械强度。在工作温度下，能适应拉、挤、弯、剪等不同性质的载荷；尤其在重载和冲击载荷下，更能显示其优越性。

b. 高的使用温度。基体金属熔点高，材料在较高的温度下使用仍能保持稳定的强度和摩擦磨损性能。

c. 大的热容量。材料的比热和密度大，单位体积内可吸收较多的摩擦热量，表面温度可迅速降低，不会导致摩擦面的性能变坏。

d. 优良的导热性能。铜铁等金属具有良好的导热能力，摩擦面的热量一方面很快地传向对偶面，被其吸收和发散；另一方面向内传导进入摩擦层和钢质芯板，并被其吸收和散发。

e. 高的抗蚀能力。有较高的抗大气腐蚀能力，在油和水中也不易破坏。

f. 优良的抗磨损能力。基体耐磨，镶嵌物中又有抗磨、减磨组分，整体材料耐磨，寿命长。

g. 稳定的摩擦特性。由于材料的稳定性好，当摩擦面的温度升高时，摩擦系数和耐磨性不会明显下降，冷却后的恢复能力也强。

③C/C 纤维复合材料闸片

C/C 纤维复合材料的闸片通常与 C/C 纤维复合材料的制动盘配合使用，构成 C/C 制动系统，其中的制动盘与制动闸片均为同一种 C/C 复合材料。C/C 复合材料具有密度小、比热大、热强度高、化学稳定性良好等优点；但同时也存在制动时初始力矩峰值过高、湿态下摩擦系数过低等问题，严重影响制动的平稳性、可靠性。

④陶瓷基复合材料

陶瓷基复合材料是以陶瓷为母体，加入其他元素以调节材料的脆性、强度等特性而制成的。陶瓷基复合材料具有高的耐磨性及抗腐蚀能力、良好的高温稳定性和高温抗氧化性能、低比重、稳定的摩擦系数及低的热膨胀系数，而且在相当大的温度范围内具有较高的硬度。

动车组空气制动系统的协同工作原理如图 9-23 所示（以 CRH_2 型动车组为例，CRH_1、CRH_3 和 CRH_5 型动车组无增压缸结构，无需进行气压-液压的转换，其制动缸相应地为气压制动缸）：

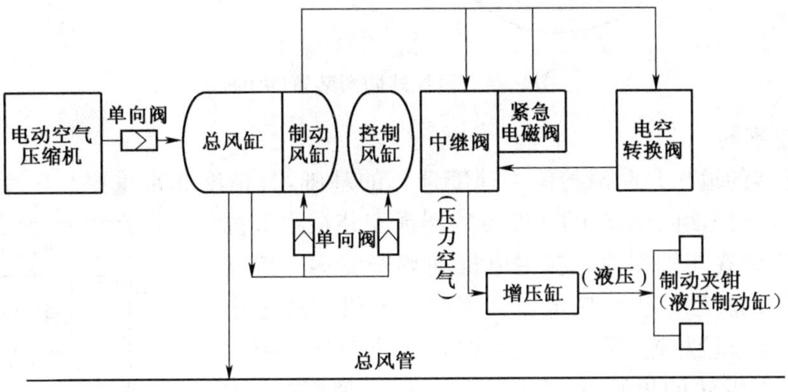

图 9-23　空气制动系统示意

压力空气由电动空气压缩机产生，然后经单向阀（也称止回阀，当其气路上游空气压强不足时，可保证气路下游有足够的空气压强）进入本车的总风缸。总风缸内的压力空气经总风

缸。制动风缸存储制动用压力空气，供给中继阀、紧急电磁阀和电空转换阀使用。

在常用制动、非常制动和备用制动时，电空转换阀将接收到的电流信号转换成一定比例的空气压强信号输出到中继阀。中继阀将来自电空转换阀的输入作为控制压强，输出压强不变但流量放大的压力空气到增压缸的输入侧，使增压缸的输出侧产生一定倍率的油压送至夹钳装置，使其产生制动动作。

紧急制动时，从紧急用压力调整阀输出的控制压强经紧急电磁阀通往中继阀，中继阀对来自电空转换阀和压力调整阀的空气压强进行比较，将二者中较大的一方作为输入，根据其产生相应的增压缸空气压强输出。空气制动系统后面的动作与常用制动等情况相同。

第三节　高速动车组防滑装置

一、防滑装置的结构和组成

CRH 系列动车组都采用微控式防滑装置，它由速度传感器、滑行检测器及防滑电磁阀组成，如图 9-24 所示。

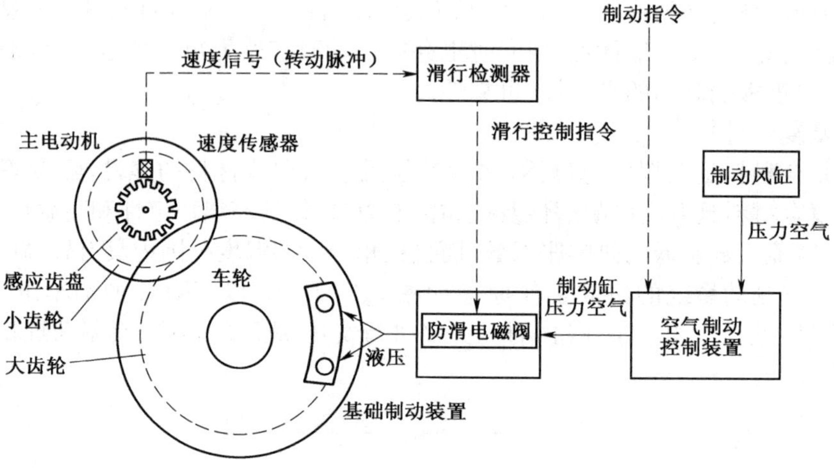

图 9-24　微控式防滑装置的组成

1. 速度传感器

速度传感器的输出是防滑控制中速度计算的基础，其精度非常重要。速度传感器的结构如图 9-25 所示，动车组中动车的速度传感器常安装在主电机轴端，拖车则安装在车轴端部。在主电机轴端安装感应齿盘时，靠主电机轴的转动产生感应电压。因为主电机轴通过小齿轮和大齿轮与车轮相连，所以感应出的脉冲频率与感应齿盘的齿数、大/小齿轮的齿数比、车轮转速（列车速度）成比例；因此，根据感应齿盘的齿数、齿轮的齿数和车轮直径，就可计算出车轮的转速。在车轴端部安装速度传感器时，工作原理与前者相同。

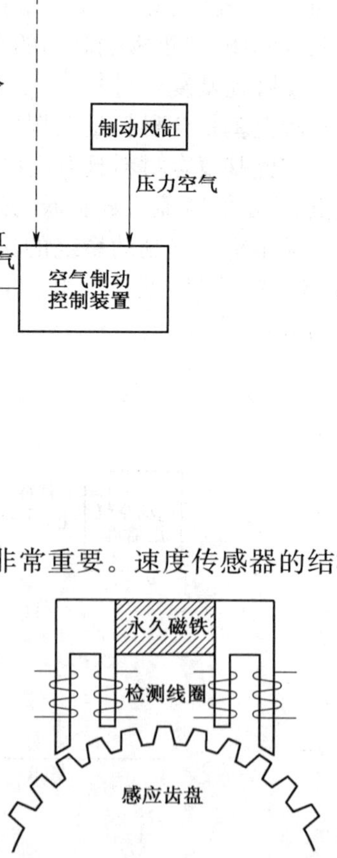

图 9-25　速度传感器结构

2. 滑行检测器

微机控制的数字式滑行检测器按一定的方法，对速度传感器传来的车轮转动脉冲信号进行计算分析和逻辑判断，当判断发生滑行时，就使防滑电磁阀动作，降低制动力使车轮恢复转动，并按照“缓解——保压……再制动”的模式进行精确的控制。现在的滑行检测器采用 32 位微机，大大提高了运算速度。动车组防滑装置的滑行检测器多数集中于本车的制动控制单元 BCU 中。

3. 防滑电磁阀

防滑电磁阀(简称防滑阀)主要由电磁阀组成。当滑行发生时，防滑阀在滑行检测器的控制下产生排风、保压和充风等动作，使制动缸的压强产生相应的变化，以有效控制滑行擦伤，并最大限度地利用轮轨间的黏着。

CRH2 型动车组防滑电磁阀工作原理如图 9-26 所示。

(1)无滑行时

未接收到滑行检测器的信号时，保压阀、排气阀都消磁，防滑阀处于制动状态。来自空气制动控制装置内中继阀的压力空气由输入口进入，并经排气阀侧的电磁阀进入排气阀部的橡胶膜板背压室 d，使排气阀部的隔板关闭；a 室压力空气推开保压阀部的隔板进入输出口，此时，来自空气制动控制装置的压力空气可由输入口供至输出口。

(2)有滑行时

①缓解作用

接收到缓解指令时，保压阀和排气阀均励磁，防滑阀处于缓解状态。保压阀励磁，可使来自输入口的压力空气由保压阀侧的电磁阀进入膜板背压室 b，关闭保压阀部的隔板，截断输入口和输出口之间的通路，从而使来自空气制动控制装置的压力空气不能由输入口供到输出口；同时，排气阀励磁，使膜板背压室 d 的压力空气经排气阀侧的电磁阀排大气，排气阀部的隔板在 c 室压力的作用下打开，输出口和排气口连通，增压缸侧的压力空气排大气。

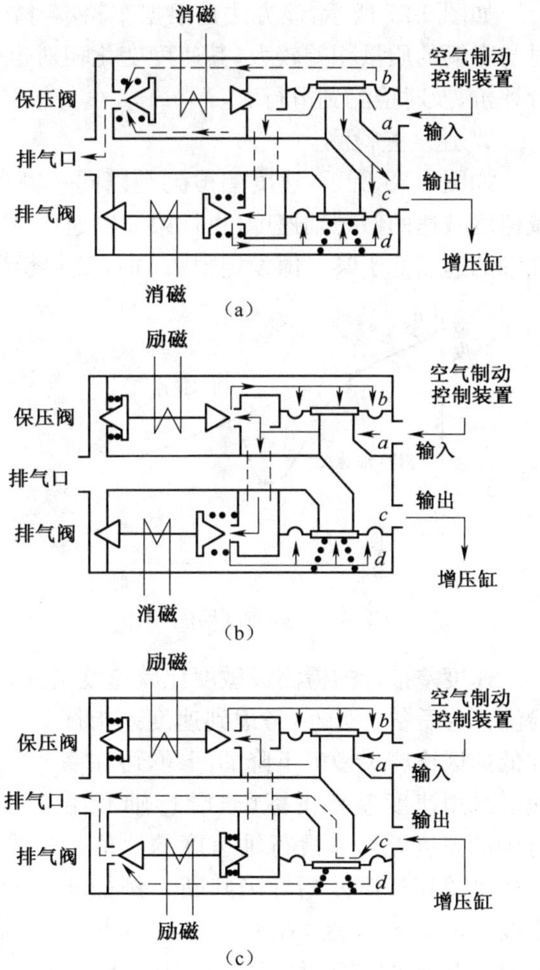

图 9-26　防滑电磁阀作用原理

(a)制动(供气)位置；(b)保压(保持)位置；(c)缓解(排气)位置

②保压作用

接收到保压指令后，保压阀保持励磁，排气阀消磁，装置处于保压状态。排气阀消磁后，截断输出口和排气口之间的通路，增压缸侧的压力空气停止排大气；同时，保压阀保持励磁状态，来自空气制动控制装置的压力空气被截断而不会由输入口进入。因此，增压缸内压力空气的量不变，制动缸内的压强就不致过低，当再次施行制动时可迅速动作。

③制动作用

接收到制动指令后,保压阀也消磁,装置处于制动状态。此时,排气阀已消磁,制动缸的排气通路关闭;当保压阀也消磁时,输入口和输出口连通,来自空气制动控制装置的压力空气再次由输入口供到输出口,增压缸内的空气压强恢复至滑行前的水平。

二、防滑装置的滑行检测

动车组的防滑装置进行滑行检测时,是由滑行检测器对速度传感器传来的脉冲频率信号进行计算,得出用于进行滑行检测的指标的值,并根据事先规定的控制逻辑来判断是否发生了滑行。滑行的检测方法主要有减速度检测、速度差检测和滑行率检测三种。

1. 减速度检测

如图 9-27 所示,该方法是根据车轮本身转动速度减少的比率 β 来判断是否滑行。由于轮对与车辆的质量相差较大,其速度变化相对也快一些,因此,减速度检测可以对滑行轴单独进行评价,及时检测到滑行。

2. 速度差检测

如图 9-28 所示,速度差检测是以同一辆车内 4 个轴的速度,以及制动指令发出后以一定减速度减速的假想轴速度(也称第 5 轴速度)中速度最高的轴为基准,当车轮的轮周速度比基准轴的速度低于某一值设定值 Δv 时,就判断为滑行。

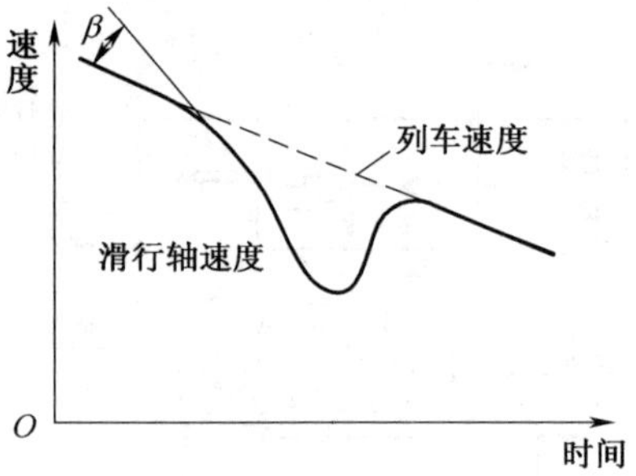

图 9-27 减速度检测

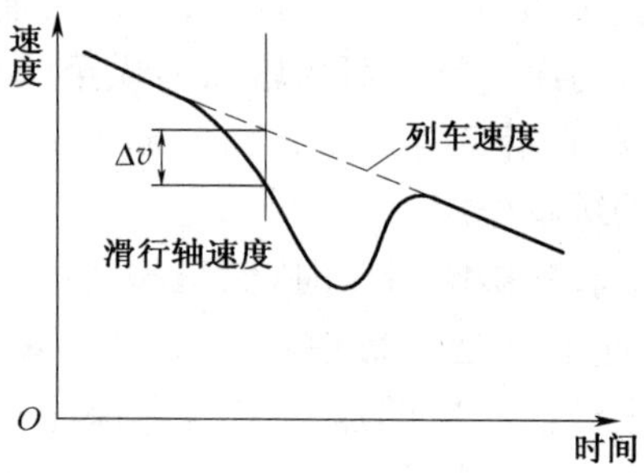

图 9-28 速度差检测

速度差指标的检测灵敏度比减速度指标要低,因此滑行检测要以减速度检测为主,速度差检测作为后备。另外,考虑到速度差指标在低速区检测灵敏度下降的问题,可在高速区采用速度差率指标(非滑行轴和滑行轴的速度差与非滑行轴速度的比值),低速区采用速度差指标来判断。例如新干线 500 系动车组,在时速 67 km/h 以上时采用速度差率为 15%的判断标准,67 km/h 以下时采用速度差为 10 km/h 的判断标准(如图 9-29 所示)。

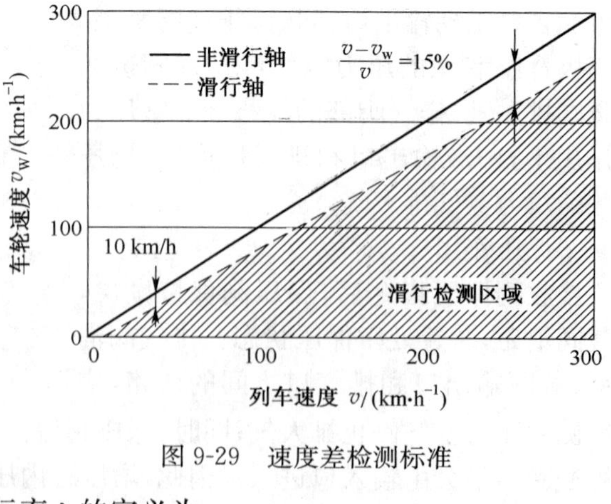

图 9-29 速度差检测标准

3. 滑行率检测

滑行率检测方法是根据轮轨接触点的滑行率 λ 来判断轮对是否发生了滑行,滑行率 λ 的定义为

$$\lambda=\frac{\text{轮心速度}-\text{轮轨接触点相对于轮心的速度}}{\text{轮心速度}}\times 100\% \tag{9-5}$$

由上式可以看出：轮对理论上的纯滚动和完全滑行时的 λ 值分别为 0 和 100%，由于轮轨间实际上是处于一种"黏着"状态，轮对运行时的 λ 值应介于二者之间。

动车组的防滑装置在滑行检测时，以减速度检测方法为主，并和作为后备的速度差检测、滑行率检测方法一起使用。当根据任一检测标准判断发生滑行时，防滑电磁阀动作，使制动缸压强降低，在轮轨间黏着力的作用下，车轮转速上升；当三个指标都不满足滑行发生的条件时，滑行检测器就会判断为已经恢复了黏着，防滑电磁阀动作，使制动缸压强保持不变或再次上升。动车组微控式防滑装置的控制原理如图 9-30 所示。

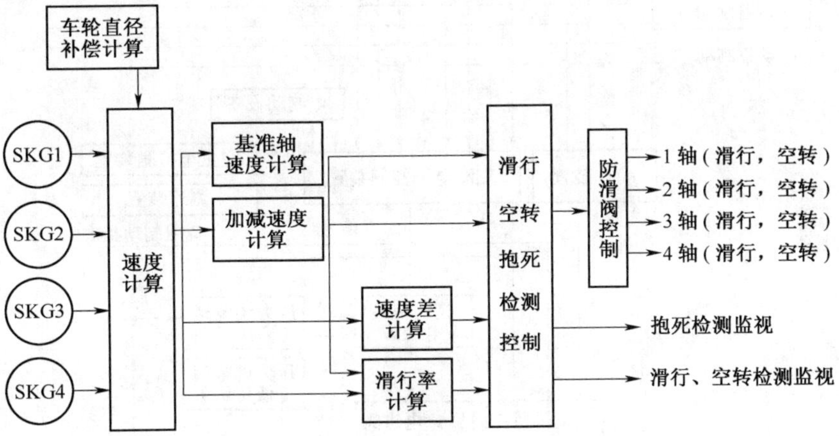

图 9-30　微控式防滑装置控制原理

前述微机控制的防滑装置主要是针对空气制动的，电制动同样也存在滑行控制问题。由于动车组是采用电、空联合且电制动优先的制动模式，如动车组在电、空制动同时作用的情况下发生滑行，则首先降低空气制动力，以使轮对恢复黏着；如空气制动力降为零时轮对仍打滑，就需对电制动进行滑行控制。电制动的滑行再黏着控制原理与空气制动的类似，但它是通过牵引控制单元 TCU 调节电制动力的大小实现的（详见第十章第五节"CRH2 型动车组的滑行再黏着控制"相关内容）。

第四节　高速动车组制动控制系统

一、制动控制系统的组成

制动控制系统包括制动信号发生装置、制动信号传输装置和制动控制单元（BCU）三大组成部分，由司机或列车自动控制系统 ATC 控制，用以产生和传递制动信号，并对制动力进行计算和分配。下面以日系动车组数字电气指令式空、电复合制动系统为例作介绍，参看图9-31。

1. 制动信号发生装置

制动信号发生装置有自动（ATC 装置）和手动（司机制动控制器）两种。在日系动车组中，制动控制器设在司机座椅的左前方，与我国机车驾驶室内的情形类似。司机控制器手柄转动时带动安装在下部的凸轮，控制各指令线电气触点的通和断，向各车发送相应的指令。

2. 制动信号传输装置

(1)功能

制动信号传输装置即负责制动信号传输的列车线,它不但负责将制动信号发生装置发出的制动指令传送给列车中所有车辆,还负责将各车的信息传送给司机室。

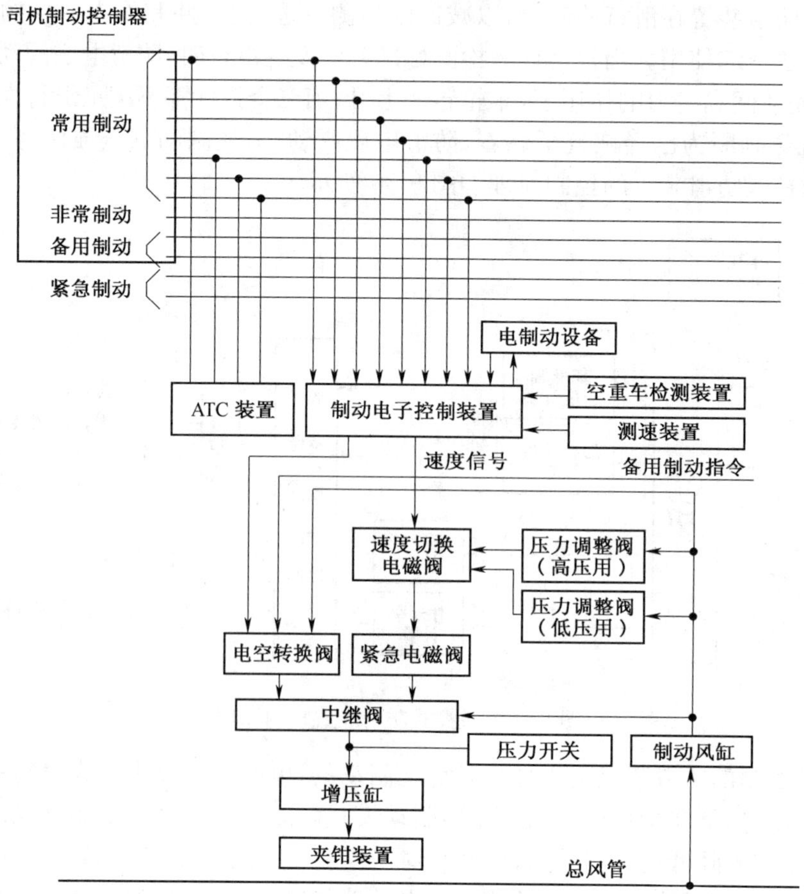

图 9-31　动车组的制动控制系统

(2)传输介质

列车线有带屏蔽层的金属电缆和光缆两大类。为提高信号传输的质量和速度,减轻信号传输系统的重量,动车组中的列车线往往采用光缆。

(3)制动信号的类型

制动控制系统中传输的信号有模拟信号和数字信号两种。模拟信号是以电压、电流、频率、脉宽等模拟量的大小表示不同的制动要求,数字信号则是以若干指令线不同的通、断组合来表示。模拟信号系统的优点是便于实现无级精确操纵,而数字信号系统的优点在于反应迅速、可靠性高。虽然数字信号系统只能进行有级操纵,但实践证明:当常用制动设置 7 级时,已能保证运用中足够的精确度;且由于数字信号系统的显著优点,信号传输系统中多采用数字信号。

3. 制动电子控制装置

制动控制单元 BCU 也称制动电子控制装置,它是制动控制系统中接收制动指令,并根据指令对制动力进行计算和分配的计算机,如图 9-32 所示。

动车组中各车均装有BCU,它根据输入的制动指令信号、速度信号和载荷信号输出决定电制动力和空气制动力的制动模式信号。此装置除产生制动模式信号外,还利用计算机进行防滑、空气压缩机等的控制,相当于制动系统的“大脑”。BCU的功能可归结为制动控制、防滑控制和辅助控制(如空气压缩机的控制等)。

图9-32　制动电子控制装置(BCU)

制动控制单元BCU往往和各种空气控制阀类集成在一起,总称“制动控制装置”,但其核心为BCU。

除了以上三个主要组成部分,制动控制电路中还采用了很多继电器来进行逻辑判断和控制,如表示列车头车的MCR继电器,表示列车设备有无异常的紧急控制电路继电器JTR,以及表示是否有制动指令的状态继电器(BR继电器)等。

二、制动控制系统的操纵方式

动车组的制动指令一般是由头车内的制动控制器或ATC装置下达,但在车辆发生事故等异常情况下,则由手动开关或异常监测系统通过列车线将制动指令传送给列车中的所有车辆。上述所有制动指令主要靠DC100 V电源来传递。制动控制系统向制动装置发出制动指令的方式主要有以下几种:

1. ATC操纵

ATC制动是通过比较来自轨道电路信号(ATC信号)的允许速度和列车实际速度来决定制动指令的级别。当列车速度超过允许值时,ATC装置向制动控制系统发出制动指令,列车自动产生制动作用。制动指令持续起作用,直至列车速度降低到最高允许速度以下时自动进行缓解。

ATC制动可使用常用制动和非常制动来实现。一般情况下使用常用制动;当使用常用制动不能使列车速度在规定距离内降至规定值时,就使用非常制动。

2. 司机制动控制器操纵

列车的时间调整,以及从速度为30 km/h到停车地点的制动操作都是司机通过制动控制器手柄来进行的。在向列车发出制动指令时,人工操纵具有优先权,即当司机把制动控制器手柄转到司机控制位时,自动转到手动预定制动值。

3. 紧急制动的操纵

当出现意外情况时,安全环路断开使紧急电磁阀失电打开,从而实现列车的紧急制动。详见后文“制动控制系统的工作原理”中“紧急制动控制”的部分。

三、制动控制系统的工作原理

1. 制动指令控制

进行制动控制时,由司机制动控制器或ATC装置发出指令,制动指令被各车的BCU接收,进行制动力的运算和电制动、盘形制动的分配。

司机制动控制器设在头车的司机室内,其制动指令控制电路如图9-33所示(日系动车组)。当控制器手柄转动时,安装在同一回转轴上的凸轮组被转动,使各触点闭合或断开,构成制动指令回路。在图中,从上至下依次是紧急制动指令线 153、备用制动指令线 411 和 461、非常制动指令线 152、电制动指令线 10、牵引指令线 9、常用制动指令线 61～67 等指令线以及与其平行的凸轮组。

电流从图的左侧经继电器触点或凸轮控制触点到右侧,将指令通过各列车线从头至尾传到每辆车。

图中的指令线 411 和 461 为备用制动指令线,它以 AC100 V 作为电源,通过改变变压器的抽头位置将 B1～B4、B5～B7、非常 3 个级别的模拟交流电压传给各车。除了备用制动指令线,其他指令线都是由制动控制器手柄的位置来决定是否向其供给 DC100 V 电源,以此来向各车传达制动指令。这些数据指令的内容如下:

紧急制动指令线 153 在制动控制器手柄从运转位到非常位时得电,到取出位时失电。

非常制动指令线 152 在制动控制器手柄从运转位到 B7 位(7 级常用制动)时得电;电制动指令线 10 从 B1 位(1 级常用制动)到非常位得电;牵引指令线 9 只在运转位得电;当施行某级别的常用制动时,该级别及其以下各级别的常用制动指令线均得电。

在 ATC 装置发送常用制动指令时,图 9-33 最下方的指令线 MCR、JTR、NBR 条件成立,10 号线、61 号线、66 号线和 67 号线得电,相当于 7 级常用制动作用。此时,66 号线得电是为了使其具有常用最大制动的冗余性。当 ATC 发送非常制动指令时,由于 152 号线触点前的非常制动继电器 EBR 触点断开,152 号线失电,产生非常制动作用。

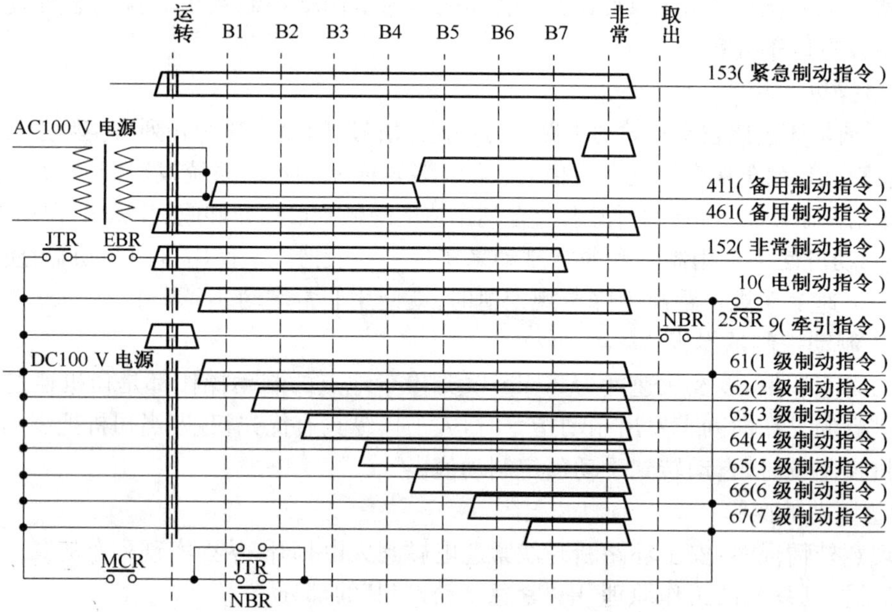

图 9-33　司机制动控制器的制动指令控制电路

2. 各种制动作用的控制

(1)常用制动控制

动车组的常用制动控制特性曲线是以第一章所述的黏着特性曲线为基础来确定的,参看图 9-34。

首先，将原始的随速度而变的湿轨黏着系数曲线转化为图 9-34(a)中显示的减速度随速度而变的黏着特性曲线(后者各点的纵坐标值为前者相应点的纵坐标值乘以重力加速度 g)。

然后，最高级别的常用制动特性曲线以该曲线和动车组制动系统的性能为基准进行设计，使制动特性曲线上各点的纵坐标值(减速度值)应尽量接近但不得超过黏着特性曲线上相应点的纵坐标值，以充分利用轮轨间的黏着，参看图 9-34(a)中 100 系、200 系动车组制动特性曲线。在动车组发展初期，为便于控制，经常将制动特性曲线设计成阶梯形，参看图 9-34(a)中 0 系动车组制动特性曲线。

最后，如图 9-34(b)300 系动车组的制动特性曲线所示：非常制动特性曲线的设计方法与最高级别的常用制动类似，只是转化黏着特性曲线时，原始的随速度而变的黏着系数曲线不用湿轨的而要用干轨的，并留有一定的裕量；常用制动其他各级特性相应点的纵坐标值按最高级别常用制动的纵坐标值依次递减。

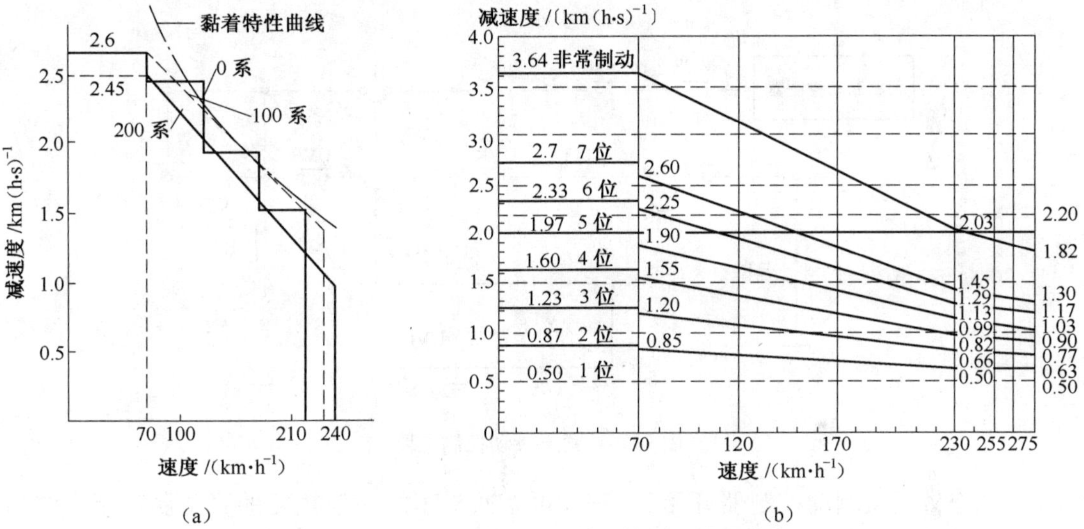

图 9-34　日本新干线动车组制动特性曲线的确定

(a)黏着特性和 0 系、100 系、200 系制动特性曲线；(b)300 系非常制动特性和常用制动各级特性

参看图 9-33 和图 9-35，各级常用制动时，司机制动控制器或 ATC 装置使电制动指令线 10 得电，使制动级位指令线 61～67 形成不同的得、失电组合，发出的制动级位指令通过这些列车指令线传送至所有车辆的电子制动控制装置 BCU。各车的 BCU 接收到制动指令后，根据制动级别确定采用图 9-34(b)中的哪条曲线进行控制。然后根据列车速度确定曲线上的唯一点(即得到设定减速度的值)，再根据载重信号计算出应施加的制动力(载重和减速度的乘积)。然后，遵照优先使用电制动的原则首先让电制动装置承担制动力，即通过 150A 和 150B 线将电制动指令传送给电制动的控制装置(牵引控制单元 TCU)。电制动施加后，再将电制动力的数值反馈回 BCU，如电制动不足，则以空气制动进行补偿。BCU 计算出应补充的空气制动力，并以相应的电流信号(电空转换阀电流)输出到 EP 阀，由其将电流信号转换成相应的空气压强信号输出到中继阀，中继阀将输入的压力空气流量放大后输出至增压缸，由增压缸将空气压强转换为液压后输出到执行机构，产生制动作用。

(2)紧急制动控制

列车的紧急制动控制独立于常用制动和非常制动之外，紧急制动控制电路(如图9-36 所

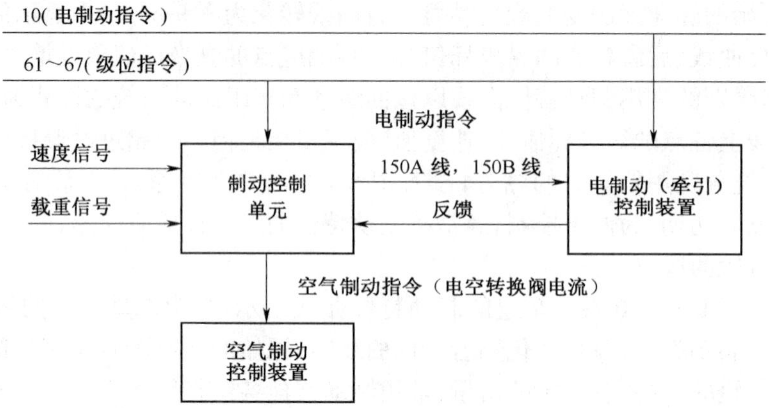

图 9-35　常用制动控制电路

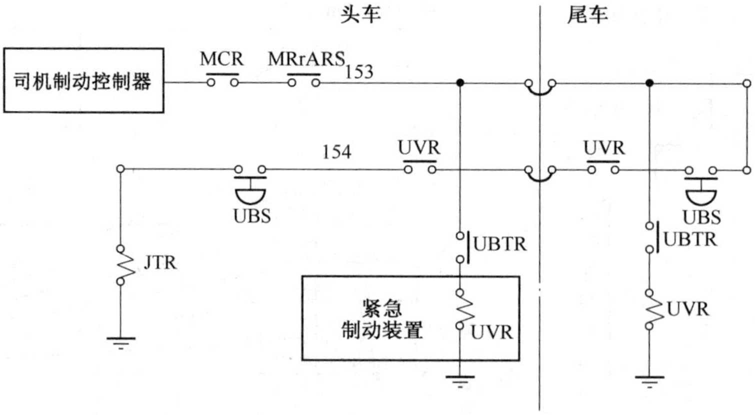

图 9-36　紧急制动控制电路

示)是从头车的司机制动控制器开始到尾车，再返回头车的一根往复的紧急制动指令线(153线去，154线回，也称为安全环路)。系统的设计为153、154线常时得电，紧急制动系统不动作；当由于任何一种原因使紧急制动指令线失电时，就会产生紧急制动作用。

153线从司机制动控制器开始，经由头车继电器MCR及总风压力开关MRrAPS(总风压强为600 kPa以上时触点闭合)到达列车尾部。154线是紧急制动返回线，它经由紧急开关UBS及各车的紧急电磁阀UVR，使头车的JTR继电器励磁。

当发生如下情况时，紧急制动指令线失电，从而使紧急电磁阀失电打开(制动风缸通中继阀的气路开通)，产生紧急制动作用：

①列车分离；

②总风压强低于600 kPa；

③制动力不足；

④某车辆的设备发生故障；

⑤司机制动控制器手柄处于取出位。

当列车中某处发生设备故障时，故障车辆的153线和154线都失电。153线失电导致该车的紧急电磁阀失电，154号线失电导致继电器JTR的线圈失电，串联在非常制动指令线152前的继电器JTR触点断开，于是该车同时产生紧急制动和非常制动作用。非故障车辆只有

154 线失电，只产生非常制动作用。紧急制动和非常制动的增压缸空气压强对比随车辆速度的不同而变化，对于故障车辆来说，是两者中增压缸空气压强大的一方起作用，如图 9-37 所示；非故障车辆则是非常制动的增压缸空气压强起作用(按速度-黏着特性曲线来控制)。

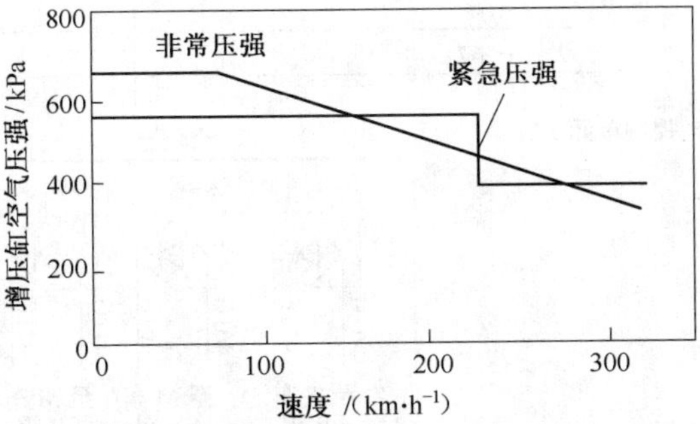

图 9-37 紧急制动和非常制动时的增压缸空气压强

列车分离时，分离处前的车辆只有 154 线失电，继电器 JTR 触点断开，非常制动发挥作用。分离处后的车辆 153 线和 154 线都失电，紧急制动和非常制动同时动作，此时，仍然是增压缸压强较大的那一方起作用。

紧急制动时，制动风缸的压力空气经失电打开的紧急电磁阀进入中继阀，余下的控制过程同常用制动(参看图 9-31)。为了较好利用不同速度区段的轮轨黏着，紧急制动设置了二级增压缸压强，即在制动风缸和紧急电磁阀之间设有调压阀对进入中继阀的空气压强进行调节，高速时用低压，低速时用高压(详见第十章第三节中“B_{11}型调压阀”的相关内容)。紧急制动无空重车调整，而且紧急制动发生以后，动车组将一直减速直至停车，中途不能缓解。

(3)非常制动控制

非常制动指令线 152 线为常带电，当出现以下情况时 152 指令线失电，产生非常制动作用：

①司机制动控制器手柄处于非常位；

②ATC 发出非常制动指令；

③紧急控制电路继电器 JTR 消磁。

非常制动的控制过程与常用制动相似。非常制动的制动力为 100％的电制动力加上 40％或 50％的空气常用制动力；当电制动力等于 0 时，为 140％或 150％的空气常用制动力。

(4)备用制动控制

备用制动在动车组的常用制动控制系统发生故障时使用。对于日系动车组(如图 9-38 所示)，由司机通过备用制动控制器向头车内的备用制动控制单元发出指令，备用制动控制器可使备用制动控制单元产生不同电压等级的交流电，此交流电通过列车的 411、461 号备用制动指令线传送给各车的备用制动指令接收器，在各接收器经全波整流变为直流电，由直流电对 EP 阀直接进行控制。后面的控制过程与常用制动相同。

CRH_1 型动车组的备用制动控制方式与日系动车组相同；CRH_3 和 CRH_5 型动车组的备用制动则与之不同，它们是启用无电控的自动空气制动装置。对于 CRH 系列所有型号的动车组，备用制动只有空气制动。

(5)“救援/回送”制动控制

对于日系动车组，在进行救援或回送时，首先需启用其电气指令式的制动系统。被救

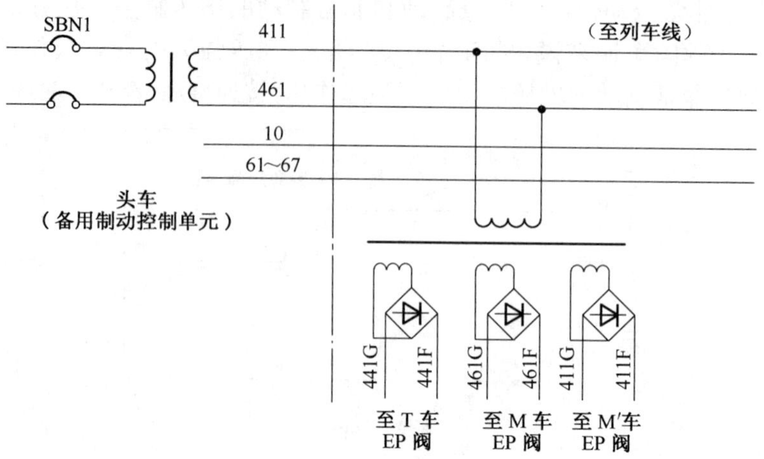

图 9-38 备用制动的控制电路

援动车组与救援机车联挂时，将电气指令方式动车组的救援制动装置与空气指令方式的救援机车的列车管连接起来，利用动车组头车的空-电转换装置使列车管压强信号转换为电气指令信号，使动车组的空气制动动作。电源优先考虑自身的车载蓄电池，必要时可通过头车上的 DC110 V 转换为 DC100 V 的直-直变换器，使用外部向动车组提供的 DC110 V 电源。

CRH1 型动车组的“救援/回送”制动控制方式与日系动车组相同；而 CRH3 和 CRH5 型动车组则是将救援机车和动车组的列车管相连，由救援机车直接控制动车组列车管内的压强，以此来控制动车组的制动和缓解。

3. 速度控制

动车组运行过程中的速度自动控制是靠 ATC 装置来完成的：根据行车指令、线路状况和列车自身状况，ATC 装置可计算出列车运行时必须限定的速度值(限速值)；沿列车运行线路里程坐标将运行在各处的计算所得限速值连接，可以形成连续曲线。通常，把 ATC 装置计算所得的限速值称为监控装置控制模式限速值(或简称为模式限速值、计算限速值)，把沿线路里程坐标连成的限速值曲线称为监控装置控制模式限速曲线(简称模式曲线或限速曲线)。

ATC 装置根据列车实际速度和限速曲线上的相应值(即允许速度)的关系来决定制动指令的级别。前已述及，ATC 制动可使用常用制动和非常制动来实现：ATC 的常用制动是通过头车继电器 MCR 和 ATC 常用制动继电器 NBR，使贯通全列车的电气指令线 10、制动指令线 61、66 和 67 均得电，全列车产生常用制动作用。ATC 的非常制动是让紧急控制电路继电器 JTR 或 ATC 非常制动继电器 EBR 的触点断开，导致非常制动指令线 152 失电，使全列产生非常制动作用。

4. 制动系统与动车组其他系统的接口

(1)制动系统与列车控制网络的接口

动车组的控制系统是车载分布式计算机网络系统。车辆总线将一辆车内的各计算机控制装置联网，列车总线把分布在不同车中的主控单元联网，直至安装在列车端部的列车控制中心。动车组网络控制系统 TCMS 与不同的车辆系统接口，并和每个车辆之间进信数据通信。列车电脑控制列车上的所有制动动作，列车上的各制动控制单元 BCU 接收并执行列车电脑给予的命令。

(2)制动系统与列车控制系统的接口

动车组制动系统具有与车载“列车运行速度控制系统”的接口，以便实施安全制动。制动能力是决定信号方式和信号闭塞区间长度、数目的主要因素，ATP/ATC等各种列车运行控制信号系统的设计均须以列车的制动模式曲线为基础(ATP——列车超速防护系统，是列车自动控制系统ATC的子系统)；列车按照运行图的规定速度运行，列车运行速度受车载“列车速度控制系统”控制。该系统根据线路允许速度的信号对列车运行速度进行控制，确保列车安全运行；当列车运行速度超过规定值时，该系统会让制动系统产生常用制动或非常制动作用，使列车自动减速。

动车组的紧急制动按安全回路失电制动的模式建立。列车发生分离、总风压强不足、制动力不足、制动设备故障、司机制动控制器手柄取出等条件均可使列车控制系统发出紧急制动指令。此外，列车的停放制动、防滑和制动系统供风也由列车控制系统相应进行统一控制。

(3)制动系统与牵引传动系统的接口

制动系统和牵引系统同属列车控制系统的子系统，两个子系统独力构成闭环控制系统，又通过列车信息控制系统传递控制命令协调工作。

动车组电制动系统组成与牵引传动系统一致，在列车控制系统的作用下实现牵引工况与制动工况之间的切换；列车转入制动状态后，制动控制单元BCU根据制动指令级位、列车运行速度和车辆重量等参数进行电制动力和空气制动力的分配。

复习思考题

1. 直流电机和感应电机的制动力产生原理和制动特性有什么不同？
2. 高速动车组为什么要采取“空、电联合作用，电制动优先”的方式？
3. 高速动车组的空气制动系统的作用和特点是什么？由哪几部分组成？
4. 高速动车组的制动盘和闸片各自用些什么材料？各有什么优缺点？
5. 简要说明动车组空气制动系统的协同工作原理。
6. 高速动车组微控式防滑装置由哪些部分组成？各起什么作用？
7. 高速动车组的制动控制系统包括哪几个组成部分？简述其工作原理。

第十章 CRH2 型动车组的制动系统

第一节 概　　述

一、组成和布置

由图 10-1 可知，CRH2 型动车组每列包括 4 辆动车和 4 辆拖车(CRH2 型动车组目前已有 A、B、C、E 四种型号，除了编组及最高运行速度等不同外，四种类型的 CRH2 型动车组制动系统的总体构成和工作原理类似，因此，本书只以 CRH2-A 型动车组为准进行介绍)。动车每根轴都有再生制动和空气制动，空气制动包括 2 套轮盘式盘形制动装置；拖车只有空气制动，包括 2 套轮盘式和 2 套轴盘式的盘形制动装置。动车和拖车的盘形制动均采用气-液转换的增压缸和液压一体式夹钳。

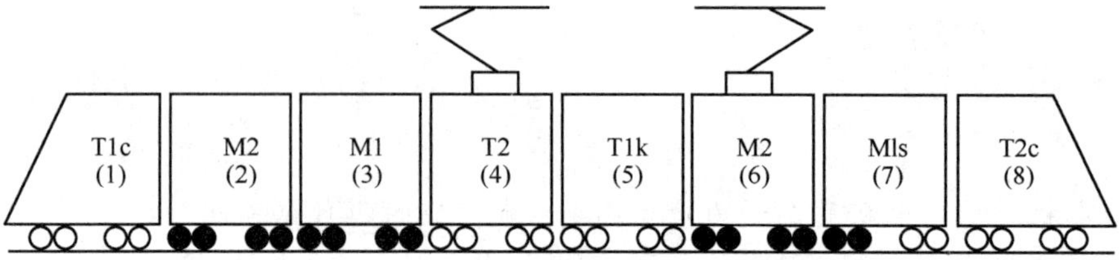

图 10-1　CRH2 型动车组的编组

●—动轴；○—非动轴

CRH2 型动车组制动系统分为 4 个控制单元，1 动 1 拖(1M1T)构成一个单元，采用再生制动和空气制动联合作用、再生制动优先的复合制动模式。空气制动实行延迟控制，以减少制动零部件的机械磨损。列车速度较高时实施再生制动，低速区域再生制动力不足或发生故障时由空气制动补充。制动方式的转换由微机系统控制完成。

制动系统在 CRH2 型动车组上的布置如图 10-2 所示。司机制动控制器安装在驾驶室内便于操纵的位置；空气压缩机、干燥装置、制动控制装置和增压缸等布置在车下。

二、再生制动性能曲线

CRH2 型动车组的主电动机是三相异步感应式电动机。动车组每辆动车的再生制动性能曲线如图 10-3 所示。当列车运行速度较低时，电制动急剧衰减，因此，在时速 15 km/h 以下不使用电制动。15～70 km/h 的速度范围为 VVVF 控制的恒转矩区。当速度在 70～250 km/h 之间时，制动力受电机功率的限制，随着速度的升高而减小。再生制动在最高级位(7 级)常用制动时的减速特性为：70 km/h 以下时为 0.747 m/s^2，118 km/h 时为 0.619 m/s^2，200 km/h时为 0.505 m/s^2。

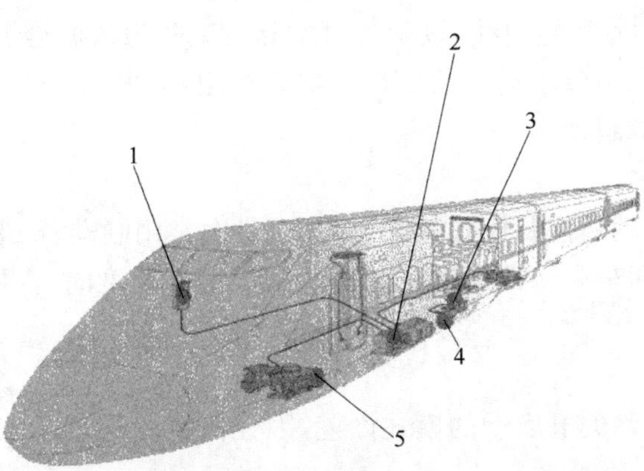

图 10-2　制动系统在 CHR2 型动车组上的布置

1—司机制动控制器；2—制动控制装置；3—空气压缩机；4—干燥装置；5—增压缸

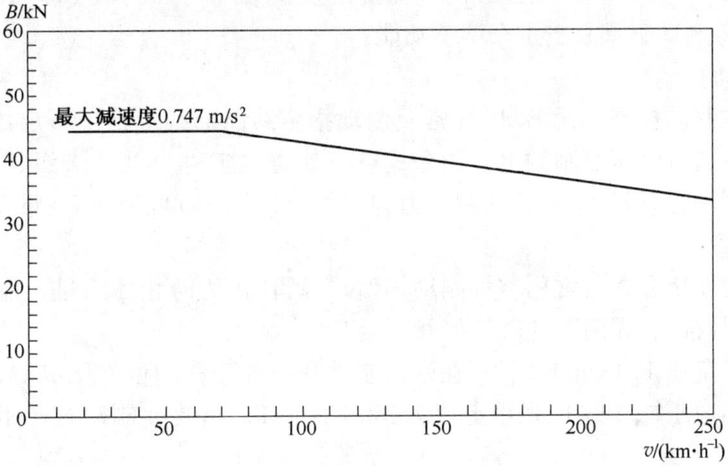

图 10-3　CRH2 型动车组每辆动车的再生制动力曲线

三、闸片、制动盘和制动缸

闸片材料全为烧结合金，但不含铅。闸片的平均摩擦系数不低于 0.25，其有效磨耗余量为动车 6 mm，拖车 14 mm。

制动盘外径：轮盘式 720 mm，轴盘式 670 mm。相应的组装厚度：轮盘式 133 mm（比车轮宽度薄 2 mm）；轴盘式 97 mm。有效磨耗余量：动车 2 mm，拖车 5 mm。

制动缸直径：动车 45 mm，拖车 32 mm。

四、制动作用的种类

1. 常用制动

CRH2 型动车组的常用制动设 1～7 级，制动指令信号为数字式，采用光缆传输。当制动初速在 75 km/h 以上时，以 1 动 1 拖为单元对再生制动力和电空制动力进行控制，动车再生制动优先，拖车电空制动延迟作用，动车再生制动负担拖车的部分电空制动。初速在65 km/h 以下时，切换成各车制动力独立控制的模式。

常用制动按速度-黏着特性曲线(以雨天时的黏着试验为依据绘制)控制,并具有空重车调整功能,可按车辆载重来调节制动力。CRH2 型动车组的“救援/回送”制动执行的也是 1~7 级的常用制动功能(电空制动)。

2. 非常制动

非常制动与常用制动的控制模式相同,但具有最大常用制动(7 级)1.5 倍的制动力。操作司机制动控制器,或当列车未能减速到在闭塞区间设定的速度时(ATP 或 LKJ2000 响应),均可发出非常制动指令。

3. 紧急制动

紧急制动按安全回路失电启动的模式设置,因任何情况导致的安全回路失电都会引起紧急制动。

紧急制动为纯空气制动,其制动力(或产生的减速度)根据列车运行速度进行两级调整:当列车速度在 160~200 km/h 范围内时,减速度约为 0.6 m/s^2;160 km/h 以下时约为 0.778 m/s^2。紧急制动不具有空重车调整功能。

4. 备用制动

备用制动在制动控制单元 BCU 异常及制动指令线路断线等情况下启用。CRH2 型动车组的备用制动是通过电压控制的电气指令式空气制动,能产生相当于 3 级、5 级、7 级常用制动及非常制动的制动力,但每个级位的制动力为定值,与列车速度和车辆载重无关。

5. 耐雪制动

耐雪制动的作用方式与常用空气制动相似。降雪时,为防止冰雪进入制动盘和闸片之间的空隙,可使闸片推出,无间隙地轻轻接触制动盘。

耐雪制动于车速 110 km/h 以下,在耐雪制动开关置于作用位并操纵制动控制器时动作。耐雪制动对应的增压缸(BC)压强设定值为(60±20)kPa,这是使制动缸产生有效制动力的最小工作压强。

6. 停放制动

CRH2 型动车组无专门的停放制动装置。在坡道上(坡度千分数不大于 30)停放时,通过在最上方的 3 个轮对下方放置 6 个铁鞋来防止列车因重力或风力作用而溜逸。

五、技术特点和主要技术指标

1. 技术特点

(1)常用制动采用电、空结合的复合制动方式,电制动优先,而且所承担的制动能量占全部制动能量的 97%;

(2)常用制动按速度-黏着特性曲线进行控制,并可根据载荷变化自动调整制动力的大小;

(3)基础制动装置采用液压夹钳,体积小,响应迅速;

(4)具有与列车运行控制系统 ATP/LKJ2000 的接口,可施行安全制动;

(5)具有故障诊断和相关信息保存功能。

2. 主要技术指标

(1)动车组在空旷平直道和额定载荷下的紧急制动距离:车速为 200 km/h 时不大于 1 720 m,车速为 160 km/h 时不大于 1 070 m;

(2)基础制动传动效率在 95%以上,闸片平均摩擦系数为 0.25;

(3)正常使用时总风管压强为 780～880 kPa。充风时，由零升至 880 kPa 的时间为 250.3 s，由 780 kPa 升至 880 kPa 的时间为 28.5 s；

(4)非常制动空走时间(空走时间的概念详见第六章列车制动计算的相关内容)不大于 2.3 s，ATP 空走时间不大于 3.5 s。

第二节 CRH2 型动车组的压力空气供给系统

CRH2 型动车组的风源有两套：一套是由 3 台主空气压缩机组成的主风源，分别位于 3、5、7 号车的地板下，主要为空气制动系统供风，同时为气动辅助设备(包括风笛、空气簧、门控和集便器等)提供风源；另一套为 3 台辅助空气压缩机，分别位于 2、4、6 号车的地板下，主要为受电弓升弓、真空断路器 VCB 提供风源。

一、主空气压缩机

CRH2 型动车组的主压缩机为 MH1114A-TC2000B 型往复式空气压缩机，它主要由空气压缩机和三相交流电动机组成。

压缩机采用直接驱动方式以减少振动。压缩机气缸为对置式排列，也有助于减轻机组运行时的振动。此外，还在吊架处用防振橡胶来减小传向车体的振动。

压缩机装有(吸气/排气)消音器降低噪声，机体采用铝合金材料以实现轻量化。

为使负荷相同，各压缩机采用同步启动的控制方式。压缩机输出 800～900 kPa 的压力空气，大部分被空气制动装置和空气弹簧所消耗，其余的用于受电弓、风笛和刮雨器等设备。

压缩机的名义供气量为每辆车 1 745 L/min。

二、辅助空气压缩机

CRH2 型动车组使用的辅助压缩机为 ACMF2 及 ACMF2A 型，用于动车组做运行准备时(此时总风压强不足)向受电弓、真空断路器(VCB)供给压力空气。

辅助压缩机与其相关部件(如受电弓等)组成单元式结构。

三、安 全 阀

E1L-乙型安全阀(如图 10-4 所示)安装在空气压缩机输出气路下游的总风缸上，当空气压强超过 900 kPa 时，过高的压力会克服弹簧的弹力，顶开排气阀，使多余的压力空气排出，直至总风缸内的空气压强降至设定值。

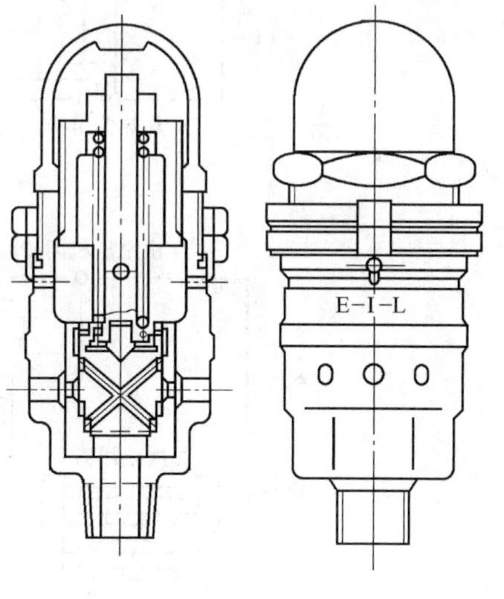

图 10-4 E1L-乙型安全阀

四、空气干燥装置

CRH2 型动车组的 D20NHA 型空气干燥装置采用模块化设计，各零部件都装在安装座上。空气干燥装置具有干燥和再生功能。

1. 干燥功能

如图 10-5 所示，当总风缸压强低于调压值的下限时，调压器立即动作使空气压缩机开始运转。同时，电磁阀励磁，其上方的排气口关闭，再生风缸和除湿滤芯下面的排气阀活塞之间的气路沟通。此时，从空气压缩机排出的压力空气经二次冷却器冷却后送到除湿滤芯，其中的水分、灰尘和油等被吸附剂分离掉。压力空气被干燥后，一部分经再生风缸上的止回阀进入再生风缸，再经电磁阀进入排气阀活塞的左侧，克服弹簧的弹力将活塞关闭，以免压力空气从排气阀漏出；另一部分则经压力空气输出口前的止回阀输送到总风缸。

2. 再生功能

如图 10-6 所示，当总风缸空气压强高于调压值的上限时，调压器立即动作使空气压缩机停止供风。同时，电磁阀消磁，切断再生风缸向除湿滤芯下面的排气阀活塞的供风气路，电磁阀上的排气口打开，排气阀活塞左侧的压力空气经电磁阀排向大气，排气阀在弹簧弹力的作用下打开。然后，再生风缸里的压力空气经节流孔流出并发生膨胀，在流经吸附剂时吸收干燥过程中分离出来的水分、灰尘和油等，最后从排气阀排向大气。

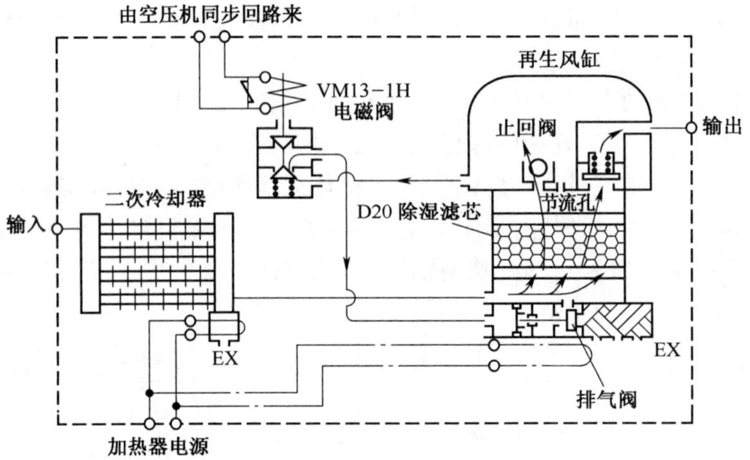

图 10-5　干燥作用原理

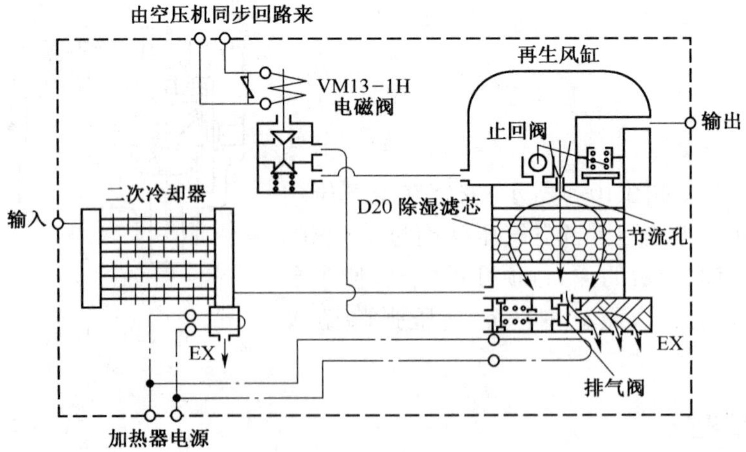

图 10-6　再生作用原理图

第三节　CRH2 型动车组的空气制动控制系统

一、电空转换阀

CRH2 型动车组采用的 EPLA 型电空转换阀如图 10-7 所示。电空转换阀安装在空气制动控制装置内，主要由电磁线圈、供气阀和供排气阀杆等构成。改变线圈中的电流可控制电磁力的大小，使输出的空气压强实现无级调节。

电空转换阀接受电气指令后，线圈 1 上产生的电磁力使顶杆 2 顶着供排气阀杆 3 上升，当阀杆接触到供气阀 4 后，阀杆顶端的排气孔关闭。然后，阀杆继续上升并将供气阀从阀座上顶开，这时，来自气路 a（通制动风缸）的压力空气经打开的供气阀进入气路 b（通中继阀），同时还进入橡胶膜板 5 上面的室 B。随着供气的进行，B 室的空气压强不断增加，当达到电气指令所需的值时，供排气阀杆被膜板上方 B 室内的压力空气压下，供气阀也随之下降，并接触供气阀座而关闭供气通路。此时，电空转换阀处于保压状态。

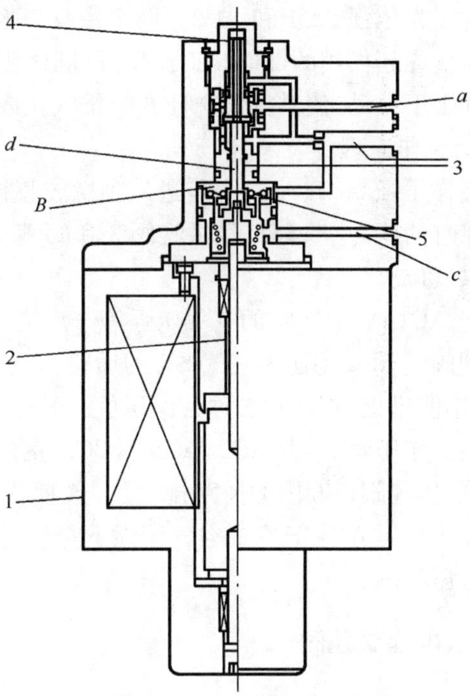

图 10-7　EPLA 型电空转换阀
1—电磁线圈；2—顶杆；3—供排气阀杆；
4—供气阀；5—橡胶膜板

当再次接收到增加空气压强的电气指令（增大的电流信号）后，线圈上的电磁力增加，顶杆克服膜板上面的空气压力顶开供气阀。重复前面所述的动作后，电空转换阀再次处于保压状态。

如保压状态下出现漏气，B 室的空气压力降低，小于作用在顶杆上的电磁力，顶杆就会上升，后面的动作与前面两种情况完全相同。

若保压状态下减小指令电流，顶杆上的电磁力小于 B 室的空气压力，供排气阀杆就会下降而与供气阀脱离接触，阀杆顶端的排气口露出，气路 b 的压力空气经供排气阀杆内的气路 d 和阀体气路 c 排向大气。当 B 室空气压强降低至电气指令所要求的值时，供排气阀杆上升与供气阀接触，阀杆顶端的排气口关闭，电空转换阀重新处于保压状态。如指令电流为零，顶杆上的力也为零，气路 b 的压力空气经气路 d、c 完全排大气。

二、中 继 阀

CRH2 型动车组空气制动系统采用的中继阀为 FD-1 型，如图 10-8 所示，其输入为电空转换阀或紧急用压力调整阀的输出压强（分别称为工作压强 AC1 和 AC2），输出的为增压缸空气压强 BC。中继阀也安装在空气制动控制装置内。

1. 结构

阀体 1 的上盖 2 上装有供气阀部，该部由供气阀 3 和供气阀弹簧 4 构成。供气阀 3 由供气阀弹簧 4 压在阀体 1 的供气阀座 5 上。供排气阀杆 6 由与阀体 1 的底盖 7 和活塞 8 相接触的 3 个 O 形圈 9 支承。

上膜板 10 的上、下两侧分别为中继阀的输出压强 BC 和工作压强 AC1，下膜板 11 的两侧分别为工作压强 AC1 和 AC2。两个橡胶膜板的有效面积相同，因此，中继阀具有输入气压中的高压优先起作用的性能。工作压强(即优先起作用的压强)和输出压强产生的压差使供排气阀杆 6 上下移动，使供排气阀杆 6 的排气孔或供气阀 3 开闭，以实现输出压强 BC 的改变。

2. 工作原理

工作压强 AC1、AC2 一旦进入到橡胶膜板处，供排气阀杆 6 就会上移打开供气阀 3，来自制动风缸的压力空气 SR 经供气阀 3 和阀座 5 之间的开口输出至增压缸(BC 压强)，这种状态称为供气位。

当 AC1 或 AC2 室的空气压强等于反馈室 BCF 的压强时，供排气阀杆 6 被压下，供气阀 3 也回到阀座 5，关闭压力空气 SR 的通路。此时，供排气阀杆 6 与供气阀 3 接触，输出压力空气 BC 也不能排出，这种状态称为保压位。

当工作压强 AC1、AC2 降低时，BCF 室的压力空气使供排气阀杆 6 下移，输出压力空气 BC 经供排气阀杆 6 内的通路排大气，这种状态称排气位。若工作压强 AC1、AC2 停止下降，当橡胶膜板上方 BCF 室的空气压强下降至与下方的 AC1 室或 AC2 室的压强平衡时，中继阀恢复保压状态。

三、B_{10}型调压阀

B_{10}型调压阀输入控制风缸的压力空气，输出踏面清扫装置用的压力空气。该阀采用橡胶膜板结构，便于维修保养；阀体使用铝合金结构，以实现轻量化。

1. 结构

如图 10-9 所示，B_{10}型调压阀大体上可分为供气阀部、排气阀部和调压阀部。供气阀部由供气阀座 1、供气阀 2 和供气阀弹簧 3 组成，为增加气密性，供气阀座 1 设计有一定的锥度。排气阀部由供排气阀杆 4 和橡胶膜板 5 组成，供排气阀杆 4 的端部也有锥度，以便与供气阀座 1 贴合。调压阀部由调压弹簧 6、弹簧托 7 和调节螺丝 8 构成。

2. 工作原理

B_{10}型调压阀是通过旋转调节螺丝 8 向调压弹簧 6 施加不同的作用力，来对输出的空气压强进行设定的。未供气时，调压弹簧 6 向上顶供排气阀杆 4，使供气阀 2 打开。在向供气阀 2 周围供气时，压力空气经供排气阀杆 4 和供气阀座 1 之间的间隙，进到输出压强侧和橡胶膜板 5 上方，供排气阀杆 4 随着橡胶膜板 5 上方压强的增加而被逐渐压下，直至供气阀 2 关闭。此时，橡胶膜板 5 上方的空气压力与调压弹簧 6 的弹力平衡，调压阀处于保压状态，输出压强为设定值。

如输出压强低于设定值，橡胶膜板 5 上方的空气压强降低，供排气阀杆 4 就会顶开供气阀 2 向输出侧补充压力空气，直至调压阀重新达到保压状态。当输出压强过高时，橡胶膜板 5 上

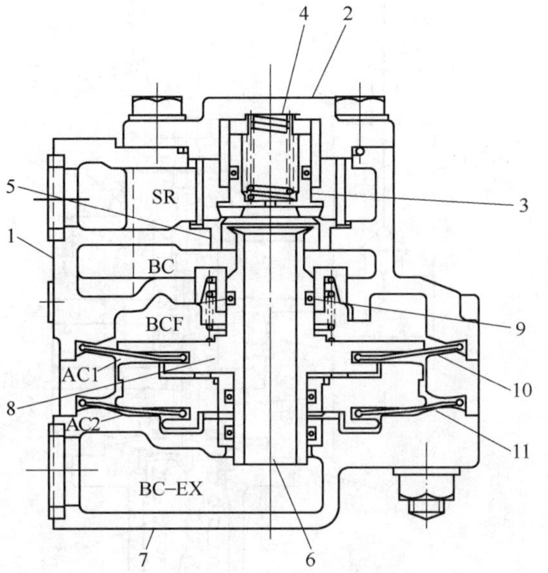

图 10-8　FD-1 型中继阀

1—阀体；2—上盖；3—供气阀；4—供气阀弹簧；5—供气阀座；6—供排气阀杆；7—底盖；8—活塞；9—O 形圈；10—上膜板；11—下膜板

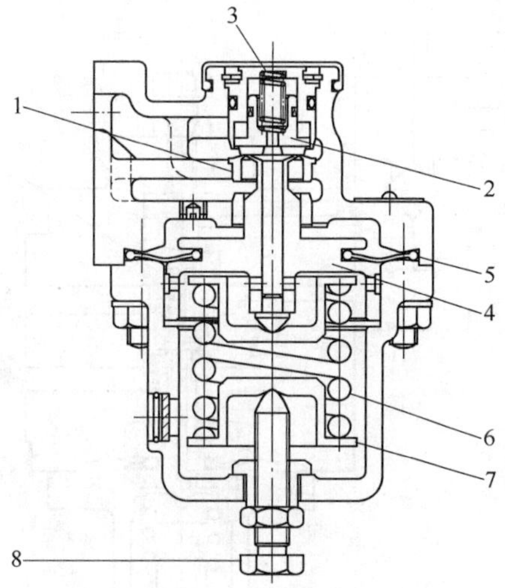

图 10-9　B_{10} 型调压阀

1—供气阀座；2—供气阀；3—供气阀弹簧；4—供排气阀杆；5—橡胶膜板；6—调压弹簧；7—弹簧托；8—调节螺丝

方的空气压强升高，压缩调压弹簧 6 使供排气阀杆 4 下降，输出侧的压力空气经供排气阀杆 4 中心的通路排大气而使压强降低。当空气压力与弹簧力平衡时，调压阀恢复保压状态。

四、B_{11} 型调压阀

B_{11} 型调压阀是一种带电磁阀的调压阀，它输入制动风缸的压力空气，向中继阀输出紧急制动用的压力空气。B_{11} 型调压阀由电气指令控制，可输出两种不同的定压。B_{11} 型调压阀也采用橡胶膜板、铝合金件等结构。

B_{11} 型调压阀的电磁阀可由 BCU 控制，根据列车运行速度产生得、失电状态的切换，使调压阀相应地处于高压或低压输出状态。如图 10-10 所示，进行高压输出时，VM32 型电磁阀处于消磁状态。供气时，来自制动风缸的输入压力空气经输入孔 A 被封闭于 C 室，阀盒被压力空气压在最低位置。同时，输入的压力空气经被活塞顶开的供气阀，由输入孔 A 进入输出孔 B，还经反馈缩孔进入 D 室。随后的动作和 B_{10} 型调压阀相似。

低压输出时，电磁阀励磁，C 室压力空气经电磁阀的排气口排向大气，阀盒被阀盒弹簧顶起，直至接触低压调节螺丝。因阀盒上移，和阀盒一体的供气阀座带着供气阀一起上升，使活塞顶部的排气口打开，输出侧压力空气由 B 孔排向 E 室，最终排向大气。D 室压力空气经反馈缩孔也排到 E 室，D 室压强随输出压强的下降而下降。此时，作用在活塞上的空气压力低于调压弹簧的弹力，活塞上移，直至活塞顶部的排气口与供气阀接触，输出侧压力空气停止排放，达到新的保压状态。

在保压状态下，如输入侧的压力空气排出，由于止回阀上方输入侧的空气压力减小，输出侧的压力空气就会将其顶开向输入侧逆排。由于止回阀处的逆排使活塞上方的空气压力减

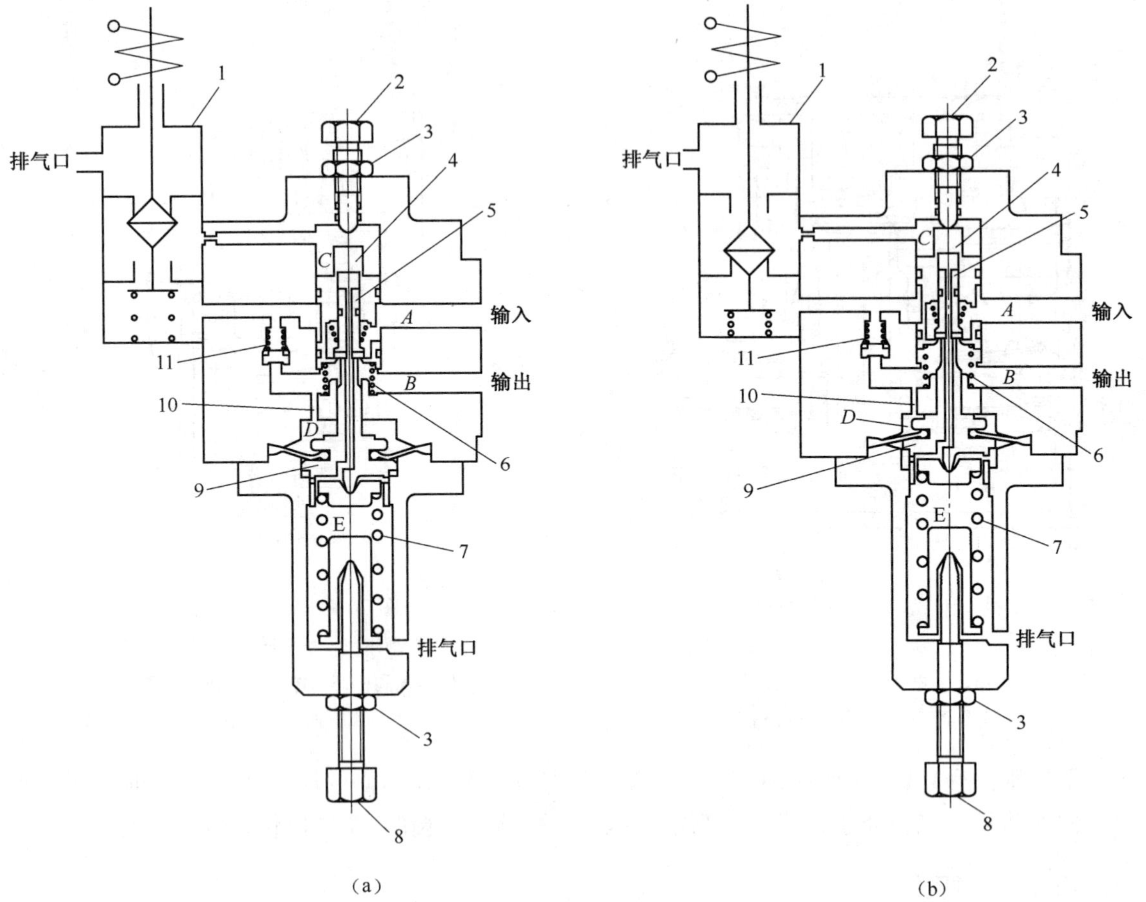

图 10-10　B_{11}型调压阀作用原理

(a)高压输出位(保压);(b)低压输出位(保压)

1—VM32 型电磁阀;2—低压调节螺丝;3—紧固螺母;4—阀盒;5—供气阀;6—阀盒弹簧;7—调压弹簧;8—高压调节螺丝;9—活塞;10—反馈缩孔;11—止回阀部

小,活塞上移,供气阀被从阀座顶开,输出侧的压力空气也从供气阀部逆排。

B_{11}型调压阀的压强设定与B_{10}型调压阀类似,也是通过调节螺丝进行;注意要先调节高压,后调节低压,其调压范围为:高压 300～700 kPa,低压(与高压的压差)0～500 kPa。

五、增 压 缸

CRH_2型动车组采用 180-42×55 型增压缸,如图 10-11 所示,它由增压缸部和防滑阀部(PC1S 压力控制阀)组成。增压缸工作原理如下:

参看图 10-11,由中继阀输出的压力空气经 PC1S 压力控制阀进入气缸,并向右推动活塞,使活塞杆进入油缸;此时,油缸内的油液可随活塞杆的右移,经活塞杆上的油孔被向上压入油箱。当油孔越过密封圈后,油缸内的油液不能再进入油箱,油液压强迅速升高,直至达到气缸内空气压强的 18 倍左右。油缸内的压力使止回阀打开,油液流向夹钳装置。然后,止回阀在弹簧力的作用下关闭,增压缸处于保压状态。

缓解时，气缸内的压强减小，活塞杆后退，油缸内的压强也随之急剧下降。此时，由于夹钳装置处的油液压力大于止回阀弹簧的弹力，止回阀离开阀座，油液由打开的止回阀流回油缸。当夹钳装置处的油液压力与弹簧力平衡时，止回阀重新关闭，油液停止回流。夹钳装置处可保持约 49～98 kPa 的残余液压，以防空气从间隙进入形成气泡。

若因夹钳装置回油延迟、漏油等情况使油缸压强低于油箱压强时，供给阀打开，向油缸补油。完全缓解时，油液经活塞杆端部的径向油孔，在靠近气缸的两个密封圈之间从油箱流回油缸，活塞退回到缓解位。

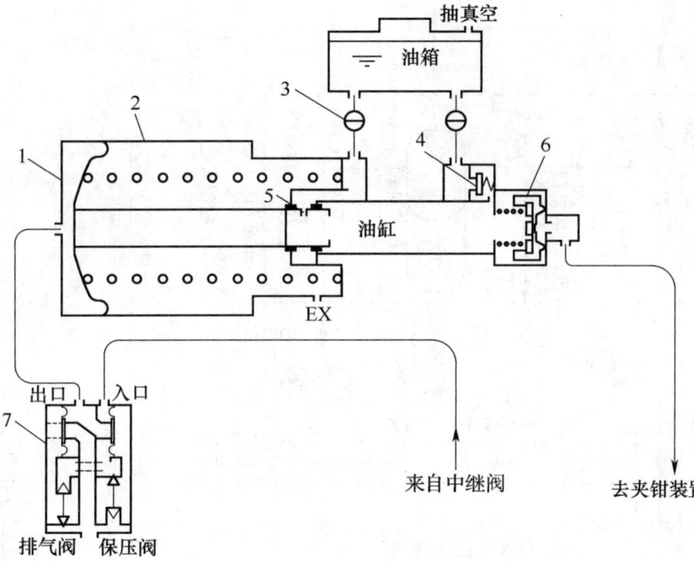

图 10-11　180-42×55 型增压缸

1—气缸；2—增压缸部分；3—过滤器；4—供给阀；5—油孔；6—止回阀；7—防滑阀部分

第四节　CRH2 型动车组空气制动系统的气路原理

CRH2 型动车组各车的空气制动系统气路原理如图 10-12 所示(以带有空气压缩机的拖车为例，其他各车情况类似)。

一、供气装置的气路

在供气装置中，主空气压缩机及干燥装置安装在 M1、T1k 和 M1s 车上。从压缩机出来的压力空气经干燥装置冷却和除湿后，从制动控制装置的 MR1 管路接口向总风缸供风，总风缸上装有安全阀防止过压。总风缸压力空气由 MR2 接口连接到贯通整个列车的总风(MR)管，没有压缩机的车辆的总风缸通过 MR1 管路接口，从 MR 管接受压力空气。

总风压强由 BCU 调整。BCU 中装有 MR 压力传感器，和 MR 管在制动控制装置内连接。

二、空气制动控制装置的气路

在空气制动控制装置内部，总风管压力空气通过截断塞门、滤尘器和止回阀与制动风缸及控制风缸相连。

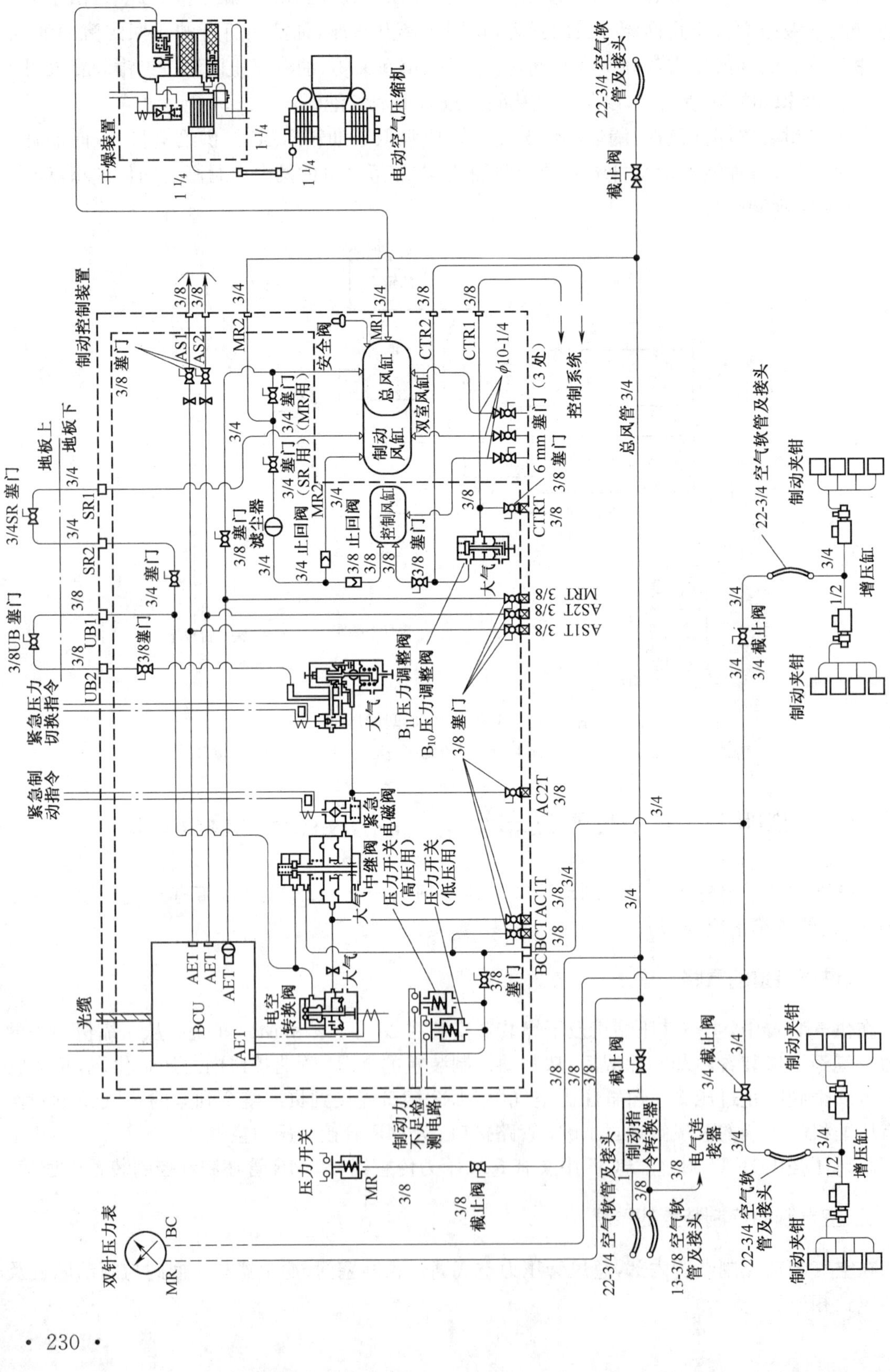

图 10-12　带有空气压缩机的拖车气路原理

制动风缸通过管路与中继阀、电空转换阀和 B_{11} 型调压阀相连。来自制动风缸的压力空气经管路接口 SR1 与车地板上的 SR 塞门连接，再经接口 SR2 返回车下，以便于从车辆地板上关闭空气制动；除了在地板上设置有塞门 SR 外，该管系在制动控制装置内还设置有其他塞门。此外，列车上还配置了只关闭紧急制动的 UB 塞门，其相关管路的设置与 SR 塞门类似。

控制风缸内压强为 780～880 kPa 的压力空气经 CTR2 接口通往 B_{10} 型调压阀，在调压阀内压强减至 490 kPa 后通往 CTR1 接口。

空气弹簧的压力空气经 AS1 及 AS2 接口，通往 BCU 内的压力传感器。

三、增压缸(BC)管的气路

增压缸(BC)管从制动控制装置的相应接口出来后，分成两支通向前、后转向架，各分支又在转向架的每根车轴上产生分支，4 个分支分别与 4 个增压缸相连。

在制动控制装置内，BC 管还与 BCU 和两个压力开关(分别用于高压及低压检测)相连，以便对管内的压强进行监测。

四、其他气路

在 T1 车及 T4 车的司机台上，装有双针压力表监测 MR 管及 BC 管内的压强。此外，还有压力开关与 MR 管相连，用于对总风压强进行监测。

为测试制动控制装置各部分的空气压强，用“快速连接装置”在车下与 BCU 的各接口(如 AC1T、AS2T 和 CTRT 等)相连。

头车端部有软管用于在救援和回送时连接机车制动管和动车组制动管(BP)。BP 管在与制动指令转换器连接的同时，还设有支管，以便在 MR 压强不足时由 BP 管向 MR 管供风。

第五节　CRH2 型动车组的“滑行再黏着”控制

CRH2 型动车组的防滑装置通过安装在牵引电机或各车轴轴端的速度传感器，每 20 ms 对速度进行检测；如确定滑行，则减小制动力进行再黏着控制，防止制动距离过长及车轮擦伤。

再生制动是其控制单元(即牵引控制单元 BCU)通过控制再生制动的模式曲线(减小制动力)来进行滑行再黏着控制，而空气制动则是 BCU 通过降低增压缸压强的方法来进行控制。

一、再生制动的滑行再黏着控制

当列车从制动到惰行，或者从制动到惰行再变为牵引的 1.5 s 之内，若表 10-1 中的任何一种“滑行”条件成立，就判断为滑行，并使再生制动力减小；当“滑行”的条件不成立时(即“复位”的三个条件全部满足)，则恢复制动力。产生滑行时，每 0.6 s 对车辆的运行状态进行一次计算，恢复到正常状态后，每 2 s 进行一次计算，由此对再生制动的模式曲线进行控制。

表 10-1　电制动滑行的检测指标

	滑行	复位
低速域($v<86.7$ km/h)的速度差检测	$\Delta v\geqslant 13$ km/h	$\Delta v<13$ km/h
高速域($v\geqslant 86.7$ km/h)的滑行率检测	$\lambda\geqslant 15\%$	$\lambda<15\%$
第 1 轴的减速度	$\beta\geqslant 1.08\ m/s^2$	$\beta<3.9\ m/s^2$

二、空气制动的滑行再黏着控制

空气制动的滑行再黏着控制是根据表 10-2 的滑行检测指标进行的，滑行再黏着的控制过程如图 10-13 所示。当某一车轮的运动状态（包括减速度、速度差）符合 A 点条件时，则判断为滑行，防滑阀立即动作，使增压缸（BC）压强按阶梯模式降低，缓解因制动力过大而产生的滑行。然后，当减速度降低到满足 B 点条件时，BC 压强停止下降，呈保压状态；此时，列车的速度仍在降低。当减速度符合 C 点条件时，就使 BC 压强重新升高，恢复到发生滑行前的状态。

表 10-2　空气制动的滑行检测指标

检测方式	A 点	B 点	C 点
β 方式	$\beta>2.78\,m/s^2$ 且 $\Delta v>3\,km/h$	$\beta<0.56\,m/s^2$	$\beta<1.11\,m/s^2$
Δv 方式	$\Delta v>3\,km/h$ 且 $\beta>0.83\,m/s^2$	—	—

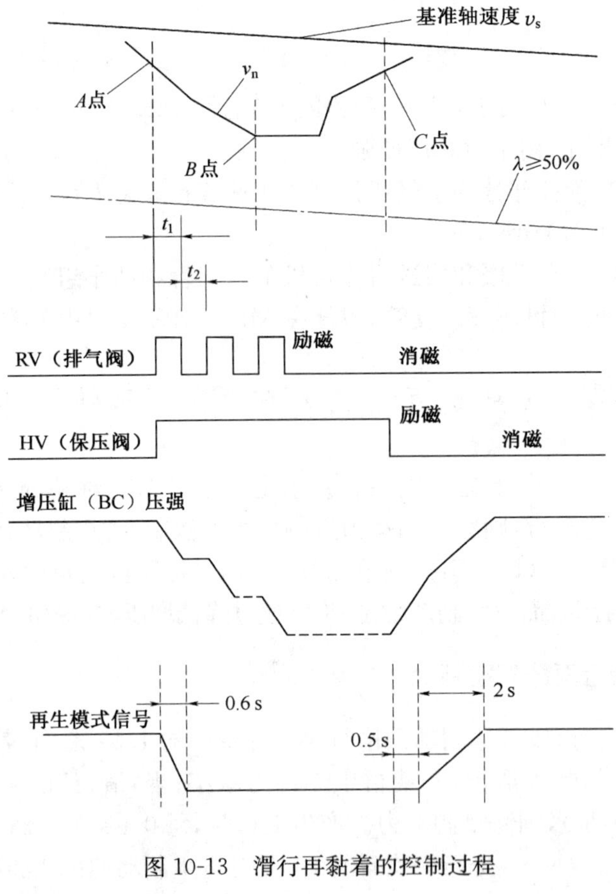

图 10-13　滑行再黏着的控制过程

对 BC 压强的整个控制过程都是为了使相应的轮对保持接近黏着状态，即在使闸片尽可能压紧制动盘的同时，尽力减少轮对的滑行。

表 10-3 和表 10-4 列出的是在增压缸（BC）压强阶梯式降低的过程中，防滑阀各次缓解和保压持续的时间。

表 10-3　防滑阀的缓解与保压时间控制

检测方式	t_1/s	t_2/s
β方式	0.060×m	0.15
Δv 方式	0.060×m	0.15

注：t_1、t_2 分别为防滑阀的缓解时间和保压时间，单位 s；m 为倍数，取决于防滑阀的缓解次数 n，参看表 10-4。

表 10-4　BC 压强缓解次数(n)与倍数(m)的关系

检测方式	n	1	2	3	4	5 以上
β方式	m	1	1	3	5	100
Δv 方式	m	1	1	3	5	100

当防滑装置检测到滑行时，排气阀 RV 第 1 次排气(防滑阀缓解)。此时，由表 10-4 可知 $n=1$、$m=1$；又由表 10-3 可知 $t_1=0.060$ s，即排气阀排气 0.060 s 后关闭(防滑阀保压)。若此时检测到滑行仍在继续，则排气阀在关闭 $t_2=0.15$ s 后进行第 2 次排气，排气时间 $t_1=0.060$ s ($n=2$，$m=1$)。如第二次排气后依然滑行，则在排气阀关闭 $t_2=0.15$ s 后进行第 3 次排气，排气时间 $t_1=0.180$ s($n=3$，$m=3$)。如果第 4 次排气 $t_1=0.300$ s($n=4$，$m=5$)后仍在滑行，则第 5 次排气 $t_1=6$ s($n=5$，$m=100$)变为全排气，直至检测到滑行轴的指标处于 B 点状态后开始保压。

当列车速度在 10 km/h 以上且滑行轴的滑行率 $\lambda \geqslant 50\%$时，增压缸连续排气(排气阀 RV 和保压阀 HV 均得电)，当 $\Delta v < 4$ km/h 时恢复通常的控制。

第六节　CRH2 型动车组制动控制系统的作用

一、组成及功能概述

如前所述，CRH2 型动车组的制动控制系统包括制动信号发生装置、制动信号传输装置和制动电子控制装置三部分。

1. 制动信号发生装置

CRH2 型动车组制动控制系统的制动指令主要有两种：一种由司机制动控制器发出；另一种来自 ATP 或 LKJ2000 设备，由 ATP 或 LKJ2000 与制动系统的接口发出。司机制动控制器位于 1、8 号车(T1c 车、T2c 车)的司机室操纵控制台，其外形如图 10-14所示。

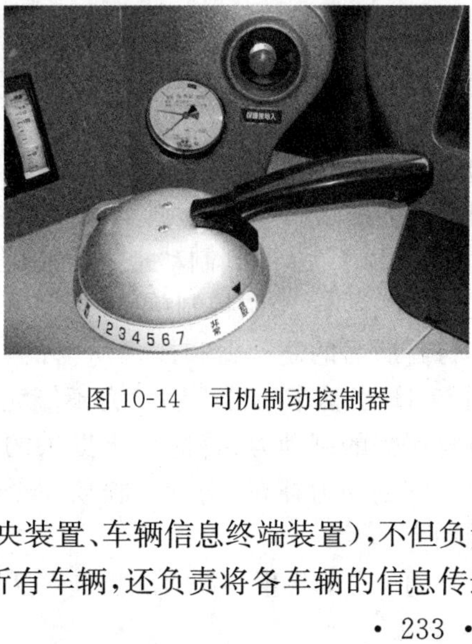

图 10-14　司机制动控制器

司机制动控制器的电气指令原理可参看第九章图 9-33。常用制动时，61～67 线、10 线得电；非常制动时，152 线失电，10 线得电；紧急制动时，153、154 线失电；备用制动时，411、461 线得电。

2. 制动信号传输装置

制动信号传输装置借助列车信息控制系统(包括中央装置、车辆信息终端装置)，不但负责将制动信号发生装置发出的制动指令传送给列车中的所有车辆，还负责将各车辆的信息传送至司机室。

3. 制动控制装置

CRH2 型动车组的制动控制单元(BCU)和各种空气控制阀类集成在一起,吊装在每辆车的地板下,总称“制动控制装置”,其核心为 BCU。BCU 接收来自司机制动控制器或 ATP/LKJ2000 设备的制动指令,对空、电复合制动进行控制。它通过微机处理器采用数字运算处理方式,并与传送终端之间进行信息传输,实时地输出各种控制数据。

制动控制系统能够实现制动指令的发生及传输,常用制动、非常制动、紧急制动、备用制动和耐雪制动的控制,ATP/LKJ2000 参与的速度控制,防滑控制,主空气压缩机启停控制,系统状态记录和故障诊断等一系列功能。

二、常用制动的控制

1. 常用制动电路原理

常用制动的制动指令是由常用制动指令线(61~67 线)经由中央装置、车辆信息终端装置传送到各车的 BCU,并通过 10 线发出再生制动是否可用的指令。

61~66 线只用于传输。67 线以硬线贯穿方式连接到 BCU,在执行传输功能的同时兼作接入引线。这是为了在 7 级常用制动下准确地实行 ATP 制动,提高制动指令的安全程度。

常用制动指令的发生装置为司机制动控制器、ATP 装置和“救援/回送”时的制动指令转换器。根据司机制动控制器手柄的位置,可使 61~67 线分别得电或失电,产生不同级别的常用制动指令。也可在列车超过限制速度后,通过 ATP 实施常用制动,使 61、66 和 67 线得电,发出最大常用制动指令;若通过 ATP 判断制动力为 1 级或 4 级已经足够时,则使 61 线或 64 线得电,发出 1 级或 4 级常用制动指令。动车组救援/回送时,制动指令转换器与机车上的列车制动管(BP)连接,将 BP 压强信号传送至制动指令转换器,制动指令转换器根据 BP 压强信号使X61~X67 线(分别与61~67 线相连)得电或失电,产生相应级别的常用制动作用。

10 线发送再生制动条件有效的指令。但在列车速度低于 5 km/h、使用备用制动等情况时,不会向 10 线加电发送电制动指令。

2. 再生制动与盘形制动的协调控制

当列车制动初速在 65 km/h 以下时,制动力的分配为均衡制动方式,即各车制动力独立控制,各车承担各自所需的制动力。

当列车制动初速在 75 km/h 以上时,以“1 动 1 拖”为一个单元对再生制动力和盘形制动力进行控制,动车的再生制动优先,拖车的盘形制动延迟作用,动车的再生制动除承担动车自身所需的制动力,还承担拖车部分或全部的制动力,即“拖车延迟充气控制”——各车的制动控制单元(BCU)接收到制动指令后,根据列车速度和车辆重量计算出所需的制动力。若再生制动指令线得电,牵引控制单元(TCU) 将进行再生制动力的控制,以动车的再生制动力承担动车自身所需的制动力和拖车所需的部分或全部制动力。然后将所得到的再生制动力反馈到 BCU,当动车的再生制动力不能完全承担拖车所需的制动力时,拖车启动盘形制动,补足自身所需的制动力;若拖车所提供的盘形制动力仍达不到自身的需要,不足部分再由动车的空气制动力补充;当再生制动完全失效时,动车和拖车全靠盘形制动来承担各自所需的制动力。

用动车的再生制动力承担拖车所需的制动力,可增大动车的再生制动力,减少拖车的空气制动力，从而提高了动车的电力再生率，同时也减少了拖车制动盘和闸片的磨耗。

图 10-15 表示高制动级位（即单元所需制动力超过再生制动力上限）采用拖车延迟充气控制时，动车（M）和拖车（T）制动力的分配情况。

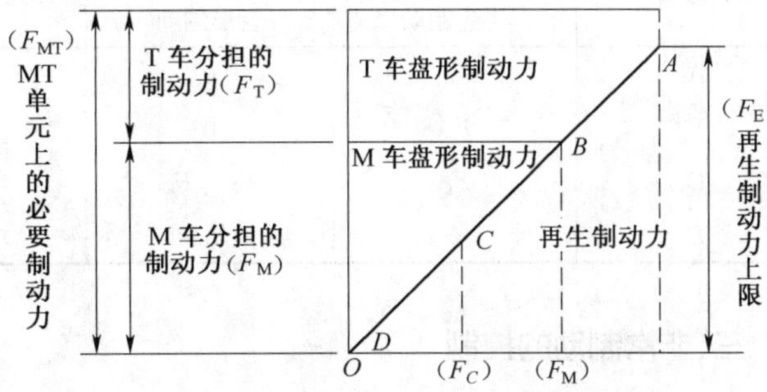

图 10-15　高级位时动车、拖车的制动力分配
（单元所需制动力＞再生制动力的上限）

如图所示，由于“1 动 1 拖”单元所需的制动力 F_{MT} 高于再生制动力的最大值 F_E，即动车所能提供的再生制动力不足以承担拖车需要的全部制动力，因此需要拖车盘形制动来补充。在 A 点，动车再生制动力达到最大值 F_E，由于此时的再生制动力大于动车所需的制动力，拖车启动空气制动以补足自身所需的制动力，这时 $F_{MT}-F_E<F_T$（F_T 为拖车空气制动所能提供的最大制动力），动车的空气制动不必投入使用。在 B 点，动车再生制动力刚好只能提供自身所需的制动力，拖车启动空气制动来提供自身所需的制动力 F_T，此时，动车空气制动仍然不用。C 点处动车再生制动力太小，不足以提供其自身所需的制动力，因此，拖车需要启动盘形制动，而动车盘形制动也投入使用，以补充再生制动力的不足。D 点表示的是动车再生制动完全失效的情况，在这种状态下，各车的制动力由自身的盘形制动承担。各种情况下制动力的分配见表10-5。

表 10-5　高级位时制动力的控制状态

关键点	动车制动力		拖车制动力	备　注
	再生制动	盘形制动		
A	F_E	0	$F_{MT}-F_E$	再生制动力接近黏着限制
B	F_M	0	F_T	
C	F_C	F_M-F_C	F_T	
D	0	F_M	F_T	再生制动力降为零

图 10-16 和表 10-6 列出了低制动级位（单元所需制动力小于再生制动力的上限）下采用拖车延迟充气控制时，动车和拖车制动力的分配情况，各种情况下制动力分配的分析过程和高制动级位时类似。

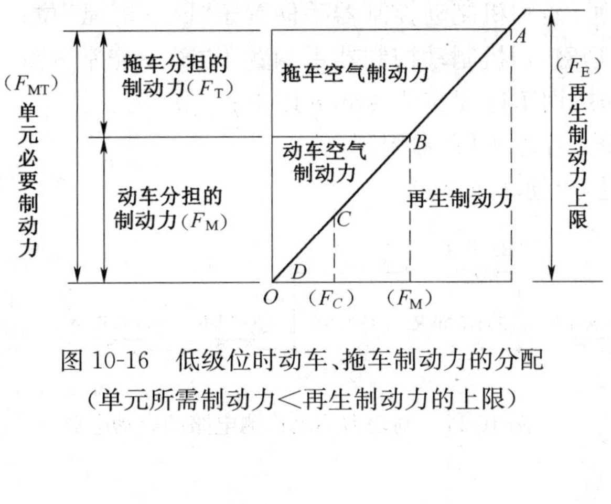

图 10-16　低级位时动车、拖车制动力的分配
（单元所需制动力＜再生制动力的上限）

表 10-6 低级位时制动力的控制状态

关键点	动车的制动力		拖车制动力	备 注
	再生制动	盘形制动		
A	F_{MT}	0	0	
B	F_{M}	0	F_{T}	
C	F_{C}	$F_{M}-F_{C}$	F_{T}	
D	0	F_{M}	F_{T}	再生制动力降为零

三、非常制动的控制

非常制动指令线(152 线)为常带电,此时,非常制动不起作用;152 线失电时向 BCU 传送非常制动信号,产生非常制动动作。如第九章所述,非常制动在司机制动控制器手柄置于非常位、ATP 给出非常制动指令(EBR 继电器失电)和 JTR 继电器失电等情况下产生作用。

非常制动按与常用制动相同的模式对制动作用进行控制。

四、紧急制动的控制

紧急制动指令线(153、154 线)也为常带电,紧急制动不起作用;失电时则产生紧急制动作用。如第九章所述,列车分离、总风压强过低、制动力不足、车辆设备故障和司机制动控制器手柄置于取出位等情况都可使紧急制动指令线失电,从而引发紧急制动。下面以制动力不足的情况为例,说明紧急制动的启动和缓解原理。

1. 制动力不足检测和紧急制动的启动

图 10-17 所示为"制动力不足检测电路的启动电路"。图 10-18 所示为"制动力不足检测电路",该电路在继电器 UBR 处于消磁状态(触点断开)且紧急制动复位开关继电器 UBRSR 也处于消磁状态(触点断开)时启动。UBRSR 平时消磁,而 UBR 在图 10-17 所示的"制动力不足检测电路的启动电路"满足以下条件时消磁:

$$①\vee[②\wedge(③\vee④)]\vee⑤\vee⑥$$

以上条件中:

,∧表示"与",∨表示"或",下同。

①表示"B 运非 R"消磁:司机制动控制器手柄置于"取出"位;

②表示"B5 非 R"励磁:司机制动控制器手柄置于"B5～非常"位;

③表示"B7 非 R"励磁:司机制动控制器手柄置于"B7～非常"位;

④表示"70SR"励磁:列车速度在 70 km/h 以下;

⑤表示"NBR"消磁:启动 ATP 常用制动;

⑥表示"JTR"消磁:启动非常制动。

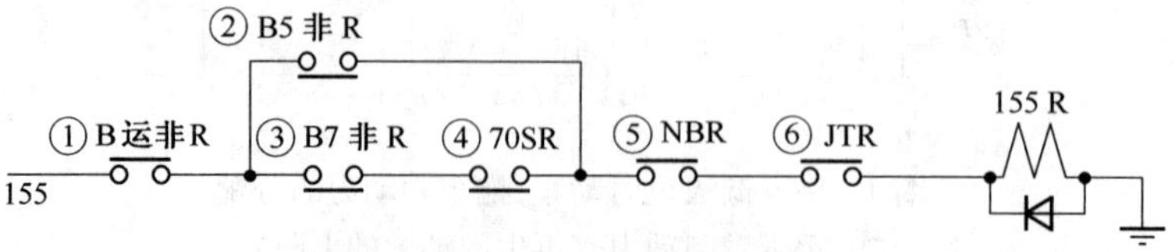

图 10-17 制动力不足检测电路的启动电路

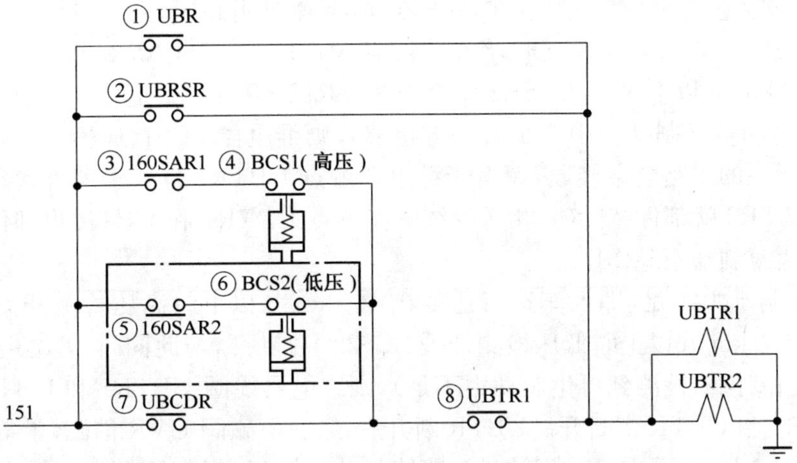

图 10-18　制动力不足的检测电路

在制动力不足检测电路启动前，UBR 励磁闭合(UBRSR 消磁断开)，无论用于检测空气制动力的继电器 BCS1、BCS2 和用于检测电制动力的继电器 UBCDR 处于何种状态，继电器线圈 UBTR1 和 UBTR2 都励磁，因而与之相应的继电器触点 UBTR1 和 UBTR(参看图 10-19)都闭合，UBTR 闭合会使紧急电磁阀得电，紧急制动不起作用。

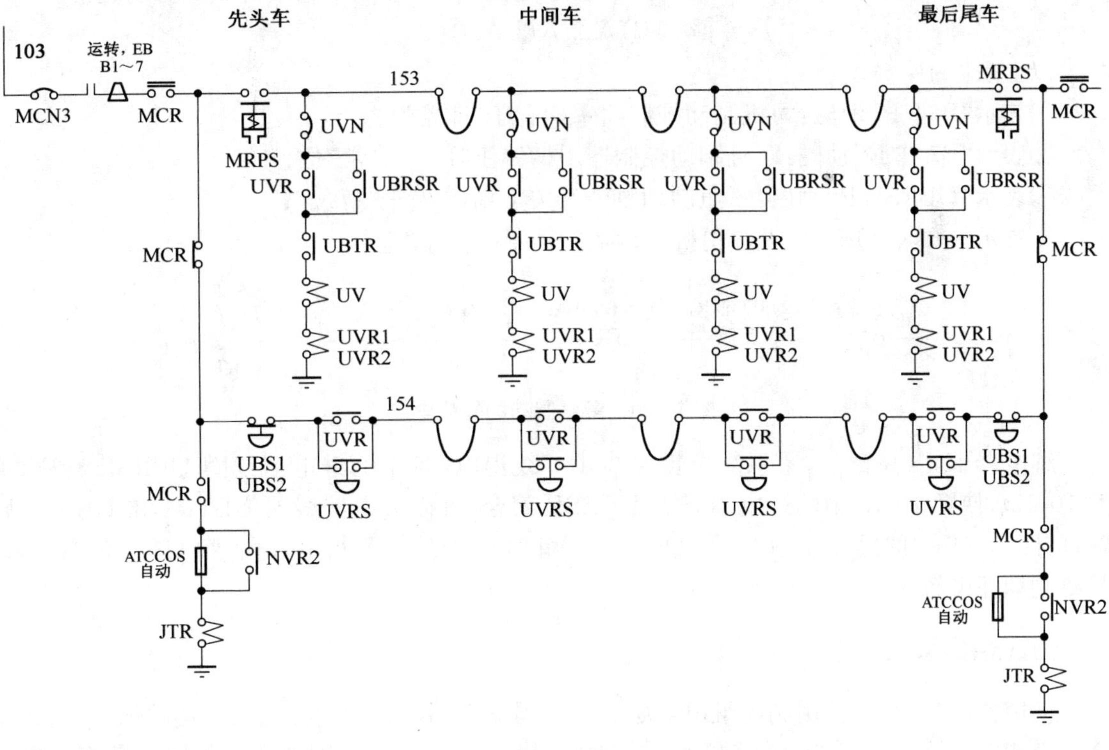

图 10-19　紧急制动控制电路

制动力不足检测电路启动后(继电器 UBR 和 UBRSR 断开)，BCS1 和 BCS2 以及 UBCDR 分别对电、空制动力进行检测。其中，BCS1 和 BCS2 检测不同车速下的空气制动力是否足够

(因不同车速下紧急制动对空气压强的要求不同，低速时用高压，高速时用低压；参看第九章图 9-37)：当车速在 160 km/h 以下时，继电器 160ASR1 闭合 160ASR2 断开，BCS1 起检测作用；车速在 160 km/h 以上时，160ASR2 闭合 160ASR1 断开，BCS2 起作用。总之，若制动力足够(即电制动力和空气制动力中至少有一方足够)，则继电器 BCS1、BCS2、UBCDR 中至少有一个闭合，其所在的支路就会接通，而由于继电器触点 UBTR1 也处于闭合状态，继电器线圈 UBTR1 和 UBTR2 就都保持励磁，相应的继电器触点 UBTR1 和 UBTR 也都保持闭合，紧急电磁阀得电，紧急制动不起作用。

若检测到制动力不足，即列车运行速度在 160 km/h 以下时高压检测开关 BCS1 消磁断开，或速度在 160 km/h 以上时低压检测开关 BCS2 消磁断开，与此同时，若继电器 UBCDR 也消磁断开(牵引变流器检测到再生制动力不足)，则继电器线圈 UBTR1 和 UBTR2 消磁，继电器触点 UBTR1 和 UBTR 都断开。UBTR 断开后，紧急电磁阀 UVR 消磁，紧急制动起作用。

在继电器 UBR 和 UBRSR 消磁期间，即使制动力恢复，但由于继电器触点 UBTR1 是断开的，继电器线圈 UBTR1 和 UBTR2 也不会励磁，因而触点 UBTR1 和 UBTR 始终断开，紧急电磁阀 UVR 保持消磁状态，紧急制动依然起作用。只有继电器 UBR 或 UBRSR 励磁闭合，才会使线圈 UBTR1 和 UBTR2 励磁。

2. 紧急制动的复位(缓解)

紧急制动启动后，动车组将减速直至停车，中途无法缓解。列车再次启动时必须进行紧急制动的复位操作，复位电路如图 10-20 所示。继电器 156R 在以下的条件成立时励磁：

$$①\wedge②\wedge③\wedge④$$

以上条件中：

①表示“B 非 R”消磁：司机制动控制器手柄置于“非常”位；

②表示“B7 非 R”励磁：司机制动控制器手柄置于“B7～非常”位；

③表示“UBRSWR”励磁：紧急制动复位开关 UBRS 处于“复位”；

④表示“MCR”励磁：操纵端司机制动控制器手柄置于“运转～非常”位。

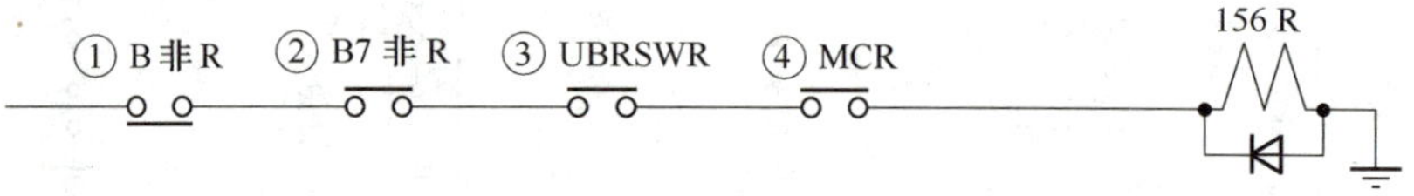

图 10-20　紧急制动的复位电路

继电器 156R 励磁后，紧急复位贯穿线 156 线得电，各车的继电器线圈 UBRSR 励磁(见图 10-21)，使图 10-18 中的继电器触点 UBRSR 闭合，继而继电器线圈 UBTR1 和 UBTR2 励磁，使图 10-19 中的继电器触点 UBTR 闭合。此时，153 线恢复得电，电磁阀 UVR 重新励磁，紧急制动即可解除。

五、备用制动的控制

使用备用制动时，备用制动继电器励磁。根据操纵端司机制动控制器手柄的位置，从备用制动模式发生器(司机台用)向 411 线、461 线输出 4 个级别的交流电压。备用制动模式发生器(各车用)将 411 线、461 线的电压变压、整流后，使之直接控制本车的电空转换阀(EP 阀)，构成不经由 BCU 的制动控制回路。此时，电制动指令线(10 线)处于失电状态，再生制动不起作用。

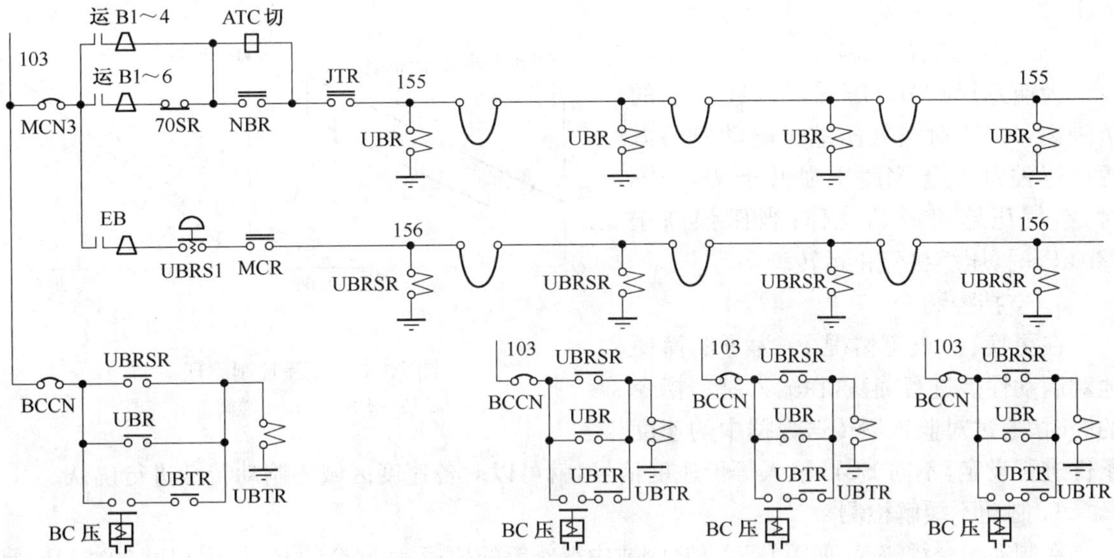

图 10-21　复位开关继电器 UBRSR 的控制电路

六、耐雪制动的控制

降雪时，制动盘和闸片之间有雪堆积。为防止制动力下降，在列车速度 110 km/h 以下的制动中，设定 BC 压强不低于 58.8 kPa。

该功能通过操作司机控制台的耐雪制动开关使耐雪制动指令线得电，然后经由列车信息控制装置，将指令传送到各车的 BCU，BCU 通过识别速度，决定是否实施耐雪制动。EP 阀指令电流值可通过制动控制单元 BCU 的 CPU 卡上的开关设定。

七、其他功能的控制

1. 空重车调节控制

为使动车组保持一定的制动性能，需进行空重车调节控制。用压力传感器将空气弹簧的压力进行空电转换，作为空重车调节信号对制动力进行控制；另外，考虑到故障情况，还进行空车限制和满车限制的控制：若空车时信号显示载重低于满载时的 70%，或满载时信号显示载重超过满载时的 120%，都判断为传感器系统故障，将载重定为满载空气弹簧压力对应载荷值的 120%。

2. 制动冲击控制

为提高列车开始制动时的乘车舒适性，要将制动力的变化设为一个常数，而不是呈阶梯式变化。

3. 电空转换阀控制

(1)缓解保证控制

制动缓解时，为了使电空转换阀(EP 阀)确实保持缓解状态，要进行电空转换阀电流的偏流控制。此时的电空转换阀电流为 147 mA。

(2)滞后修正

为消除电空转换阀及中继阀动作的滞后，EP 阀的电流值控制在下方比上方低 20 mA，如

图 10-22 所示。

4. 空气压缩机控制

为使总风(MR)压强保持在一定的范围内,BCU 对空气压缩机电动机的电源进行控制。当 MR 压强低于 780 kPa 时,空气压缩机开始工作;当压强高于 880 kPa时,压缩机停止运转。

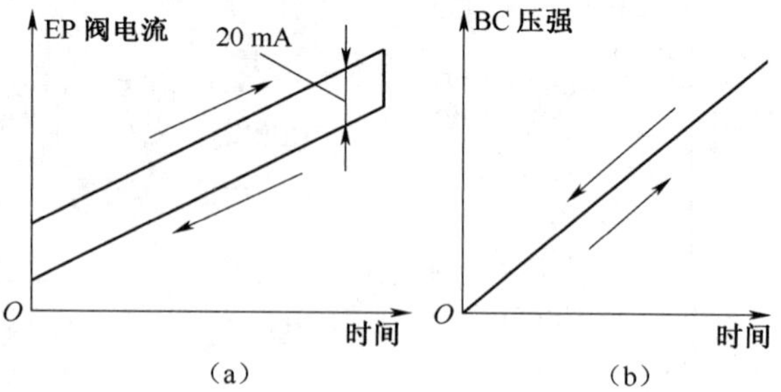

图 10-22 偏流控制原理

(a)EP 阀指令;(b)中继阀输出

5. 空挡控制

在更换、检查等情况下,为了能简便地对制动性能进行确认,在输入制动指令的同时,通过对监视器传送数据中的速度条件进行设定,不向 BCU 输入等价速度信号,就可以对各速度区域的制动特性进行确认。

6. 制动不缓解检测

在制动指令缓解时,如因 BCU、EP 阀或中继阀等的故障,使残余的 BC 压强超过 39.2 kPa,且持续时间超过 5 s,就作为不缓解处理,并将此信息传送到监视器。

7. 与 ATP 和 LKJ2000 设备的接口

ATP 车载设备与动车组的制动接口均采用继电器,ATP 制动接口包括非常制动、三种级别(1 级、4 级和 7 级)的常用制动和缓解接口。ATP 发出的制动指令通过列车信息控制系统的网络线及硬线传输至 BCU,从 BCU 输出 1、4、7 级常用制动和非常制动等指令。LKJ2000 车载设备与动车组的制动接口和 ATP 的情况基本一样。

复习思考题

1. CRH2 型动车组的制动系统由哪些部分组成?
2. CRH2 型动车组制动装置的总体配置情况是怎样的?
3. CRH2 型动车组的制动系统有什么技术特点?
4. 对 CRH2 型动车组的再生制动特性进行分析。
5. 说明 B11 型调压阀的工作原理。
6. CRH2 型动车组在常用制动时,是如何对电制动和空气制动进行协调控制的?
7. CRH2 型动车组在哪些情况下产生紧急制动作用?简述制动力不足检测电路的工作原理。

参 考 文 献

[1] 张开文．制动[M]．北京：中国铁道出版社，1982.

[2] 姜靖国，于胜利，等．JZ-7型空气制动机[M]．2版．北京：中国铁道出版社，1985.

[3] 楼修力．韶山$_1$型电力机车[M]．北京：中国铁道出版社，1987.

[4] 陆缙华，潘传熙．DK-1型电空制动机及空气管路系统[M]．北京：中国铁道出版社，1995.

[5] 夏寅荪，吴培元，等．120型空气制动机[M]．北京：中国铁道出版社，1995.

[6] 株洲铁路机械学校，内江铁路技术学校，大连铁路司机学校．内燃电力机车空气制动机[M]．北京：中国铁道出版社，1985.

[7] 华茂昆，周翊民，关昌元．铁路科技新知识[M]．北京：中国铁道出版社，1995.

[8] 张治华，等．列车牵引计算规程解释[M]．北京：中国铁道出版社，1992.

[9] 黄问盈，张振鹏．论列车制动空走时间[J]．铁道车辆，1981(4).

[10] 张振鹏，金竹，饶忠．列车制动计算[M]．北京：中国铁道出版社，1984.

[11] 刘金乐．K型及L型三通阀故障分析与处理[M]．北京：中国铁道出版社，1979.

[12] 饶忠．长大下坡道的制动空走时间的计算[J]．铁道车辆，1983(3).

[13] 饶忠．关于长大下坡道列车制动限速的确定[J]．铁道车辆，1984(2).

[14] 饶忠．列车牵引计算[M]．北京：中国铁道出版社，1996.

[15] б. л. 卡洛瓦茨基．自动制动机基本原理[M]．刘之彬，等，译．北京：人民铁道出版社．1959.

[16] п. т. 格列别纽克．超重列车制动动力学[M]．陈方昌，樊连波，译．北京：中国铁道出版社，1984.

[17] 钱立新．世界高速铁路技术[M]．北京：中国铁道出版社，2003.

[18] 铁道科学研究院高速铁路技术研究总体组编．高速铁路技术[M]．北京：中国铁道出版社，2005.

[19] 内田清五．日本新干线列车制动系统[M]．陈贺，李毅，杨弘，译．北京：中国铁道出版社，2004.

[20] 黄问盈，饶忠，黄民．机车车辆等效(二次换算)闸瓦力的速度分级核定[J]．铁道机车车辆，2008(28-5).

[21] 彭俊彬．动车组牵引与制动[M]．北京：中国铁道出版社，2007.

参考文献